Genealogía del Derecho Penal

TOMO II

La Grieta

Gazir Sued

Genealogía del Derecho Penal
Antecedentes jurídico-políticos, filosóficos y teológicos
desde la Antigüedad hasta la Modernidad

TOMO II

La Grieta

® © Gazir Sued 2015

Editorial *La Grieta*
Lirio #495 Mansiones de Río Piedras
San Juan, Puerto Rico - 00926
Tel. 787-226-0212

Correo electrónico: gazirsued@yahoo.com
gazirsued@gmail.com
http://www.facebook.com/gazir

Imagen de portada: "Una escena de la prisión" (1814) de Francisco Goya
Imagen de contraportada: "El tres de mayo" (1814) de Francisco Goya

ISBN 978-0-9968766-1-2 (Tomo II)

ÍNDICE

Parte XI

Reformas al Derecho Penal europeo en los siglos XVII y XVIII

....15

La violencia constitutiva de la Ley / Fundamentos del Derecho Penal (Siglos XVII-XVIII)..18

El programa liberal-humanista de las reformas penales....................33

• *Innovaciones* retóricas al discurso jurídico-penal......................36

  - La ficción de *proporcionalidad* entre el delito y la pena........38

  - La ficción de *ejemplaridad* de la pena...............................40

Racionalidad *humanista* en torno a la pena de muerte.....................41

Reforma constitucional del imperio francés (1789)........................50

• *Nuevo* Código Penal francés (1791/1810).............................52

Muestrario de ilustraciones..65

Parte XII

Modernización del discurso jurídico-penal en el imperio español

....77

Entre guerras de fin de siglo (1793-1799)..................................78

Trastocada la soberanía española (1808)..................................81

Reformas constitucionales del reino español (1808 - 1821)..............84

• Intrigas en el reinado de la Ley / soberanías en disputa.........86

  -Inalterado el monopolio de la religión católica.........93

- Reformas a las políticas de gobierno en las colonias..................94
- De la *libertades* de expresión e imprenta..............95

- Conflicto de intereses con el sector privado..........95

• Aprobación de la constitución de 1808.........................96

La Constitución de Bayona (1808)...98

• Ajustes constitucionales al Derecho Penal....................100

El nacionalismo católico español y la supresión de la Constitución de 1808 103

Ajustes en la economía política de los gobiernos coloniales............104

Consejo de Regencia de España e Indias (1810)......................105

Guerra de independencia española / Congreso nacional de diputados (1810-1812)..109

• Resquebrajamientos de las lealtades coloniales a la corona española..111

• Productividad estratégica de las *reformas* constitucionales......113

- De la *libertad* de imprenta............................113

-El poder de indulto en el contexto de la guerra.......114

• La Religión: arma ideológica al servicio del Estado..............116

• Ratificación de las razones de guerra en España (1811)..........118

Reformas al Derecho Penal en el contexto de la guerra....................119

• Abolición de la tortura judicial y las penas de tormento.........120

• De los condenados a la pena de muerte......................121

Constitución política de la monarquía católica española (1812).........122

• Administración judicial y penal............................129

• Una para todos, todos para Una...........................133

- Ciudadanía española a los americanos...............134

- Obligación del servicio militar......................135

- Prevalece la trata humana y la esclavitud............135

- La Educación: dispositivo de subyugación ideológica del Estado..136

- Libertades políticas *liberales*............................137

Tratado de Valençay (1813): fin de la guerra entre España y Francia..137

Restitución del absolutismo monárquico (1814)........................138

- Restablecimiento del antiguo régimen de Ley en las Américas 142

- Reformas constitucionales al absolutismo monárquico..........145

Restauración del régimen constitucional (1820) / Restauración del régimen absolutista (1823)..146

- Inmutabilidad del Derecho Penal (1808-1821)................147

Código Penal de 1822...148

- De la pena de muerte...150

- Delitos contra la Moral / Penas moralizadoras..................159

- Delitos contra las "buenas costumbres"............159

- Delitos relativos a la libertad de imprenta / derechos políticos-civiles...161

- Del poder de indulto..161

De la pena de muerte: entre la horca y el garrote (1823-1832)..........162

Constituciones españolas (1837/1845/1857)...........................163

- Leyes Especiales para las colonias de Cuba y Puerto Rico (1837) 164

- Censura a la libertad de imprenta....................165

Códigos penales españoles (1848/1850)..................................165

- La pena de muerte: espectáculo público / ejecución por garrote 167

- Crueldad de las penas / la "pena de argolla"....................169

- Pena de cadena perpetua y temporal / trabajos forzados / servicio militar..169

- Las penas a los enloquecidos..170

- Delitos contra la religión / delitos eclesiásticos................171

- Delitos-Pecados: Aborto / Adulterio................................172

- Asociaciones ilícitas...174

- Carácter clasista de las penas / criminalización de la pobreza 174

Constituciones españolas (1869/1876)..................................175

El Código Penal de España (1870) / Reforma penal europea..........176

- La pena de muerte en Europa..177

- Reforma carcelaria / modelo penitenciario.......................179

- Afinaciones ideológicas / refinamientos estratégicos.........181

   - Leyes penales en el ámbito doméstico: sexualidad, matrimonio y familia...183

Constitución española de 1883: fallido intento de secularización del Estado de Ley..186

Muestrario de ilustraciones..189

Parte XIII

El Derecho Penal
en la era (pos)colonial de las Américas

El discurso independentista y las constituciones (pos)coloniales (1810-1824) 203

Códigos penales (pos)coloniales: réplicas del derecho penal español 208

Primeros códigos penales latinoamericanos (1830-1837)...............210

La moral absolutista de la cristiandad en los estados (pos)coloniales...215

- Delitos contra la Religión...215

- Delitos contra la moral y las "buenas costumbres"..............216
- Dominación patriarcal / control sobre la sexualidad............217
  - El delito de aborto.......................................218
  - Moral sexual del Estado / prostitución....................219
  - Matrimonio (i)legal / amancebamiento / bigamia........221
  - Delito de incesto...222
  - Castigos domésticos......................................222
  - Delito de adulterio.......................................223
  - Poder disciplinario / castigo correccional................224

La pena de muerte en los estados (pos)coloniales.....................226
- Excepciones al delito de homicidio / derecho de asesinato.....231
- Criminalización del suicidio..................................233

Política (pos)colonial sobre las poblaciones indígenas...................233
Prohibición de la trata / abolición de la esclavitud.......................234
Reformas constitucionales / reformas penales (1848-1898)............236
- Delitos contra la Religión / libertad de culto / *separación* de Iglesia y Estado..240
  - El fantasma de la moral cristiana / represión sexual......243
- Criminalización de la pobreza / delitos de vagancia y mendicidad...247
- Reforma penitenciaria / confinamiento solitario / pena moralizadora...248
- La pena de muerte: preservación y abolición..................251

Código Penal *para* las "provincias" de Cuba y Puerto Rico (1879).......257
- Delitos contra el orden público...............................260
- Esclavitud y patronato..261
- Pena de muerte / cadena perpetua / penas de prisión..........263

• Delitos contra la religión y la moral pública……..…………..264

Transnacionalización del Derecho Penal……………………….265

El imperio de la Ley al fin del siglo XIX………………………..268

Parte XIV

Imperio de Ley y Derecho Penal en la Norteamérica (pos)colonial

Conquistas y colonizaciones británicas en Norteamérica (S. XVI)……..275

Constituciones teocráticas y Derecho Penal en las colonias británicas del siglo XVII……………………………………………………………..281

- La pena de muerte en las colonias cristianas de Norteamérica …………..……………………………………………………289

- *Nuevos* códigos penales: castigos corporales / encarcelamiento …………………..……………………………………………293

Reformas políticas / violencias penales (siglo XVIII)………………..296

Legislación penal clasista y racista / servidumbre / esclavitud (Siglo XVII-XVIII)…………………………………………………………...299

Escenario jurídico-político de la guerra de independencia (1763-1775) ……..…………………………………………………………………...303

- Crímenes de rebelión, sedición y traición…………...……..…….309

- Declaración y guerra de independencia (1776)……...…..……310

Constituciones de los estados independientes de Norteamérica (1776-1787) …………………………………………………………...……313

- Derecho Penal (pos)colonial (1776-1787)……………...……316

Constitución de los Estados Unidos de América (1787)……….…...……320

- Enmiendas constitucionales / carta de derechos (1789-1791) …….…………………………………………………………..326

- Código criminal del gobierno federal (1790)……...…………327

  - Crímenes políticos / criminalización de "extranjeros" ……………………………………………...…………330

Conquistas territoriales e integración de nuevos estados (1787-1898)
....331

Situación laboral / criminalización de las luchas obreras................334

Derecho Penal en los Estados Unidos de América (Siglo XIX).........336

- *Nuevo* código criminal (1827) / Reforma del sistema penal (1824-28)...338

  - De la pena de muerte..343

- Código de crímenes y castigos (1828)...............................345

- Reforma del sistema carcelario / castigo y "rehabilitación" (1824-1828)...347

  - Disciplina carcelaria: confinamiento solitario y trabajo forzado...350

  - Adoctrinamiento religioso / educación....................352

  - Relación entre la pobreza y la criminalidad...............354

  - Cárcel de menores (Reformatorio)............................355

  - Cárcel de mujeres..356

  - Condenados a prisión perpetua...............................357

  - De la mortandad en las prisiones............................359

- Reforma en los códigos penales estatales y territoriales (1833- 1861)
....360

Esclavitud y racismo en la legislación penal...............................369

Constitución de los estados confederados / Guerra civil (1861-1865)
....374

- *Nueva* legislación penal y discrimen racial...........................378

Nuevos códigos penales / simulacros de reforma (1865-1898)..........380

- La pena de muerte / invención de la silla eléctrica...............387

Estado de situación a fin de siglo...389

- Guerra hispanoamericana / Expansión imperialista (1898)..........393

  - Gobierno colonial en las nuevas posesiones territoriales
....404

- De la razón capitalista y la ideología imperialista……...412
Consolidación transnacional del imperio de la Ley…………….....415

Muestrario de ilustraciones……………………………………….423

Parte XV

El espectro criminal
y el imaginario "científico" penal en el siglo XIX

…………………………………………………………….....……443

Las "ciencias" penales modernas: la criminología positivista, la psiquiatría y la antropología criminal………………………....……445

   • Los "absurdos" del sistema de justicia…………………...…..452

   • Condiciones "sociales" de la criminalidad …………………...454

      - Educación: medida "preventiva" del crimen …………457

   • Mujer criminal / misoginia patriarcal………………....………459

      -Aborto / Infanticidio / Abandono de menores……….460

      - Matrimonio / Adulterio / Divorcio …………………461

      - Prostitución……………………………………..…..463

   • El "criminal nato" / los "incorregibles"……………………465

   • El loco y la locura……………………………………….....467

      - Sujeto criminal / enfermo mental……………………470

   • De la pena de prisión……………………………………….474

   • La pena de muerte………………………………………..479

Notas preliminares sobre el provenir del Derecho Penal…………...482

Muestrario de ilustraciones………………………………………487

Referencias Bibliográficas / Documentos

………………………………………………………………....499

Parte XI

Reformas al Derecho Penal europeo en los siglos XVII y XVIII

Parte XI

Reformas al Derecho Penal europeo en los siglos XVII y XVIII

"La ley te hace sufrir porque eres culpable, porque puedes serlo, porque quiere que lo seas."
C. Beccaria (1764)

El imaginario jurídico-penal de la cristiandad europea no solo influyó sobre los procesos de conquista y proyectos de colonización de las naciones americanas y caribeñas desde inicios del siglo XVI. También definió una parte sustancial de los modelos constitucionales que se establecieron desde entonces, y moldeó los parámetros reguladores (mandamientos y prohibiciones) de las formaciones estatales emergentes con fuerza de Ley para castigar transgresiones. Durante los siglos subsiguientes los estados coloniales americanos estuvieron sujetos a la influencia ideológica de las potencias imperiales europeas, afectando radicalmente todas las dimensiones de la vida social e institucional, económica, política y cultural. Las instancias judiciales y penales en los estados coloniales de América eran relativamente similares a las existentes en Europa. Al margen de las contingencias regionales y variantes administrativas coyunturales, sus gobiernos estaban subordinados a las disposiciones legales (militares, civiles y criminales) de las metrópolis imperiales. Los ajustes estructurales en los estados de Ley de la cristiandad europea, sus reformas institucionales y sus refinamientos ideológicos, también afectaron directamente a las colonias americanas. No obstante los cambios legislativos y las modulaciones retóricas sucedidas gradualmente, las primitivas mentalidades que moldearon el imaginario jurídico-penal de la cristiandad europea prevalecieron virtualmente intactas en el devenir de los tiempos, conservando sus antiguos preceptos ideológicos y sus prácticas.

A partir del siglo XVII, más allá de las discordias políticas y guerras entre los estados europeos, de sus relativas *diferencias* socio-culturales y arreglos constitucionales, las reformas estructurales en sus instituciones judiciales y prácticas penales acentuaron el carácter transnacional de la ideología imperialista del discurso de la Ley y su poder penal. La aparición y desaparición histórica de imperios, de reinos y estados nacionales, así como la relativa variabilidad de sus respectivos regímenes de gobierno, no indujeron cambios sustanciales sobre las antiguas premisas ideológicas del Derecho Penal. Las relaciones de dominación arraigadas en el imaginario imperialista de la Ley fueron reproducidas invariablemente aún en contextos de guerras civiles o entre naciones; aún donde prevalecían relaciones de producción feudal o donde se hubieran desarrollado las fuerzas productivas del capitalismo; e independientemente de las administraciones de gobiernos y las relativas variantes constitucionales, fuesen despóticas, democráticas o monárquicas, civiles o militares. El derecho estatal a castigar seguiría siendo valorado como un efectivo mecanismo disciplinario y regulador de las relaciones sociales, culturales, económicas y políticas; como tecnología de subyugación ideológica de primer orden para la preservación y sostenimiento general del poder estatal bajo el imperio de la Ley.

El monopolio de la violencia reguladora, coercitiva y punitiva del poderío estatal, ordenado en los textos constitucionales y estructurado para efectos administrativos en los códigos penales formales y marginales (leyes especiales, decretos reales, ordenanzas municipales, reglamentos institucionales, bandos de "buen gobierno", etc.), sería preservado sin trastoques mayores durante los siglos XVIII y XIX.[1] Las élites intelectuales de la época (filósofos y políticos, juristas e historiadores), aún las más críticas de sus crueldades históricas, vendrían a refinar las

---

[1] Las similitudes entre los códigos penales europeos a partir del último tercio del siglo XIX (España, Francia, Austria, Prusia, Portugal, Italia, Noruega, Suecia, Bélgica, Dinamarca, Países Bajos, Alemania y Hungría) lo evidencian. Estos códigos penales aparecen traducidos y transcritos en el *Código Penal de España* (1870); Tomos I-VIII; Concordado y Comentado por Groizard, Alejandro D. y Gómez de la Serna, Pedro (1870-1899); Biblioteca Nacional de España. Un tratado comparativo, publicado con anterioridad en el Estado de New York (1865) integra las referencias a los códigos europeos reformados a mediados del siglo XIX: Penal Code of France (1810) • Penal Code of Prussia (1851) • Penal Code for Bavaria (1813) • Penal Code of Saxe-Weimar (1838) • Penal Code of Spain (1848) • Penal Code of Baden (1845) • Penal Code of Austria (1852) • Penal Codes of Switzerland (1816-1843) • Penal Code of Sardinia (1839) • Penal Code of Russia (1846) (Code of Capital and Correctional Punishments); en *A Brief Account of the Principal Penal Codes of Continental Europe*; Anexo al informe de la comisión codificadora del Estado de New York; *The Penal Code of the State of New York*; Albany, 1865. Digitalizado en http://books.google.com)

retóricas legitimadoras del Derecho Penal, procurando su productividad estratégica, su eficacia y efectividad ideológica, dentro del proyecto general de control y dominación de los estados de Ley.²

La agenda política de las *reformas* penales de la época trascendió fronteras nacionales. La relativa liberalización de los derechos de imprenta hizo posible la uniformidad definitiva de los contenidos matrices de los códigos penales europeos, consolidando progresivamente un imaginario jurídico-penal equivalente en todos los dominios de Occidente. Aún dentro de la amalgama de diferencias y contradicciones teóricas, filosóficas, políticas y morales, las pautas ideológicas establecidas en las obras de los antiguos filósofos estadistas atenienses (siglos V y IV a.C.) y sus repetidores romanos, así como sus adaptaciones en los textos constitucionales de las antiguas teocracias imperiales romanas y de los sucesores reinos germánicos (siglo VI y VII), continuarían moldeando el discurso del Derecho Penal en conjunto, reteniendo las mismas categorías criminales y reproduciendo mecánicamente sus prácticas penales, ajustadas a los requerimientos políticos y condiciones económicas de las respectivas jurisdicciones nacionales.

---

² Las tecnologías de imprenta posibilitaron la publicación y circulación internacional de obras de juristas, políticos, historiadores, filósofos y teólogos críticos de la Iglesia católica romana, de sus crímenes y corrupciones institucionales así como de sus miembros particulares. A pesar de la rígida política de censura de la Iglesia católica, las producciones intelectuales de escritores y artistas protestantes, *liberales* y *humanistas* cristianos cruzaron fronteras e influenciaron los circuitos académicos y políticos en los reinos y colonias católicas. No obstante, el contenido relativo al Derecho Penal en sus obras no contradijo sus preceptos fundamentales. Entre los principales autores "cristianos" que trataron temas relativos a la *reforma* del Derecho Penal entre el siglo XVI y XIX figuran prohibidos por la Iglesia católica romana: • Erasmo de Rotterdam (1500) • Hugo Grotio (1626) • René Descartes (1633) • Thomas Hobbes (1649) • Blaise Pascal (1657) • Michel de Montaigne (1676) • John Locke (1734) • Charles de Secondat de Montesquieu (1762) • Jean-Jacques Rousseau (1762) • Cesare Beccaria (1766) • Voltaire (1789) • Jeremie Bentham (1819) • Juan Antonio Llorente (1822) • Immanuel Kant (1827) • Víctor Hugo (1834) • John Stuart Mill (1856) • Enrico Ferri (1895) (*Index Librorvm Prohibitorvm* (1564-1948) (Digitalizado en http://www.cvm.qc.ca) Las obras de filósofos políticos ateos, como Sade, Nietzsche y Marx, no figuran en el índice de libros prohibidos.

El mismo andamiaje ideológico sería reproducido en todos los estados de Ley en Occidente, así en los textos constitucionales como en los códigos penales *reformados* en los estados europeos y en los estados (pos)coloniales de América desde finales del siglo XVIII y en el devenir del siglo XIX. Al margen de las condiciones reales de existencia de la mayor parte los seres humanos que habitaban las diversas jurisdicciones estatales o nacionales, y siempre de manera parcializada a favor de las clases privilegiadas, el discurso oficial de los gobiernos conservaría para sí el monopolio exclusivo de la violencia represiva, disciplinaria y punitiva bajo el imperio de la Ley.[3]

La violencia constitutiva de la Ley / Fundamentos del Derecho Penal (Siglos XVII-XVIII)

La convergencia general de los proyectos reformistas, más allá de las diferencias puntuales entre estrategas e ideólogos conservadores y liberales de la época, y sin menoscabo del objetivo de robustecer el poder represivo del Estado, aconteció alrededor de cuestiones relativas a las funciones ideológicas del Derecho Penal como garante preservador y estabilizador de los ordenamientos jurídicos-constitucionales reinantes. El discurso de la reforma penal, sus contenidos programáticos y las retóricas que los sostuvieron -incluyendo sus incongruencias teóricas, incoherencias políticas-administrativas, ambigüedades epistémicas, contradicciones filosóficas e inconsistencias morales- cumplía una función política concreta y de carácter transnacional: subyugar ideológicamente a la ciudadanía bajo el dominio imperial de la Ley. Durante este periodo histórico, además de reproducirse la ideología penal predominante en los estados de la cristiandad europea desde el siglo VI, la racionalidad jurídico-penal de las antiguas jurisprudencias atenienses del siglo VI a.C. (tácita en

---

[3] La proclama del nuevo Código Penal del imperio ruso (1846) ejemplifica el carácter redundante y reiterativo de la racionalidades reformistas de la época: "It was necessary to introduction of order and clearness in the laws, in order to guarantee the security and rights of my well-beloved subjects (…) …brought into conformity with the social condition of the people, and the exigencies of usage; (…) that each misdemeanor (crime) shall have a fixed penalty or repression analogous to its nature, and proportioned to its culpability, in order to interdict, as far as is possible, arbitrariness in the judgment, and to place the criminal under the direct action of the law alone." (Code of Capital and Correctional Punishments; Rusia, 1846)

todas las legislaciones teocráticas occidentales) reapareció con fuerza decisiva.

Al margen de los formalismos técnicos y mecánicas de los textos legales de la época, de la parquedad retórica de los legisladores y de las características autoritarias que invariablemente estructuran las prohibiciones y mandamientos de las leyes, y más allá de las apologías y demagogias de sus promotores, las obras literarias de los filósofos políticos y juristas del siglo XVII -de modo similar a los intelectuales estadistas de la antigüedad- reconocieron la violencia constitutiva del poderío imperialista de la Ley y la existencia de una fuerza física superior e independiente de las racionalidades legitimadoras (el poder represivo del Estado) como condición previa y soporte permanente de sus dominios. Los contenidos y justificaciones de las leyes (la seguridad y el bienestar público y estatal, la protección de derechos civiles y de la propiedad privada, la búsqueda de la felicidad y la complacencia de la voluntad divina y del deseo general, la defensa de la libertad individual y la realización de la justicia, entre otros) estaban ligados al poder de imponerlos de manera generalizada y de reprimir a sus detractores. Por encima de las modulaciones retóricas de las *reformas*, la primitiva ideología del Derecho Penal se conservó de manera intacta en las prácticas legislativas, judiciales y penales del siglo XVII. El requerimiento de una fuerza suprema que reforzara la autoridad de la Ley y viabilizara la realización de sus exigencias no le era desconocido a los intelectuales reformistas de la época. Por el contrario, lo *reconocían* como interés apremiante y *natural* del Estado. El filósofo inglés Thomas Hobbes (1651) lo advertía[4]:

> "...antes de que puedan tener un adecuado lugar las denominaciones de justo e injusto, debe existir un poder coercitivo que compela a los hombres, igualmente, al cumplimiento de sus pactos, por el temor de algún castigo más grande del beneficio

---

[4] La distinción entre los términos derecho (*jus*) y ley (*lex*), según Hobbes, estriba en que la primera pertenece al orden de la libertad que por condición natural del ser se tiene para hacer u omitir, usando su propio poder como quiera, para su propia conservación, es decir, la de su propia vida. La segunda, la ley, a diferencia, determina y obliga a omitir o a hacer. (Hobbes, Thomas; *Leviatán* (1651); Parte I; capítulo XIV; Editorial *Universitaria;* Universidad de Puerto Rico, 1966; p.113)

que esperan del quebrantamiento de su compromiso."⁵

Según Hobbes, la fuerza y la justicia (el derecho) eran los dos brazos del Estado, y ninguno podría subsistir si la fuerza estuviera separada de la justicia, pues ésta no tendría autoridad para mandar o gobernar[6]:

> "Los pactos que no descansan en la espada no son más que palabras, sin fuerza para proteger al hombre, en modo alguno."[7]

La misma racionalidad aparece en la obra contemporánea del filósofo francés Blaise Pascal:

> "...la justicia sin la fuerza es impotente; la fuerza sin la justicia es tiránica. La justicia sin fuerza es contradictoria porque siempre hay malvados; la fuerza sin la justicia es acusada. Es preciso, pues, unir la justicia y la fuerza; y ello para hacer que lo justo sea fuerte o lo que es fuerte sea justo."[8]

La justicia -añade Pascal- es siempre objeto de discusión, mientras que la fuerza es perfectamente reconocible y no está sujeta a discusión. La fuerza antecede a las razones de las leyes, que presumen representar la justicia y el derecho; y a la vez define e impone sus sentidos dentro del marco de la Ley. Haciéndose eco

---

[5] Hobbes, T.; *Leviatán*, capítulo XV; op.cit., p.125.

[6] Op.cit., Parte II; capítulo XXVI; p.226.

[7] Op.cit., capítulo XVII; p.147.

[8] Pascal, Blaise (1623-1662); *Pensamientos*; Editorial *Alianza Editorial*, Madrid, 1996, pp.46-47. Coincidente con los antiguos filósofos y juristas atenienses, Pascal reconocía el carácter histórico, contextual y cambiante de los entendidos sobre lo justo y lo injusto: "...no hay justo ni injusto que no cambie de cualidad al cambiar el clima. Tres grados de elevación hacia el polo cambian toda la jurisprudencia; un meridiano decide sobre la verdad. En pocos años de posesión las leyes fundamentales cambian, el derecho tiene sus épocas..." Y concluye: "¡Curiosa justicia que un río limita! Verdad a este lado de los Pirineos, error al otro." (Op.cit., p.37)

de las divagaciones teóricas de los antiguos juristas y teólogos de la cristiandad, Pascal reconoce que "...no pudiendo hacer que lo que es justo sea fuerte, se ha hecho que lo que sea fuerte sea justo."[9]

Recitando las premisas de las constituciones y códigos legales vigentes en la Europa de la época, Hobbes reiteró que con anterioridad a la Ley no existe transgresión de la Ley, y todo castigo supone un hecho juzgado como transgresión de la Ley.[10] Castigar al margen de las prescripciones legales civiles reaparece como una acción contraria a las leyes de la naturaleza, que son manifestaciones de las leyes divinas. Dentro de este arreglo ideológico, "la medida de las buenas y malas acciones es la ley civil"; "el juez es el legislador que siempre representa al Estado" y los transgresores de las leyes son sus "enemigos".

Para los intelectuales europeos del siglo XVII, el *sentido* matriz de la justicia, del derecho y de las leyes, seguía siendo el predeterminado en las *sagradas* escrituras judeocristianas y en las nociones cristianizadas del "derecho natural" greco-romano. Las críticas a la aparente contradicción entre la justicia y la fuerza remitía a las leyes seglares o eclesiásticas, así como a las prácticas sociales que no se ceñían a los primitivos preceptos ideológicos de la justicia divina y el derecho natural. Pero al margen de las divagaciones teológicas y filosóficas, el poder penal seguía jugando un papel determinante en la confección diferencial entre lo justo y lo injusto. La legitimidad del derecho estatal a castigar seguía fuertemente arraigada en la imaginería religiosa, y los principales intelectuales de la época se encargaron de reforzarla. La obra de Hobbes ilustra con nitidez la mentalidad jurídico-penal-religiosa dominante en la Europa del siglo XVII:

> "Delito es un pecado que consiste en la comisión (por acto o por palabra) de lo que la ley prohíbe, o en la omisión de lo que ordena. Así pues, todo delito es un pecado."[11]

Y el pecado -añade- "no es solamente una transgresión de la ley, sino, también, un desprecio al legislador", y ese desprecio

---

[9] Op.cit., p.47.

[10] Hobbes, T.; *Leviatán*; Parte II; capítulo XXVIII; op.cit., p.259.

[11] Op.cit.; Parte II; capítulo XXVII; pp.243-256.

constituye "un quebrantamiento de todas las leyes." Los intelectuales de la época tampoco cuestionaron las tipificaciones delictivas existentes desde la antigüedad, y se limitaron a reforzar los fundamentos de legitimidad del primitivo derecho estatal a castigar, incluyendo el derecho a penar con la muerte. Ya a inicios del siglo XVII el filósofo-jurista alemán Hugo Grotio (1625) había reiterado en su obra que toda transgresión a las leyes civiles son, por virtud del derecho natural, objeto de castigos: "...he who has done evil should suffer evil"; y que debía *enseñársele* al "malhechor" -por medio del sufrimiento- a no ofender la Ley. Según Grotio, el recurso de pena de muerte debía imponerse solo con fines ejemplares, de utilidad común y a discreción de las autoridades legales.[12]

> "But this kind of punishment cannot extend as far as death, except in what they call a reductive way (...) for incurable dispositions, it is better, that is less evil, to die than to live, since by living they are sure to become worse."[13]

Grotio coincide con las antiguas tradiciones del discurso jurídico-penal en que el fin de las penas no puede ser otro que evitar futuras transgresiones.[14] Cónsono con los lineamientos reformistas de la época, el filósofo alemán reiteró que el objeto de la potestad penal del Estado no era la venganza y que los castigos legales debían procurar cierta utilidad y bien común, es decir, hacer del condenado un "mejor ciudadano" ("to make a better man of the offender"); reformarlo. Grotio se hizo eco de la lógica penal en la obra de Platón: "No wise man punishes because wrong has been done, but in order that wrong be not done." En este sentido, ocasionar un daño a otro (castigar) sería contrario a los

---

[12] "But since the proof of the fact often requires great care, and the estimate of the punishment requires great prudence and great equity, communities of men have chosen, for those office, those whom they thought to be (...) the best and most prudent." (Grotio, Hugo; *On the Rights of War and Peace* (1625); Libro II; capítulo XX; en Morris, C. (Editor); *The Great Legal Philosophers: Selected Readings in Jurisprudence*; pp.101-103)

[13] Ídem.

[14] Ídem.

"dictados de la razón", excepto cuando existiera un "buen propósito" para hacerlo.[15]

Hobbes recicló la misma lógica, argumentando que las leyes debían prohibirse a sí mismas "...que al castigar se infligiera pena alguna que no tuviera como designio corregir al ofensor o servir de guía a los demás."[16]

> "...la finalidad del castigo no es la venganza y la descarga de la ira, sino el propósito de corregir tanto al ofensor como a los demás, estableciendo un ejemplo (...); los castigos más severos deben infligirse por aquellos crímenes que resultan más peligrosos para el común de las gentes..."[17]

Un objetivo común entre los ideólogos y estrategas *reformistas* del siglo XVII fue la reconstrucción del discurso histórico/mítico del Derecho Penal. De manera generalizada procuraron invisibilizar una parte sustancial de las violencias originarias de la Ley y legitimar su poder penal, haciéndolo aparecer como inherente a la *naturaleza* del Estado. En su obra, Hobbes reafirmó la antigua ideología política en la que se asentaban las constituciones y códigos de los estados europeos de la época, enmarcada dentro de la ficción jurídica del "pacto social" de subordinación *voluntaria* y consentimiento general a la dominación de las leyes estatales.[18] Según el filósofo inglés, las leyes son la "conciencia pública" por las cuales el pueblo se habría propuesto ser guiado. En este primitivo arreglo ideológico se hace residir el origen del mandato de obediencia al "poder soberano", representado en las leyes positivas (civiles) del Estado.[19]

---

[15] Ídem.

[16] Hobbes, T.; *Leviatán*; Parte I; capítulo XV; p.132.

[17] Op.cit., Parte II; capítulo XXX; p.285.

[18] Según Hobbes- son las leyes civiles las que dan lugar a la existencia de las desigualdades entre las gentes pues, no sólo porque dado por condición de la Naturaleza somos todos iguales sino más aún, porque pocos serían tan insensatos que no estimasen preferible gobernarse a sí mismos que ser gobernados por otros. (Op.cit., Parte I; capítulo XV; p.132)

[19] "De lo contrario, y dada la diversidad que existe de pareceres privados, que se

Posteriormente, el filósofo inglés John Locke (1690) reciclaría el mismo fundamento mítico. Según Locke, el *poder político* es aquél que, luego de haberlo tenido todo hombre en el estado de *naturaleza*, ha sido entregado en manos de la sociedad y que después "la sociedad" traspasó a los gobernantes, con expresa o tácita confianza de que será utilizado para su propio bien y la conservación de sus propiedades:

> "...el poder político consiste en el derecho de hacer leyes con penas de muerte, y por ende todas las penas menores, para la regulación y preservación de la propiedad; y de emplear la fuerza del común en tales leyes (...) y todo ello sólo por el bien público."[20]

El *origen* de este poder –añade- es el "consentimiento" de aquellos que forman la comunidad o sociedad política. El *propósito* de la autoridad estatal sería *proteger* los intereses de *sus* miembros. Así, la *finalidad* del poder estatal -por el cual los individuos "renuncian voluntariamente y transfieren al gobierno" la potestad penal y el derecho natural a la venganza- sería la "conservación" de las vidas, libertades y posesiones bajo su protectorado:

> "El hombre, por cuanto nacido (...) posee por naturaleza el poder no sólo de preservar su propiedad, esto es, su vida, libertad y hacienda, contra los agravios y pretensiones de los demás hombres, sino también de juzgar y castigar en los demás las infracciones de dicha ley, según estimare que el agravio merece, y aún con la misma muerte, en crímenes en que la odiosidad del hecho, en su opinión, lo requiere."[21]

---

traduce en otras tantas opiniones particulares, forzosamente se producirá confusión en el Estado, y nadie se preocupará de obedecer al poder soberano, más allá de lo que le parezca conveniente a sus propios ojos." (Op.cit., Parte II; capítulo XXIX; p.267)

[20] Locke, John; *Ensayo sobre el gobierno civil* (1690); Oficina de publicaciones de Estudios Generales, Departamento de Ciencias Sociales; Universidad de Puerto Rico; capítulo I; p.4.

[21] Capítulo VII; op.cit., p.31.

Según Locke, la subsistencia de la "sociedad política" depende del poder de preservar la propiedad y castigar los delitos "de cuantos a tal sociedad pertenecieran". Para su preservación y funcionamiento efectivo, todos sus *miembros* deben abandonar su "poder natural" y someterse a la "protección legal que la sociedad estableciera." De este modo, "la comunidad viene a ser árbitro" y:

> "…mediante leyes comprensivas y parciales y hombres autorizados por la comunidad para su ejecución, decide todas las diferencias (…) entre los miembros (...) en lo tocante a cualquier materia de derecho; y castiga las ofensas que cada miembro haya cometido contra la sociedad; según las penas fijadas por la ley…"

En base al artificio ideológico del "contrato social", las castas intelectuales de la época reforzaron el fundamento mítico del poder estatal de castigar.

Los intelectuales estadistas de la época -igual que sus antepasados- reconocían que la obediencia a las leyes estaba condicionada, más que por la efectividad de los mecanismos represivos del Estado, por la eficacia de sus dispositivos de subyugación ideológica. Además de procurar hacer consentir la dominación de la Ley por temor a represalias y castigos, el poder legislativo debía persuadir a los súbditos a que creyeran justas y necesarias las prescripciones de las leyes, aún cuando no lo fueran. Reproducida al pie de la letra la racionalidad estratégica de los antiguos juristas greco-romanos, los intelectuales del siglo XVII advertían que las violencias originarias y constitutivas de las leyes debían ser eficazmente encubiertas y presentadas, si no como efectos de la voluntad general, al menos como garantes de los intereses del *pueblo* y no como arbitrariedades de la clase dominante o del poder de gobierno reinante. La Ley -decía Hobbes- es la palabra de quien tiene mando sobre los demás.[22] Pero, advierte Pascal:

> "No es menester que (el pueblo) sienta la verdad de la usurpación; habiendo sido introducida otras veces sin razón, ha llegado a ser razonable. Es

---

[22] Hobbes, T.; *Leviatán*; Parte I; capítulo XV; op.cit., p.137.

preciso hacerla ver como auténtica, eterna y ocultar su origen, si se quiere que no llegue pronto a su fin."[23]

Y más adelante concluye:

"Es peligroso decir al pueblo que las leyes no son justas, porque no obedece más que a causa de que las cree justas. Por ello es preciso decirles, al mismo tiempo, que hay que obedecerlas porque son leyes, de la misma manera que hace falta obedecer a sus superiores, no porque sean justos, sino porque son superiores. He ahí por donde toda sedición queda prevenida si se puede hacer entender eso (...) y esta es, propiamente, la definición de justicia."[24]

Igual que lo habían advertido los antiguos filósofos y juristas, la viabilidad del proyecto político del Estado y la productividad de sus leyes reside en hacer creer que son justas aunque no lo sean, y acostumbrar a los súbditos a obedecerlas por el solo hecho de ser leyes; a temer y respetar su autoridad sin cuestionar sus fundamentos, aunque las leyes humanas, por su naturaleza, cambien con los tiempos.

"La costumbre constituye toda la equidad por la sola razón de haber sido recibida. Es el fundamento místico de su autoridad. Quien la devuelve a su principio, la aniquila."[25]

La productividad ideológico-política de la ancestral práctica de fusionar el discurso de la Ley con elementos mítico-religiosos también fue reconocida durante este periodo histórico. Incluso anteriormente, a inicios del siglo XVI, el filósofo político Maquiavelo lo había expuesto:

---

[23] Pascal, B.; *Pensamientos*, op.cit., pp.38-39.

[24] Ídem.

[25] Ídem.

> "Y en verdad (...) no ha existido jamás un legislador que no haya recurrido a la mediación de un dios para hacer que se acepten leyes excepcionales, las que de otro modo serían inadmisibles."[26]

Para los filósofos de la cristiandad todas las religiones, excepto la suya, eran supersticiones, invenciones imaginarias enraizadas en el temor y la ignorancia. Los principales intelectuales cristianos del siglo XVII criticaron los usos que de la credulidad religiosa hicieron los antiguos regímenes de gobierno, como hacían los que le eran contemporáneos. Denunciaron que los gobernantes paganos (no-cristianos) manipulaban las supersticiones de sus súbditos para hacer pasar leyes como mandamientos divinos y justificar sus castigos en respuesta a sus demandas de justicia. Decía Hobbes que los primeros fundadores y legisladores de los estados de Ley, cuya finalidad era simplemente mantener al pueblo en obediencia y paz, se ocuparon de moldear las instituciones religiosas en "conformidad con su propósito", logrando que "...el vulgo considerara que la causa de sus infortunios fincaba en la negligencia o error (...) o en su propia desobediencia a las leyes, haciéndolo, así, lo menos capaz posible de amotinarse contra sus gobernantes."[27] En todos los lugares se ocuparon:

> "...primero de imprimir en sus mentes la convicción de que sus preceptos promulgados concernían a la religión, y no podían considerarse inspirados por su propia conveniencia, sino dictados por algún dios u otro espíritu; o bien que siendo ellos mismos de una naturaleza superior a la de los meros mortales, sus leyes podían ser admitidas más fácilmente."[28]

---

[26] En efecto –continúa Maquiavelo- numerosos son los principios útiles cuya importancia es bien conocida por el legislador y que, empero, no llevan en sí razones evidentes capaces de convencer a los demás. (Maquiavelo, N; *Discurso sobre Tito Livio*; Libro I; capítulo XI; según citado en Rousseau, J.J.; *El contrato social*; op.cit., p.81)

[27] Hobbes, T.; *Leviatán*; Parte I; capítulo XII; p.102.

Además:

"...tuvieron buen cuidado de hacer creer que las cosas prohibidas por las leyes eran, igualmente, desagradables a los dioses."

No obstante las críticas, el cuerpo de la Ley en el siglo XVII seguiría siendo un híbrido resultante de la fusión entre las prácticas de lo jurídico y el discurso religioso bajo el monopolio de la cristiandad católica y protestante. Todavía el principal fundamento de autoridad de las leyes estatales seguiría siendo religioso. Según el filósofo francés Jean Jacques Rousseau (1762), jamás Estado alguno fue fundado sin que la religión le sirviera de base.[29] Advertida la inefectividad de imponer la obediencia a las leyes por recurso exclusivo de la fuerza bruta, pero reconociendo al mismo tiempo que sin fuerza no bastaban sus razones para persuadir a los súbditos a que las obedecieran, el poder legislativo -apunta Rousseau- siempre ha tenido que recurrir a preceptos religiosos como fundamento de autoridad de las leyes.

"He allí la razón por la cual los jefes de las naciones han estado obligados a recurrir en todos los tiempos a la intervención del cielo, a fin de que los pueblos, sumisos a las leyes del Estado (...) obedecieran con libertad y soportaran dócilmente el yugo de la felicidad pública."[30]

Desde la antigüedad se *sabía* que no era el derecho de regencia del gobernante la garantía de gobernabilidad sino la obediencia de los súbditos, y que la manipulación de las credulidades religiosas siempre ha sido soporte fundamental al poder de gobierno. La Religión -coincidía el filósofo francés Montesquieu (1748)- ha servido siempre de apoyo a los estados, sobre todo cuando no bastan las leyes para mantener en calma al

---

[28] Ídem.

[29] Rousseau, Jean-Jacques; *El contrato social* (1762); Libro IV; capítulo VIII; Editorial *Editores Mexicanos Unidos*; México, 1992; p.194.

[30] Op.cit., Libro I; capítulo VII; pp.80-81.

país.[31] Cuanto más creyeran deber a la Religión -añade- más creerían deber en la Patria.[32] Según Montesquieu, la Religión de un Estado bien regido por sus leyes refrena las pasiones ciudadanas; y es tanto más efectiva cuanto más se adapta al régimen de gobierno existente.[33] Así, por ejemplo, los preceptos religiosos debían "inspirar horror al homicidio."[34]

Aunque admitida la manipulación estatal de las creencias religiosas y supersticiones para viabilizar objetivos políticos, la subyugación ideológica procurada del discurso religioso no residía exclusivamente en la dimensión psicológica de la credulidad. A la divinización de las leyes no le seguía de manera automática la obediencia a las mismas; y el solo hecho de interpelar la psiquis supersticiosa del pueblo y su disposición anímica a la credulidad religiosa no bastaba para hacerlo obedecer. Durante este periodo histórico, el terror a los castigos legales y divinos siguió siendo estimado por su productividad estratégica para la preservación y sostenimiento del Estado. El imaginario imperialista de la Ley, el carácter conservador y despótico de su poderío, y sus vínculos con la sanguinaria ideología penal de la cristiandad, reaparecen reivindicados en las obras *reformistas* de juristas, teólogos y filósofos de la época. Según Rousseau (1762):

> "Si algunos, después de haber reconocido estos mismos dogmas, se conduce como si no los creyera, que sea castigado con la muerte: ha cometido el mayor de los crímenes, ha mentido delante de las leyes."[35]

Todavía durante el siglo XVIII la Religión seguiría ocupando un lugar central entre las tecnologías de control y domesticación social, como parte integral del poder represivo del

---

[31] Montesquieu; C.L.S.; *Del espíritu de las leyes* (1748); Libro XXIV; capítulo XVI; Editorial *Porrúa*; México, 1987; p.295.

[32] Op.cit., capítulo VI; p.290.

[33] Op.cit., capítulo V; p.289.

[34] Op.cit., Libro XXIV; capítulo XIX; p.295.

[35] Rousseau, J.J.; *El contrato social* (1762); Libro IV; capítulo VIII; op.cit., p.200.

Estado. La ancestral *teoría* política del Estado y las relaciones imaginarias consignadas bajo el mito del "contrato social" serían nuevamente refrendadas. Según Rousseau, "cada cual, uniéndose a todos, no obedece sino a sí mismo."[36] El poder y la legitimidad general del Estado seguiría asentada en el artificio de "soberanía popular", y sus prácticas e intervenciones en la ficción ideológica del pacto de obediencia, respeto y sumisión *voluntaria* a los mandamientos de la Ley. Según el supuesto mítico del pacto social —en letra de Rousseau-:

> "...cada uno pone en común su persona y todo su poder bajo la suprema dirección de la voluntad general, y cada miembro es considerado como parte indivisible del todo."[37]

Paralelo a la consagración del mito legitimador del poder imperial de la Ley, los fundamentos del poder penal también se revalidaron en nombre de todos y por el bienestar, la libertad y la seguridad de todos. Pero el filósofo francés Montesquieu (1748) ya había advertido que se trata menos del ejercicio real de la voluntad popular que de la *creencia* en que en realidad se ejerce voluntariamente.[38] La obediencia a las leyes, a sus mandamientos y prohibiciones, aunque permanece invariablemente sujeta a la fuerza suprema del poder estatal para imponerla, seguía reconociéndose condicionada por la creencia en que *representan* la voluntad popular y en que su finalidad no es otra que la de proteger las libertades, derechos y propiedades de los súbditos-ciudadanos. Igual que sus predecesores, los intelectuales reformistas del siglo XVIII reconocieron que la productividad del poder penal no dependía exclusivamente de su fuerza represora

---

[36] "En fin, dándose cada individuo a todos no se da a nadie, y como no hay un asociado sobre el cual no se adquiera el mismo derecho que se cede, se gana la equivalencia a todo lo que se pierde y mayor fuerza para conservar lo que se tiene." (Op.cit.; Libro I; capítulo VII; pp.49-50)

[37] Rousseau establece una distinción entre el "ciudadano", que lo es en tanto partícipe de la "voluntad soberana" (que es el Estado) y "súbdito", que lo es, simultáneamente, por estar sometido a las leyes del Estado. (Ídem)

[38] Montesquieu; *Del espíritu de las leyes* (1748); Libro XII, capítulo II; op.cit., p.123.

sino, además, del poder de hacer creer que existe y se ejerce como garante de la libertad, los derechos y la seguridad prometida bajo el imperio de la Ley. El objetivo político de las críticas reformistas siguió siendo el mismo de siempre. El texto de Joseph Servan (1767) es ilustrativo:

> "...es preciso que las ideas de crimen y castigo estén fuertemente ligadas y se sucedan sin intervalo (...) Cuando hayáis formado así la cadena de las ideas en la cabeza de vuestros ciudadanos, podréis entonces jactaros de conducirlos y de ser sus amos. Un déspota imbécil puede obligar a unos esclavos con una cadenas de hierro; pero un verdadero político ata mucho más fuerte por la cadena de sus propias ideas. Sujeta el primer cabo al plano fijo de la razón; lazo tanto más fuerte cuanto que ignoramos su textura y lo creemos obra nuestra; la desesperación y el tiempo destruyen los vínculos de hierro y de acero, pero no pueden nada contra la unión habitual de las ideas, no hacen sino estrecharla más; y sobre las flojas fibras del cerebro se asienta la base inquebrantable de los Imperios más sólidos."[39]

De manera coincidente, el filósofo italiano Cesare Beccaria (1764) señaló que, si bien la historia *enseña* que debiendo ser las leyes pactos considerados de *hombres libres*, han sido pactos casuales de necesidades pasajeras; que debiendo ser dictadas por un desapasionado examinador de la naturaleza humana, han sido instrumentos de las pasiones de pocos.[40]

La crítica reformista acentuó de manera tácita la continuidad histórica de la dominación imperial de la Ley, y se hizo eco de los fundamentos míticos de las ancestrales tradiciones jurídico-penales greco-romanas. Aunque la injerencia eclesiástica sobre la producción legislativa iría mermando progresivamente,

---

[39] Servan, Joseph Michele Antoine (1767); según citado en Foucault, Michelle; *Vigilar y castigar: el nacimiento de una prisión*; Editorial *Siglo XXI*, México, 1976; p.107.

[40] Beccaria, Cesare; *De los delitos y de las penas* (1764); Editorial *Derecho*; Madrid, 1997; p.30.

los estrategas e ideólogos reformistas también conservaron los credos mítico/religiosos de la cristiandad y de sus principales promotores (Agustín de Hipona y Tomás de Aquino), pero modularon su lenguaje a tono con las condiciones políticas y requerimientos constitucionales de la época. De manera coincidente con la obra de Grotio (1623); Hobbes (1651); Pascal (1657); Locke (1690); Montesquieu[41] (1748) y Rousseau (1762); sostiene Beccaria (1764):

> "La justicia *divina* y la justicia *natural* son por su esencia inmutables y constantes (...) pero la justicia *humana*, o bien *política*, no siendo más que una relación entre la acción y el varío estado de una sociedad, puede variar a proporción que se haga útil o necesaria a la misma sociedad aquella acción."[42]

Los estrategas e ideólogos de las reformas constitucionales y sus leyes penales tomarían nota de estas observaciones e integrarían en sus cálculos económico-políticos la productividad de las prohibiciones y castigos de origen moral/religioso, ilustrado con nitidez en los códigos promulgados desde finales del siglo XVIII e inicios del siglo XIX. Plagiado al pie de la letra de los antiguos mitos filosófico-políticos y jurídicos del antiguo imperio ateniense, los promotores y beneficiarios directos del dominio imperial de la Ley justificaron el derecho estatal a castigar como derecho *natural*, inherente a la vida social e imprescindible para sostener sus ordenamientos políticos. Así como el antiguo discurso de la Ley ajustó la noción de "libre albedrío" en torno a

---

[41] Aunque Montesquieu sostenía que se debían castigar las herejías, argumentaba que la justicia humana poco o nada podía hacer sobre los que ofendían las materias divinas pues, al fin y al cabo, todo quedaría entre el hombre y Dios, que sabe la medida y el tiempo de sus venganzas. (Montesquieu; *Del espíritu de las leyes*; Libro XII, capítulo IV; op.cit., p.125)

[42] La idea de la *virtud* política puede, sin defecto, llamarse variable -sostiene Beccaria-. La que resulta de la virtud natural sería siempre limpia y manifiesta si las pasiones o la flaqueza de los hombres no la oscureciesen; pero la que dimana de la virtud religiosa es siempre una y constante, porque revelada por Dios inmediatamente está conservada por *Él* mismo. (Beccaria, Cesare; *De los delitos y de las penas*; op.cit., p.p. 28-30)

la idea del pecado, como condición justificante del castigo al pecador, la versión seglar de la época también adjudicó la *responsabilidad* absoluta del delito al sujeto, juzgándolo como origen de la culpa y convirtiéndolo en el acto en objeto central de la pena. Esta fórmula ideológica prevalecería invariablemente en las prácticas legislativas, judiciales y penales del siglo XVIII. No obstante, igual que los antiguos y las sagradas escrituras habían admitido que es la Ley la que hace el pecado, también los reformistas de la época reconocían que de criminal -como advertía Montesquieu- no hay verdaderamente más que aquello que la ley reprueba.[43]

El programa *humanista-moderno* de la reforma penal

El Derecho Penal en la Europa del siglo XVIII era considerado por los intelectuales humanistas como excesivamente cruel, irracional e injusto. En contraste, las críticas reformistas promovían "modernizarlo" y "humanizarlo" en todas sus dimensiones. Para el sistema de justicia tradicional –según Beccaria- era común sentenciar en complacencia con las leyes de los siglos más *bárbaros*. Su política, más que moldear calculadamente la psiquis de sus súbditos -como insistía Platón-, consistía en imponer la obediencia por recurso de amenazas y terror a los castigos. Beccaria describe el cuadro general en la Europa de la época:

> "Algunos restos de leyes de un antiguo pueblo conquistador, recopiladas por orden de un príncipe que hace doce siglos reinaba en Constantinopla (…) y envueltas en farragosos volúmenes de privados y oscuros intérpretes, forman aquella tradición de opiniones que en gran parte de Europa tiene todavía el nombre de leyes…"[44]

Montesquieu ya había denunciado que la severidad de las penas le es propia a los gobiernos despóticos, cuyo principio es el terror. A tal extremo que en estos estados se es tan desgraciado

---

[43] Montesquieu; *Del espíritu de las leyes*; op.cit., p.58.

[44] Con estas palabras Beccaria inicia el prólogo de sus escritos alegando a favor de la reforma de las leyes penales a partir de una crítica de las existentes.

que "...se teme perder la vida sin sentir miedo a la muerte" y "son suficientes (...) los suplicios, que quitan la vida sin martirizar."[45] En los estados constitucionales *modernos* -regidos por la "moderación"- los "motivos reprimentes" (como el amor a la patria, la vergüenza y el miedo a la censura) -sostiene el filósofo francés- *sirven* para evitar muchos delitos, y la mayor pena por una mala acción es quedar convicto de ella, por lo que las leyes civiles no necesitan ser excesivamente severas:

> "No hay que llevar a los hombres por las vías extremas. (...) Secundemos a la Naturaleza, que para algo les ha dado a los hombres la vergüenza: hagamos que la parte más dura de la pena sea la infamia de sufrirla."[46]

Un objetivo medular del discurso reformista era hacer creer que la autoridad legislativa podía gozar de independencia intelectual y neutralidad política, y que las penas impuestas correspondían a la *naturaleza* del delito y no al capricho de los legisladores o a la arbitrariedad de los jueces. Dentro de este arreglo ideológico, el poder penal aparece como instrumento racional moderno, *científico* e imparcial, mediante el cual el Estado -representante de la voluntad general- ejerce las justicias de la Ley. Al margen de las críticas reformistas, el repertorio de delitos seguiría siendo virtualmente el mismo que en la época imperial romana, en parte arraigado en las tradiciones penales de la antigua Grecia y en parte reforzado por las primitivas prescripciones penales judeocristianas. La reforma se concentraría, más bien, en cuestiones relativas a las prácticas penales existentes, a la efectividad de sus usos y su productividad dentro de la estrategia general de dominación estatal. El programa *modernizador* de las reformas penales de la época aparece condensado en el breve ensayo de Beccaria (1764):

> "¿Pero cuáles serán las penas que convengan a estos delitos? ¿La muerte es una pena verdaderamente *útil* y necesaria para la seguridad y para el

---

[45] Montesquieu; *Del espíritu de las leyes*; Libro VI, capítulo IX; op.cit., pp.56-57.

[46] Capítulo XII; op.cit., p.58.

buen orden de la sociedad? ¿Son *justos* los tormentos y las torturas? ¿Conducen al *fin* que las leyes proponen? ¿Cuál es la mejor manera de prevenir los delitos? ¿Son las mismas penas igualmente útiles en todos los tiempos?"[47]

Aunque existían discrepancias entre los principales exponentes reformistas, la obra del jurista italiano representa el cuadro ideológico general en el que habrían de enmarcarse los proyectos reformistas del sistema penal, legislaciones y códigos penales occidentales del siglo XIX. Las premisas centrales del programa reformista eran las siguientes:

-La atrocidad de las penas es, cuando menos inútil, si no perniciosa, y por tanto las penas deben dulcificarse al máximo;

-la tortura debe abolirse, pues en muchos casos sólo sirve para condenar al débil inocente y absolver al delincuente fuerte;

-el fin de las penas no es atormentar ni afligir, sino impedir al reo causar nuevos daños y retraer a los demás de la comisión de otros iguales;

-no es la crueldad de las penas uno de los más grandes frenos de los delitos, sino la infalibilidad de ellas;

-las penas deben ser proporcionadas a los delitos...;

-la verdadera medida de los delitos es el daño a la sociedad;

-las penas deben ser las mismas para el primero que para el último de los ciudadanos...;

-la pena de muerte no es útil ni necesaria.

---

[47] Beccaria, C.; *De los delitos y de las penas*, op.cit., p.50.

- *Innovaciones* retóricas al discurso jurídico-penal

El discurso de la reforma penal se presume *moderno* porque supone una ruptura con las tradiciones y racionalidades que le antecedieron. Según sus promotores, el contraste se da, primeramente, con relación a la fuerza absoluta del Rey, seguido de la arbitrariedades de los jueces. No obstante, los principales *teóricos* reformistas del siglo XVIII no cuestionaron los conceptos, definiciones y tipificaciones delictivas existentes y reproducidas de la teocracia imperial romana del siglo VI. Por el contrario, las refrendaron de manera tácita y sin miramiento. El objetivo político de las críticas reformistas siguió centrándose en cómo hacer más efectivas las condiciones de gobernabilidad general, procurando ajustar el poder penal del Estado a los *nuevos* requerimientos de época. Aunque las premisas matrices del discurso reformista también fueron copiadas de los antiguos textos constitucionales y códigos romanos, se hicieron aparecer como *innovaciones* intelectuales propias, *evolucionadas* en acorde al espíritu de la época y con base en el *progreso* de las *ciencias* positivas. Dentro de este cuadro ideológico, los *teóricos* reformistas del siglo XVIII promovieron depurar el discurso de la Ley y su Derecho Penal de sus ambigüedades constitutivas, definir con *claridad* los delitos y fijar con *exactitud* las penas correspondientes. La misma *preocupación* puede rastrearse hasta el siglo VI a.C. en las obras de los antiguos filósofos estadistas y jurisprudencias atenienses. La crítica reformista centró su atención en el carácter arbitrario y caprichoso de las decisiones de los jueces, como si su origen radicara en la *ambigüedad* del lenguaje, lo que posibilitaba imponer sentencias terribles, desproporcionadas e inútiles, allí donde pudieran haberse impuesto penas, quizás, menos terribles, proporcionales al delito, pertinentes a los objetivos de las leyes y útiles a la sociedad.

Ejercer el derecho a castigar -como ya lo advertía el filósofo griego Platón- debía ser bien visto no solo por la ciudadanía en general sino incluso por los castigados.[48] El objetivo

---

[48] El mismo entendido sería reproducido en la obra del filósofo estadista alemán Georg W. Hegel (1821). Según Hegel, el delito constituye una falta moral al Derecho y, como tal, la pena es el medio para enmendarla. La pena es, pues, la superación del delito, cuyo fin no sería otro que el de restablecer el Derecho. La aplicación del castigo -con base en las *teorías* de la prevención, de la intimidación, el escarmiento, la corrección, la ejemplaridad, entre otras- suponía

de la reforma era lograr que hasta las penas más terribles se asumieran como dadas en Justicia. Ese era el encargo del estratega político, ideólogo o filósofo, legislador o jurista. Ahí residía la posibilidad de ser *bien vista* la Ley y la violencia de su poder penal. Incluso la pena de muerte, los tormentos carcelarios y demás suplicios debían hacerse aparecer como arreglos legítimos, justos y necesarios para el bien común y la vida de cada particular.

Aunque las retóricas míticas de la justicia divina como fundamentos de legitimidad política para castigar todavía no habían agotado su eficacia ideológica y productividad política, el poder de gobierno estatal requería *nuevos* arreglos retóricos al discurso jurídico-penal tradicional. El efecto general de la reforma se operó en el orden del lenguaje, suplantando las premisas religiosas por premisas seglares. En la práctica, sin embargo, los proyectos reformistas de fines del siglo XVIII e inicios del siglo XIX reciclaron los ancestrales principios, objetivos, entendidos y clasificaciones del Derecho Penal, reclamando la observancia de sus *nuevas* regulaciones a pesar de que éstas ya estaban contenidas en las constituciones y códigos europeos precedentes. Así, por ejemplo, sus promotores demandaban que sólo fueran considerados crímenes penables los que estuvieran tipificados previamente como tales y que sus respectivas penas estuvieran expresadas literalmente en los textos de la Ley. Aunque entre líneas persistía la milenaria denuncia a las corrupciones del poder judicial, ignoraban u omitían, sin embargo, que las arbitrariedades judiciales de monarcas y magistrados también eran efecto de la obra legislativa, y que las prácticas penales impuestas discrecionalmente gozaban de fuerza de la Ley.

Invisibilizada la violencia que la define, la Justicia volvió a ser fijada entre los estrechos límites de la Ley, y reapareció en el orden del discurso reformista como librada al fin de la arbitrariedad de los jueces, de sus caprichos personales, de sus posibles perversidades y crueldades, e incluso de sus errores

---

-según el filósofo alemán- asumir la pena como un *bien* que es inmanente al orden interior del Derecho, dentro de la relación entre la Justicia y la Injusticia. La pena es–para Hegel- una justicia en sí y por sí: "Como ser racional, el delincuente es honrado con la pena (...) Este honor no llega a él si el concepto y la norma de su pena no se toman de su mismo acto y si es considerado el delincuente como un animal dañino al que habría que hacer inofensivo, o a los fines de la intimidación y de la corrección." (Hegel, Georg F.; *Filosofía del Derecho* (1821); Editorial *Claridad*; Buenos Aires, 1944; pp.106-107)

involuntarios, dada su naturaleza humana. Esta ficción jurídica revalidó la ilusión de autonomía y neutralidad política del discurso de la Ley con respecto a sus intérpretes y ejecutores autorizados, como si al fin se hubiese purificado el sistema judicial y penal de las faltas, corrupciones, negligencias, abusos y excesos que desde siempre habían caracterizado a los tribunales y sus magistrados.

Los reformistas de la época, igual que sus ancestros, creían que parte del problema de la ineficacia del poder penal estaba enraizada en la imprecisión del lenguaje que define el delito. Atendida esta ilusoria e ingenua creencia, imaginaron que la *claridad* del lenguaje reforzaría la justicia prometida por el Derecho Penal. Los mismos artificios ideológicos serían reproducidos en las reformas constitucionales y códigos penales europeos y americanos del siglo XIX.

- **La ficción de *proporcionalidad* entre el delito y la pena**

En consonancia con la ilusión de haber *clarificado* y precisado lo que constituye delito, los estrategas de la reforma insistieron en el imperativo de sistematizar su relación con las penas. Para los reformistas del siglo XVIII, como para sus antecesores, era preciso depurar la ficción jurídica de *proporcionalidad* entre el crimen y el castigo. Montesquieu ya había advertido que cuando un gobierno, con el fin de corregir un mal que le parece excesivo, impone una ley *dura* y cruel que hasta entonces no estaba vigente, si bien puede remediar de inmediato el mal, a la vez resta vigor a las leyes anteriores:

"...se gasta el resorte: la imaginación se acostumbra
a la pena extraordinaria y grande, como antes se
había hecho a la menor; y perdido el miedo a ésta,
no hay más remedio que mantener la otra."[49]

Rousseau compartía la misma impresión, advirtiendo que la frecuencia de suplicios es siempre un signo de debilidad o de

---

[49] El suplicio de la rueda –por ejemplo-, que fue aplicado a los delitos de robo en los caminos, si bien atajaron por algún tiempo el mal, poco después volvió a robarse tal y como era común antes. (Montesquieu; *Del espíritu de las leyes*; Libro VI, capítulo XII; op.cit., pp.58)

abandono de los gobiernos.⁵⁰ Los reformistas de la época -que nunca descartaron ni los suplicios ni la pena capital- promovieron mayor cautela y prudencia en el ejercicio de la autoridad penal, con miras a reforzar su productividad en el marco de la estrategia de dominación general del discurso de la Ley.

Coincidentes con las tácticas de subyugación ideológica programadas al menos desde los escritos de Platón, los estrategas de la reforma enfatizaron la necesidad de refinar las funciones psicológicas del poder penal. El objetivo no era *humanizarlo* sino hacer *creer* a la ciudadanía que existía una relación legítima y natural, racional y justa entre el delito y la pena. A los efectos, además de convenir en *clarificar* el lenguaje de sus definiciones y justificaciones, coincidieron en ocultar el carácter arbitrario, violento y cruel del poder penal. Aunque nunca existió un modelo racional uniforme o alguna metodología infalible para la consecución de sus fines, los estrategas e ideólogos reformistas resolvieron llenar el vacío como de costumbre, mediante el arte de la retórica. Moldeando a conveniencia el lenguaje "científico" de moda entre las élites intelectuales modernas, los ideólogos reformistas promovieron la ilusión de que en base a los nuevos conocimientos *científicos* se podría establecer al fin una relación de proporcionalidad entre el crimen y el castigo. Al mismo tiempo, aunque en lo sustancial nunca se darían cambios reales, las autoridades legislativas integrarían entre los fundamentos *modernos* del Derecho Penal su *naturaleza* "científica".

Los antiguos hacedores de leyes ya habían previsto que no era prudente juzgar sin distinciones todas las transgresiones, y que era una torpeza política castigar los crímenes sin discernir sus especificidades. Desde la antigüedad, las leyes penales calificaban diferencialmente las tipificaciones delictivas y sus códigos asignaban los castigos correspondientes, algunos de manera explícita y otros a discreción de los jueces. Contrario a lo que promulga la crítica reformista, el relativo poder discrecional de los jueces pertenecía a la lógica propia del Derecho Penal, que los investía de la autoridad formal de juzgar y del poder de castigar, ambos con fuerza de Ley.

Las *nuevas* formas de legitimar y regular las prácticas judiciales y penales tampoco guardan relación con la Justicia fuera del discurso de la Ley. La categoría Justicia fue apropiada y

---

⁵⁰ Rousseau, J.J.; *El contrato social*; capítulo V; op.cit., p.72.

resignificada por los propagandistas de la reforma, que celebrarían haber establecido en sus códigos penales un registro de castigos que, mediante el cálculo derivado de las *ciencias* modernas y en contraste con los modelos penales precedentes, guardaban finalmente una relación de *proporcionalidad* con la *naturaleza* del delito. Esta ficción ideológica jugaría un papel legitimador medular en todos los códigos penales de la época. Sin embargo, seguirían conservando los mismos delitos de los antiguos códigos, limitándose a moldear las prácticas punitivas de acuerdo a los cálculos político-administrativos de los estados de Ley.

- La ficción de *ejemplaridad* de la pena

Las reformas penales del siglo XVIII renovaron la lógica punitiva de la antigüedad más remota. Los castigos (re)codificados "científicamente" seguían cumpliendo la primitiva función vengativa de la Ley y, a la vez, el encargo de intimidar y disuadir al delincuente en potencia. Enmarcado en el antiguo principio de *ejemplaridad*, la reforma liberal-humanista ajustó el repertorio penal a los requerimientos gerenciales de los gobiernos de la época, sin alterar ni un ápice la ideología punitiva de la Ley.

Para que la pena fuera ejemplar, es decir, que ejerciera su alegado poder intimidatorio e influencia disuasiva entre los súbditos/ciudadanos era preciso publicitarla efectivamente. Como era costumbre, para cumplir sus objetivos *preventivos* el castigo debía *aterrar* a los delincuentes y criminales en libertad, así como *intimidar* de manera similar a los transgresores potenciales. A tono con esta creencia, el poder penal de la época conservó una parte sustancial del repertorio de suplicios para espectáculos públicos, desde castigos infamantes y torturas hasta la pena de muerte.

Desde el siglo XVII, la reconfiguración ideológica del derecho estatal a castigar enfatizó en ocultar su primitivo carácter vengativo y cruel tras el velo del eufemismo correccional (rehabilitador). En el curso de los siglos XVIII y XIX, los antiguos requerimientos disciplinarios de la Ley -impuestos invariablemente para todos los registros de la vida social- siguieron siendo extensivos a todos los dominios del Derecho Penal. Como en el pasado, el Estado no se limitó a castigar a los violadores de sus leyes sino que, además, procuró convertir sus prácticas penales en un gran mecanismo disciplinario y de subyugación ideológica, de domesticación política, encuadramiento moral. Pero su objeto no era exclusivamente el sujeto condenado, al que sometía directamente a sus tecnologías de modificación de conducta y personalidad. Las *nuevas* técnicas penales debían ser ejemplares a toda la población, influenciar profundamente la psiquis de los súbditos, persuadirlos por miedo a los castigos a obedecer los mandamientos de la Ley a la vez que disuadir a sus posibles transgresores. Los métodos de ejecución de las penas, la severidad de los suplicios corporales y de los tormentos psicológicos, el tiempo de las condenas y el monto de las multas, aunque especificados en los textos legales, siguieron estando sujetos a las consideraciones administrativas de los gobiernos de la época y predeterminados con arreglo a la arbitrariedad política del poder legislativo.

De la pena de muerte y la razón carcelaria

Antes del siglo XVIII -reconocen los estrategas e ideólogos-propagandistas de la reforma penal del siglo XIX- nadie había puesto en cuestionamiento la legitimidad de la pena de muerte.[51] Según los juristas españoles Alejandro Groizard y Pedro Gómez de la Serna (1870):

> "Ni en el mundo antiguo, ni en la edad media, ni después del establecimiento en Europa de las grandes Monarquías de derecho divino, se negó nunca al Soberano el derecho en ciertos casos de herir de muerte á los criminales con la espada de la justicia. Especialmente en esta última clase de gobiernos se consideró tan inherente á la potestad del Rey el derecho de vida y muerte sobre sus súbditos, que ni aun las formas del juicio se consideraron necesarias para su terrible ejercicio. (…) Una orden verbal del Monarca fue muchas veces una sentencia de muerte. Los teólogos defendieron esta doctrina, los jurisconsultos la decoraron; los publicistas la admitieron y los poetas y los pueblos la aplaudieron…"[52]

---

[51] Groizard, Alejandro D. y Gómez de la Serna, Pedro; Comentarios al Código Penal de España (1870); Tomo II; p.131.

[52] Ídem.

Según los juristas citados, el Derecho Penal que predominó en los siglos XVI, XVII y XVIII estuvo basado en el principio de "una exagerada intimidación", y el verdugo y el cadalso eran los "ordinarios recursos de la justicia." Para los *teóricos* reformistas, la pena de muerte como recurso de intimidación no siempre era efectiva e incluso en ocasiones resultaba contraproducente. No obstante, ninguno propuso abolirla sino aplicarla calculadamente en función de las exigencias gerenciales de sus estados de Ley.[53] Sólo algunos filósofos marginales, de escasa o nula influencia en el imaginario penal de la época, se habrían expresado a favor de abolir la pena de muerte. En 1795, a poco tiempo del triunfo de la *revolución* francesa, insistía Sade:

"No, no asesinéis a nadie: tales atrocidades son las propias de los reyes o de los depravados que los imitaron."[54]

Esta pena –añade- resulta injusta e inadmisible respecto a los valores *humanos* de la revolución francesa (1789). Sade confrontó los credos *racionalistas* que moldeaban la ideología penal de la época, criticó entre líneas la creencia generalizada en el principio de *ejemplaridad*, y puso en entre dicho las ilusiones derivadas de las nociones de *voluntad* y *libre albedrío* que justificaban la mecánica punitiva. Alegó que la ley que atenta contra la vida de un hombre, fría por su esencia misma, nunca podría ser accesible a las pasiones que pueden legitimar en el hombre la cruel acción del asesinato. El hombre -añade- recibe de la naturaleza las pasiones, los impulsos que pueden hacer que tal acción se le perdone, mientras que la ley -por el contrario- siempre en oposición a la naturaleza y sin recibir nada de ella nunca, no puede autorizársele a que se le permita el privilegio de los mismos excesos. La segunda razón por la que debía suprimirse la pena de muerte –añade Sade- es que nunca ha reprimido el crimen, y sin embargo al pie del cadalso se comete el crimen cada día.

---

[53] Incluso Beccaria, que había articulado una crítica incisiva a la pena de muerte en su tratado, reservaba su uso para determinados casos, como en los que se viera amenazado el Gobierno por movimientos revolucionarios.

[54] Sade (1795); *Elogio de la insurrección*; Editorial *El viejo topo*; España, 1988; pp.51-63.

"Debe esa pena eliminarse, en una palabra, porque no hay cálculo peor hecho que el de hacer morir a un hombre por haber matado a otro, puesto que de tal procedimiento resulta evidentemente que, en lugar de un hombre de menos, nos quedamos sin dos de un golpe, y sólo a los verdugos o a los imbéciles puede serles familiar semejante aritmética."[55]

Coincidente con Platón, Sade sostuvo que era imposible hacer leyes que tuvieran el mismo valor para todo el mundo. Éstas -insistía- debían ser en escaso número y tan dulces como para que cualquiera se pudiera amoldar fácilmente a ellas.[56] Pero la realidad política de la época no admitía mayor espacio a sus razonamientos liberales. La tendencia generalizada en todos los estados de Occidente seguía siendo preservar, consolidar y expandir el poder de control y dominación imperial de la Ley, y las inclinaciones reformistas dominantes no interesaban hacer otra cosa. El programa de Beccaria era el modelo más radical entre las corrientes reformistas europeas, y sus objetivos no incluían suprimir leyes, delitos y penas, sino hacerlas más útiles y efectivas para el Estado. La pena de muerte se preservó entre el repertorio penal de conservadores y reformistas liberales, y más allá de las críticas *humanistas* a los métodos atroces de ejecutarla, se concentraron en cómo hacerla más productiva, legitimándola como necesaria y útil para algunos casos y, para otros, desacreditándola como excesivamente cruel, injusta e innecesaria.

La pena de muerte seguiría siendo una práctica penal *legítima* para la mirada *humanista* de la época. Los proponentes de la reforma sostenían que para quitar la vida al reo las leyes y sus verdugos debían abstenerse de causarle daños y sufrimientos innecesarios, crueles e inhumanos. Sobre todo para los casos de condenados por convicciones religiosas, disidencias políticas o delitos comunes, para los que consideraban excesiva, injusta e innecesaria la pena capital. Igual que en el tratado de Beccaria, en la obra de Rousseau también se refrendaron las antiguas

---

[55] Ídem.

[56] Ídem.

tipificaciones delictivas penadas con la muerte en los estatutos y códigos existentes en todos los dominios europeos:

> "...todo malhechor, atacando el derecho social, conviértese por sus delitos en rebelde y traidor a la patria; cesa de ser miembro de ella al violar sus leyes y le hace la guerra. La conservación del Estado es entonces incompatible con la suya; es preciso que uno de los dos perezca, y al aplicarle la pena de muerte al criminal, es más como a enemigo que como a ciudadano."[57]

Según Rousseau, es mediante el proceso judicial donde se constituyen las pruebas y la declaración de que el sujeto ha violado el contrato social y, por consiguiente, ha dejado de ser miembro del Estado. Idealizando la integridad ética y política del poder judicial, de sus preceptos y procedimientos, y atribuyendo infalibilidad a sus sentencias, acentuó la legitimidad de la pena capital:

> "...reconocido como tal, debe ser suprimido, por medio del destierro como infractor del pacto o con la muerte como enemigo público, porque tal enemigo no es una persona moral, sino un hombre, y en ese caso el derecho de la guerra establece matar al vencido."[58]

Para la imaginería jurídico-penal de la época, la pena de muerte era solo una técnica disuasiva más entre las alternativas penales del Estado. Los *teóricos* reformistas sopesaron su productividad estratégica en base a especulaciones sobre su utilidad práctica. Además de cumplir el encargo de castigar merecidamente al condenado, el objetivo político de la pena de muerte era intimidar y disuadir (bajo el principio de ejemplaridad) de manera generalizada. Su valor de utilidad debía calcularse con relación a las demandas estatales de control social y domesticación política, vinculados en este escenario de época al

---

[57] Rousseau, J.J.; *El contrato social*; capítulo V; op.cit., p.70-72.

[58] Ídem.

desenvolvimiento de la economía capitalista y la aparición de *nuevos* requerimientos disciplinarios. Durante el curso del siglo XVIII nunca predominó entre los estrategas reformistas la idea de abolir la pena de muerte sino la de atemperar el repertorio penal a las exigencias coyunturales de gobernabilidad general. En este escenario de época, la razón instrumental prevaleció entre los reformistas, que consideraban más productivo para el Estado encarcelar e imponer penas de servidumbre involuntaria en lugar de matar a los condenados. Si los estados disponían de facilidades carcelarias para sacarle algún provecho a los reos sin riesgos mayores, debían hacerlo -insistía Rousseau en *El contrato social*-:

> "No hay malvado al que no se le pueda hacer útil para algo. No hay derecho, ni para ejemplo, de matar, sino a aquel a quien no puede conservarse sin peligro."[59]

Era creencia generalizada entre los reformistas *modernos* que la pena de muerte era un recurso *necesario* pero que debía limitarse a los crímenes más horrendos. Más allá de las retóricas humanistas, la sanguinaria ley del talión siguió rigiendo el espíritu vengativo de las leyes penales del siglo XVIII. La arcaica fórmula de que a todo delito le apareja una pena derivada de su propia naturaleza, y la primitiva idea de que la justicia consiste en hacer sufrir al delincuente un daño *igual* al que causó, siguieron siendo fundamentos legitimadores de la pena de muerte. Montesquieu -cuya obra sería influyente en los modelos penales europeos a partir de la revolución francesa- consideraba imprescindible la pena de muerte:

> "Un ciudadano merece la muerte cuando ha violado la seguridad de otro hasta el punto de quitarle la vida o de querer quitársela. Es la pena de muerte como el remedio de la sociedad enferma, como la amputación de un miembro gangrenado."[60]

---

[59] Ídem.

[60] Montesquieu; *Del espíritu de las leyes*; Libro XII, capítulo IV; op.cit., p.126.

Otros intelectuales contemporáneos le hacían eco. Sostenía Servan, por ejemplo:

> "Que se deje todavía subsistir esta irrevocable pena de muerte; pero por lo menos conservémosla como nuestro último recurso (...) para confiarle inexpiables fechorías."[61]

El filósofo alemán Immanuel Kant (1796) también abogó por preservar esa práctica sanguinaria del Derecho Penal.[62] Sin embargo, no comulgaba con los credos del *humanismo* moderno. Kant sostenía que el castigo jurídico no debía ser administrado como medio para promover el *bien* de la sociedad civil o contrarrestar el *mal* causado por el sujeto criminal, sino que debía imponerse únicamente porque el individuo al que se le inflige la pena ha cometido un crimen. La ley penal -según Kant- es un "imperativo categórico" y su violación acarrea la descarga de la Justicia, a la que le es propia por ley *natural* la pena de muerte:

> "Whoever has committed Murder, must *die*. There is, in this case, no juridical substitute or surrogate, that can be given or taken for the satisfaction of Justice."[63]

Aunque se hizo eco de la ancestral ley del talión, puso en entredicho la ficción de proporcionalidad de la pena capital, y despojó las ilusiones moralistas que la justificaban. En su lugar, reforzó su legitimidad dentro del ideario político-instrumental del poder penal de la Justicia de la Ley:

---

[61] Serván, Joseph M., citado en Imbert, J; *La pena de muerte*; Editorial *Fondo de Cultura Económica*, México, 1993; p.64.

[62] Kant, Immanuel; "Kant's Philosophy of Law (An Exposition of the Fundamental Principles of Jurisprudence as the Science of Right)" (1796); reproducido en Morris, C. (Ed.); *The Great Legal Philosophers: Selected Readings in Jurisprudence*; op.cit., pp.257-259. Kant comparte la impresión de Montesquieu, Rousseau y Beccaria y sostiene que, de ejecutarse el castigo de la pena de muerte no se debía hacer sufrir al condenado, por más abominable que fuera su persona.

[63] Ídem.

"There is no *Likeness* or proportion between Life, however painful, and Death; and therefore there in no Equality between the crime of Murder and the retaliation of it but what is judicially accomplished by the execution of the Criminal."[64]

La retórica kantiana vendría a reforzar las ilusiones racionalistas del Derecho Penal moderno, justificando su violencia vengativa y cruel bajo el eufemismo imperial de la "Razón universal" de la Justicia. De este modo, cualquier forma de asesinato debía seguir siendo castigada con la muerte, pero no el asesinato cometido por orden judicial y con fuerza de Ley.

"However many they may be who have committed a murder, or have even commanded it (...) they ought all to suffer death; for so Justice will it, in accordance with the Idea of the juridical Power as founded in the universal Reason."[65]

La *modernización* del discurso penal del Estado no implicó cambios sustanciales en las prácticas penales del siglo XVIII, como se evidencia en la preservación de las antiguas tipificaciones delictivas y en el ejercicio vengativo y cruel de las penas, aunque se presumieran más *humanas* y mejor pensadas que antes. Los estrategas reformistas de la época pusieron mayor énfasis en los efectos psicológicos del poder penal como parte integral de la maquinaria estatal de control disciplinario, subyugación ideológica, domesticación política y encuadramiento moral. Entre estas coordenadas, se ocuparon de hacer más productivas las penas y, consecuentemente, de sacarle un mayor provecho político a la vida y la muerte de los condenados. Las reservas y alternativas "humanistas" a la pena de muerte no eran de carácter moral sino estratégico-político. Este objetivo era compartido entre los intelectuales reformistas más allá de sus diferencias "teóricas". La obra de Beccaria es representativa. Según el filósofo italiano, no es la *intensidad* sanguinaria de la pena lo que causa mayor efecto sobre la psiquis humana sino su *extensión*. Los efectos ejemplarizantes

---

[64] Ídem.

[65] Ídem.

(intimidatorios y disuasivos) -insiste- debían imprimirse en la imaginación popular mediante la ejecución de penas duras y duraderas:

> "No es el freno más fuerte contra los delitos el espectáculo momentáneo, aunque terrible, de la muerte de un malhechor, sino el largo y dilatado ejemplo de un hombre que, convertido en bestia de servicio y privado de libertad, recompensa con sus fatigas aquella sociedad que ha ofendido."[66]

Coincidente con Beccaria, el filósofo político Voltaire (1766) sostenía que era preferible poner a trabajar a los condenados para fines públicos, es decir, servir al Estado mediante sus penas pues: "...su muerte sólo beneficia al verdugo, a quien se paga por matar hombres en público."[67] El breve espectáculo del suplicio, si bien puede aterrar a unos y entretener a otros, se olvida pronto –afirma Beccaria-. Las penas de cadena perpetua y trabajo forzado son más efectivas, porque le recuerdan a la ciudadanía la terrible suerte que puede correr quien quiera que viole las leyes. Para los reformistas modernos, las ilusiones de libertad entre la sociedad civil debían estar ligadas a la conciencia y el temor de perderla, y nada era más efectivo que la amenaza permanente y certera de la pena carcelaria.

Conservadores, reformistas liberales y humanistas favorecían la pena de prisión como medida de seguridad social y castigo justo, a la vez que como pena necesaria para *defender* y conservar el orden constitucional imperante. Pero además, las instituciones carcelarias debían evocar en todo momento las terribles condiciones de existencia a las que eran sometidos los reos. Enmarcada en una política de hostigamiento psicológico, la amenaza de encierro carcelario debía servir como recordatorio constante de que la vida en *libertad* sólo podía vivirse en consonancia con la Ley. A la par con el provecho económico que le representaba al Estado la servidumbre forzada de la población penal, la muerte civil del condenado y la garantía institucional de hacerlo sufrir la descarga de torturas disciplinarias y tormentos

---

[66] Beccaria, C.; *De los delitos y de las penas*; capítulo 28; op.cit., p.83.

[67] Voltaire (1766); "Comentario sobre Beccaria"; *De los delitos y de las penas*; op.cit.

correccionales, hacían de la pena de prisión un castigo más productivo e influyente en la psiquis social que la pena de muerte. Además, -según Beccaria- la experiencia de todos los siglos dicta que la pena de muerte, el último de los suplicios, no ha contenido a los hombres determinados a *ofender* a la sociedad:

> "No es, pues, la pena de muerte, un *derecho* (...) no puede serlo; es sólo una guerra de la nación contra un ciudadano, porque juzga útil o necesaria la destrucción de su ser."[68]

Parece un absurdo que las leyes, esto es, la expresión de la voluntad pública, que detestan y castigan el homicidio, lo cometan ellas mismas —concluía Beccaria-. No obstante el reproche moral de Beccaria, el asesinato judicial se conservó en los códigos penales de la época con la misma fuerza de legitimidad que en el pasado más remoto. Su permanencia y aplicación seguiría sujeta a consideraciones políticas coyunturales, a la racionalidad dominante entre las autoridades legislativas, al relativo poder discrecional de los jueces para conmutar las penas, y al milenario poder de perdón investido con fuerza de Ley a la máxima autoridad de gobierno.

Entrelazado con los procesos de consolidación de las economías capitalistas modernas, los sistemas jurídico-penales de Occidente retocaron sus fundamentos de autoridad y legitimidad. Todavía a fines del siglo XVIII la pena de muerte se presumía legítima si se ejecutaba con el fin exclusivo de salvaguardar a *la sociedad* de sujetos extremadamente *peligrosos*, cuando su vida constituyera una amenaza inminente que el encierro no bastara para contenerla. En tales casos, la atrocidad del crimen no admitía tratamiento correccional alguno, y se daba por sentado que no existía método alguno que pudiera expiar el alma del condenado o corregir su monstruosa perversidad. Este primitivo cuadro ideológico seguiría reproduciéndose en el curso del siglo XIX, incluso en base a los tratados de los principales críticos del asesinato judicial. Por ejemplo, Beccaria justificó la pena de muerte, no como un derecho sino como una "necesidad" en determinadas circunstancias. Primero:

---

[68] Beccaria, C.; *De los delitos y de las penas*; op.cit., pp.81-89.

"...cuando aún privado de libertad, tenga tales relaciones y tal poder que interese a la seguridad de la nación; cuando su existencia pueda producir una revolución peligrosa en la forma de gobierno establecida. Entonces será su muerte necesaria, cuando la nación recupera o pierde la libertad o, en el tiempo de la anarquía, cuando los mismos desórdenes tienen lugar de leyes..."[69]

El segundo motivo por el que puede considerarse "justa y necesaria" la pena de muerte -según Beccaria- es cuando ésta fuese "el verdadero y único freno" para contener a otros de cometer delitos. Es la misma racionalidad repetida por monarcas y gobernantes de todos los tiempos para justificar los crímenes de Estado, la represión de las disidencias y la ejecución de opositores políticos. Dentro de este marco ideológico prevalecerían las argumentaciones teóricas, filosóficas y morales a favor de la pena capital en el siglo XIX.

Reforma constitucional del imperio francés (1789)

A finales del siglo XVIII las guerras civiles en Francia convergieron en el derrocamiento del régimen monárquico absolutista y en la instauración de un *nuevo* régimen constitucional (1789).[70] Despojadas de sus antiguos privilegios legales la realeza, la nobleza y el clero, la clase política prevaleciente (burguesía) reconstituyó el discurso imperialista de la Ley en función de sus intereses, "bajo el auspicio del Ser Supremo" y para "la felicidad de todos."[71] La antigua demagogia legitimadora del poderío estatal y de la soberanía del monarca, arraigada en primitivos fundamentos religiosos, fue suplantada por una retórica populista de carácter seglar, también primitiva y no menos religiosa pero ajustada a los requerimientos ideológico-políticos de la *nueva* clase

---

[69] Beccaria, C.; *De los delitos y de las penas*; op.cit. p.82.

[70] La nueva constitución fue promulgada durante la regencia de Luis XIV (1774-1793). En 1793 fue guillotinado en la plaza pública.

[71] Constitución francesa (1791) / Declaración de los Derechos del Hombre (1789) (Digitalizado en http://es.wikisource.org)

dominante. El poder de gobierno soberano ya no tendría como referente mítico privilegiado a Dios sino a la Nación (Art.III). Al margen de los antagonismos y discordias entre las clases políticas, y de las violencias bélicas y matanzas entre sus respectivos partidarios, la *nueva* constitución se asentó en el constructo ideológico del "pacto social", prometiendo a todos los "miembros" de la sociedad la protección y disfrute de sus "derechos naturales, inalienables y sagrados", que sólo podrían ser limitados por la Ley (Art. IV). La Ley reaparece como "expresión de la voluntad general" (Art. VI) y "sólo tiene derecho a prohibir las acciones perjudiciales a la Sociedad." (Art. V):

> "Lo que no está prohibido por la Ley no puede ser impedido. Nadie puede ser obligado a aquello que la Ley no ordena."

Todos los ciudadanos reaparecen como "iguales" ante la Ley, "sea para proteger o para castigar"; y "todo Ciudadano requerido o aprehendido en virtud de la Ley debe obedecer inmediatamente, y se hace culpable si ofrece resistencia." (Art. VII). En idénticos términos a como articulaban los antiguos estrategas e ideólogos atenienses el lenguaje absolutista de la Ley, la jurisprudencia francesa de la época preservó intactas las antiguas ficciones jurídicas y su primitiva finalidad política: hacerse obedecer. En la ficción de "igualdad" ante la Ley seguiría procurándose invisibilizar las desigualdades realmente existentes. Pero, en la práctica, las leyes las seguirían reconociendo y reproduciendo sus condiciones de reproducción, ajustándolas en lo posible a su régimen de dominación general, ignorando las que le resultan insignificantes o improductivas, y reprimiendo o suprimiendo las que le son real o imaginariamente amenazantes a su orden de autoridad. Del mismo modo como rezaban las antiguas constituciones de la cristiandad europea y sus predecesoras, el *nuevo* régimen de poder estatal conservaría el monopolio de las violencias disciplinarias y represoras dentro del imaginario imperialista de la Ley y su Derecho Penal.

> Art. VIII -La Ley no debe imponer otras penas que aquéllas que son estrictamente y evidentemente necesarias; y nadie debe ser castigado sino en virtud de una ley establecida y

promulgada con anterioridad a la ofensa y legalmente aplicada.-[72]

Pero el abrogado poder de gobierno absolutista de los monarcas no emanaba de la gracia de Dios –porque la existencia de Dios también era invención de los gobernantes- sino de la potestad, la legitimidad y la fuerza autorizada de la Ley. Igualmente, las arbitrariedades judiciales se practicaban dentro del discurso de la Ley, que antes le llamaba Dios a lo que ahora llama Nación. Aunque la realidad cotidiana trasciende los idealismos del discurso imperialista de la Ley y pone de manifiesto, si no la ingenuidad de los crédulos, la ignorancia de sus acreedores, el carácter atávico y demagógico del texto constitucional francés se revela nítidamente en sus *nuevos* códigos penales.

- *Nuevo* **Código Penal francés (1791[73]/1810[74])**

Al margen de los reordenamientos de las relaciones políticas interiores, de los ajustes estructurales en las instituciones de gobierno y sus respectivas modulaciones retóricas, el andamiaje ideológico del Derecho Penal del *antiguo* régimen, sus premisas fundamentales y objetivos estratégicos, se preservaron intactos bajo la *nueva* constitución francesa. Más allá de algunos retoques en el ejercicio de las prácticas judiciales y penales, la jurisprudencia de la época reprodujo la misma racionalidad punitiva que sus predecesores y, en conformidad, conservó la mayor parte de sus tipificaciones delictivas sin cambios sustanciales en los códigos penales promulgados en 1791 (bajo la regencia de Luis XIV) y en

---

[72] Art. IX - Todo hombre es considerado inocente hasta que ha sido declarado convicto. Siempre que su detención se haga indispensable, la Ley ha de reprimir con severidad cualquier rigor que no sea indispensable para asegurar su persona.- Art. VII - Ningún hombre puede ser acusado, arrestado ni mantenido en confinamiento excepto en los casos determinados por la Ley y de acuerdo con las formas por ésta prescritas.-

[73] Código Penal francés (1791); traducido y reproducido en UNED. Revista de Derecho Penal y Criminología, 3.a Época, núm. 1; 2009; pp.481-517. Digitalizado en http://e-spacio.uned.es

[74] Código Penal del Imperio Francés; Ley decretada el 12, y promulgada el 22 de febrero de 1810. Digitalizado por Biblioteca Nacional de España - http://bdh.bne.es / y por http://books.google.com.

1810 (bajo la regencia de Napoleón Bonaparte[75]).[76] Aunque algunos delitos relacionados directamente a la injerencia religiosa fueron derogados, otros con el mismo trasfondo permanecieron integrados con un lenguaje seglar. Las demás variaciones responden a requerimientos administrativos coyunturales, como el tiempo de duración de las penas, el monto de las multas o la severidad de los castigos. Si bien fueron derogados algunos castigos atroces patrocinados históricamente por las principales iglesias y teocracias de la cristiandad europea, las prácticas penales seguirían siendo esencialmente crueles, inhumanas y deshumanizantes...

Las penas por delitos[77] y crímenes[78] debían ser "estrictamente y evidentemente necesarias" -según reza la *nueva* constitución del imperio francés-. La pena de muerte[79] seguiría siendo considerada de "utilidad social"; practicada sin distinción de clase o género[80] y efectuada públicamente[81]: -A todo sentenciado á muerte se le cortará la cabeza.- (Art. 12) Los

---

[75] Napoleón Bonaparte (1769-1821) dirigió un golpe de Estado en Francia (1799) posicionándose entre las principales autoridades regentes y con respaldo de las fuerzas militares. Su regencia como emperador se formalizaría en 1804 y se extendería hasta 1815.

[76] Los artículos de referencia citados pertenecen al Código Penal de 1810, salvo que se indique la referencia al de 1791.

[77] Delito: transgresión que las leyes castigan con penas correctivas. (Art. I) (• prisión por tiempo limitado • interdicción por tiempo limitado de derechos cívicos, civiles o de familia • multa •) (Art. 9-11)

[78] Crimen: transgresión que las leyes castigan con penas aflictivas (Art. I) (• muerte • trabajos forzados perpetuos o por tiempo determinado • deportación • reclusión) o infamantes (• vergüenza pública • destierro • degradación cívica) La marca con hierros y la confiscación de bienes estaban eran aplicadas conjunto a estas penas en los casos determinados por la leyes. (Libro I. De las penas en materia criminal y correctiva, y de sus efectos; Art. 6-8)

[79] Libro I. Capítulo I. De las penas en materia criminal. Art. 12-14.

[80] -Si una muger sentenciada á muerte declarare y se verificare hallarse en cinta, no sufrirá la pena hasta después de haber parido.- (Art. 27)

[81] -La ejecución se hará en una de las plazas públicas del lugar que se indicare en la sentencia de la condenación.- (Art. 26)

condenados a muerte por crímenes "contra particulares"[82] eran expuestos en el cadalso mientras era leída la sentencia condenatoria y: "se le cortará la mano derecha, y se le ejecutará inmediatamente." (Art. 13) Los cuerpos de los "ajusticiados" les serían entregados a los familiares "si los reclamaren". (Art. 14)

La condena a trabajos forzados "perpetuos" conllevaba la "muerte civil." (Art. 18) Los *hombres* sentenciados a trabajos forzados a beneficio del Estado por crímenes que conllevaran "mayor penalidad": "arrastrarán una bala de cañón enramada al pie, ó se amarrarán de dos en dos con una cadena, cuando lo permitiere la calidad del trabajo á que se les destinare." (Art. 15) Además:

> Art. 20 -Al sentenciado á la pena de trabajos forzados perpetuos se le marcará en la plaza pública, estampándole con un hierro ardiendo una señal en la espalda derecha.-

A los sentenciados a otras penas "no se les estampará la marca, sino en los casos en que la ley la hubiere agregado á la pena que se les hubiere impuesto." El tiempo de las condenas a trabajos forzados "temporales", para hombres y mujeres[83], era de cinco a veinte años (Art 19). A los reos sentenciados a la pena de reclusión "se le encerrará en una casa de fuerza" (Art. 21) por no menos de cinco años y no más de diez. (Art. 22)

Los sentenciados a penas de presidio eran encerrados bajo confinamiento solitario, prohibiéndoles cualquier comunicación sin autorización. La institución proveía una dieta de pan y agua, y

---

[82] Libro III. Título II. Crímenes y delitos contra los particulares. Capítulo I. Crímenes y delitos contra las personas. Secc. I. Art. 295-304. La codificación penal francesa condena a muerte por: • muerte segura (homicidio voluntario) • asesinato (homicidio voluntario, cometido con premeditación ó asechanzas) • parricidio (homicidio voluntario de padres ó madres legítimos, naturales y adoptivos, ó de cualquier otro ascendiente legítimo) • infanticidio (muerte segura de una criatura recién nacida) • envenenamiento (todo atentado á la vida de una persona por medio de sustancias que puedan causar la muerte) / Art. 303. -Serán sentenciados como delincuentes de asesinato todos los malhechores cualesquiera que sea su denominación, que en la ejecución de sus crímenes emplearen tormentos, ó cometieren actos de barbaridad.-

[83] -Las mujeres sentenciadas a los trabajos forzados se emplearán en el interior de una casa de fuerza.- (Art. 16)

cualquier otra necesidad el condenado debía proveérsela a sí mismo mediante el trabajo que le fuese asignado.[84] Los "delincuentes" sentenciados a trabajos forzados temporales, reclusión o destierro temporal, "luego que hubieren sufrido su pena, quedarán (…) durante toda la vida bajo la inspección de la alta policía del estado."[85] Las penas por reincidencia serían más severas, aún de cometer los mismos delitos o crímenes. A cualquier reincidente penado con trabajo forzado perpetuo "será condenado á la pena de muerte." (Art. 56)

Los crímenes contra la seguridad exterior e interior del Estado (conspiración, traición, espionaje, crimen de *lesa magestad*, atentado, uso ilegal de fuerza armada, devastación y saqueo público, incendio o destrucción de propiedades estatales, sedición, resistencia a la fuerza pública (civil o militar) entre otros) eran sentenciados con la pena de muerte y la confiscación de bienes.[86] Los cómplices[87] de los actos mencionados eran juzgados y sentenciados a las mismas penas, e incluso eran castigados como culpables quienes "…hubieren escitado directamente á los ciudadanos ó habitantes á cometerles, ya fuere por discursos proferidos en parajes ó reuniones públicas, ya fuere por pasquines, ó ya fuere por escritos impresos." (Art.102) Todos los ciudadanos estaban obligados a revelar o delatar "los crímenes que comprometen la seguridad interior ó esterior del estado." Los castigos por encubrimiento incluían la prisión y multas por tiempo y cantidad determinada judicialmente y conforme a las leyes. A los *delincuentes* que dieran aviso a las autoridades o delatasen a los autores antes de cometerse el crimen, a discreción de éstas "podrán ser condenados á quedar toda la vida (…) bajo la inspección especial de la alta policía." (Art.107)

---

[84] Código Penal (1791); Art.14-15. El Código Penal de 1810 no hace mención de las condiciones de la pena de presidio.

[85] Código Penal (1810); Capítulo II. De las penas en materia correctiva. Art 47-48.

[86] Libro III: De los crímenes y delitos y de su castigo. Título I. De los crímenes contra la cosa pública. Capítulo I. De los crímenes y delitos contra el Estado. Secc. I. Art.75-85. / Secc. II. Art.86-102.

[87] -Los cómplices dé un crimen ó de un delito serán castigados con la misma pena que los mismos autores del crimen ó delito…- (Libro II. Art.59)

Aunque la *nueva* constitución se justificaba a sí misma como garante de los derechos civiles, éstos estaban sujetos a estrictas regulaciones estatales y castigos pecuniarios a sus contraventores. La política de control y vigilancia del estado de Ley no se limitaba a los sujetos sospechosos, a los procesados judicialmente o a los que hubiesen cumplido sentencias penales. Bajo el *nuevo* régimen de Ley todos los derechos civiles seguirían sujetados a las condiciones prescritas por las autoridades de gobierno y sus leyes penales[88]:

> Art. 291. -No podrá formarse ninguna asociación de mas de veinte personas que tuviere por objeto el reunirse diariamente ó en algunos días señalados, para ocuparse en objetos religiosos, literarios, políticos ú otros cualesquiera, sin haber obtenido la aprobación del gobierno…-

Además de la imposición de multas, las fuerzas del orden público estaban compelidas a disolver las reuniones ilícitas y cualquier modalidad de oposición o resistencia también conllevaba castigos legales. (Art.292) A los reos de crímenes o delitos contra los derechos civiles protegidos por la constitución les eran impuestas penas de prisión (hasta diez años), pérdida de derechos cívicos (interdicción), destierro, vergüenza pública y multas.[89] A las autoridades estatales y funcionarios públicos les eran aplicables las leyes penales sin distinción de rangos (magistrados y empleados judiciales, administradores, policías y militares, alcaides y carceleros, médicos, entre otros). Entre el repertorio de delitos relacionados a prácticas de corrupción de las autoridades públicas conserva el Código Penal francés: la prevaricación, el cohecho, la apropiación ilegal, el soborno, el fraude, concusión, encubrimiento, la detención arbitraria, uso ilegítimo de la violencia y abusos de autoridad, la falsificación, entre otros. A los

---

[88] Secc. VII. De las asociaciones ó reuniones ilícitas. Art.291-294.

[89] Capítulo II. De los crímenes y delitos contra las constituciones del imperio. Secc. I. De los crímenes y delitos relativos al ejercicio de los derechos cívicos. Art.109-113. / Secc. II. Atentado contra la libertad. Art.114-122.

"falsarios" sentenciados a trabajos forzados temporales o a pena de reclusión "se aplicará la marca".[90]

El orden imperial de la Ley seguiría protegiendo a sus funcionarios con sus leyes penales. Los inculpados del delito de *ultraje* (palabras ofensivas al honor, gestos o amenazas o golpes) a las autoridades públicas (magistrados, jefes militares, empleados públicos, etc.) eran castigados con prisión hasta cinco años, vergüenza pública, multas y con la pena de destierro a los reincidentes. Al margen de las razones de los hechos, de morir el funcionario público por efecto de violencias corporales el inculpado sería sentenciado a muerte. (Art.222-233)

El mandamiento de obediencia absoluta a las autoridades regentes también fue conservado en el *nuevo* orden constitucional bajo amenaza de castigos. Indiferenciadamente de las motivaciones de los actos penados por las leyes, los sentenciados por delitos de rebelión (resistencia violenta a las autoridades, desobediencia y desacato) -particularmente los trabajadores o jornaleros en obras públicas o fábricas, y los prisioneros- eran penados con trabajos forzados, multas y sujetos a vigilancia policial durante cinco a diez años.[91]

Además de conservar los estrictos requerimientos disciplinarios de las fuerzas productivas y castigar cualquier insumisión de la clase proletaria, el *nuevo* orden constitucional seguiría criminalizando a quienes no se insertaran dentro de sus demandas laborales o contrariaran sus regímenes y condiciones de explotación. A pesar de la impotencia estructural del Estado para garantizar empleo a todos los trabajadores, el *nuevo* Código Penal del imperio francés -igual que en el resto de los estados de la cristiandad europea- conservó la prohibición y el castigo de la *vagancia*[92]: -Es un delito el ser vago.[93]- (Art.269)

---

[90] Capítulo III. Crímenes y delitos contra la paz pública. Secc. I. Art. 165.

[91] Libro III. Tít. I. Secc. IV. Resistencia, desobediencia y demás desacatos contra la autoridad pública. I. Rebelión. Art. 209-221.

[92] Libro III. Tít. I. Secc. V. De las compañías de malhechores, de los vagos y de los mendigos. Art. 265-282

[93] Art. 270. -Vagos ó malentretenidos son los que no tienen domicilio fijo, ni medios de subsistencia, y que habitualmente no ejercen oficio ni profesión alguna.-

> Art. 271. -Los vagos y malentretenidos que se hubieren declarado por tales, serán castigados por este solo hecho con la prisión desde tres hasta seis meses, y luego que hubieren sufrido su pena, quedarán á la disposición del gobierno por todo el tiempo que le pareciere en vista de su conducta.-

La protección de la libertad y el trato igual ante las leyes -según dispuesto en el *nuevo* texto constitucional- se revelan como demagogias de gobierno en el Código Penal. La criminalización de la pobreza y de los modos alternos de subsistencia que no fuesen autorizados por las leyes siguieron castigándose bajo el nuevo régimen. Los sectores poblacionales marginados y empobrecidos seguirían siendo objeto de severas represiones legales, y más aún los sujetos a las peores condiciones de existencia y sobrevivencia. La *mendicidad* era castigada con prisión desde tres hasta seis meses, "y cuando hubiere espirado su pena, se la conducirá al depósito de mendicidad." (Art. 274) Los encausamientos judiciales por la comisión de cualquier otro delito acarreaban penas más severas por condición de pobreza. Al mendigo o vago que poseyera algún objeto de valor del que no pudiera evidenciar su procedencia se le castigaba con pena de prisión desde dos a cinco años. (Art.278)

> Art. 282. -Los vagos y mendigos cuando ya hubieren sufrido las penas establecidas en los artículos precedentes, quedarán á la disposición del gobierno.-

En sus escritos políticos de 1795, Sade insistía en que los únicos fundamentos de las religiones eran la ignorancia y el miedo, y que sus mitos y leyendas, sus creencias y supersticiones, para el régimen de gobierno emergente, de nada servían, eran inútiles.[94] Hacer desaparecer los ridículos fantasmas de la imaginación –decía Sade- sería hacer desaparecer los delitos de impiedad, de sacrilegio, de blasfemia, de ateísmo, de prostitución, entre tantos otros y que, desde la antigua Atenas a la Francia del siglo XVIII, tantas injusticias y atrocidades habían cometido. Sade proponía erradicar los vínculos entre la Religión y el Estado:

---

[94] De Sade; *Marqués de Sade: Elogio de la insurrección*; op.cit., pp.47-48; 51-54.

"...convenceos, ciudadanos, a aquel a quien la material espada de las leyes no contiene, no lo contendrá tampoco el temor moral de los suplicios del infierno, de los que hace mofa desde su infancia."

El filósofo francés instó a la clase política *revolucionaria* a despojarse de los males arraigados en la religión, si acaso interesaba genuinamente concretar los principios de la revolución. Denunciaba en su crítica que no ha habido rey que no apoye a la religión ni religión que no consagre a los reyes y, en fin, que existe una conexión muy estrecha entre religión y despotismo. La posibilidad de un *nuevo* régimen de *libertad* -insistía- está condicionada a la extinción de la religión. Según Sade, la religión de nada serviría al nuevo Estado pues, aún sin Dios, la ciudadanía no dejaría de temer a las leyes.[95]

En 1801 el gobierno francés ya había restablecido relaciones diplomáticas con la Iglesia católica, reconociendo las inclinaciones religiosas de la mayoría de los franceses pero sin restaurar sus antiguos privilegios y regulando sus actividades dentro de las disposiciones constitucionales.[96] No obstante, a pesar de la relativa tolerancia religiosa y liberalización de las prácticas de cultos de otras religiones, seguiría subvencionándose económicamente al clérigo católico, reintegrándolo al proyecto político del Estado de Ley. Dentro de este arreglo, los "ministros de cultos" que violaran las prescripciones constitucionales y demás leyes eran objeto de represión legal.[97]

> -Los ministros de los cultos que en el ejercicio de
> su ministerio pronunciaren en un concurso público
> i algún discurso que contuviere la crítica ó la
> censura del gobierno, de una ley, de un decreto

---

[95] Sade pasó gran parte de su vida en prisión bajo el régimen de Luis XIV y bajo el gobierno del emperador Bonaparte. Murió en 1814, recluido por la fuerza en un hospital psiquiátrico.

[96] En 1801 se firmó un "concordato" entre la Iglesia católica romana y el gobierno francés, bajo la regencia papal de Pío VII y Napoleón Bonaparte.

[97] Secc.III. De las turbulencias causadas contra el orden público por los ministros de los cultos en el ejercicio de sus ministerios. Art.199-208.

imperial, ó de cualquier otro acto de la autoridad pública, serán castigados…- (Art. 201)

También se castigaba las incitaciones a la desobediencia de las leyes o cualquier otro acto de insubordinación y violencia contra el Estado (motín, sedición, sublevación, etc.). Las penas incluían la prisión por un tiempo de tres meses hasta cinco años, conforme a la gravedad del delito, y el destierro. En los casos en que se hubiese materializado una sedición o sublevación por incitación del ministro religioso, el poder judicial se reservaba la potestad de imponer "una pena más fuerte." No obstante, el ejercicio de cultos religiosos autorizados por el gobierno también fue reforzado por las leyes penales, castigándose con multas y vergüenza pública a los súbditos que los forzasen, impidieran o interrumpieran de modo alguno.[98]

Paralelo a la política estatal de preservación de los cultos religiosos como parte de los dispositivos de subyugación ideológica y encuadramiento moral al *nuevo* orden constitucional del imperio francés, el Código Penal conservó determinadas tipificaciones delictivas arraigadas en las *sagradas* escrituras de la cristiandad y en las antiguas constituciones de los reinos teocráticos europeos promulgadas desde el siglo VI. Enmarcado en el mismo régimen de dominación patriarcal y en la ideología misógina de los antiguos juristas griegos, romanos, germanos y judeocristianos, el Estado de Ley conservó su potestad absoluta sobre el cuerpo de la mujer y su potencia reproductiva.[99] La mujer que "por sí misma se hubiere ocasionado el aborto ó que hubiere consentido en hacer uso de cualquier medio "ya fuere que ella hubiere consentido ó no", era castigada con la reclusión. (Art. 317) Asimismo, "los médicos, cirujanos y demás oficiales de sanidad, como también los boticarios que hubieren indicado ó administrado dichos medios, serán sentenciados á la pena de trabajos forzados temporales en el caso que se hubiere verificado el aborto."

Además de la criminalización de la mujer que se practicara un aborto y de la prohibición estatal del control racional de la natalidad, la jurisprudencia imperial francesa preservó la

---

[98] VIII. Secc. IV. Impedimento en el libre ejercicio de los cultos. Art. 260-264.

[99] Libro III. Tít. II. Secc. II.

obligación legal de los padres a mantener a sus hijos hasta la edad de siete años. Aunque el Estado seguiría desentendido de las condiciones de existencia de las familias bajo sus dominios, los padres que optaran por abandonar a sus hijos, una vez cumplidos los siete años de edad, quedaban exentos de responsabilidad penal.[100] Los que los abandonasen antes eran castigados con penas de prisión y multas.

El *nuevo* código penal conservó las regulaciones y prácticas penales sobre la institución estatal del matrimonio así como sobre la sexualidad de los menores de veintiún años de edad. (Art.334). A los padres que "hubieren proporcionado ó facilitado la prostitución o la seducción" -por ejemplo- se les imponían penas de prisión desde diez a veinte años. (Art. 335) También se retuvieron bajo el *nuevo* régimen las antiguas prescripciones penales relativas al delito de adulterio. El marido podía denunciar el adulterio de *su* mujer (Art. 336) en cuanto "no mantuviere una concubina en la casa conyugal" (Art. 339), en cuyo caso sería multado, de haber radicado querella *su* esposa y probada la acusación en el tribunal. A la mujer adúltera y "su cómplice", sin embargo, se les imponía una pena de prisión extensiva hasta tres años (Art. 337-338). No obstante, en el caso de adulterio:

> Art. 324. -...será escusable la muerte segura que el marido cometiere en la persona de su muger, como también en la del cómplice en el instante en que les sorprendiere en fragante delito en la casa conyugal.-[101]

Otras modalidades de asesinato seguirían siendo legales dentro del nuevo régimen constitucional[102], algunas por orden de las autoridades de gobierno[103], otras consentidas y legitimadas por

---

[100] Secc. VI. I. Crímenes y delitos contra los niños. Art. 345-353.

[101] Secc: III. II. Crímenes y delitos escusables, y casos en que no se pueden escusar.

[102] III. Homicidios, heridas y golpes que no se califican de crímenes ni delitos.

[103] Art. 327. No hay crimen ni delito cuando el homicidio, las heridas y los golpes se hallaren ordenados por la ley, y mandados por la autoridad legítima.

la jurisprudencia estatal.[104] Una parte sustancial del nuevo código penal estaba dirigida a regular las relaciones mercantiles en todas sus dimensiones, conservándose las mismas tipificaciones delictivas relativas a las recurrentes prácticas de productores y comerciantes, como la estafa y el fraude[105], la adulteración de productos, sobreprecios, etc. Asimismo, dispone castigos a los violadores de las regulaciones sobre las competencias entre comerciantes y evasores de los requerimientos contributivos al Estado. En el registro de delitos y penas integra, además, las relativas a la protección de la propiedad privada y de los propietarios (hurto y robo[106], vandalismo, incendio[107], destrucción, entre otros). También incluye disposiciones penales sobre las relaciones sociales cotidianas relativas a las políticas de seguridad, higiene y salud pública, la moral[108] y las "buenas costumbres", además de las relacionadas a las discordias entre ciudadanos, desde los pleitos legales (injuria, difamación, falso testimonio, amenazas, etc.) hasta las peleas callejeras.

El Código Penal francés fue puesto en vigor en todos los dominios del imperio. Aunque la constitución imperial francesa y sus códigos protegían enfáticamente a las clases privilegiadas -a los propietarios privados y comerciantes capitalistas- las regulaciones mercantiles y las condiciones impuestas por la gerencia estatal

---

[104] Art. 328. No hay crimen ni delito cuando el homicidio, las heridas y los golpes se fueren ejecutados por la actual necesidad de la legítima defensa de sí mismo ó de otro.

[105] Aunque los negocios de estafadores religiosos y políticos estaban autorizados por el Estado, los estafadores marginales que también se aprovechaban de las credulidades y supersticiones de los ciudadanos estaban prohibidos: "a los que se ocuparen en el oficio de adivinar, pronosticar ó esplicar los sueños" se les imponía penas de multas, confiscación y prisión. (Libro IV. Contravenciones y penas de policía. Capt. I. De las penas. Art. 479)

[106] Capt. II. Crímenes y delitos contra las propiedades. Secc. I. Hurtos. Art.379-382. En determinadas circunstancias, aunque no se cometiera homicidio, el robo era penado con la muerte.

[107] El delito de incendio era penado con la muerte (Art.434)

[108] Secc. IV. Atentados contra las buenas costumbres. Art. 330. Cualquiera persona que "cometiere un ultraje público contra el pudor" era castigada con prisión desde tres meses hasta un año, y con una multa.

seguirían siendo objeto de reproches y hostilidades cada vez que sus intereses lucrativos se vieran obstaculizados o sus ganancias afectadas de algún modo. Simultáneamente, las monarquías absolutistas de la cristiandad europea seguirían aferradas a sus antiguos estatutos constitucionales y en defensa de los privilegios de la realeza, de la nobleza y del clero. Durante las primeras décadas del siglo XIX, las guerras civiles y entre naciones seguirían siendo el trasfondo común de las relaciones políticas en los estados de Ley en Europa. Las discordias políticas y competencias por motivaciones económicas entre las clases privilegiadas seguirían arrastrando a los pueblos a masacrarse para su conveniencia exclusiva. Más allá de las retóricas nacionalistas y religiosas, y al margen de las demagogias populistas de los discursos oficiales y los textos constitucionales, el imaginario imperialista de la Ley prevalecería, y las leyes penales seguirán haciendo indiferenciables a los vencedores de los vencidos...

Ahorcamientos[1]

Suplicio público y muerte por descuartizamiento, Paris, 1610[2]

---

[1] Fragmento de grabado de Jacques Callot (1592-1635); "Le Pendaison" (1632); *Les misères et les malheurs de la guerre*; digitalizado por Wikimedia Commons, en https://commons.wikimedia.org.

[2] "Supplice de Ravaillac, assassin d'Henri IV", 27 de mayo de 1610; digitalizado por Collections photographiques de la Ville de Paris, en http://www.parisenimages.fr.

Tortura en la polea[3]

Fusilamiento[4]

---

[3] Fragmento de grabado de Jacques Callot; "The Strappado" (1633); op.cit.

[4] Fragmento de grabado de Jacques Callot; "L'arquebusade" (1633); op.cit.

Decapitación a condenada por herejía[5]

Ejecución pública en Paris (1791)[6]

---

[5] Grabado de Verstegan, Richard Rowlands (1550–1640); *Theatrum Crudelitatum haereticorum nostri temporis* (1587), op.cit., p.109.

[6] Grabado digitalizado por The New York Public Library.

Tortura judicial[7]

---

[7] Fragmento de pintura de Alessandro Magrasco (1667-1774); "The Inquisition" (1710); digitalizado por Wikimedia Commons en https://commons.wikimedia.org.

Interrogatorio en la cárcel[8]

Tormento judicial con pesas

---

[8] Fragmento de pintura de Alessandro Magrasco (1667-1774); "The Inquisition" (1710); op.cit.

Tortura judicial por ahogamiento

Suplicio público en Francia[9]

Ejecución de reo en Austria.[10]

---

[9] Grabado de Hippolyte de la Charlerie (1827-1869)

[10] Ilustración de Vinzenz Katzler (1823-1882); en Moritz Bermann (1823-1895); *"Dunkle Geschichten aus Oesterreich"* (1868); digitalizado por Google en

Tortura y ejecución pública por desmembramiento, París, 1757.[11]

---

http://books.google.com.

[11] El 2 de marzo de 1757 el siervo doméstico Robert Francois Damiens (1715-57) fue juzgado por intento de asesinato del rey francés Luís XV y sentenciado a suplicios y muerte en espectáculo público. Antes de ser desmembrado por los caballos, el condenado fue torturado con pinzas hirvientes (red-hot pincers), quemada la mano con sulfuro y plomo derretido en las heridas.

Castigo a ladrones, Rusia (1778)[12]

Tortura pública, Francia (1775)

---

[12] Grabado digitalizado por The New York Public Library, Art and Picture Collection, en http://digitalcollections.nypl.org.

Decapitación pública en Francia

Parte XII

Modernización del discurso jurídico-penal en el imperio español

Parte XII

Modernización del discurso jurídico-penal en el imperio español

Enmarañada entre severas pugnas políticas, conflictos de intereses económicos y violencias bélicas al interior de sus dominios peninsulares, desde inicios del siglo XIX la gerencia imperial española se vería forzada a reformar su ordenamiento jurídico-constitucional y procurar ajustes estratégicos pertinentes al proyecto de gobernabilidad estatal en conjunto. Dentro de este escenario de época y a pesar de los cambios en su orden interior, a la metrópoli imperial española le sería imposible contener las fuerzas insurgentes/republicanas en sus posesiones coloniales del continente americano. Ya durante el primer cuarto del siglo XIX habría perdido todos sus dominios ante la supremacía militar de los ejércitos soberanistas latinoamericanos.

No obstante el saldo inmediato de las guerras de independencia, los arreglos jurídico-constitucionales operados al interior del reino español seguirían ejerciendo influencias determinantes en todas las dimensiones administrativas del poder de gobierno en las naciones latinoamericanas (pos)coloniales. Acorde a las mutaciones y requerimientos de época, el ejercicio del Derecho Penal también sería objeto de reformas puntuales, aunque no sufriría trastoques sustanciales en sus principios ideológicos y finalidades políticas.

La misma suerte acontecería en el resto de las viejas potencias imperiales de la cristiandad europea así como en las potencias económicas emergentes en las Américas. Sumidas dentro de las lógicas beligerantes de las competencias mercantiles a escala global, dentro y fuera de sus respectivos dominios nacionales, se verían compelidas a efectuar ajustes precisos en sus ordenamientos constitucionales y respectivas prácticas judiciales y penales. Los *nuevos* códigos, civiles y penales, seguirían cumpliendo los primitivos objetivos políticos de subyugación ideológica y encuadramiento moral de los súbditos/ciudadanos al poderío imperialista de la Ley. Las guerras seguirían siendo invariablemente los trasfondos de las reformas constitucionales, y la supremacía de la fuerza militar la irreducible condición de posibilidad del imperio de la Ley...

Entre guerras de fin de siglo (1793-1799)

Durante la última década del siglo XVIII, las potencias europeas recrudecieron sus competencias por el dominio de los mercados continentales y de ultramar, favoreciendo estrictos controles y regulaciones comerciales para sus posesiones coloniales, y férreas políticas de gobierno como condición de gobernabilidad general. Triunfante la *revolución* francesa y destronado y guillotinado el rey Luis XVI (1793) -emparentado ideológicamente con la monarquía regente en España-, se exacerbarían las hostilidades y tensiones políticas con el emperador francés, Napoleón Bonaparte (1804-1815).

Ese mismo año, los reyes de España y de Gran Bretaña firmaron un pacto de alianza provisional, política y militar, "con motivo de las revoluciones de Francia y de la guerra que ha declarado a ambos soberanos el actual gobierno francés".[1] Ambas majestades -reza el tratado- "han hallado justos motivos de celos e inquietud para la seguridad de sus respectivos Estados, y para la conservación del sistema general de Europa..."[2]

Ignoradas las promesas de reciprocidad entre ambas potencias imperiales, y desentendidas de las razones pactadas en alianza, ya para *asegurar* sus respectivos Estados, ya para *conservar* "el sistema general de Europa", amenazados uno y otro por el poderío imperial de la Francia *revolucionaria*, el gobierno de la monarquía española determinó poner fin a la guerra; aliarse con su *enemigo* francés y volcarse a la vez contra su *aliado* inglés...

La firma del Tratado de Basilea[3] en 1795, entre el rey de España y la república francesa, marcó el fin de la guerra iniciada en 1793. El convenio de *paz*, pactado entre ambas naciones,

---

[1] Convenio entre el rey de España (Carlos IV) y el rey de Gran Bretaña (George III), 25 de mayo de 1793; Imprenta Real, Madrid, 1793. (Digitalizado por Google) George III reinó desde 1760 hasta 1820.

[2] Art.VII: Sus Majestades Católica y Británica se prometen recíprocamente no dejar las armas (a menos que fuese de común acuerdo) sin haber obtenido la restitución de todos los Estados, Territorios, Ciudades o Plazas que hayan pertenecido a la una o a la otra antes del principio de la Guerra, y de que se hubiese apoderado el Enemigo, durante el curso de las hostilidades.

[3] Tratado de Basilea; 22 de julio de 1795. (Reproducido en http://es.wikisource.org)

devolvía al gobierno de España los territorios ocupados por los ejércitos franceses en el norte de la península[4], a cambio de la *cesión* de la parte española de la Isla de Santo Domingo.[5] En el mismo arreglo y tras la evacuación de las tropas españolas, los habitantes que así lo deseasen podían transferirse con sus bienes a las posesiones americanas y antillanas del reino. Los prisioneros serían entregados sin condiciones a sus respectivos bandos[6], y el comercio entre ambas potencias sería restablecido para todas sus jurisdicciones.

Al año entrante ambas potencias concertaron un pacto de alianza política y militar[7], con base en el "tratado de paz" de 1795, a los fines de *garantizar* mutuamente sus respectivos dominios imperiales, incluyendo las posesiones coloniales y las posibles nuevas adquisiciones. El pacto de alianza político-militar refrendó los arreglos establecidos previamente e integró disposiciones de mayor apertura en las relaciones comerciales entre ambas potencias imperiales.

El listado incluía acusaciones al gobierno inglés de "apropiarse" de cargamentos, directa o indirectamente; de "contrabando" en los mares de las colonias americanas y de "piratería" en los mares bajo sus dominios. Ante este cuadro de *agravios* y reiterada la *indisposición* inglesa a convenir un acuerdo de paz, el monarca español concluyó que éstos eran motivos fundados para sospechar la intensión de Inglaterra de "atacar mis

---

[4] IV. La república francesa restituye al rey de España todas las conquistas que ha hecho en sus estados durante la guerra actual. Las plazas y países conquistados se evacuarán por las tropas francesas en los quince días siguientes al cambio de las ratificaciones del presente tratado. (Tratado de Basilea (1795); op.cit.)

[5] IX. ...el rey de España, por si y sus sucesores, cede y abandona en toda propiedad a la república francesa toda la parte española de la isla de Santo Domingo en las Antillas.

[6] XII. Todos los prisioneros hechos respectivamente desde el principio de la guerra, sin consideración a la diferencia del número y de grados (...) como también todos los que se hallan detenidos por ambas partes con motivo de la guerra, se restituirán...

[7] Tratado de San Idelfonso; 18 de agosto de 1796 (reproducido en http://es.wikisource.org)

posesiones de América". Con base en el "derecho de guerra", el monarca español ordenó a las Cortes:

> "...que se publique contra el Rey de Inglaterra, sus Reinos y súbditos, y que se circulen las providencias y órdenes que correspondan, y conduzcan a la defensa de mis Dominios y amados Vasallos, y a la ofensa del enemigo; prohibiendo, como prohíbo todo comercio, trato y comunicación entre mis súbditos y los del Rey de Inglaterra, bajo las graves penas expresadas en las Leyes, Pragmáticas y Reales Cédulas..."[8]

Iniciado el siglo XIX, por encargo de la gerencia del rey Carlos IV[9] (1748-1819) serían revisadas y publicadas las leyes del reino español, sin alteraciones sustanciales a las regentes desde el siglo XV.[10] Ese mismo año (1804), el gobierno español declararía la guerra a Gran Bretaña, acusándola de obstinarse en pretender el dominio absoluto en los mares.[11] El monarca español consolidaría la alianza militar con su "íntimo aliado", el emperador Bonaparte, a quien la armada española le representaba un valioso refuerzo para su estrategia de dominación imperial y pretensiones expansionistas.

Las tensiones beligerantes entre España e Inglaterra, recelosa por la alianza con Francia, se acrecentarían dramáticamente a inicios de 1805. Los puertos coloniales seguirían

---

[8] Real Decreto de 5 de octubre de 1796.

[9] Carlos IV fue rey de España desde 1788 hasta 1808.

[10] La *Recopilación de las Leyes de España*, promulgada bajo el reinado de Felipe II, en 1567; y reimpresa por el rey Carlos IV, en 1775, sin alteraciones. La misma fue reproducida literalmente, conservando su vigencia, en 1804. Esta última versión (*Novísima Recopilación de las Leyes de España*), integraba, además, las pragmáticas, cédulas y resoluciones Reales expedidas hasta 1804. (Digitalizado en http://books.google.com)

[11] La guerra declarada a Inglaterra, el 14 de diciembre de 1804, se debió -según Real Decreto de Carlos IV- al "abominable atentado" cometido por los buques de guerra ingleses a las fragatas de su Real Armada, por orden expresa del gobierno inglés.

controlados según las disposiciones establecidas en las *leyes de Indias*.[12]

Trastocada la soberanía española (1808)

En 1808 el rey Carlos IV abdicaría su corona en su hijo y heredero, el príncipe Fernando. Atribuida su renuncia a su precaria condición de salud ("los achaques que adolezco...") instó al reconocimiento inmediato del sucesor:

> "Por tanto es mi real voluntad que sea reconocido y obedecido como Rey y Señor natural de todos mis Reinos y Dominios."[13]

La alianza político/militar con el emperador Bonaparte se mantenía todavía intacta y asimismo la guerra declarada a Gran Bretaña en diciembre de 1804. La "insaciable ambición" de la potencia imperial inglesa, empecinada en monopolizar "el comercio y navegación exclusiva de todos los mares", seguía siendo objeto de los mismos reproches y quejas.[14] Las órdenes de la metrópoli española, aplicables indistintamente en todos los dominios del reino, continuarían imitando -por decreto de Carlos IV- las de su "íntimo aliado", el emperador Bonaparte.

A mediados de 1808 habrían llegado órdenes reales para extender el bloqueo a las islas británicas, reiterar las políticas reguladoras de las prácticas concernientes al ejercicio del Derecho de Guerra (administración de confiscaciones, trato a prisioneros, adjudicación de botines, etc.) de las "estados civilizados". El decreto bélico sería revocado y declaradas nulas sus disposiciones toda vez que Inglaterra desistiera de su obstinación y se comprometiese a respetar los principios del "derecho de gentes".

---

[12] Entre las regulaciones legales sobre atraco de barcos extranjeros primaban las "Leyes de Neutralidad", observadas por las naciones "cultas y civilizadas."

[13] Real Decreto del rey Carlos IV, 19 de marzo de 1808; publicado en *Gazeta de Madrid*, 25 de mayo de 1808; pp.297-298. (La *Gazeta de Madrid* era el boletín oficial del gobierno estatal español)

[14] Real Decreto del rey Carlos IV, 26 de enero de 1808.

Es decir, el derecho exclusivo entre potencias imperiales a *compartir* el dominio de los mares...

Ese mismo año, con el consentimiento del gobierno español regente, el ejército francés sería movilizado al interior del territorio peninsular. La ocupación militar, animada, admitida sin miramientos y legitimada por Carlos IV y su heredero, Fernando VII[15], no sería reconocida por un segmento poderoso e influyente de la clase política del reino. Anunciado el voto de insubordinación, sería declarada la guerra al emperador Bonaparte y organizado un gobierno provisional (Junta Suprema de Gobierno) a los fines de restaurar los dominios de la monarquía imperial española y combatir la invasión en curso. Durante los años subsiguientes se libraría una cruenta guerra de "independencia" en España, irónicamente en el nombre del rey Fernando VII, quien habría refrendado formalmente la invasión francesa invitada por su padre, con quien residía desde entonces en territorio bajo protectorado francés...

Los gobernadores de las colonias americanas y antillanas se alinearon incondicionalmente a la orden de la Junta Suprema de Gobierno, que actuaría estrictamente en el nombre del monarca ausente, y adoptaron sus medidas sin cuestionamiento alguno. La declaración de guerra, firmada a nombre de "Fernando VII, Rey de España y de las Indias", reza:

> "La Francia o más bien su Emperador, Napoleón I, ha violado en España los pactos más sagrados, le ha arrebatado sus Monarcas, y ha obligado a estos sus abdicaciones, renuncias violentas y nulas manifiestamente; se ha hecho con la misma violencia dar el Señorío de España para lo que nadie tiene poder..."[16]

---

[15] Fernando VII sería envestido rey de España en 1808, pero el ejercicio de su reinado sería interrumpido hasta 1813. Desde entonces impondría un régimen absolutista que reinaría hasta su muerte, en 1833.

[16] Declaración de Guerra al Emperador de la Francia, Napoleón I, decretada por la Junta Suprema de Gobierno en nombre de Fernando VII; Sevilla, 6 de junio de 1808.

Rechazadas las abdicaciones de los monarcas y desautorizado su poder para ceder el trono a una potencia extranjera, la Junta Suprema de Gobierno basaría el régimen de su poderío en la suposición de que, contrario a lo que reza en los decretos de los monarcas españoles, éstos habrían sido forzados a someterse a la voluntad del emperador francés y aprisionados bajo sus dominios. Continúa la declaración de guerra:

> "Ha hecho entrar en España sus ejércitos (...) y han cometido con los Españoles todo género de asesinatos, robos, alevosías y crueldades inauditas; y para todo esto se ha valido no de la fuerza de sus armas sino del engaño (...) de la traición, de la perfidia, de la infamia más horrible..."[17]

El proyecto político imperial del emperador Bonaparte, afín con los principios que animaron la revolución *liberal* francesa y el fin del absolutismo monárquico (reformulados y ajustados al orden de su estrategia general), requería la implementación de reformas en las constituciones jurídico-políticas regentes en los territorios bajo sus dominios. Aunque no habrían de imponerse cambios drásticos en el ejercicio habitual del poder de gobierno en general, determinados retoques y modulaciones administrativas en las instancias reguladoras y represivas del Estado de Ley serían promovidas e impuestas. Además de las restricciones a determinados privilegios vinculados a la esfera de las tradiciones monárquicas, otros intereses, de sectores privados y clericales dominantes, se verían amenazados. La Junta Suprema de Gobierno lo anuncia y lo reprocha:

> "Ha declarado últimamente que va a trastornar la monarquía, y sus leyes fundamentales, y amenaza la ruina y destierro de nuestros ritos y Santa Religión Católica..."[18]

Dentro de este cuadro, en nombre del rey Fernando VII y de *toda* la Nación Española declaran la guerra por tierra y por mar

---

[17] Ídem.

[18] Ídem.

al emperador Napoleón I "...y a la Francia toda, mientras esté bajo su dominación y yugo tirano...":

> "...y mandamos a todos los Españoles obren con aquellos hostilmente, y les hagan todo el daño posible, según las leyes de la guerra; y especialmente contra aquellos perseguidores de nuestra Santa Religión..."[19]

La guerra no cesaría –promete la declaración– hasta quedar restituido en definitiva el monarca Fernando VII, y la independencia y soberanía de la Nación Española. En la misma declaración de guerra a Francia, la Junta Suprema de Gobierno anunciaría el recién armisticio pactado con Inglaterra.[20] Los gobiernos coloniales americanos, en nombre de sus "fieles y leales vasallos", suscribirían diligente y celosamente todas sus disposiciones...

Reformas constitucionales del reino español (1808-1821)

Las *reformas* constitucionales del reino español durante el siglo XIX compartirían indistintamente su encargo político ancestral: preservar y reforzar las condiciones generales de gobernabilidad; y consolidar y expandir el orden de sus dominios bajo el imperio de la Ley. Para realizar su cometido, cualquier ajuste estructural o trastoque sustancial, cualquier innovación o cualquier precepto que se conservase intacto, el texto de la Constitución debía procurar hacer más efectivos los poderes de gobierno, en todas sus instancias administrativas y en todas las jurisdicciones del reino. A tales efectos, irrespectivamente de las variaciones de orden interior y sus relativas modulaciones retóricas, las constituciones conservarían siempre el mismo objetivo estratégico: la unificación ideológica del Reino/Estado/Nación bajo el imperio de la Ley.

El temor a Dios, el respeto al Rey y el amor a la Patria seguirían siendo los enclaves ideológicos irreducibles del discurso

---

[19] Ídem.

[20] "Mandamos asimismo que ningún embarazo ni molestia se haga a la Nación Inglesa, ni a su Gobierno, ni a sus buques, propiedades y derechos..." (Ídem)

constitucional durante el siglo XIX, influenciado y modulado por la retórica política *liberal* de la época, pero semejantes en demasía a los lenguajes y preceptos de los regímenes monárquicos absolutistas que le antecedieron. En el mandamiento inexcusable de obediencia a la Ley del Estado, el texto de la Constitución articula el orden y extensión de sus dominios. El Derecho Penal, compartido diferencialmente entre los tres principales poderes de gobierno (ejecutivo/Rey, legislativo/Cortes y judicial/Tribunales), seguiría administrando el monopolio estatal de las violencias producidas y reproducidas por el discurso de la Ley. Réplica de los entendidos del antiguo régimen, el derecho estatal a castigar se creería todavía garante y condición de posibilidad de la seguridad, del orden social y del buen gobierno; del bienestar general del Estado y de los derechos civiles de súbditos-ciudadanos...

El objetivo estratégico de centralización del poder de gobierno y la consecuente posibilidad de unificación ideológica y política del reino, continuarían sujetas y condicionadas a la integración y absorción efectiva de los súbditos-ciudadanos dentro del imaginario jurídico-constitucional y a la obediencia a las leyes en las que se materializaba. Las posesiones coloniales no estaban excluidas de sus influjos y mandamientos, y sus habitantes no estaban exentos de sus obligaciones ni de las penas que debían reforzarlas; de constreñirse a su observancia y someterse a castigos legales por sus faltas. Las complejidades propias de las realidades sociales y políticas que caracterizaron los primeros años del siglo XIX, en parte por la guerra con Francia, en parte por el relativo descalabro del poder de gobernabilidad en la España de la época y los conflictos de intereses irreconciliables al interior de sus dominios, obstruyeron el proyecto de consolidación de su poderío imperial, forzando la reconfiguración de su estrategia de dominación general, procurada para ser ejercida al pie de la letra, de modo similar para todos y en todas partes del reino.

Así como en el territorio peninsular, la constitución política y sus respectivos códigos legales (civil, militar y penal) seguirían siendo las matrices jurídicas de los gobiernos de ultramar, aplicadas y adaptadas diferencialmente, según las condiciones de cada provincia colonial y las potestades administrativas de sus gobernantes.

No obstante la marcada presunción totalitaria del ideario constitucionalista español, el control y la dominación absoluta seguirían siendo dos registros de la realidad que no cesarían de escapársele al poder de gobierno estatal, indistintamente de las circunstancias históricas de cada época. Aunque la voluntad absolutista, idealizada e irrealizable, seguiría moldeándose dentro de esa gran paradoja irresoluble, el poder de gobierno continuaría ejerciéndose eficazmente y sin enfrentar mayores tropiezos en el orden general de sus dominios. Más allá de la infinidad de insubordinaciones puntuales y violaciones recurrentes a los mandamientos de las leyes; de intrigas y traiciones, de recelos y conspiraciones entre las clases dominantes; de guerras civiles o entre imperios, insurrecciones y sublevaciones populares; el imperio de la Ley reinaría sin admitir un afuera del orden de sus dominios...

- **Intrigas en el reinado de la Ley / soberanías en disputa**

En 1808 el monarca español Carlos IV confió al emperador Bonaparte las razones de su renuncia al trono y le suplicó que interviniera a su favor.[21] En su carta -publicada en el órgano oficial del gobierno central español- confesó que fue "forzado a renunciar la corona" por razones de política interna y dio cuenta de ello:

> "Yo no he renunciado en favor de mi hijo sino por la fuerza de las circunstancias, cuando el estruendo de las armas y los clamores de una guardia sublevada me hacían conocer bastante la necesidad de escoger la vida o la muerte..."[22]

Forzado a renunciar la corona bajo presión de fuerzas insurgentes españolas, el rey Carlos IV "...acude a ponerse en los brazos de un gran monarca, aliado suyo, subordinándose totalmente" a *su* disposición.[23] Anunciada su disposición a *ceder* la soberanía política de España al cuido de su amigo emperador, adjuntó a la carta copia del decreto en que protestaba la situación y

---

[21] Carta del rey Carlos IV al emperador Napoleón; 23 de marzo de 1808 (Publicada en *Gazeta de Madrid*; 13 de mayo de 1808; pp.454-455)

[22] Ídem.

[23] Ídem.

anulaba su alegada renuncia *voluntaria* al trono.[24]   Animados en el deseo de "poner término a la anarquía a que se halla entregada España"; de *salvarla* de "las agitaciones de los facciosos"; de "libertarla de todos los males de la guerra civil y extranjera", para que pueda "mantener su integridad y asegurarle sus colonias", el emperador Napoleón y el rey Carlos IV *convinieron* un pacto político mediante el cual el rey de España *cedería* al emperador francés "todos sus derechos al trono de las Españas y de las Indias".[25]

Representado el emperador Bonaparte como quien *único* puede "restaurar el orden" en España, el tratado consigna dos condiciones políticas centrales.   La primera estipula que se conservará la integridad del reino y que el príncipe a quien el emperador "tenga por conveniente colocar sobre el trono de España, será independiente...". La segunda reza:

> "La religión católica apostólica romana será la única en España; y no podrá tolerarse otra alguna religión reformada, y mucho menos ningún infiel, según se practica hoy en día."[26]

Asegurada de esta manera la prosperidad, integridad de los vasallos del rey Carlos -según reza el tratado- el Emperador "se obliga a dar asilo en sus estados al Rey, a la Reina, a la familia real y al Príncipe de la Paz..."[27] Asilada la familia real en Bayona, bajo el protectorado del emperador francés, el rey Fernando abdicó su corona en su padre.[28] En virtud de la renuncia a la corona, revocó los poderes otorgados a la Junta de Gobierno que recién había

---

[24] Decretado en Aranjuez, 21 de marzo de 1808; (Publicado en *Gazeta de Madrid*, 12 de mayo 1808; p.454)

[25] Tratado de 5 de mayo de 1808, Bayona (Publicado en *Gazeta de Madrid*, 14 de octubre de 1808; pp.1293-1294)

[26] Ídem.

[27] Además, el Emperador le obsequia de regalo un palacio (Chambord) con sus facilidades, parques y bosques, para que "los disfrute en toda propiedad y disponga de ellos a su arbitrio". Mediante el tratado, conviene también a asignar una partida cuantiosa de dinero para él y toda su la familia... (Ídem)

[28] 6 de mayo de 1809, Bayona (Publicado en *Gazeta de Madrid*, pp.458-459)

creado y que debía estar a cargo de los "negocios graves y urgentes" que pudiesen ocurrir durante su ausencia:

> "La junta obedecerá las órdenes y mandatos de nuestro muy amado Padre y Soberano, y las hará ejecutar en los reinos."[29]

Compartida la posición política del rey-padre, en su carta de renuncia *recomendó* a las autoridades de gobierno y a la nación española subordinarse voluntariamente al emperador francés:

> "...cuyo poder y amistad pueden más que otra cosa alguna conservar el primer bien de las Españas; a saber, su independencia, y la integridad de su territorio."[30]

Previniendo la reacción de los detractores y posible aparición de movimientos insurreccionales violentos, recomendó que no se dejasen "seducir por las asechanzas de nuestros eternos enemigos"; que conviviesen *unidos* con "nuestros aliados", y evitasen "la efusión de sangre, y las desgracias" que resultarían si se dejasen "arrastrar por el espíritu de alucinamiento y de desunión."[31] Cedida la soberanía española al emperador francés, el resignante al trono, el rey Carlos IV, instruyó a sus funcionarios de gobierno (consejos, tribunales y justicias del reino, jefes de las provincias (militares, civiles y eclesiásticas):

> "...a fin de que este último acto de mi soberanía sea notorio a todos en mis dominios de España e Indias, y de que conmováis y concurran a que se lleven a debido efecto las disposiciones de mi caro

---

[29] Ídem.

[30] Ídem.

[31] Acordado su cumplimiento por la Junta de Gobierno, el 10 de mayo se hizo llegar a las correspondientes autoridades para su observancia: capitanes generales, presidentes y regentes de las cancillerías y audiencias, gobernadores, corregidores, intendentes y justicias ordinarias; a los arzobispos, obispos y prelados eclesiásticos... (Ídem)

amigo el emperador Napoleón, dirigidas a conservar la paz, amistad y unión entre Francia y España, evitando desórdenes y movimientos populares, cuyos efectos son siempre el estrago, la desolación de las familias, y la ruina de todos."[32]

Consecuente con lo conjurado en el pacto y, tras la formalización de la renuncia al trono del entonces rey Fernando y de la restituida corona de Carlos IV, el emperador Napoleón Bonaparte anunció:

"...habiéndonos por sus exposiciones hecho entender que el bien de la España exigía que se pusiese prontamente un término al interregno, hemos resuelto proclamar (...) Rey de España y de las Indias a nuestro muy amado hermano Joseph Napoleón (...) Garantimos al Rey de las Españas la independencia e integridad de sus Estados, así los de Europa como los de África, Asia y América."[33]

En *respuesta* a la súplica del monarca español, el emperador francés publicó una proclama al *pueblo español* en la que prometía renovar la monarquía, mejorar las instituciones y procurarles beneficios mediante determinadas reformas:

"Españoles: después de una larga agonía, vuestra nación iba a perecer. He visto vuestros males y voy a remediarlos (...) Vuestros príncipes me han cedido todos sus derechos a la corona de las

---

[32] Comunicado al gobernador interino (Consejo de Catilla) el 8 de mayo de 1808, Bayona. (Publicado en *Gaceta de Madrid*, viernes 20 de mayo de 1808; pp.482-483)

[33] El texto del decreto del 6 de mayo de 1808 fue citado en nota al calce en las actas de la primera junta, celebrada en Bayona el 15 de junio de 1808 (Actas de las Juntas de la Diputación General de Españoles, op.cit , p.20. El decreto ya había sido publicado y puesto a circular en España por mandato del Emperador desde el 11 de mayo. El 25 de julio, el rey José I se instalaría en Madrid.

Españas; yo no quiero reinar en vuestras provincias..."³⁴

En su proclama anunciaba la convocatoria a una asamblea general de las diputaciones de las provincias y de las ciudades españolas. Por orden del emperador Bonaparte (1808) fue convocada a Congreso una diputación general compuesta de clero, nobleza y Estado "para tratar allí de la felicidad de España, proponiendo todos los males que el anterior sistema le haya ocasionado, y las reformas y remedios más convenientes para destruirlos en toda la Nación y en cada provincia en particular."³⁵ Fechado el mismo día, la Junta Suprema de Gobierno de España expidió la convocatoria en los dominios del reino. La diputación general, integrada por representantes oficiales de las provincias y ciudades españolas[36], se reunió en la ciudad de Bayona, Francia, ese mismo año. El objetivo:

---

[34] Proclama de Napoleón a los españoles; 25 de mayo de 1808, Bayona, Francia. (Publicado en *Gaceta de Madrid*, 3 de junio de 1808; p.530)

[35] Orden de Convocatoria a la Diputación General de Españoles; 19 de mayo de 1808.

[36] Entre los diputados españoles convocados a integrar el Congreso de Bayona, fueron electos representantes oficiales de Bancos, Universidades, Juntas de Gobierno, Tribunales, Gremios, del Consejo de la Inquisición y del Consejo de Indias; de diversas denominaciones de la alta jerarquía de la Iglesia (arzobispos, obispos, curas párrocos, etc.,); militares; compañías privadas; provincias y villas, señoríos y reinos (marqueses, duques y condes). (En Poderes, Nombramientos y Ordenes Convocatorias; y Actas de las Juntas de la Diputación General de Españoles, Bayona, 19 de mayo d 1808) El designado presidente del Congreso fue Miguel Joseph de Azanza, quien iniciaría labores dando lectura del decreto en que el emperador proclamaba rey de España y de las Indias a Joseph Napoleón, hermano del emperador. Miguel José (Joseph) de Azanza fue secretario de Estado y del Ministro de Guerra bajo el reinado de Carlos IV. Designado posteriormente Virrey de Nueva España (México), en 1799 reprimió la primera sublevación independentista mexicana. En 1808 fue nombrado secretario de Hacienda por el rey Fernando VII. A instancias de Napoleón I preside el Congreso de Bayona...

> "Establecer las bases de la felicidad permanente de nuestra amada Patria es la gloriosa tarea que se nos ha impuesto..."[37]

El discurso protocolar refrenda la legitimidad del designado Rey de España, y lo reconoce jefe de la Nación española. Hasta el momento, la impresión general era de consentimiento absoluto a la dominación imperial francesa, manifiesta en el asentimiento pleno a su proyecto de reforma constitucional. Ningún sector, dentro de los circuitos del poder político en España, había presentado reservas ni oposición alguna. No obstante, en las actas congresionales se perfila un estado de situación en la península que dista de ese entendido.

> "Sentimos, Señor, en nuestro corazón, la división e inquietudes momentáneas que agitan y turban algunas provincias, a instigación del vulgo, que no reflexiona, y que es muy digno de ser compadecido cuando vuelve en sí de sus errores."[38]

Presumida la representación legítima de la Nación por los *diputados* españoles y sus respectivos auspiciadores (las autoridades de gobierno, el clero, la milicia y la nobleza), sube a escena en el texto del discurso un vulgo irreflexivo y errático, que divide e inquieta, agita y turba en las provincias. Desacreditada y subestimada la disidencia política emergente entre los *súbditos* del monarca en España, la junta de delegados españoles en Bayona convino sobre el orden de sus prioridades y lo hizo saber al Emperador francés:

> "Hemos hecho y haremos cuanto esté de nuestra parte para atraerlas a la tranquilidad y al orden, porque nada importa tanto en este momento como el que no opongan estorbos al cumplimiento de los benéficos designios que tiene sobre nosotros..."

---

[37] Discurso presentado ante el Rey de España por el Congreso de Bayona (17 de junio de 1808); en Actas de las Juntas de la Diputación General de Españoles, op.cit.

[38] Ídem.

El vulgo español, que "no reflexiona", estorba porque intranquiliza y desordena. Es objeto de *compasión* si acaso "vuelven en sí de sus errores", si se retracta y jura lealtad absoluta al gobierno *legítimo* y *representativo* de España, bajo la "innata bondad y paternal gobierno" del Emperador.

> "Nosotros ofrecemos cooperar a que se cumplan (los benignos designios del Emperador), y ayudar siempre a V.M con la lealtad y fe debidas en el glorioso empeño que ha contraído de no reinar sino para el bien de los españoles..."[39]

Cerrado el discurso con adulaciones al recién designado Monarca[40], fue aprobado por *toda* la Junta. Durante el curso del congreso constituyente fue sometido al cuerpo de diputados españoles copia traducida al castellano del *nuevo* proyecto de Constitución para España, según confeccionado por la jurisprudencia imperial francesa. Ejemplares impresos del proyecto constitucional fueron entregados a cada diputado, para que lo "examinasen con detención" y posteriormente "den su dictamen" y "observaciones" sobre el todo de la Constitución o sus partes y artículos, con tiempo para "ilustrar su opinión" pero "sin debates ni controversias, que no ilustran, sino que confunden". Al momento, los diputados agradecieron al Emperador "por su cuidado y desvelo en aliviar al pueblo español de los impuestos que le fuesen muy gravosos". Algunas ciudades españolas, también agradecidas, ya habían implementado algunas de sus reformas y otras -indican las actas- estaban en proceso de hacerlo. Los diputados españoles procedieron a tratar el texto constitucional del Emperador. Las sesiones transcurrieron entre elogios sobre reformas económicas, dudas y sugerencias puntuales para *clarificar* conceptos y artículos *oscuros* que pudieran ocasionar confusión y pleitos.

---

[39] Ídem.

[40] "...un Monarca que la fama tiene dado a conocer al mundo como modelo de dulzura y de bondad, que era las delicias del pueblo que regía, y es ahora objeto de su llanto porque lleva a otra parte sus virtudes..."

-Inalterado el monopolio de la religión católica

La cuestión religiosa fue objeto de atención especial y reproches del ala más conservadora del clero católico español.[41] Con referencia al tratado de cesión de Carlos IV y a los decretos del Consejo de Castilla del actual Monarca, algunos diputados advirtieron que:

> "...el Art.1° de la Constitución no estaba extendido conforme a las ideas que constantemente se han dado a la Nación (...) de mantener la religión católica en la misma pureza con que la han profesado nuestros mayores..."[42]

Aunque el texto constitucional del Emperador determinaba que no se permitiría en España ninguna otra religión que la católica, para los representantes políticos del clero esto no era suficiente:

> "...no se decía que a nadie se permitiría tener otra, como no se consentía antes de ahora; de manera que iban a quedar libres los hombres de pensar dentro de sí como les pareciese, cosa a que antes no se daba lugar."

En los artículos concernientes a la fórmula del juramento del Rey, prometen respetar y hacer respetar la religión católica, "mas no se dice que la guardarán" -impugnó un diputado inquisitorial-. El despotismo clerical español expresó sus reservas y fueron atendidas sin mayores reparos. La propuesta enmienda al texto del Art. 1, que versa sobre la religión católica para integrar la frase "No se permitirá el culto de ninguna otra" sería derrotada por mayoría de votos entre los diputados españoles.

---

[41] El diputado español Raymundo Ettenhard -por ejemplo- pidió que se conservase el tribunal de la Inquisición, "recomendando su utilidad como bien notoria a los españoles."

[42] Según el diputado español Ramón de Adurriaga.

- **Reformas sobre las políticas de gobierno en las colonias**

También fueron objeto de discusión las relaciones jurídico-políticas con las colonias americanas. Se consideraron medidas para "conservar unidas a la Metrópoli las posesiones españolas de América"[43] y otorgar *concesiones* a los *naturales* españoles en las mismas:

> "...para atraerlos más y consolidar los vínculos que nos unen (...) que son una parte de la familia española, domiciliada en otro territorio..."[44]

Otro diputado español observó que sería inconsecuente crear un Ministerio de Indias, "por lo mismo que se profesa la igualdad de los derechos entre esta y aquella parte de la familia española."[45] Los posibles conflictos de intereses económicos de los peninsulares españoles, a raíz de la propuesta concesión igualitaria de derechos civiles a los españoles americanos también fueron advertidos durante las sesiones constituyentes en Barona: "aunque sean los mismos los derechos de nuestras posesiones de América con los de la Metrópoli, debían atenderse las diversas relaciones que para el comercio debe haber en esta y aquellas, para no destruir, antes bien para promover la industria establecida en algunas provincias de España."[46] La inmensa mayoría de diputados españoles juzgaría conveniente un Ministerio particular para las *Indias*, coincidente con lo establecido en el proyecto original.

---

[43] Propuesta por el diputado Ignacio Sánchez de Tejada.

[44] Según el diputado José Joaquín del Moral, quien discurrió sobre posibles *concesiones* que pudieran hacerse a los *naturales*.

[45] El diputado Vicente González Arnao.

[46] Según planteó el diputado por el principado de Cataluña, José Garriga. El diputado del Moral insistió en la conveniencia de "dejar que se despliegue la industria de las Américas." Para Sánchez de Tejada era "absolutamente necesario el Ministro separado de Indias."

- De la *libertades* de expresión e imprenta

En contraste con las primitivas restricciones legales del absolutismo monárquico en España, los constituyentes españoles acogieron las reformas *liberales* francesas sin reparos inmediatos.[47] La *libertad* de imprenta, sujeta a ciertas regulaciones político-administrativas, quedaría garantizada en el texto constitucional de 1808.[48]

- Conflicto de intereses con el sector privado

Más allá de arreglos en la redacción y algunas correcciones menores en los artículos constitucionales, la realidad fragmentaria del Estado español de la época era patente. Fuera de la retórica homogenizante del discurso nacionalista español, la realidad política del reino era otra. Los intereses económicos de particulares no admitían la conveniencia de subordinarse en términos absolutos al poder regulador del gobierno central. Las competencias privadas le representaban un estorbo político recurrente al proyecto político centralizador del Estado. Los conflictos de intereses económicos y discordias entre empresarios capitalistas privados y las fuerzas estadistas en los reinados españoles nunca se habrían de resolver en definitiva.[49]

---

[47] El diputado español Juan Antonio Llorente propuso que a la libertad de imprenta se le consagrase un artículo en la Constitución...

[48] Art. 45. Una junta de cinco senadores, nombrados por el mismo Senado, tendrá el encargo de velar sobre la libertad de la imprenta. Los papeles periódicos no se comprenderán en la disposición de este artículo. Esta junta se llamará Junta Senatoria de Libertad de la Imprenta. Art. 46. Los autores, impresores y libreros, que crean tener motivo para quejarse de que se les haya impedido la impresión o la venta de una obra, podrán recurrir directamente, y por medio de petición, a la Junta Senatoria de Libertad de la Imprenta.

[49] El diputado del señorío de Vizcaya pidió la conservación de los fueros y constitución particular de su señorío; por lo que se abstendría de votar sobre la Constitución de España. Los diputados del reino de Navarra y los de las provincias de Guipúzcoa y Álava coincidieron. Garriga pretendió hacer lo mismo por el principado de Cataluña, mientras que los representantes de la ciudad de Burgos los confrontaron...

- **Aprobación de la constitución de 1808**

La presidencia de la asamblea constitucional tomó nota sobre las diferentes posturas y dio paso a la votación. Con algunos arreglos sugeridos y variaciones menores, finalizaron las tareas del Congreso de diputados. Sus *observaciones* se remitieron al Emperador. Revisada y aprobada por la gerencia del emperador Bonaparte, se entregó a los diputados españoles copia del texto final de la nueva Constitución *española*. El designado rey de España dirigió un discurso que ensalzó su poder:

> "Esta será la que liberte a España de las agitaciones y destrozos de que daba indicio la sorda quietud que agitaba a la nación largo tiempo había.
> La efervescencia que todavía reina en algunas provincias, no podrá menos de calmar luego que los pueblos entiendan hallarse establemente cimentadas la religión, la integridad y la independencia de su país, y reconocidos sus más preciosos derechos..."

En su discurso, el rey José I se *reconoció* a sí mismo como representante legítimo de todos los españoles, y a la Constitución la significó como condición clave para la prosperidad de la Patria. Todo súbdito del reino deberá jurar fidelidad y obediencia al Rey, a la Constitución y las leyes, mientras que "...los seducidos por sugestiones extranjeras, darán lugar a que se les reduzca por la fuerza de las armas."

> "El enemigo del continente esperará, sin duda, que a la sombra de las sediciones que fomenta en España llegará a despojarnos de nuestras colonias, y todo buen español es preciso abra los ojos y se reúna alrededor del Trono."

Finalizado su discurso, los diputados españoles prestaron juramento según prescrito en la nueva Constitución. Con Dios por testigo juraron obediencia y reconocimiento del rey José I como su legítimo Soberano. El Arzobispo de Burgos corrió a cargo del ritual. Puesta la mano del rey sobre los Evangelios, recitó la fórmula prescrita en la Constitución:

> "Juro sobre los Santos Evangelios, respetar y hacer respetar nuestra santa religión; observar y hacer observar la Constitución; conservar la integridad y la independencia de España y sus posesiones; respetar y hacer respetar la libertad individual y la propiedad, y gobernar solamente con la mira del interés de la felicidad y de la gloria de la Nación española."

El Arzobispo le siguió en el juramento, y enseguida los diputados españoles. Todos pronunciaron la fórmula: "Juro fidelidad y obediencia al Rey, a la Constitución y a las leyes"; y firmaron. Así concluyó la ceremonia constitucional. Por encomienda y a nombre de la asamblea constituyente, su presidente, Miguel José Azanza, se presenció ante el Emperador para "tributar gracias" por su "celo y esmero en promover la felicidad de España, y por la gran obra de la Constitución." En su alocución, describió la situación general de España:

> "Veíase esta Nación generosa muy decaída de su esplendor antiguo, y cercada de aquellos males que anuncian el próximo trastorno de los gobiernos y de los pueblos."

Depurada de las adulaciones al Emperador, la narrativa de Azanza (re)presentaba la crítica condición política del reino español y la correlativa crisis de gobernabilidad que sirvió de trasfondo a la participación de los diputados españoles en el Congreso de Bayona, a sus respectivos asentimientos y disposiciones a trabajar sobre el proyecto constitucional, y a la consecuente juramentación unánime de lealtad absoluta. España estaba necesitada de "socorros" y "afortunadamente, la Providencia, que gobierna el mundo, puso en tan tristes circunstancias su suerte y sus destinos en la benéfica e irresistible mano..." del Emperador.

> "El orden social estaba a punto de disolverse entre nosotros; el Gobierno superior lo había atraído todo a sí, para ensanchar más los límites de la arbitrariedad, escoger los negocios en que pudiera

hacer lugar la parcialidad o el capricho, y dejar los demás en abandono..."

La maquina del Estado no funcionaba con regularidad; las autoridades y la administración general, el tesoro y la deuda pública, todas sus instancias de gobierno estaban sumidas en el caos y el abismo, dislocadas y rotas; resueltas a su disolución. Es dentro de la representación de este dramático escenario que, "en nombre de todos los españoles de todos los climas", agradece la Constitución al Emperador, "Restaurador de las Españas".

El Emperador, por su parte, dejó saber que -recita Azanza- "sentía que hubiese personas malévolas que se opusieran a sus miras, fomentando sediciones y alborotos, que obligarían a medidas de rigor" y *exhortó* a los diputados a "desengañar a los pueblos que están en insurrección".[50]

La Constitución de Bayona (1808)

La orientación política del Estado español que habría de predominar en la segunda mitad del siglo XIX aparece programada en el texto constitucional de 1808[51], redactado bajo la regencia del emperador francés Napoleón Bonaparte y promulgado por su hermano José I, designado rey de España. Aunque la figura del monarca continuaría ocupando la centralidad del poder político, la extensión de su poderío, en principio, estaría limitada y regulada por las prescripciones constitucionales; compartida con las Cortes y sujeta al *respeto* de los derechos ciudadanos contenidos en ésta. No obstante:

> Art. 38. En caso de sublevación a mano armada, o de inquietudes que amenacen la seguridad del Estado, el Senado, a propuesta del Rey, podrá suspender el imperio de la Constitución por tiempo y en lugares determinados. Podrá, asimismo, en casos de urgencia y a propuesta del Rey

---

[50] Tras la consecuente *derrota* militar sobre el imperio francés, Azanza se exiliaría en Francia. Las cortes españolas lo juzgarían y sentenciarían a muerte.

[51] *Constitución de Bayona* (1808); Digitalizada en http://es.wikisource.org.

tomar las demás medidas extraordinarias, que exija la conservación de la seguridad pública.⁵²

Invariablemente y acorde con el *nuevo* orden de Ley, las constituciones posteriores conservarían intacto, aunque relativamente *condicionado*, este principio político del derecho absoluto del Rey. *Amenazada* la seguridad del Estado o la seguridad pública, el monarca seguiría gozando de la autoridad legítima y del poder legal para "suspender el imperio de la Constitución", pero no lo que de ella consagra su autoridad y poderío para hacerlo. Por el contrario, la suspensión del imperio constitucional significaba la supresión de los derechos políticos de la ciudadanía y el reforzamiento del poder del gobierno estatal para, en "casos de urgencia", imponer a discreción "medidas extraordinarias".

Cónsono a las reformas jurídico políticas relativas al orden interior del Estado español, el objetivo de consolidación del poder de gobierno requería hacer extensivo el imperio de la Constitución a todas las posesiones coloniales (provincias españolas). La Constitución de 1808 disponía:

> Art. 87. Los reinos y provincias españolas de América y Asia gozarán de los mismos derechos que la Metrópoli.⁵³

La administración de Gobierno en los dominios imperiales habría de regirse, en principio, por la nueva Constitución política regente en la Metrópoli, sin reservas ni distinciones discriminatorias entre reinos y provincias.⁵⁴ Esta centralización política-administrativa del gobierno estatal no excluía la delegación de ciertos poderes *representativos*, por el contrario, respondía al cálculo económico y a la racionalidad política imperial de la época.

---

⁵² Título VII. Del Senado.

⁵³ Título X. De los Reinos y Provincias Españolas en América y Asia.

⁵⁴ Art. 88. Será libre en dichos reinos y provincias toda especie de cultivo e industria. Art. 89. Se permitirá el comercio recíproco entre los reinos y provincias entre sí y con la Metrópoli. Art. 90. No podrá concederse privilegio alguno particular de exportación o importación en dichos reinos y provincias.

Art. 91. Cada reino y provincia tendrá constantemente cerca del Gobierno diputados encargados de promover sus intereses y de ser sus representantes en las Cortes.[55]

El vínculo directo con el gobierno central permanecería intacto, delegado al representante oficial del reino en las provincias españolas, el Gobernador General. De modo similar al Reino, la procedencia de clase privilegiada era condición constitucional para la elección del diputado *nativo*, representante de intereses regionales en las Cortes.[56]

- **Ajustes constitucionales al Derecho Penal**

El proyecto de homogenización del gobierno estatal, con arreglo al imperio de Ley constitucional, integró la política de extensión generalizada de sus códigos a las posesiones coloniales americanas.

Art. 96. Las Españas y las Indias se gobernarán por un solo Código de leyes civiles y criminales.[57]

Los proyectos de leyes civiles y criminales y los reglamentos generales de administración pública, dispone la Constitución de 1808, serían examinados y extendidos por un Consejo de Estado,[58] que integraría seis diputados de Indias, con

---

[55] Art. 92. Estos diputados serán en número de 22, a saber: Dos de Nueva España. Dos del Perú. Dos del Nuevo Reino de Granada. Dos de Buenos Aires. Dos de Filipinas. Uno de la Isla de Cuba. Uno de Puerto Rico. Uno dé la provincia de Venezuela. Uno de Caracas. Uno de Quito. Uno de Chile. Uno de Cuzco. Uno de Guatemala. Uno de Yucatán. Uno de Guadalajara. Uno de las provincias internas occidentales de Nueva España. Y uno de las provincias orientales. (Título X. De los Reinos y Provincias Españolas en América y Asia)

[56] Art. 93. Estos diputados serán nombrados por los Ayuntamientos de los pueblos, que designen los virreyes o capitanes generales, en sus respectivos territorios. Para ser nombrados deberán ser propietarios de bienes raíces y naturales de las respectivas provincias.

[57] Título XI. Del Orden Judicial. Art. 113. Habrá un solo código de Comercio para España e Indias.

[58] Art. 57. Título VIII. Del Consejo de Estado.

voz consultiva.[59] Con respecto a la dimensión judicial operó ciertas reformas administrativas[60] y procesales[61]. Algunas modificaciones burocráticas se registran también en el ámbito penal y carcelario[62]; y la inviolabilidad de domicilio[63]. Para todos los retoques administrativos del poder de gobierno el nuevo texto constitucional extendió los dominios de su jurisdicción a todo el reino y sin excepciones, incluyendo las posesiones coloniales. En su parte de Disposiciones Generales[64] establece:

> Art. 127. Ninguna persona residente en el territorio de España y de Indias podrá ser presa, como no sea en flagrante delito, sino en virtud de una orden legal y escrita.[65]

---

[59] Art. 56. El Consejo de Estado tendrá consultores, asistentes y abogados del Consejo.

[60] Art. 97. El orden judicial será independiente en sus funciones. Art. 98. La justicia se administrará en nombre del Rey, por juzgados y tribunales que él mismo establecerá. Por tanto, los tribunales que tienen atribuciones especiales, y todas las justicias de abadengo, órdenes y señorío, quedan suprimidas. Art. 99. El Rey nombrará todos los jueces.

[61] Art. 106. El proceso criminal será público. En las primeras Cortes se tratará de si se establecerá o no el proceso por jurados. (El texto original reconocía la institución del jurado, pero por votación de la mayoría de diputados en el Congreso de Bayona, se delegó la determinación a las Cortes.) Art. 112. El derecho de perdonar pertenecerá solamente al Rey y le ejercerá oyendo al ministro de Justicia, en un consejo privado compuesto de los ministros, de dos senadores, de dos consejeros de estado y de dos individuos del Consejo Real.

[62] Los artículos 39 al 44 establecen un procedimiento para revisar los casos de las personas presas que no han sido puestas en libertad o entregadas a disposición de los tribunales, dentro de un mes de su prisión, o si se presume de que han sido aprisionadas arbitrariamente. (Título VII. Del Senado.)

[63] Art. 126. La casa de todo habitante en el territorio de España y de Indias es un asilo inviolable: no se podrá entrar en ella sino de día y para un objeto especial determinado por una ley, o por una orden que dimane de la autoridad pública.

[64] Art. 126 a 134; Título XIII. Disposiciones Generales.

[65] Ídem.

La Constitución de Bayona dispuso nuevas regulaciones sobre los procedimientos administrativos de las penas carcelarias y restricciones a las autoridades carceleras[66], aliviando relativamente las condiciones humanas de los prisioneros.

> Art. 133. El tormento queda abolido: todo rigor o apremio que se emplee en el acto de la prisión o en la detención y ejecución y no esté expresamente autorizado por la ley, es un delito.

La presumida reforma *humanista* en cuanto al trato a los prisioneros del Estado estaba sujeta a lo "expresamente autorizado por la ley", lo que no excluía, en términos absolutos o en principio, las prácticas del tormento en el ejercicio judicial-penal, sino que las subordinaba a los preceptos y regulaciones de la Ley. La relativa domesticación *humanista* del Derecho Penal en la *nueva* Constitución no tenía el propósito de reducir el poder interventor y represivo del Estado sino de garantizar la soberanía absoluta del Gobierno sobre los objetos-sujetos bajo sus dominios.

---

[66] Art. 128. Para que el acto en que se manda la prisión pueda ejecutarse, será necesario: 1.º Que explique formalmente el motivo de la prisión y la ley en virtud de que se manda. 2.º Que dimane de un empleado a quien la ley haya dado formalmente esta facultad. 3.º Que se notifique a la persona que se va a prender y se la deje copia. Art. 129. Un alcaide o carcelero no podrá recibir o detener a ninguna persona sino después de haber copiado en su registro el acto en que se manda la prisión. Este acto debe ser un mandamiento dado en los términos prescritos en el artículo antecedente, o un mandato de asegurar la persona, o un decreto de acusación o una sentencia. Art. 130. Todo alcaide o carcelero estará obligado, sin que pueda ser dispensado por orden alguna, a presentar la persona que estuviere presa al magistrado encargado de la policía de la cárcel, siempre que por él sea requerido. Art. 131. No podrá negarse que vean al preso sus parientes y amigos, que se presente con una orden de dicho magistrado, y éste estará obligado a darla, a no ser que el alcaide o carcelero manifieste orden del juez para tener al preso sin comunicación. Art. 132. Todos aquellos que no habiendo recibido de la ley la facultad de hacer prender, manden, firmen y ejecuten la prisión de cualquiera persona, todos aquellos que aun en el caso de una prisión autorizada por la ley reciban o detengan al preso en un lugar que no esté pública y legalmente destinado a prisión, y todos los alcaides y carceleros que contravengan a las disposiciones de los tres artículos precedentes, incurrirán en el crimen de detención arbitraria.

> Art. 134. Si el Gobierno tuviera noticias de que se trama alguna conspiración contra el Estado, el ministro de Policía podrá dar mandamiento de comparecencia y de prisión contra los indiciados como autores y cómplices.

El nacionalismo católico y la supresión de la Constitución de 1808

Resentido el emperador francés con las "personas malévolas" que se oponían a sus miras, "fomentando sediciones y alborotos, que obligarían a medidas de rigor", había exhortado a los diputados españoles a "desengañar a los pueblos que están en insurrección."[67] Contrariando la voluntad expresa del emperador Bonaparte y del rey José I, derogando los decretos y tratados dispuestos desde Francia por ambos reyes de España (Carlos IV y Fernando VII), y anulando los acuerdos de los *representantes* españoles reunidos en Bayona, el Consejo de Castilla decretó:

> "Se declaran nulos, de ningún valor ni efecto los decretos de abdicación y cesión de la corona de España, firmados en Francia por los señores reyes Fernando VII y Carlos IV, los dados a su consecuencia por este Monarca, por el Emperador de los franceses y por su hermano Josef, inclusa la constitución formada para esta próxima monarquía en Bayona (...) y cuanto se ha ejecutado por el gobierno intruso, así por la violencia con que en todo se ha procedido, como por la falta de autoridad legítima para disponerlo."[68]

En ausencia, por "amor al Soberano" y "deseando realizar en lo posible sus grandes deseos", el Supremo Consejo de Catilla *proclamó* a Fernando VII rey de España.[69]

---

[67] Actas de las Juntas de la Diputación General de Españoles, Bayona, 19 de mayo d 1808.

[68] Orden del Consejo de Castilla, 11 de agosto de 1808; publicada en *Gazeta de Madrid*, 19 de agosto de 1808; p.1041.

Ajustes en la economía política de los gobiernos coloniales

Desde inicios de la ocupación francesa, el gobierno *provisional* en España que se mantuvo constituido bajo la autoridad de la Junta Suprema de Gobierno procuró mantener la cohesión del reino peninsular y sus dominios coloniales en las Américas. Aún en su ausencia, las clases gobernantes y políticas más influyentes en los territorios hispanoamericanos (militares y religiosos, comerciantes y propietarios acaudalados) refrendaron su lealtad incondicional al rey Fernando VII. No obstante, la razón paranoide del Estado español convino reformular cosméticamente la política habitual en sus posesiones coloniales y procurar determinados reajustes estructurales en el poder de Gobierno, a fin de garantizar, si no la lealtad de sus vasallos, al menos reforzar su habitual asistencia para administrar el orden existente a su favor, así como para contener cualquier amago de inconformidad sediciosa o insurreccional.

Las semejanzas con las disposiciones constitucionales de Bayona respondían a su valor estratégico dentro del contexto de la guerra con Francia, y los directivos del gobierno provisional español no vacilarían en plagiarlas a conveniencia. En 1809, en *representación* del rey Fernando VII, la *Suprema Junta Gubernativa de España y las Indias* ordenó la elección de un diputado provincial por cada territorio colonial, que habría de ocupar por encargo su representación ante dicha Junta.[70] Este ajuste administrativo no tenía otro fin, según manifiesta el pliego, que *estrechar* indisolublemente los "sagrados vínculos" con la metrópoli y *corresponder* la heroica lealtad y patriotismo para con la Madre Patria. Sobreentendidas las mismas condiciones y presumidas las mismas posiciones en el resto de las colonias continentales y antillanas (ahora "integrantes" desde siempre de la monarquía española), "declara" la Junta de Gobierno (a nombre del Rey):

> "...que los reinos, provincias e islas que forman estos dominios, deben tener representación nacional inmediata a su Real Persona, y constituir

---

[69] Proclama del 24 de agosto de 1808; reseñada en *Gazeta de Madrid*, martes, 6 de septiembre de 1808; p.1119.

[70] Decreto de la Real Orden de 22 de enero de 1809.

parte de la Junta Central Gubernativa del Reino por medio de los correspondientes diputados..."[71]

Los rígidos controles migratorios, con base en cálculos estratégicos así como en previsiones paranoides y xenófobas, seguirían manifestándose con la misma fuerza de Ley que imperaba desde el siglo XVI:

> "Desde la conquista de las Indias prohibieron nuestros Soberanos sabiamente la admisión de pobladores extranjeros por razones políticas y de necesidad, que bien se manifiestan en el espíritu de las leyes..."[72]

Y seguido cita la referida ley Indiana (3ª):

> "...que se procure limpiar la tierra de extranjeros y gente sospechosa en la fe."[73]

Consejo de Regencia de España e Indias (1810)

A inicios de 1810, consecuencia de la guerra con Francia y la precaria situación militar y política del Estado español, el gobierno central de la monarquía ausente operó algunos cambios administrativos en su orden interior.[74] Formalizados por decreto del rey Felipe VII, la Junta Suprema fue disuelta y, en su lugar, se instaló el Consejo de Regencia de España e Indias.[75] Las razones

---

[71] Proclama del 24 de agosto de 1808, op.cit.

[72] Cita la 1ra y 9na del Título 27, de la *Recopilación de leyes de Indias*. (Op.cit., p.364)

[73] ídem.

[74] Bajo la firma de la dirección política del Consejo Regente y como preámbulo al Real Decreto de 14 de febrero de 1810, el nuevo organismo de gobierno manifestó el estado de situación del gobierno español con relación a la guerra con Francia, las condiciones políticas y las razones para el cambio de mando de la Junta Suprema al Consejo Regente.

[75] Por Real Decreto de 30 de enero de 1810 cesó la *Suprema Junta Central Gubernativa* y en su lugar se creó el *Supremo Consejo de Regencia de España e Indias*,

de guerra seguían primando sobre cualquier otra consideración política, por lo que tras el nuevo arreglo estructural permaneció intacto el plan original, que disponía para la (s)elección de un diputado provincial a las Cortes del reino. Con relación a las posesiones coloniales hispanoamericanas reza el Manifiesto político del Consejo de Regencia, dirigido a los "Americanos Españoles":

> "Desde el principio de la revolución declaró la Patria esos dominios parte integrante y esencial de la Monarquía Española. Como tal, le corresponden los mismos derechos y prerrogativas que a la Metrópoli."[76]

La táctica política de unificación ideológica del reino mantuvo su retórica intacta. Igual que para la Suprema Junta, el Consejo Regente la estimaba como recurso de virtual productividad estratégica dentro del contexto de la guerra, particularmente con relación a la crisis política de autoridad y legitimidad que dejaba por saldo inmediato. La integración de un *representante* dentro de la principal estructura del poder político central respondía a un cálculo *gerencial* del gobierno del reino; un ajuste táctico dentro de la administración general del Estado. Asimismo, la (re)presentación de un contraste radical entre un *antiguo* régimen de exclusión y un *nuevo* régimen inclusivo, sería clave del discurso político del gobierno imperial español.

> "Desde este momento, Españoles Americanos, os veis elevados a la dignidad de hombres libres: no sois ya los mismos que antes encorvados bajo un yugo mucho más duro mientras más distantes estabais del centro del poder; mirados con

---

instalado el 14 de febrero de 1810. (reproducidos en *Boletín Histórico de Puerto Rico*, Tomo X; op.cit., pp.274-280)

[76] Manifiesto político del Consejo de Regencia de España e Indias a los Americanos Españoles; preámbulo al Real Decreto de 14 de febrero de 1810; (reproducido en *Boletín Histórico de Puerto Rico*, Tomo X; op.cit., pp.274-278)

indiferencia, vejados por la codicia y destruidos por la ignorancia."[77]

Una figura mítica, la del *representante*, investida de poderes imaginarios, habría de encarnar el acercamiento prometido al "centro del poder". Su valor político real, no obstante, se configuró en función de la estrategia general del gobierno del reino, no como expresión de un ideal político de justicia que al fin se materializaría bajo el signo titular de *diputado*. Crear un efecto ilusorio y contagioso de que se ha operado un cambio sustancial en las relaciones habituales del poder colonial, y a la vez legitimar los ajustes y reordenamientos en el orden interior de su estructura administrativa, ahí radica su efectividad simbólica; en hacer creer que en realidad *representa* "la voluntad de los naturales" reside su productividad política.

> "Tened presente que al pronunciar o escribir el nombre del que ha de venir a representaros (...), vuestros destinos ya no depende ni de los Ministros, ni de los Vireyes, ni de los Gobernadores; están en vuestras manos."[78]

Más allá de las circunstancias de la guerra contra Bonaparte, que sirven en todo momento de referente inmediato para los ajustes administrativos del Estado, el discurso político del decreto real refrendó la función asignada a los diputados a las Cortes como *nuevos* funcionarios del gobierno del reino: "...que vengan a contribuir con celo y con sus luces a la restauración y recomposición de la Monarquía." A nombre del Rey Fernando VII y del Consejo de Regencia que gobierna en su nombre, ordena el Real Decreto que:

> "...a las Cortes (...) concurran diputados de los dominios españoles de América y de Asia, los cuales representen digna y legalmente la voluntad de sus naturales..."[79]

---

[77] Ídem.

[78] Ídem.

De ello *depende* la "restauración" y "la felicidad de toda la Monarquía". El Consejo de Regencia declaró que sus dominios sobre la América española eran "parte integrante y esencial" de la monarquía y les eran extensivos "los mismos derechos y prerrogativas que a la Metrópoli." No obstante, debido a "las delicadas circunstancias en que se hallan esos países", se reservó la potestad de investir de facultades omnímodas a los gobernantes coloniales:

> "...para proceder a la detención de toda clase de personas sin distinción de estado, fuero ni privilegio, confinarlas y trasladarlas a donde más bien le parezca, si considerase que conviene así a la tranquilidad y seguridad pública; acordando, publicando, y haciendo observar todas las providencias que estime más oportunas y capaces de influir a los mismos objetos; y en fin para todo cuanto requiere la recta administración de justicia y la quietud y tranquilidad interior..."[80]

El contraste inmediato es, sin embargo, con el predominio de la retórica *liberal* en el discurso político de moda y no con respecto al ejercicio habitual del poder de gobierno colonial, pues la Corona nunca desposeyó a las autoridades gobernantes de sus facultades políticas, discreciones judiciales y demás prerrogativas administrativas en ninguna de sus posesiones coloniales. La Real Orden vino más bien a refrendar la extensión jurisdiccional del poderío de los representantes oficiales del reino, dispuestos en las leyes que regían sobre sus dominios desde los primeros tiempos de la conquista...

Pero no era la guerra librada contra los invasores franceses en la península el pretexto principal del contenido de esta orden. Los primeros amagos insurreccionales en las colonias americanas

---

[79] Real Decreto de 14 de febrero de 1810; (reproducido en *Boletín Histórico de Puerto Rico,* Tomo X; op.cit., pp.278-79).

[80] Real Orden del 4 de septiembre de 1810, aplicable a la isla de Puerto Rico. (En http://academic.uprm.edu)

fueron el motivo principal.[81] Aprovechando las condiciones de relativa debilidad política del gobierno central del reino, exacerbada por las inconsistencias jurídicas relativas a la ausencia concreta del rey Fernando VII, en algunos regímenes americanos se hizo paso el cuestionamiento de la representatividad del gobierno peninsular y la legitimidad de su autoridad sobre las posesiones coloniales. A fin de cuentas, el juramento de lealtad incondicional de los súbditos americanos era con el rey Fernando, y él, literalmente, no estaba...

Dentro del mismo imaginario político estadista español, compartido en todas sus dimensiones ideológicas y movido por las mismas retóricas nacionalistas e independentistas, el amor a la Madre Patria en las Américas pronto se convertiría en amor a la Patria. El temor a que se desataran insubordinaciones incontenibles en los territorios coloniales de ultramar, y que incluso pudieran animarse sentimientos soberanistas en alzada definitiva contra la dominación española, incidiría profundamente en la representación habitual de la política de gobernabilidad imperial en las Indias.[82] Los consecuentes arreglos estructurales y las relativas modulaciones retóricas responderían a esta realidad, que se tensaba todavía más por las condiciones irresueltas de la guerra con Francia...

Guerra de independencia española / Congreso nacional de diputados (1810-1812)

A fines de 1810 tuvo lugar la apertura del Congreso nacional al que estaban convocados los diputados españoles de las

---

[81] La Real Orden de 4 de septiembre de 1810 instruye al gobernador de Puerto Rico: "...evitando por todos los medios que dicta la prudencia y la experiencia, el que entre en ella ni en ningún otro punto del distrito de su mando persona alguna que vaya de Caracas y sus provincias, sin que preceda el más riguroso examen de su conducta, opiniones, patriotismo y fidelidad al legítimo gobierno..."

[82] Un agravante que quizás pudo asustar aún más a los ideólogos y estrategas del reino era que una parte sustancial de la composición de las fuerzas militares en las colonias americanas ya era, para entonces, predominantemente nativa, así como una parte cada vez más cuantiosa de las clases privilegiadas, descendientes de españoles o de emigrantes extranjeros asentados y fusionados entre las aristocracias provinciales de ultramar.

Américas. En *representación* de la Nación española, se constituyeron las Cortes generales y extraordinarias, "conformes en todo con la voluntad general". En su acto político inicial, en reacción a las circunstancias de la guerra, las Cortes "...reconocen, proclaman y juran lealtad por su único y legitimo Rey", Fernando VII:

"...y declaran nula, de ningún valor ni efecto la cesión de la corona que se dice hecha en favor de Napoleón, no sólo por la violencia que intervino en aquellos actos injustos e ilegales sino principalmente por faltarle el consentimiento de la Nación."[83]

Anuladas las tres divisiones del poder de Gobierno (ejecutivo, legislativo y judicial), las Cortes se reservaron para sí el ejercicio del poder legislativo en toda su extensión, delegando el poder ejecutivo al Consejo de Regencia, encabezado por tres oficiales militares que habrían de ser "responsables a la Nación" y actuar "con arreglo a sus leyes".[84] El Consejo de Regencia -según dispuesto por decreto- debía jurar: 1. reconocer la soberanía de la Nación, representada por los diputados de las Cortes; obedecer sus decretos, leyes y la constitución que se estableciera, y mandar observarlos, hacerlos ejecutar y castigar las faltas a su observancia; 3. conservar la independencia, libertad e integridad de la Nación; la religión Católica Apostólica Romana; el gobierno monárquico del reino; mirar en todo por el bien del Estado y restablecer en el trono a "nuestro amado Rey", Fernando VII.[85]

"Debiéndose establecer en todas las clases de la Monarquía la absoluta subordinación al Gobierno, como el único medio de dar un movimiento y

---

[83] Decreto I (24 de septiembre de 1810); en *Colección de los Decretos y Órdenes de las Cortes: Generales y Extraordinarias*; 1810 a 1811; Imprenta Real, Cádiz, 1811.

[84] El Consejo de Regencia "reconocerá la soberanía nacional de las Cortes y jurará obediencia a las leyes y decretos que de ella emanaren..." (op.cit., p.2) Sobre los nombramientos y funciones, ver Decreto VI (28 de octubre de 1810); en *Colección de los Decretos y Órdenes de las Cortes*; op.cit., p.11.

[85] Decreto I (24 de septiembre de 1810); op.cit., p.3.

dirección uniforme a la máquina del Estado, y de dirigir a un fin los esfuerzos de todos..."[86]

Las instancias administrativas del Gobierno, en todo el reino, fueron confirmadas sin alteraciones. Tribunales y justicias, autoridades civiles y militares, continuarían ejerciendo sus funciones habituales con relativa normalidad. Tres semanas después las Cortes refrendaron la "igualdad de derechos entre los españoles europeos y ultramarinos":

"...confirman y sancionan el inconcuso concepto de que los dominios españoles en ambos hemisferios forman una sola y misma monarquía, una misma y sola nación, y una sola familia; y que por lo mismo los naturales que sean originarios de dichos dominios europeos o ultramarinos son iguales en derecho a los de ésta península..."[87]

En función de la unificación ideológica del reino, "la felicidad de los de ultramar" aparecería otra vez como objeto del reordenamiento administrativo del Estado.[88] Tras el espectro de la voluntad del Rey, encarnado bajo encargo legislativo en las Cortes y ejecutivo en el Consejo de Regencia, el nuevo orden de gobierno retuvo para sí la soberanía política del Estado y consagró, a sus efectos, la habitual centralización del poder del reino...

• **Resquebrajamiento de las lealtades coloniales a la corona española**

Desvirtuada la autoridad *directa* del rey Fernando VII, la autoridad de la monarquía española sobre sus posesiones coloniales en América fue puesta en entredicho. Desde la conquista y por el arreglo constitucional regente, acorde a las *leyes*

---

[86] Decreto LXXVI (14 de julio de 1811); op.cit.; p.176.

[87] Decreto V (15 de octubre de 1810); op.cit.; p.10.

[88] "...tratar con oportunidad y con particular interés de todo cuanto pueda contribuir a la felicidad de los de ultramar, como también sobre el número y forma que deba tener para lo sucesivo la representación nacional en ambos hemisferios." (Ídem)

de Indias, y órdenes y decretos con igual fuerza de Ley, era al Rey y sólo al Rey a quien debían lealtad incondicional los súbditos españoles-americanos. Desde una perspectiva jurídica formal, el imán unificador del reino era la figura del Rey, no los poderes de gobierno organizados en su nombre y por defecto de su ausencia. Tras la puesta en crisis de la autoridad jurídica de la corona española sobre los territorios coloniales, fue puesta en crisis la legitimidad del Consejo Regente y de las Cortes, que reclamaban *representar* a la Nación y la *voluntad general*, a nombre del Rey, pero sin él.

La táctica política del gobierno central, representado por las Cortes y el Consejo de Regencia, no se limitó a confrontar militarmente las fuerzas insurgentes latinoamericanas. Las precarias condiciones económicas[89] y políticas a consecuencia de la guerra en el territorio peninsular debieron incidir en la determinación de optar por una política inmediata de contrainsurgencia alternativa: desacreditar al movimiento insurreccional, antes que enfrentarlo exclusivamente por recurso de la fuerza militar. Restándole legitimidad política a las "conmociones" en ultramar, el Estado español asumió una postura prepotente, y ofreció el "olvido de lo ocurrido en las provincias de América que reconozcan la autoridad de las Cortes."

> "Ordenan asimismo las Cortes que desde el momento en que los países de ultramar en donde se hayan manifestado conmociones, hagan el debido reconocimiento a la legítima autoridad soberana, que se haya establecido en la madre Patria, haya un general olvido de cuanto hubiese ocurrido indebidamente en ellos..."[90]

---

[89] Un tema recurrente en las Cortes era el financiamiento de la guerra. Entre los decretos al respecto ordenaron una contribución especial ajustada a los ingresos, y en proporción a lo que arriesga a perder el contribuyente. (Decreto LII (1 de abril de 1811); en *Colección de los Decretos y Órdenes de las Cortes*; op.cit.; pp.116-118.)

[90] Decreto V (15 de octubre de 1810); en *Colección de los Decretos y Órdenes de las Cortes*; op.cit., p.10.

Reafirmada la voluntad imperial del reino español, las retóricas inclusivas y aparentes reformas *liberales* se revelan como farsas ideológicas, aunque de muy precisa productividad táctica dentro de la estrategia general de dominación colonial. A la sombra del olvido prometido a condición del sometimiento incondicional a la "legítima autoridad soberana" permanecía intacta la amenaza de severos castigos, tipificada sin ambigüedades en el orden de la Ley...

• **Productividad de las *reformas* constitucionales**

Más que presionado por las autoridades ideológicas del derecho constitucional francés y estadounidense, o rendido al fin ante las poderosas influencias que ejercen sobre lo político las retóricas *liberales* de época, el gobierno del reino español copió las tácticas más productivas del repertorio de sus reformas, para el mismo fin al que debía sus mudas de orden interior: restaurar la monarquía y restablecerse con eficacia sobre sus dominios.

- **De la *libertad* de imprenta**

A fines de 1810, las Cortes decretaron la "libertad política de la imprenta".[91] Englobada en la misma retórica de contraste con el *antiguo* régimen, la *nueva* política rezaba que "la facultad individual de los ciudadanos de publicar sus pensamientos e ideas políticas es, no sólo un freno a la arbitrariedad de los gobiernos, sino también un medio de ilustrar a la Nación en general, y el único camino para llevar al conocimiento de la verdadera opinión pública..." A los efectos, y bajo las restricciones y responsabilidades que se expresarían más adelante, decretaron las Cortes:

> Art. I. Todos los cuerpos y personas particulares, de cualquiera condición y estado que sean, tienen libertad de escribir, imprimir y publicar sus ideas políticas sin necesidad de licencia, revisión o aprobación alguna anteriores a la publicación...

---

[91] Decreto IX (10 de noviembre de 1810); en *Colección de los Decretos y Órdenes de las Cortes*; op.cit.; pp.14-17.

El segundo artículo abole los juzgados de Imprenta y la censura de las obras políticas precedente a su impresión, y el tercero responsabiliza a los autores e impresores "del abuso de esta libertad". El cuarto lista las prácticas penables por ley:

> Art. IV. Los libelos inflamatorios, los escritos calumniosos, los subversivos de las leyes fundamentales de la monarquía, los licenciosos y contrarios a la decencia pública y buenas costumbres serán castigados con la pena de la ley...[92]

La averiguación, calificación y castigos de los delitos por *abuso de la libertad* de Imprenta -prescribe el quinto artículo- son puestas al encargo de los jueces y tribunales. No obstante, el siguiente artículo deja intacta la censura previa de los escritos que traten sobre materias de religión.[93] Abolidas las *antiguas* instancias de censura, el *nuevo* gobierno del reino, para "asegurar la libertad de la Imprenta y contener al mismo tiempo su abuso" restituyó el primitivo poder censor del Estado y reforzó la vigilancia policial sobre todo género de producciones literarias.[94] Tres de los nueve miembros de dicho organismos habrían de ser eclesiásticos (Art. XIV). Su encargo sería "examinar las obras que se hayan denunciado al Poder ejecutivo o Justicias respectivas..."(Art. XV).

-Del poder de indulto en el contexto de la guerra

Para "el sostenimiento de la santa causa que defiende la Nación", las Cortes *autorizaron* al Consejo de Regencia -en

---

[92] El artículo IX dispone que los autores o editores violadores de las regulaciones prescritas, además del as penas señaladas por la ley, el delito "y el castigo que se les imponga se publicarán con sus nombres en la *Gaceta* del Gobierno." (Ídem)

[93] Art. VI. Todos los escritos sobre materias de religión quedan sujetos a la previa censura de los Ordinarios eclesiásticos, según lo establecido en el Concilio de Trento (1563).

[94] Art. XIII. ...las Cortes nombrarán una Junta suprema de Censura, que deberá residir cerca del Gobierno (...) y otra semejante en cada capital de provincia...

respuesta a su *solicitud-* reclutar 80,000 hombres para el Ejército.[95] A los efectos y sujeto a determinadas condiciones, las Cortes decretaron un *"indulto general* a todos los reos militares del ejército y armada, y demás personas que gozan del fuero de guerra, de los dominios españoles en Europa, Indias e Islas Filipinas".[96] Atendiendo al estado de guerra, reza el decreto:

> Art. I Aunque las Cortes han mirado la deserción como uno de los crímenes más execrables en las presentes circunstancias (...) han venido en declarar que los desertores y dispersos que se hallasen en pueblos no ocupados por los enemigos, y se presentaren a los Vireyes, Capitanes generales, Gobernadores y demás jefes militares y Justicias (...) vuelvan a servir en sus propios cuerpos, u otros en los que se les destine (...) sin nota alguna de su deserción...

Asimismo -reza el artículo X- "será extensivo este indulto a los reos que estén fugitivos, ausentes y rebeldes..." y, -según dispone el artículo VI- todos los delitos, militares o comunes, serían comprehendidos en el indulto, salvo determinadas excepciones:

> Art.VII. No podrán gozar de este indulto los reos de crimen de lesa majestad divina y humana, los espías y demás delitos de infidencia, los de alevosía, de homicidio de sacerdote, de delito de monedero falso, e incendiario, de blasfemia, de sodomía, de cohecho y baratería, de falsedad, de

---

[95] Decreto X. (15 de noviembre de 1810); en *Colección de los Decretos y Órdenes de las Cortes*; op.cit.; pp.17-18.

[96] Decreto XII (21 de noviembre de 1810); en *Colección de los Decretos y Órdenes de las Cortes*; op.cit.; pp.20-26. Algunas restricciones aplican al indulto. Por ejemplo, los desertores que hubiéndose ido a pueblos ocupados por los enemigos y hubiesen tomado partido con ellos, y acreditasen haberlo hecho por violencia y de ningún modo por propia voluntad, y no hubiesen hecho uso de sus armas contra la Patria. De modo similar con relación a los prisioneros forzados. (Ídem)

resistencia a la justicia, y el de mala versación de la Real Hacienda.⁹⁷

Dos semanas después, las Cortes ampliaron la extensión de los indultos, como "demostración de clemencia en favor de los súbditos españoles que desgraciadamente se hayan hecho reos de delitos".⁹⁸ Queriendo que el indulto "comprehenda a todos los súbditos del Rey, no sólo a los militares", el nuevo decreto lo hizo extensivo a:

> - "...los reos de contrabando por extracción e importación de efectos prohibidos..." (Art. I.) - "...a los fugitivos, ausentes y acusados de contumacia..." (Art. IV.) - "...los reos de delitos no exceptuados que estén en las provincias ocupadas por el enemigo..." (Art. V.) - "...los eclesiásticos seculares y regulares..." (Art.VII) - "Los reos que se hallaren en camino para cumplir sus condenas, pero sin haber llegado a la caja de sus destinos..." (Art. VIII)

El Artículo X hizo extensivo el indulto a los países de ultramar en "donde se hayan manifestado conmociones, y hagan el legítimo reconocimiento a la autoridad soberana que se halla establecida en la madre Patria". Dentro del "general olvido" de cuanto hubiese *ocurrido* "indebidamente" en las provincias de América, el indulto a reos militares y comunes se haría extensivo a condición del *reconocimiento* de la autoridad de las Cortes; de la "absoluta subordinación al Gobierno."

• **La Religión: arma ideológica al servicio del Estado**

Las circunstancias de la guerra en la península continuaban sirviendo de pretexto y justificación a los ajustes operados en el orden interior del poder del Estado, incluyendo los relativos a uno de sus dispositivos de subyugación ideológica más poderosos: la

---

[97] Op.cit., p.23.

[98] Decreto XIV (30 de noviembre de 1810); en *Colección de los Decretos y Órdenes de las Cortes*; op.cit.; pp.28-30.

Religión. Las Cortes acusaban a Bonaparte de tramar la destrucción de la Patria, socavando su base más sólida, la Religión. Para los ideólogos del gobierno español, el emperador francés estaba "convencido del grande y poderoso influjo de la Religión en un pueblo todo católico" y *obligaba* a los obispos a que apoyasen "sus injusticias por pastorales que (...) prediquen ser la voluntad de Dios que se sujeten a su voluntad de hierro, haciendo en España como en Francia de la cátedra de la verdad la escuela de la mentira."[99]

> "Las Cortes (...) ven con el más profundo dolor la astucia y pérfidas artes con que el invasor de la nación procura seducir a los incautos, y hacer instrumentos de su iniquidad aún a las personas distinguidas de la monarquía..."[100]

El decreto -promulgado a finales de 1810- ilustra las maquinaciones ideológicas de sus estrategas, procurando del discurso religioso "palabras y discursos convenientes" que animen a la guerra. Las Cortes españolas emplazaron por decreto a arzobispos, obispos, prelados, párrocos y demás eclesiásticos, a que:

> - "...impugnen con solidez y energía los perniciosos escritos de aquellos que por desgracia se han extraviado, sucumbiendo a la seducción y a la fuerza..."

> - "...anuncien a sus pueblos que el amor a la Patria, de su libertad e independencia, es una obligación de rigurosa justicia..."

> - "...manifiesten que la defensa de las leyes, del decoro y honor del Estado es la acción más gloriosa que recomiendan las sagradas letras..."

---

[99] Decreto XV (1 de diciembre de 1810); en *Colección de los Decretos y Órdenes de las Cortes*; op.cit.; pp.30-32.

[100] Ídem.

- "...enseñen (...) que se debe promover y sostener la santa causa que se ha emprendido, usando (...) palabras y discursos convenientes a vigorizar el ánimo de los jóvenes, y acrecentar el valor característico de la Nación para la lucha y la pelea..."

Y por último, que hagan presente que:

- "...es indispensable sacrificarlo todo, y guerrear hasta morir, porque peligran la Religión y la Patria; que esta es la voluntad de Dios, autor y protector de la sociedades, y un precepto natural que repiten e inculcan nuestros códigos."

Asimismo, *exhortan* las Cortes a los eclesiásticos que, "para atraer las bendiciones del cielo", ordenen rogativas privadas y públicas, con el fin de rechazar y triunfar sobre el enemigo...

- **Ratificación de las razones de guerra en España (1811)**

Las Cortes habían declarado "nulas y de ningún valor las renuncias hechas en Bayona por el *legítimo* rey de España y de las Indias, Fernando VII, no sólo por falta de libertad, sino también por carecer de la esencialísima e indispensable circunstancia del consentimiento de la Nación." Refrendada su postura política en desafío al "usurpador de la Corona", decretaron que:

"...no reconocerán, y antes bien tendrán y tienen por nulo y de ningún valor ni efecto todo acto, tratado, convenio o transacción, de cualquiera clase y naturaleza que hayan sido o fueran otorgados por el Rey, mientras permanezca en el estado de opresión y falta de libertad en que se halla (...); pues jamás le considerará libre la Nación, ni le prestará obediencia hasta verle entre sus fieles súbditos en el seno del Congreso nacional (...) o del Gobierno formado por las Cortes."[101]

---

[101] Decreto XIX (1 de enero de 1811); *Colección de los Decretos y Órdenes de las Cortes*; op.cit.; pp.43-44.

El decreto ratificó la voluntad y determinación de guerra, y reafirmó que la Nación "no dejará un momento las armas", hasta que el ejército francés se haya ido de España y Portugal; que está resuelta la Nación entera a pelear incesantemente hasta dejar asegurada la Religión, la libertad de su amado monarca y la absoluta independencia e integridad de la Monarquía.[102] Ordena el decreto que lo anterior expuesto sea observado puntualmente en todos los dominios españoles.

Reformas al Derecho Penal en el contexto de la guerra

Con relación a la administración del Derecho Penal, además de las relaciones de indulto a reos militares y civiles (incluyendo desertores, prófugos y prisioneros de guerra) como recurso para acrecentar las filas de sus ejércitos, y los relativos a *enfrentar* las "conmociones indebidas" en los territorios americanos, las Cortes procuraron acelerar los procedimientos judiciales y penales[103], y *humanizar* algunas condiciones de trato a los reos en las cárceles, *abandonados* "en la oscuridad de los encierros."[104] En principio -y en iguales términos a lo dispuesto en

---

[102] Ídem.

[103] Atendiendo "las frecuentes reclamaciones que llegan a las Cortes sobre la lentitud en la substanciación y determinación de las causas criminales", emitieron orden a los efectos de que todos los Tribunales y Juzgados militares "procedan inmediatamente a la vista de cuantos presos de su jurisdicción existieren en las cárceles, castillos y cuarteles.; y que remitan a S.M (Consejo de Regencia) testimonio de todas las causas criminales pendientes, expresivo del día que tuvieron principio y de sus actual estado, para en vista poder determinar lo más justo y conveniente." (Orden de 26 de enero de 1811; *Colección de los Decretos y Órdenes de las Cortes*; op.cit.; pp.64)

[104] En el territorio peninsular reanudaron las vistas a las cárceles: "para precaver los males que afligen a los desgraciados reos en las cárceles y demás sitios de su custodia, y las causas que han influido e influyen a hacer más triste su condición contra el voto uniforme de la humanidad y de las leyes, procedentes de las circunstancias y agitación en que se han hallado las autoridades, de las privilegiadas que se han erigido por un efecto del desorden general, y de la delincuente conducta de algunas personas que usurpando a la magistratura uno de los derechos más sagrados, han hecho prisiones arbitrarias sin formar autos, dar noticia a los jueces legítimos, ni tomar con los desventurados reos otras medidas que las de abandonarlos en la oscuridad de los encierros..." (Decreto XXXV (18 de febrero de 1811; *Colección de los Decretos y Órdenes de las Cortes*; op.cit.; pp.77-79)

la suprimida Constitución de 1808- la misma racionalidad debía ser extensiva a ambos hemisferios del reino, a no ser que por virtud de circunstancias *especiales* se decretase lo contrario.

- **Abolición de la tortura judicial y las penas de tormento**

Una confesión entre líneas del carácter violento y cruel del sistema penal español, ya por las prácticas penales del *antiguo régimen*, ya por las relativas al contexto de la guerra, queda plasmada por decreto de 1811.[105]

> "Quede abolido para siempre el tormento en todos los dominios de la Monarquía española, y la práctica afligida de introducir y molestar a los reos por lo que ilegal y abusivamente llamaban *apremios*[106] (...) y que ningún juez, tribunal ni juzgado, por privilegiado que sea, pueda mandar ni imponer la tortura, ni usar de los insinuados *apremios* bajo responsabilidad y pena..."[107]

La prácticas de la tortura y del tormento pertenecían formalmente a la racionalidad jurídico-penal de la época, todavía petrificada en los textos legales regentes en el reino, integrados y reproducidos sin alteraciones mayores desde el siglo XIII. Por arbitrariedad de los ideólogos del sistema penal del Estado, los encierros carcelarios, los trabajos forzados y la pena de muerte no se contemplaban bajo el registro de la tortura y del tormento, delimitándose a determinadas prácticas de inducir dolor físico directamente sobre el cuerpo del reo. Las revisiones constitucionales refrendarían las modalidades del tormento y la

---

[105] Decreto LXI (22 de abril de 1811); en *Colección de los Decretos y Órdenes de las Cortes*; op.cit.; p.133.

[106] "...y prohíben los que se conocían con el nombre de *esposas, perrillos, calabozos extraordinarios*, y otros, cualquiera que fuese su denominación y uso..." (Ídem)

[107] "...por el mismo hecho de mandarlo, de ser destituidos los jueces de su empleo y dignidad, cuyo crimen podrá perseguirse por acción popular, derogando desde luego cualesquiera ordenanza, ley, órdenes y disposiciones que se hayan dado y publicado en contrario." (Ídem)

tortura que, por definición jurídica, hubiesen sido excluidas de su definición legal...

- De los condenados a la pena de muerte

Con relación a los indultos a reos condenados a pena de muerte, las Cortes se limitaron a decretar prescripciones administrativas:

> "...que no pueda en ningún caso presentarse ni admitirse (...) ninguna súplica hecha de palabra o por escrito, dirigida a impetrar el indulto para un delincuente condenado a pena capital por los Tribunales, sino a propuesta del Consejo de Regencia, el que, cuando ocurriere algún caso en que juzgue ser conveniente a la causa pública que se haga gracia, o se conceda indulto, lo hará presente a las Cortes, manifestando todos los fundamentos o razones en que estriba su opinión, para que tomadas en consideración por las mismas Cortes, resuelvan éstas lo que estimen conveniente."[108]

Con objeto de *acelerar* los procedimientos judiciales y las respectivas penas, incluyendo la pena capital a reos del delito de *infidencia*, las Cortes decretaron:

> "...que el Consejo de Regencia prevenga a las audiencias de la península, que procedan en las causas de infidencia con la brevedad posible, castigando a los reos sin dilación alguna, y sin necesidad de consultar las sentencias de muerte, en uso de las facultades que las competen por las leyes."[109]

---

[108] Decreto LXVII (12 de mayo de 1811); en *Colección de los Decretos y Órdenes de las Cortes*; op.cit.; p.160.

[109] Orden de 14 de julio de 1811; en *Colección de los Decretos y Órdenes de las Cortes*; op.cit.; p.177.

Constitución política de la monarquía católica española (1812)

Irresuelto aun el conflicto bélico con Francia, y aprovechando la prolongada ausencia del monarca español, las Cortes promulgaron una *nueva* constitución política. En 1812, "en el nombre de Dios todopoderoso (...) autor y supremo legislador de la sociedad", fue puesta en vigor una *nueva* Constitución política.[110] El texto constitucional se prometía continuador de las tradiciones jurídicas del reino, de "las antiguas leyes fundamentales de la Monarquía". Más que cambios sustanciales en el ejercicio habitual de las prácticas de control social y dominación política, la Constitución de 1812 produjo algunas variaciones menores de orden administrativo, y ciertas modulaciones retóricas o refinamientos ideológicos dentro de un mismo fin político: "el buen gobierno y recta administración del Estado", para "promover la gloria, la prosperidad y el bien de toda la Nación."[111] La categoría política *Nación* ocuparía centralidad dentro del discurso constitucional, pero no como representación de la voluntad popular refleja en la ley suprema, sino como expresión ideológica del poder político reinante.

La autoridad del monarca soberano aparece desplazada por la soberanía de la Nación, constituida por "todos los españoles de ambos hemisferios."[112] El amor a la Patria[113], el

---

[110] *Constitución política de la monarquía española* (1812); digitalizada en Biblioteca Virtual Miguel de Cervantes (http://www.cervantesvirtual.com/)

[111] Ídem.

[112] Art. 1. La Nación española es la reunión de todos los españoles de ambos hemisferios. Art. 3. La soberanía reside esencialmente en la Nación, y por lo mismo pertenece a ésta exclusivamente el derecho de establecer sus leyes fundamentales. Art. 4. La Nación está obligada a conservar y proteger por leyes sabias y justas la libertad civil, la propiedad y los demás derechos legítimos de todos los individuos que la componen. (*Constitución política de la monarquía española* (1812); Título I. Capítulo I. De la Nación Española)

[113] Art. 6. El amor de la Patria es una de las principales obligaciones de todos los españoles y, asimismo, el ser justos y benéficos. (*Constitución política de la monarquía española* (1812); Título I. Capítulo II. De los españoles)

servicio militar[114], el pago de contribuciones[115] y la obediencia a las leyes del Estado serían obligaciones *principales* a las que continuarían sujetos *todos* los españoles.[116]

La jurisdicción constitucional de 1812 se prometía extensiva a todo el territorio español, incluyendo a todas sus posesiones coloniales.[117] La estrategia de unificación jurídica del reino, de modo similar a la que le precedió, procuró integrar la retórica nacionalista y la exclusividad de la religión católica dentro del orden absoluto del Estado de Ley español:

> Art. 12. La religión de la Nación española es y será perpetuamente la católica, apostólica, romana, única verdadera. La Nación la protege por leyes sabias y justas y prohíbe el ejercicio de cualquiera otra.[118]

---

[114] Art. 9. Está asimismo obligado todo español a defender la Patria con las armas, cuando sea llamado por la ley.

[115] Art. 8. También está obligado todo español, sin distinción alguna, a contribuir en proporción de sus haberes para los gastos del Estado.

[116] Art. 7. Todo español está obligado a ser fiel a la Constitución, obedecer las leyes y respetar las autoridades establecidas.

[117] Art.10. El territorio español comprende en la Península con sus posesiones e islas adyacentes, Aragón, Asturias, Castilla la Vieja, Castilla la Nueva, Cataluña, Córdoba, Extremadura, Galicia, Granada, Jaén, León, Molina, Murcia, Navarra, Provincias Vascongadas, Sevilla y Valencia, las islas Baleares y las Canarias con las demás posesiones de África. En la América septentrional, Nueva España, con la Nueva Galicia y península del Yucatán, Guatemala, provincias internas de Occidente, isla de Cuba, con las dos Floridas, la parte española de Santo Domingo, y la isla de Puerto Rico, con las demás adyacentes a éstas y el Continente en uno y otro mar. En la América meridional, la Nueva Granada, Venezuela, el Perú, Chile, provincias del Río de la Plata, y todas las islas adyacentes en el mar Pacífico y en el Atlántico. En el Asia, las islas Filipinas y las que dependen de su gobierno. (*Constitución política de la monarquía española* (1812); Título II. Del territorio de las Españas, su religión y Gobierno y de los ciudadanos españoles. Capítulo I. Del territorio de las Españas)

[118] Título II. Capítulo II. De la Religión. La Constitución de Bayona, aunque la reconocía como Religión oficial del Estado, no prohibía la coexistencia de otras religiones, lo que habría sido motivo de disputas irreconciliables con el sector más conservador y recalcitrante de la Iglesia católica en España.

Sin reservas por las contradicciones entre las disposiciones heredadas del antiguo régimen y las variaciones retóricas influenciadas por la moda política de la época, de ideología y demagogia liberal, el gobierno monárquico de la nación española reiteraba su *finalidad* política:

> Art. 13. El objeto del Gobierno es la felicidad de la Nación, puesto que el fin de toda sociedad política no es otro que el bienestar de los individuos que la componen.[119]

La potestad de hacer leyes aparece compartida entre las Cortes y el Rey[120], pero el poder de aplicarlas, en causas civiles y criminales, reside en los tribunales establecidos por la ley.[121] Uniformadas las prescripciones del derecho de ciudadanía para ambos hemisferios de los dominios españoles, la Constitución de 1812 disponía también criterios para perderla o suspenderla.[122]

De modo similar a la de 1808, la Constitución de 1812 disponía de procedimientos formales para el nombramiento de diputados[123] a las Cortes[124], "en la península e islas y posesiones

---

[119] Título II. Capítulo III. Del Gobierno.

[120] Art.15; op.cit.

[121] Art.17; op.cit.

[122] Por ejemplo, en el artículo 24 (3º) Por sentencia en que se impongan penas aflictivas o infamantes, si no se obtiene rehabilitación. Así mismo, el artículo 25 establece los criterios o causas por las que el Estado puede suspender los derechos de ciudadano, a saber: 1º En virtud de interdicción judicial por incapacidad física o moral; 2º Por el estado de deudor quebrado, o de deudor a los caudales públicos; 3º Por el estado de sirviente doméstico; 4º Por no tener empleo, oficio o modo de vivir conocido; y 5º Por hallarse procesado criminalmente. (Op.cit.; Título II. Capítulo IV. De los españoles)

[123] Art. 132. Todo diputado tiene la facultad de proponer a las Cortes los proyectos de ley, haciéndolo por escrito, y exponiendo las razones en que se funde. (Op.cit. Título III: De las Cortes. Capítulo VIII: De la formación de las leyes y de la sanción real.)

[124] Entre las facultades de las Cortes, dispuestas en las Constitución de 1812: Art. 131. (1) Proponer y decretar las leyes, e interpretarlas y derogarlas en caso necesario. (...) (22) Establecer el plan general de enseñanza pública en toda la Monarquía... (23) Aprobar los reglamentos generales para la Policía y sanidad

adyacentes"[125], reservando entre los criterios de elegibilidad la condición legal y económica del ciudadano[126] y, entre líneas y por omisión, su género y raza. En el juramento de los diputados electos a las Cortes se funde categóricamente lo religioso y lo político bajo el signo de la Ley.[127] Del mismo modo, en la fórmula para la promulgación de las leyes, dispuesta por encargo constitucional al Rey[128], también se conserva la unidad política-religiosa del Estado nacional-católico español.

La Constitución de 1812 amplió el aparato burocrático del poder de Gobierno, ratificó las facultades omnímodas del Rey[129]

---

del reino. (24) Proteger la libertad política de la imprenta. (Op.cit. Título III: De las Cortes. Capítulo VII: De las facultades de las Cortes.)

[125] Op.cit. Título III: De las Cortes.

[126] Art. 91. Para ser diputado de Cortes se requiere ser ciudadano que esté en el ejercicio de sus derecho, mayor de veinticinco años, y que haya nacido en la provincia o esté avecindado en ella con residencia a lo menos de siete años, bien sea del estado seglar, o del eclesiástico secular (...) Art. 92. Se requiere además, para ser elegido diputado de Cortes, tener una renta anual proporcionada, procedente de bienes propios. (Op.cit. Título III: De las Cortes. Capítulo V.)

[127] Art. 117. (...) poniendo la mano sobre los santos Evangelios, el juramento siguiente: ¿Juráis defender y conservar la religión católica, apostólica, romana, sin admitir otra alguna en el reino? - R. Sí juro. ¿Juráis guardar y hacer guardar religiosamente la Constitución política de la Monarquía española, sancionada por las Cortes generales y extraordinarias de la Nación en el año de mil ochocientos y doce? -R. Sí juro. ¿Juráis haberos bien y fielmente en el encargo que la Nación os ha encomendado, mirando en todo por el bien y prosperidad de la misma Nación? - R. Sí juro. Si así lo hiciereis, Dios os lo premie; y si no, os lo demande. (Título III: De las Cortes. Capítulo VI: De la celebración de las Cortes)

[128] Art. 155. N (el nombre del Rey), por la gracia de Dios y por la Constitución de la Monarquía española, Rey de las Españas, a todos los que las presentes vieren y entendieren, sabed: Que las Cortes han decretado, y Nos sancionamos lo siguiente (aquí el texto literal de la ley): Por tanto, mandamos a todos los tribunales, justicias, jefes, gobernadores y demás autoridades, así civiles como militares y eclesiásticas, de cualquiera clase y dignidad, que guarden y hagan guardar, cumplir y ejecutar la presente ley en todas sus partes... (Op.cit. Título III: De las Cortes. Capítulo IX: De la promulgación de las leyes.)

[129] Art. 170. La potestad de hacer ejecutar las leyes reside exclusivamente en el Rey, y su autoridad se extiende a todo cuanto conduce a la conservación del orden público en lo interior, y a la seguridad del Estado en lo exterior,

(Majestad Católica); amplió el Consejo de Estado[130] para su asesoría y restringió su autoridad sobre determinados aspectos al consentimiento de las Cortes.[131] En materia judicial y penal:

> Art. 173. (11) No puede el Rey privar a ningún individuo de su libertad, ni imponerle por sí pena alguna.[132]

Establecidos los términos de la relativa separación de los poderes de gobierno, del ejecutivo (Rey) y el cuerpo legislativo (Cortes), la Constitución de 1812 fijó el objeto y jurisdicción del poder judicial y penal (Tribunales)[133]; reformó algunas de sus

---

conforme a la Constitución y a las leyes. Art. 171. Además de la prerrogativa que compete al Rey sancionar las leyes y promulgarías, le corresponden como principales las facultades siguientes: (...) Cuidar de que en todo el reino se administre pronta y cumplidamente la justicia; Declarar la guerra, y hacer y ratificar la paz, dando después cuenta documentada a las Cortes; Nombrar los magistrados de todos los tribunales civiles y criminales, a propuesta del Consejo de Estado; Mandar los ejércitos y armadas, y nombrar los generales; Disponer de la fuerza armada, distribuyéndola como más convenga; Dirigir las relaciones diplomáticas y comerciales con las demás potencias, y nombrar los embajadores, ministros y cónsules; Indultar a los delincuentes, con arreglo a las leyes; Hacer a las Cortes las propuestas de leyes o de reformas, que crea conducentes al bien de la Nación, para que deliberen en la forma prescrita (...) (Op.cit., Capítulo I: De la inviolabilidad del Rey y de su autoridad.)

[130] Art. 236. El Consejo de Estado es el único Consejo del Rey, que oirá su dictamen en los asuntos graves gubernativos, y señaladamente para dar o negar la sanción a las leyes, declarar la guerra, y hacer los tratados. Art. 232. (...) De los individuos del Consejo de Estado, (de cuarenta) doce a lo menos serán nacidos en las provincias de Ultramar. (Op.cit., Capítulo VII: Del Consejo de Estado)

[131] Por ejemplo, el artículo 173 dispone: (5) No puede el Rey hacer alianza ofensiva, ni tratado especial de comercio con ninguna potencia extranjera sin el consentimiento de las Cortes. (7) No puede el Rey ceder ni enajenar los bienes nacionales sin consentimiento de las Cortes.

[132] Sólo en el caso de que el bien y seguridad del Estado exijan el arresto de alguna persona, podrá el Rey expedir órdenes al efecto; pero con la condición de que dentro de cuarenta y ocho horas deberá hacerla entregar a disposición del tribunal o juez competente. (Ídem).

[133] Op.cit., Título V. De los Tribunales y de la Administración de Justicia en lo Civil y Criminal. Capítulo I: De los Tribunales.

prácticas y uniformó los procedimientos administrativos bajo sus dominios, conviniendo hacer extensivas sus disposiciones a todo el reino:

> Art. 242. La potestad de aplicar las leyes en las causas civiles y criminales pertenece exclusivamente a los tribunales.
>
> Art. 243. Ni las Cortes ni el Rey podrán ejercer en ningún caso las funciones judiciales, avocar causas pendientes, ni mandar abrir los juicios fenecidos.
>
> Art. 244. Las leyes señalarán el orden y las formalidades del proceso, que serán uniformes en todos los tribunales; y ni las Cortes ni el Rey podrán dispensarlas.
>
> Art. 245. Los tribunales no podrán ejercer otras funciones que las de juzgar y hacer que se ejecute lo juzgado.
>
> Art. 246. Tampoco podrán suspender la ejecución de las leyes, ni hacer reglamento alguno para la administración de justicia.
>
> Art. 247. Ningún español podrá ser juzgado en causas civiles ni criminales por ninguna comisión, sino por el tribunal competente determinado con anterioridad por la ley.
>
> Art. 248. En los negocios comunes, civiles y criminales no habrá más que un solo fuero para toda clase de personas.
>
> Art. 249. Los eclesiásticos continuarán gozando del fuero de su estado, en los términos que prescriben las leyes o que en adelante prescribieren.

Art. 250. Los militares gozarán también de fuero particular, en los términos que previene la ordenanza o en adelante previniere.

Las autoridades de los tres poderes constitutivos del gobierno estatal estaban reguladas y sujetas a las restricciones establecidas en la Constitución, que obligaba a los funcionarios designados a cumplir las disposiciones de las leyes y los responsabilizaba en caso de falta o incumplimiento.

Art. 254. Toda falta de observancia de las leyes que arreglan el proceso en lo civil y en lo criminal, hace responsables personalmente a los jueces que la cometieren.

El poder del Rey quedaría formalmente subordinado al nuevo orden constitucional y delimitado por la distribución de poderes y respectivas competencias. Dentro del discurso constitucional la categoría Rey pasaría a ocupar una posición simbólica, similar a la de Dios, y sujeta a los límites y regulaciones legales establecidas en el texto de la Constitución.

Art. 257. La justicia se administrará en nombre del Rey, y las ejecutorias y provisiones de los tribunales superiores se encabezarán también en su nombre.

En la práctica, sin embargo, la *nueva* Constitución se limitaría a retocar cosméticamente el lenguaje de la Ley, no a potenciar cambios sustanciales en el orden de sus contenidos. Los principios constitucionales de las monarquías españolas, desde tiempos de la conquista de las Américas, continuarían siendo la base irreducible de las leyes que continuarían rigiendo en el territorio peninsular como en las posesiones coloniales. Esto, indistintamente de los ajustes particulares o arreglos coyunturales que pudieran hacer las autoridades administrativas para amoldarlas a las condiciones y requerimientos específicos de cada territorio.

Art. 258. El Código civil y criminal y el de comercio serán unos mismos para toda la Monarquía, sin perjuicio de las variaciones, que por particulares circunstancias podrán hacer las Cortes.[134]

Las *Leyes de Indias*, redactadas con arreglo al proyecto colonial de la monarquía española, serían refrendadas indirectamente, pues éstas contenían ya las *variaciones* requeridas para el ejercicio efectivo de la gobernabilidad en las posesiones coloniales. Desde su puesta en vigor, las autoridades designadas para la administración de las leyes debían limitarse a hacerlas valer al pie de la letra y no estaban autorizadas a hacerles cambios. La *nueva* Constitución vendría a refrendarlo.

• **Administración judicial y penal**

Paralelo a las prescripciones dispuestas para el sistema de administración judicial y penal en los Tribunales, la Constitución de 1812 dispuso criterios procesales para "la administración de la justicia en lo civil y en lo criminal"[135]:

> Art. 286. Las leyes arreglarán la administración de justicia en lo criminal, de manera que el proceso sea formado con brevedad, y sin vicios, a fin de que los delitos sean prontamente castigados.
>
> Art. 287. Ningún español podrá ser preso sin que preceda información sumaria del hecho, por el que merezca según la ley ser castigado con pena corporal, y asimismo un mandamiento del juez por escrito, que se le notificará en el acto mismo de la prisión.

---

[134] Art. 259. Habrá en la Corte un tribunal, que se llamará Supremo Tribunal de Justicia. Art. 261. Compete al Tribunal Supremo dirimir todas las competencias de las audiencias entre sí en todo el territorio español, y las de las audiencias con los tribunales especiales que existan en la Península e Islas adyacentes. En Ultramar se dirimirán éstas últimas según lo determinaren las leyes.

[135] *Constitución política de la monarquía española* (1812). Título V. De los Tribunales y de la Administración de Justicia en lo Civil y Criminal. Capítulo III: De la Administración de Justicia en lo Criminal.

La regulación legal del ejercicio del poder represivo del Estado continuaría ejerciéndose con la misma finalidad política, y las reformas vendrían a hacer más efectivas sus prácticas habituales, no a cuestionarlas o enmendarlas cualitativamente.

> Art. 288. Toda persona deberá obedecer estos mandamientos: cualquiera resistencia será reputada delito grave.
>
> Art. 289. Cuando hubiere resistencia o se temiere la fuga, se podrá usar de la fuerza para asegurar la persona.

De igual modo, el encarcelamiento provisional continuaría significándose como un trámite burocrático de la institución penal y no como una pena:

> Art. 290. El arrestado, antes de ser puesto en prisión, será presentado al juez, siempre que no haya cosa que lo estorbe, para que le reciba declaración; mas si esto no pudiere verificarse, se le conducirá a la cárcel en calidad de detenido, y el juez le recibirá la declaración dentro de las veinticuatro horas.

Las prácticas judiciales también serían objeto de trastoques semánticos más que de cambios procesales significativos. El sujeto intervenido continuaría siendo objeto del poder judicial y sometido a sus rituales por la fuerza superior que lo posibilita.

> Art. 291. La declaración del arrestado será sin juramento, que a nadie ha de tomarse en materias criminales sobre hecho propio.

La sociedad civil seguiría emplazada a convertirse en salvaguarda, vigía y fuerza en reserva del poder de la Ley, a formar parte activa de la maquinaria coercitiva del poderío estatal:

> Art. 292. En fraganti todo delincuente puede ser arrestado, y todos pueden arrestarle y conducirle a la presencia del juez: presentado o puesto en

custodia, se procederá en todo, como se previene en los dos artículos precedentes.

Y las clases privilegiadas retendrían la suerte de poder pagar, con arreglo legal, la presunción de su propia inocencia.

Art. 296. En cualquier estado de la causa que aparezca que no puede imponerse al preso pena corporal, se le pondrá en libertad, dando fianza.

A la par con las *reformas* procesales en los tribunales y las regulaciones legales de la administración de la justicia estatal sobre lo criminal, el texto constitucional de 1812 dispuso algunas previsiones concernientes a la "pena corporal" (cárcel) y a las condiciones y tratos a los prisioneros del Estado.

Art. 297. Se dispondrán las cárceles de manera que sirvan para asegurar y no para molestar a los presos: así el alcaide tendrá a éstos en buena custodia y separados los que el juez mande tener sin comunicación; pero nunca en calabozos subterráneos ni malsanos.

Art. 298. La ley determinará la frecuencia con que ha de hacerse la visita de cárceles, y no habrá preso alguno que deje de presentarse a ella bajo ningún pretexto.

Art. 300. Dentro de las veinticuatro horas se manifestará al tratado como reo la causa de su prisión, y el nombre de su acusador, si lo hubiere.

Art. 301. Al tomar la confesión al tratado como reo, se le leerán íntegramente todos los documentos y las declaraciones de los testigos, con los nombres de éstos; y si por ellos no los conociere, se le darán cuantas noticias pida para venir en conocimiento de quiénes son.

Art. 302. El proceso de allí en adelante será público en el modo y forma que determinen las leyes.

Art. 303. No se usará nunca del tormento ni de los apremios.

Art. 304. Tampoco se impondrá la pena de confiscación de bienes.

Art. 305. Ninguna pena que se imponga, por cualquier delito que sea, ha de ser trascendental por término ninguno a la familia del que la sufre, sino que tendrá todo su efecto precisamente sobre el que la mereció.

Así como las autoridades judiciales y penales aparecían obligadas a cumplir las disposiciones legales prescritas en la Constitución, los funcionarios de las instituciones carcelarias estaban sujetos a sus regulaciones, restricciones y penalidades.

Art. 299. El juez y el alcaide que faltaren a lo dispuesto en los artículos precedentes, serán castigados como reos de detención arbitraria, la que será comprendida como delito en el código criminal.

El Estado de Ley se reserva el poder de suspender las disposiciones constitucionales que regulan el ámbito formal de lo judicial y la administración de la justicia criminal, cuando estime amenazado el "buen orden y la seguridad del Estado."[136]

Art. 308. Si en circunstancias extraordinarias la seguridad del Estado exigiese, en toda la Monarquía o en parte de ella, la suspensión de algunas de las formalidades prescritas en este

---

[136] Art. 306. No podrá ser allanada la casa de ningún español, sino en los casos que determine la ley para el buen orden y seguridad del Estado.

capítulo para el arresto de los delincuentes, podrán las Cortes decretarla por un tiempo determinado.

• **Una para todos, todos para Una**

La repartición diferencial de poderes y competencias de las diversas ramas de Gobierno, responsabilidades y obligaciones con fuerza de Ley, seguiría siendo parte de la estrategia de gobernabilidad del Estado católico español, dispuesta formalmente en la Constitución política del reino. Los ajustes estructurales, reordenamientos jurisdiccionales y reorganización de las instancias administrativas del poder estatal se hicieron extensivas a las posesiones coloniales sin reservas diferenciales significativas en los textos constitucionales y respectivos códigos legales, órdenes y decretos reales. Las autoridades y funcionarios de gobierno estaban obligados a suscribir los principios de la Constitución de la Monarquía española y las leyes del Estado, invariable e irrespectivamente de las mutaciones en las formas y contenidos que éstas pudieran tener en el devenir de sus historias. Tal como acontecía de hecho durante los periodos que le precedieron, así lo reproduciría la *nueva* Constitución política de la monarquía imperial española:

> Art. 337. Todos los individuos de los ayuntamientos y de las diputaciones de provincia (...) prestarán juramento (...) de guardar la Constitución política de la Monarquía española, observar las leyes, ser fieles al Rey y cumplir religiosamente las obligaciones de su cargo.[137]

La Constitución de 1812 dispuso para la administración de las provincias y pueblos del reino, peninsulares y de ultramar, un orden de Gobierno constituido electoralmente por sus respectivos *ciudadanos*, según acreditados por las leyes. El encargo administrativo del gobierno interior de los pueblos del reino, según prescrito en la Constitución, suponía una cierta autonomía regional que, en principio, favorecía el desenvolvimiento de cada pueblo, organizado en función de intereses y necesidades

---

[137] Op.cit., Capítulo II: Del gobierno político de las provincias y de las diputaciones provinciales.

particulares, a la vez que mantenía intacta la relación de subordinación política y jurídica al gobierno central. Las diputaciones provinciales[138] serían garante del vínculo entre el poder político central y la administración de los gobiernos de los pueblos. Además:

> Art. 335. (...) Las diputaciones de las provincias de Ultramar velarán sobre la economía, orden y progresos de las misiones para la conversión de los indios infieles, cuyos encargados les darán razón de sus operaciones en este ramo, para que se eviten los abusos: todo lo que las diputaciones pondrán en noticia del Gobierno.

- Ciudadanía española a los americanos

El temor al auge de insubordinaciones relativo al estado de situación en la metrópoli y las previsiones contra posibles alzamientos independentistas, no eran las únicas razones de peso para introducir reformas estructurales y refinamientos ideológicos al orden constitucional español respecto a las "provincias de ultramar". El reordenamiento general de los territorios coloniales dentro del marco de expectativas de auge económico y consecuente crecimiento poblacional, iniciado desde las reformas de repartición de tierras durante el siglo pasado y reforzadas por las medidas económicas *liberales*, la progresiva creación de nuevos pueblos y la puesta en vigor de ordenes de encuadramiento de los pobladores a sus requerimientos de ley y orden, dieron paso a la resignificación jurídica de los súbditos *nativos* en las posesiones coloniales o provincias americanas.

La Constitución de 1812 procuró reforzar los mecanismos de control social, económico, político y cultural mediante arreglos precisos a los poderes administrativos del Gobierno central. La aplicabilidad de los preceptos constitucionales fuera del territorio peninsular procuraba la normalización de las obligaciones políticas de todos los súbditos-ciudadanos del reino bajo el imperio de la Ley. La ciudadanía española, dentro de estos términos, no sería

---

[138] Art. 324. El gobierno político de las provincias residirá en el jefe superior, nombrado por el Rey en cada una de ellas.

exclusiva de los peninsulares. Los nacidos en las colonias, según dispone la Constitución, *son* ciudadanos españoles y, como tales, obligados indistintamente a guardar la Constitución política de la Monarquía española, observar las leyes y ser fieles al Rey. El rango de ciudadanía obligaba a sus *poseedores* no sólo a subordinarse al poderío estatal sino, además, a integrarse como objeto y parte de su sistema de control y dominación general.

- Obligación del servicio militar

El servicio militar continuaría siendo obligatorio en todos los territorios del reino:

> Art. 361. Ningún español podrá excusarse del servicio militar, cuando y en la forma que fuere llamado por la ley.[139]

Invariablemente, igual que se habría acrecentado el sector perteneciente a las clases privilegiadas, descendientes de españoles o de emigrantes extranjeros asentados y fusionados entre las aristocracias provinciales de ultramar, una parte sustancial de la composición de las fuerzas militares en las colonias americanas ya era nativa. El reclutamiento de milicianos, habitantes nativos de cada provincia, peninsular, continental o antillana, seguiría en aumento:

> Art. 362. Habrá en cada provincia cuerpos de milicias nacionales, compuestos de habitantes de cada una de ellas, con proporción a su población y circunstancias.[140]

- Prevalece la trata humana y la esclavitud

Asimismo, por omisión calculada, la esclavitud sería consagrada como institución legítima dentro del *nuevo* orden constitucional y *liberalizadas* las regulaciones del comercio de

---

[139] Título VIII. De la Fuerza Militar Nacional. Capítulo I. De las tropas de continuo servicio.

[140] Título VIII. Capítulo II. De las milicias nacionales; op.cit.

esclavos en las *Indias*, como base del proyecto económico del reino imperial.¹⁴¹ En algunas colonias, ésta se convertiría en la principal fuerza productiva, y los despuntes en la economía y demás desarrollos sociales seguirían midiéndose con relación a los beneficios de las clases blancas y privilegiadas...

- **La Educación: dispositivo de subyugación ideológica del Estado**

Delineadas desde el gobierno central las prioridades estratégico-políticas uniformadoras del reino, el texto constitucional de 1812 dispuso sus preceptos sobre el principal recurso de subyugación ideológica del Estado: la Educación.

Art. 366. En todos los pueblos de la Monarquía se establecerán escuelas de primeras letras, en las que se enseñará a los niños a leer, escribir y contar, y el catecismo de la religión católica, que comprenderá también una breve exposición de las obligaciones civiles.¹⁴²

La dirección e inspección general de la enseñanza pública estaba a cargo de la autoridad de Gobierno (Art.369), y el objeto, planes y estatutos de la instrucción pública bajo el encargo de las Cortes (Art.379).

---

[141] Durante los procesos de confección de la *nueva* Constitución en las Cortes españolas, hay registro de diputados abolicionistas que habrían propuesto desde restricciones a la trata de esclavos, medidas para proscribir los malos tratos, hasta la derogación de las leyes esclavistas y abolición inmediata de la esclavitud. El 26 de marzo de 1811, el diputado de Tlaxcala (México), José Miguel Guridi Alcocer, presentó una propuesta que incluía la abolición inmediata de la trata de esclavos y un plan gradual de abolición de la esclavitud que preveía que los hijos de los esclavos fuesen libres. El 2 de abril, el diputado Agustín Argüelles, presentó su propuesta para abolir la tortura y el tráfico de esclavos. Todas las propuestas fueron ignoradas por el pleno. (http://www.cedt.org/perabol1.htm)

[142] *Constitución política de la monarquía española* (1812). Título IX. De la Instrucción Pública. Art. 367. Asimismo se arreglará y creará el número competente de universidades y de otros establecimientos de instrucción, que se juzguen convenientes para la enseñanza de todas las ciencias, literatura y bellas artes.

Art. 368. El plan general de enseñanza será uniforme en todo el reino, debiendo explicarse la Constitución política de la Monarquía en todas las universidades y establecimientos literarios, donde se enseñen las ciencias eclesiásticas y políticas.

- **Libertades políticas** *liberales*

En principio, y dentro del estrecho margen de libertades políticas, residual de las reservas, restricciones y regulaciones constitucionales de la época, el texto constitucional autorizaría, dentro del marco de precisas regulaciones, prohibiciones y penas, la "libertad política de la imprenta".[143]

Art. 371. Todos los españoles tienen libertad de escribir, imprimir y publicar sus ideas políticas sin necesidad de licencia, revisión o aprobación alguna anterior a la publicación, bajo las restricciones y responsabilidad que establezcan las leyes.[144]

Tratado de Valençay (1813): fin de la guerra entre España y Francia

A finales de 1813 el rey católico de España y el emperador de Francia "igualmente animados del deseo de hacer cesar las hostilidades" convinieron un tratado de *paz* y *amistad* "definitivo entre las dos potencias".[145] Ratificado el pacto habrían de cesar "todas las hostilidades" en sus posesiones continentales de Europa, África y América (Art.II). Por virtud del tratado, el emperador Bonaparte *reconoce* a Fernando VII y a sus sucesores, "según el orden de sucesión establecido por las leyes

---

[143] De modo similar a la Constitución de Bayona, la "libertad política de la imprenta" había sido puesta en vigor por Decreto IX (10 de noviembre de 1810) de las Cortes, y su ejercicio bajo la vigilancia de una Junta suprema de Censura…

[144] *Constitución política de la monarquía española* (1812). Título IX. De la Instrucción Pública.

[145] Tratado de Valençay; 11 de diciembre de 1813 (Digitalizado por http://books.google.es)

fundamentales de España, como Rey de España y de las Indias." (Art.III). El rey de España "se obliga por su parte á mantener la integridad del territorio de España, islas, plazas y predios adyacentes..." (Art.VI). Se pacta, además, una amnistía política general[146] y la redacción de un nuevo tratado de comercio.[147] El 13 de marzo de 1814, entre vítores populares y adulaciones de clericales y nobles, regresó Fdo.VII a España...

Restitución del absolutismo monárquico (1814)

Pactado el armisticio con Francia, firmado el convenio de paz y restablecidas las relaciones económicas entre ambas potencias, las maldiciones contra el emperador Bonaparte pronto se irían desvaneciendo. Restituido al trono, el rey Fernando VII proclamó un decreto que de inmediato habría de subvertir las condiciones políticas del reino, devolviéndolas al estado de situación y orden interior previo a la abdicación de la Corona por parte de su padre; en contraste y oposición a las *reformas* constitucionales efectuadas por 104 diputados en las Cortes, y con énfasis en los aspectos concernientes a las limitaciones de su poder como monarca y sobre todo cuanto pudiera contravenir su autoridad ejecutiva en general y respectivos privilegios reales, según las leyes regentes hasta 1808.

En su decreto real, firmado con fecha del 4 de mayo de 1814, el rey Fernando procuró despejar las dudas que pudieran pesar sobre el tiempo de su ausencia, y reprochó brevemente la "perfidia" de Bonaparte y su "atroz atentado": "...fui privado de mi libertad, y ,de hecho, del gobierno de mis Reynos, y trasladado a un palacio (...) sirviéndonos de decorosa prisión casi por espacio de seis años aquella estancia."[148]

---

[146] A todos los españoles "adictos al Rey José, que le han servido en los empleos civiles ó militares, y que le han seguido, volverán á los honores, derechos y prerrogativas de que gozaban y todos los bienes de que hayan sido privados, les serán restituidos" (Art. IX) y "los prisioneros hechos de una y otra parte serán devueltos, ya se hallen en los depósitos, ya en cualquiera otro paraje, ó ya hayan tomado partido" (Art. XI)

[147] Se concluirá un tratado de comercio entre ambas potencias, y hasta tanto, sus relaciones comerciales quedarán bajo el mismo pie que antes de la guerra de 1792. (Art.XIV)

[148] Decreto Real de Fernando VII; 4 de mayo de 1814.

El monarca no tardaría en pasar la cuenta a los españoles que, durante su ausencia y en el contexto de la guerra, usurparon su "Real Nombre" y ejercieron el poder de la "Soberanía" (desde septiembre de 1808 hasta enero de 1810, con el título de Consejo de Regencia y, desde entonces, las Cortes -generales y extraordinarias-, que durante los actos de su instalación habrían juramento conservar todos sus dominios al Soberano). Sobre este cuerpo pesa la reprimenda por excluir alevosamente los Estados de *Nobleza y Clero*, y acto seguido, por violentar el juramento de lealtad al Rey y usurpar su nombre:

> "Con esto, quedó todo a la disposición de las Cortes: las cuales el mismo día de su instalación, y por principio de sus actas, Me despojaron de la Soberanía, poco antes reconocida por los mismos diputados, atribuyéndola nominalmente á la nación para apropiársela á sí ellos mismos..."[149]

Aunque nunca se trató de sustituir el significante Rey por el significante Nación, el contenido del texto constitucional sí los habría fusionado del mismo modo a como se hacía con el significante Dios. Se trató, más bien, de un cambio estructural en la retórica del poder que, sin embargo, no afectaría el ejercicio del poder político en el reino, sino que más bien delimitaría las competencias de las otras instancias del poder de gobierno (judicial y legislativo) que coexistían en la práctica con el poder ejecutivo del Rey. Eran los intereses económicos del Rey, más que los políticos, los que se verían afectados directamente con los ajustes estructurales prescritos en el texto constitucional de las Cortes. En lo esencial, es decir, con respecto a los principios políticos y el contenido explícito de las leyes, el Estado de Ley español continuaba intacto, incluyendo su poderío imperial sobre sus provincias coloniales.

Es por ello que el rey Fernando arremete contra los arreglos legales que afectan específicamente su posición privilegiada como poder soberano en el discurso constitucional, y no contra las leyes que se limitan a refinar el ejercicio del poder de gobierno en general. No obstante, el nuevo ordenamiento constitucional también habría afectado a sectores determinados

---

[149] Ídem.

que gozaban de privilegios dentro del orden del antiguo régimen, en particular los más allegados políticamente a él y a la realeza, clérigos y nobles, bajo su protectorado formal. Así, dentro de la racionalidad del Rey, los diputados en las Cortes no sólo le habrían usurpado el Nombre Real, despojado de su Soberanía y puesto en su lugar (*nominalmente*) a la Nación, sino que, además, hicieron "...las leyes que quisieron (...) establecieron los Diputados, y Ellos mismos sancionaron y publicaron en 1812" una *nueva* Constitución. A juicio del Rey, este habría sido el "...primer atentado contra las prerrogativas del Trono, abusando del nombre de la nación..." Y, a pesar de la "repugnancia" de la mayoría de los diputados, "unos pocos sediciosos" hicieron leyes "que llamaron fundamentales", revestidas del "especioso colorido de voluntad *general*..."[150]

La conservación del significante Rey, rebajado ahora a "mero ejecutor delegado", es una treta demagógica de los diputados, que -acusa el Rey- copiaron los principios revolucionarios y democráticos de la Constitución francesa de 1791, faltando a lo que anunciaron en un principio. En el texto constitucional, el primer ejecutivo retiene el título de Rey pero -recrimina- se le da el nombre de Rey "...para alucinar y seducir á los incautos y á la nación."

Fernando VII acusó a los diputados "sediciosos" de forzar bajo amenaza la firma y juramento de los detractores, y concluyó que para preparar los ánimos en su contra se valieron, además, de un uso abusivo de la "libertad de imprenta", establecida por los mismos diputados a las Cortes, con el fin de:

> "...hacer odioso el Poderío Real, dando á todos los derechos de la Magestad el nombre de *despotismo*, haciendo sinónimos los del *Rey* y *Déspota*, y llamando *tiranos*, a los Reyes..."[151]

Al mismo tiempo que:

---

[150] Del mismo modo, denunció que habían sustituido del ejército y la armada el título de *Reales* por el de *Nacionales*. (Ídem)

[151] Ídem.

> "...se perseguía cruelmente á cualquiera que tuviese firmeza para contradecir, ó siquiera disentir de este modo de pensar revolucionario y sedicioso..."[152]

Con el fin de "poner fin á estos males" y restablecer la "verdadera felicidad de la Patria"; "...en una religión y un imperio estrechamente unidos en indisoluble lazo...", declara:

> "...que mi Real ánimo es no solamente no jurar ni acceder á dicha *Constitución* ni á decreto alguno de las Cortes (...) actualmente abiertas, á saber, que sean depresivos de los derechos y prerrogativas de mi Soberanía (...) sino declarar aquella Constitución y tales Decretos nulos y de ningún valor ni efecto, ahora ni en tiempo alguno (...) y sin obligación en mis pueblos y súbditos, de cualquier clase y condición, á cumplirlos ni guardarlos."[153]

A los efectos, refrendó la vigencia de la Constitución y leyes que antes imperaban en el reino y ordenó mantener las rentas "que con acuerdo del reyno se impongan para la conservación del Estado en todos los ramos de su administración". El tesoro del reino se volvería a administrar separadamente, entre la parte que corresponde a su "Real Persona y Familia" y la que toca a la nación "...a quien tengo la gloria de mandar..." Anulada la Constitución política de 1812, y, libradas las Cortes de los diputados *sediciosos*, ordenó:

> "Y las leyes, que en lo sucesivo hayan de servir de norma para las acciones de mis súbditos, serán establecidas con acuerdo de las Cortes."[154]

---

[152] Ídem.

[153] Ídem.

[154] Ídem.

Quien contradijera la Real declaración: "...atentaría contra las prerrogativas de mi Soberanía y la felicidad de la nación, y causaría turbación y desasosiego en mis Reynos..."

> "...declaro reo de lesa Magestad á quien tal osare o intentare, y que como a tal se le imponga la pena de la vida, ora lo execute de hecho, ora por escrito, ó de palabra, ó de cualquier modo exhortando y persuadiendo á que se guarden y observen dicha Constitución y decretos."[155]

El delito de lesa Magestad (Laese maiestatis crimen) en las leyes regentes desde el siglo XIII, constituye delito de traición contra el rey o contra su señorío, y según la pena prescrita para el infractor, "deue morir por ello..." Amenazados de muerte los contraventores de la voluntad del Rey, según dispone la ley para el delito de lesa Majestad, decreta amnistía inmediata para los encausados judicialmente con relación a los estatutos prescritos en la anulada Constitución:

> "...cesará en todos los juzgados del reyno el procedimiento en cualquier causa, que se halle pendiente por *infracción* a la *Constitución*; y los que por tales causas se hallaren presos, ó de cualquier modo arrestados, no habiendo otro motivo justo según las leyes, sean inmediatamente puestos en libertad."[156]

• **Restablecimiento del antiguo régimen de Ley en las Américas**

Anulada la Constitución de 1812 y restituido el *antiguo régimen*, el rey Fernando VII atendió de inmediato los negocios imperiales en sus colonias americanas. Restablecido el Consejo de Indias[157], el rey Fernando VII inquirió sobre materias

---

[155] Ídem.

[156] Ídem.

[157] Durante dos siglos, el *Consejo de Indias*, había ejercido la máxima jurisdicción en todos los territorios americanos, tanto en lo gubernativo como en lo judicial,

concernientes a las condiciones de gobernabilidad en las posesiones coloniales de América, y juzgó sobre los efectos de las políticas implementadas en su ausencia y en su nombre por las Cortes del reino y el Consejo Regente. Persuadido del "mal uso" que pudiera habérsele dado a la "libertad absoluta de Imprenta" en las "provincias fieles", y del "mal ejemplo de las provincias insurreccionadas", el monarca imperial la convirtió en objeto de censura.[158] Ocupaba la atención del soberano que la libertad *absoluta* de imprenta "haya podido minar la tranquilidad" en las "provincias fieles":

> "...produciendo perturbaciones y dudas en lo que debe ser la verdadera opinión pública, regulada por la Ley y por la sana razón..."[159]

Con miras a atender la raíz del problema, urgió al rey hacer extensivo a las Américas las mismas disposiciones adoptadas en la península, "con objeto a contener el abuso de aquella ilimitada licencia." Para el monarca, asesorado por su *Consejo de Indias*, las medidas de censura y regulación estricta de la libertad de imprenta incidirían profundamente en "la buena gobernación de esos dominios." Dada la relativa premura con que decretó la orden de censura, y dando tiempo a decidir sobre los límites *justos* en que habría de enmarcarse la libertad de imprenta, el monarca español prohibió fijar carteles, distribuir anuncios e imprimir diarios o cualquier escrito:

> "...sin que se preceda su presentación a la persona a cuyo cargo se halle el gobierno político y militar, quien dará o negará el permiso..."[160]

---

pudiendo además ordenar y hacer, con consulta regia, las leyes pragmáticas, ordenanzas etc. Suprimido por decreto de las Cortes (17 de abril de 1812), el *Consejo de Indias* sería restablecido por Decreto Real de 2 de julio de 1814. (ES.41091.AGI/35, digitalizado en http://pares.mcu.es)

[158] Real Orden de 6 de septiembre de 1814; (reproducida en *Boletín Histórico de Puerto Rico* (1925), Tomo XII; op.cit., pp.378-379)

[159] Ídem.

[160] Ídem.

Entre las condiciones prescritas para obtener el permiso oficial, apuntó que no se manifiesten "opiniones sediciosas o poco convenientes...". La instancia encargada de la censura *debía* atender:

> "... solamente que se evite el abuso que se ha hecho de la prensa en perjuicio de la religión y de las buenas costumbres."

Igualmente, debería procurar:

> "...que se oponga freno a las doctrinas revolucionarias, a las calumnias e insultos contra el Gobierno, y a los libelos y groserías contra los particulares..."

Asimismo, decretó la prohibición de las composiciones, escritos y representaciones dramáticas "sin que preceda un riguroso examen y el correspondiente permiso", y previno a los actores y actrices que se abstuvieran de añadir sentencias o versos que promuevan la irreligión y el libertinaje. Mediante decreto de 1814, valedero para todas las posesiones coloniales de las Américas, concluyó el monarca:

> "Finalmente, es mi voluntad se proceda al castigo de los contraventores con arreglo a las Leyes, órdenes y cédulas que regían en la materia."[161]

Para fines de 1814, el rey Fernando VII circularía las instrucciones precisas para el restablecimiento del orden de gobierno anterior en las provincias coloniales, con miras a "disminuir" y "enmendar los daños causados" por las Cortes, que habían trastocado el sistema de legislación y las leyes "tan respetadas y observadas por algunos siglos", e introducido

---

[161] Aunque muy probablemente existían regulaciones más precisas en órdenes contemporáneas, la base legal de la censura sobre imprenta y temas afines en el contexto de las posesiones coloniales remite a las *Leyes de Indias* (1680). Libro I. Título XXIV. De los Libros, que se imprimen y pasan á las Indias.

"novedades que podían ser muy peligrosas".[162] De inmediato, cesarían sus funciones los diputados electos, y demás proyectos electorales; se devolvería a su estado previo a los ayuntamientos, según las regulaciones anteriores a los arreglos constitucionales, que "alteraron el sistema antiguo"; se restablecerían los Alcaldes ordinarios, Regidores y demás Capitulares que cesaron funciones, "con arreglo a las leyes y práctica de esos dominios"; asimismo, dejadas sin efecto las elecciones parroquiales, los demás funcionarios de Gobierno -cesanteados por la Constitución de 1812- serían restituidos a sus antiguos puestos, sin alteración de sus funciones y en las mismas condiciones; a las autoridades superiores del Gobierno, según los estatutos legales y órdenes antiguas, les serían restablecidas sus facultades nominativas y administrativas en general; los ayuntamientos creados en virtud de las *nuevas* instituciones se "suspenderían absolutamente", y el establecimiento de los que convenga estaría sujeto a la consideración y aprobación de los "Jefes Superiores"; cesarían igualmente los Jueces designados con arreglo a la Constitución y decretos de las Cortes, y se reinstalarían las correspondientes autoridades judiciales con los títulos y denominaciones "según antes se practicaba"; de igual modo, los gobernadores reasumirían "todas las funciones y facultades que les correspondían antes de publicarse la llamada constitución..."[163]

- **Reformas constitucionales al absolutismo monárquico**

Obviados sin reserva alguna los juramentos de lealtad política y las emotivas adulaciones a la Constitución de 1812 y a las Cortes, todas las autoridades de Gobierno en el reino acogieron con beneplácito las razones del monarca y suscribieron al pie de la letra las ordenes decretadas. La política gerencial del rey Fernando VII, no obstante, aunque respondía directamente a los intereses generales de la Corona y de las clases privilegiadas bajo su protectorado, también beneficiaría a los sectores más privilegiados en las provincias coloniales.

---

[162] Real Orden de 28 de diciembre de 1814; reproducida en *Boletín Histórico de Puerto Rico*, Tomo XII; op.cit., pp.379-381.

[163] Ídem.

A mediados de 1815 implementaría una serie de reformas *liberales* que pronto despuntarían la economía general (comercio, industria y agricultura) en los reinos españoles de las Américas, complaciendo los reclamos de capitalistas privados y consolidando, a la vez, las condiciones de gobernabilidad requeridas como garante de estabilidad política en las colonias americanas. La razón matriz del monarca reza: "...la protección del comercio y de la industria es la causa que más influye en el poder, riqueza y prosperidad de un Estado."[164]

A los efectos, liberalizaría las regulaciones mercantiles en todas sus dimensiones. El comercio en los puertos sería estimulado con arreglo a reglamentaciones legales que, aún sin mencionarlo, competirían con el comercio de contrabando que, de hecho, primaba sobre casi todos los renglones de la economía americana; animaría la consolidación del mercado internacional ("comercio directo con extrangeros") entre las posesiones americanas bajo sus dominios, así como con la metrópoli y demás países del continente europeo ("potencias y naciones amigas mías"), reteniendo para las arcas del reino y del Estado un porciento de las riquezas acumuladas.

Asimismo, el monarca propiciaría el establecimiento de extranjeros a condición de que profesen la Religión Católica Romana: "y sin esta indispensable circunstancia no se le permitirá domiciliarse..." Cónsono a la política de "libre mercado" compartida entre las potencias imperiales de la cristiandad europea, el rey propiciaría el crecimiento poblacional privilegiando la inmigración de blancos católicos. Permitiría, además, la inmigración de negros y pardos (libres y católicos) con arreglo a los mismos requerimientos y condiciones legales, aunque no gozarían de los mismos derechos y privilegios reservados a los inmigrantes blancos. La institución esclavista también sería reforzada por ordenes del monarca católico español...

Restauración del régimen constitucional (1820) / Restauración del régimen absolutista (1823)

Entrado el año de 1820 sería puesta en vigor la Constitución española de 1812, hasta que en 1823 volvería a ser

---

[164] Real Cédula (de gracias), 10 de agosto de 1815; reproducida en *Boletín Histórico de Puerto* Rico (1914); Tomo I; op.cit., pp.297-307.

suprimida y restaurado el régimen absolutista por Fernando VII. Durante este periodo los cambios estructurales en el orden interior del gobierno de la metrópoli imperial española, operados en los mismos términos en las provincias coloniales, no trastocarían las relaciones habituales entre el Estado de Ley y sus súbditos/ciudadanos. Por el contrario, a la relativa liberalización de la economía de mercado le seguiría una progresiva consolidación del poderío centralizador del Estado de Ley, en ocasiones bajo la estructura administrativa de la gerencia monárquica, en otras, compartida con los representantes de los intereses de las clases dominantes en el reino, bajo gerencia constitucional...

- **Inmutabilidad del Derecho Penal (1808-1821)**

La práctica del Derecho Penal, a pesar de las tensiones políticas experimentadas desde 1808, no sufrió alteraciones significativas, ya porque continuarían prevaleciendo las mismas leyes y entendidos; ya porque, a fin de cuentas, las promesas de cambio en el ámbito constitucional y en las estructuras del poder de Gobierno, no implicarían tampoco cambios sustanciales en los entendidos dominantes del Derecho Penal en conjunto. Dentro de este escenario, la pena de muerte seguiría aplicándose con base en las antiguas leyes españolas y sus relativos ajustes en las leyes de *Indias*. Los casos en que fue dictada sentencia o se aplicó la pena de muerte se hicieron dentro del marco legal regente, y se debieron a determinaciones formales de orden judicial, en la esfera civil o militar, y no al capricho o voluntad particular de las autoridades de Gobierno.

La reinstalación en el trono del rey Fernando VII, en 1814, y la supresión de la Constitución de 1812, no alteraron las prácticas penales en las colonias americanas, así como tampoco se verían afectadas directamente por la puesta en vigor del régimen constitucional en 1820. Por el contrario, aunque la suplantación del régimen *absolutista* por un régimen *liberal* podría dar la impresión de que se *humanizarían* las penas y las ejecuciones mermarían, no fue así...

La gobernabilidad efectiva de los súbditos del reino, en todas sus extensiones jurisdiccionales, continuaría siendo el objetivo central de los retoques estructurales y de las modulaciones retóricas en los textos constitucionales y respectivos códigos penales. La viabilidad de este objetivo político seguiría sujeta y condicionada a la eficacia de las instancias reguladoras y coercitivas del Estado, encargadas de domesticar y disciplinar a sus súbditos/ciudadanos, y encuadrarlos ideológicamente dentro del orden legislado para sus dominios. En las leyes que integran el Derecho Penal español hasta la fecha, regentes en todos los territorios del reino (aunque con ajustes pertinentes a las circunstancias y contingencias administrativas propias de cada uno), se registra una continuidad ininterrumpida e invariable de la racionalidad jurídico-penal dominante durante los siglos precedentes, que bien la representaba con nitidez y celebraba abiertamente el antiguo régimen, pero que todavía, bajo el *nuevo* régimen constitucional (1820-1823), no manifestaría cambios sustanciales en ninguno de sus tópicos medulares.

Con el paso del tiempo y por condiciones intrínsecas al complejo desenvolvimiento de las relaciones sociales y políticas -más allá de las ilusas pretensiones de la Razón de Estado- ciertas prácticas del Derecho Penal serían moduladas o *humanizadas*. Otras, por el contrario, conservarían sus habituales rigores, y la severidad de las penas legisladas no mermaría en lo absoluto. El discurso de la Ley, su modalidad constitucional y respectivos códigos, continuarían definiendo lo que constituye el delito, y para cada uno impondría penalidades. El Estado continuaría arrogándose para sí el monopolio de las violencias de la Ley, y la legitimidad de sus penas. Para la fecha, las Cortes españolas redactaban un *nuevo* Código Penal, con base en la Constitución de 1812, que sería promulgado en 1822...

Código Penal de 1822

Observadas las formalidades prescritas por la Constitución de la Monarquía Española, y sancionado por el rey Fernando VII, a mediados de 1822, las Cortes decretaron el *nuevo* Código penal.[165] La definición de lo que constituye delito la seguiría determinando el Estado de Ley, con arreglo a sus principios políticos y objetivos

---

[165] Código Penal Español (1822); (Decretado por las Cortes, Sancionado por el Rey); Imprenta Nacional, Madrid, 9 de julio de 1822.

gerenciales.[166] El grueso de las prácticas relativas al Derecho Penal, conformadas y reguladas legislativamente, quedarían definidas y delimitadas sus facultades dentro de las competencias prescritas en el Código.[167] No obstante, la potestad jurisdiccional del Derecho Penal excedía las delimitaciones formales del Código Penal, reconociendo poderes para definir delitos y prescribir penalidades con fuerza de Ley a otras instancias de gobierno (códigos eclesiásticos, militares, comerciales, civiles; ordenanzas municipales, bandos de policía y salud pública, decretos reales; reglamentos institucionales; etc.)[168] El discurso imperialista de la Ley no admitiría exterioridad fuera de sus dominios, y el sometimiento a sus justicias seguiría siendo inexcusable para cualquiera de sus súbditos.[169] En el marco del código penal, las penas aplicables (corporales[170], no corporales[171] y pecuniarias[172]) a

---

[166] Capítulo Primero. De los delitos y culpas. Art.1º Comete delito el que libre y voluntariamente y con malicia hace u omite lo que la ley prohíbe o manda bajo alguna pena.

[167] Art.3. A ningún delito ni culpa se impondrá nunca otra pena que la que le señale alguna ley promulgada antes de su perpetración. Art. 108. Ningún juez ni tribunal podrá jamás aumentar las penas prescritas por la ley (...) Tampoco podrá nunca variar, conmutar, dispensar ni alterar en manera alguna las penas que la ley señale, ni dejar de aplicarlas en los casos respectivos.

[168] Art. 182. Las culpas y delitos no comprendidos en este código que se cometan contra los reglamentos u ordenanzas particulares (...) serán juzgados y castigados respectivamente con arreglo a las mismas ordenanzas o reglamentos. (Capítulo XIII. De los delitos y delincuentes no comprendidos en este Código)

[169] Capt. II. De los delincuentes y culpables... Art.10. Todo español o extranjero que dentro del territorio de las Españas cometa algún delito o culpa, será castigado sin distinción alguna con arreglo a este código, sin que a nadie sirva de disculpa la ignorancia de lo que en él se dispone...

[170] *Penas corporales*: • 1ra. La de muerte. • 2da. La de trabajos perpetuos. • 3ra. La de deportación. • 4ta. La de destierro o extrañamiento perpetuo del territorio español. • 5ta. La de obras públicas. • 6ta. La de presidio. • 7ma. La de reclusión en una casa de trabajo. • 8va. La de ver ejecutar una sentencia de muerte. • 9na. La de prisión en una fortaleza. • 10ma. La de confinamiento en un pueblo o distrito determinado.

[171] • *Penas no corporales:* • 1ra. La declaración de infamia, a cuya clase pertenece también el ser declarado indigno del nombre español, o de la confianza nacional. • 2da. La inhabilitación para ejercer empleo, profesión o cargo público en general... • 3ra. La privación de empleo, honores, profesión o cargo público. •

la población civil serían exclusivamente las codificadas para los delitos establecidos y ninguna otra, salvo para los casos reservados a los fueros eclesiástico y militares.[173]

• **De la pena de muerte**

Así como en los códigos penales anteriores, el Estado de Ley retendría el poder de penar con la muerte a sus detractores, definiendo un cuantioso número de delitos a los que aparejaría la pena, sin precisar justificaciones sobre la misma. Sólo el Estado puede practicar el asesinato legítimamente, y autorizar o no a sus ejecutores:

> Art. 605. Los que maten a otra persona voluntariamente, con premeditación, y con intención de matarla, no siendo por orden de autoridad legítima, sufrirán la pena de muerte.[174]

No obstante, aunque la definición legal del delito de asesinato encaja perfectamente con la práctica penal del Estado, el asesinato judicial no es considerado como delito sino como justicia de Ley.[175] La pena de muerte, como cualquier otra pena,

---

4ta. La suspensión de los mismos. • 5ta. El arresto que se imponga como castigo, el cual se declara no ser corporal para los efectos civiles, ni merecer otro concepto que el de meramente correccional. • 6ta. la sujeción a la vigilancia especial de las autoridades. • 7ma. La obligación de dar fianza de buena conducta. • 8va. La retracción. • 9na. La satisfacción. • 10ma. El apercibimiento judicial. • 11ma. La represión judicial. • 12ma. El oír públicamente la sentencia. • 13ra. La corrección en alguna casa para mujeres y menores de edad.

[172] • *Penas pecuniarias:* • 1ra. La multa. • 2da. La pérdida de algunos efectos, para que se aplique su importe como multa...

[173] Capt. III. De las penas y sus efectos, y del modo de ejecutarlas. Art.28.

[174] Parte II. De los delitos contra los particulares. Título I. De los delitos contra las personas. Capt. I. Del homicidio, envenenamiento, castración y aborto, y de los que incendian para matar.

[175] Art. 609. Son asesinos los que maten a otra persona no solo voluntariamente, con premeditación y con intención de matarla, sino también con alguna de las circunstancias siguientes: 2da. Con previa asechanza (...); 3ra. Con alevosía o a traición (...); 6ta. . Con tormentos, o con algún acto de

sería *legítima* porque la prescribe la Ley, y porque, a la vez, el Estado goza del poder para imponerla. El ritual de muerte aparece ordenado detalladamente en el Código de 1822:

> Art. 31. Al condenado a muerte se le notificará su última sentencia cuarenta y ocho horas antes de la de su ejecución...[176]

Aunque la pena de muerte se continuaría ejecutando sin reservas morales de tipo alguno, esta modalidad de asesinato judicial sería enmarcada dentro de una práctica *compasiva* con los reos condenados, cónsona con la retórica *humanista* de moda entre los circuitos intelectuales de la época:

> Art. 32. Desde la notificación de la sentencia hasta la ejecución se tratará al reo con la mayor conmiseración y blandura; se le proporcionará todos los auxilios y consuelos espirituales y corporales que apetezca, sin irregularidad ni demasía; y se le permitirá ver y hablar las veces y el tiempo que quiera a su mujer, hijos, parientes o amigos, arreglar sus negocios, hacer testamento, y disponer libremente de sus ropas y efectos con arreglo a las leyes, sin perjuicio de las responsabilidades pecuniarias a que estén sujetos; pero entendiéndose todo esto de manera que no se dejen de tomar las medidas y precauciones oportunas para la seguridad y vigilancia de su persona.

---

ferocidad o de crueldad (...) Los asesinos serán infames (...) y sufrirán la pena de muerte. (Ídem)

[176] Si en un caso extraordinario necesitare el reo por sus circunstancias, o por el cargo que hubiere obtenido, algún más tiempo para dar cuentas o arreglar sus negocios domésticos, y hubiere grave prejuicio en que no lo haga, le concederá el juez el término que considere preciso, con tal que no pase de nueve días, contados desde la notificación de la sentencia, ni se dé lugar a abusos. (Capt. III. Art.31)

Las sentencias a muerte continuarían ejecutándose en espectáculos públicos, creyéndolas servir de disuasivo efectivo por su presumida ejemplaridad.

> Art. 37. Desde la notificación de la sentencia se anunciará al público por carteles el día, hora y sitio de la ejecución, con el nombre, domicilio y delito del reo.

> Art. 39. La ejecución será siempre pública, entre once y doce de la mañana; y no podrá verificarse nunca en domingo ni día feriado, ni en fiesta nacional, ni en el día de regocijo de todo el pueblo.
> La pena se ejecutará sobre un cadalso de madera o de mampostería, pintado de negro, sin adorno ni colgadura alguna en ningún caso, y colocado fuera de la población; pero en sitio inmediato a ella, y proporcionado para muchos espectadores.

Para *escarmiento* de los espectadores, el lugar donde hubiera de ejecutarse el asesinato judicial, en lo posible, debía ser el mismo pueblo donde se hubiese cometido el delito.[177] La creencia en la ejemplaridad de la pena y su poder disuasivo sería llevada al extremo de exhibir el cadáver aún sin haberse concertado la matanza en público:

> Art. 33. Si en el intermedio de la notificación a la ejecución muriere el reo, natural o violentamente, será conducido su cadáver al lugar del suplicio con las mismas ropas que hubiera llevado vivo, y en un féretro descubierto, el cual será puesto al público sobre el cadalso por el ejecutor de la justicia al pie del sitio de la ejecución.

---

[177] Art.97. Los jueces y tribunales procurarán en cuanto lo permitan las circunstancias, que los reos sufran la ejecución, especialmente las de muerte, y las demás corporales que sean oportunas para causar un escarmiento saludable, en los mismos pueblos en que hubieren cometido el delito (...)

Cónsono al entendido de que esta práctica no es antagónica con los principios penales que rigen en una nación *civilizada* y *culta*, prescribe el código:

> Art. 34. Si muriere el reo después de dada la sentencia última, y antes de habérselo notificado, no se ejecutará ésta en el cadáver de modo alguno.[178]

La sentencia podía ser revocada sólo en las circunstancias determinadas en el Código.[179] No obstante, de resultarle conveniente a los intereses del Estado, la ejecución de la sentencia podía retrasarse, mas no suprimirse.[180]

Durante el periodo de ocupación militar francesa, en los territorios bajo la jurisdicción del rey José Bonaparte, el método de ejecución oficial de la pena de muerte era el garrote, quedando abolida la horca por razones *humanitarias*. De modo similar, durante el mismo periodo, las Cortes españolas adoptaron el

---

[178] Dentro del marco de aparentes consideraciones *humanistas*, el código penal dispone un trato diferencial para las mujeres embarazadas sentenciadas a la pena de muerte: Art. 68. Ninguna sentencia en que se imponga a mujer embarazada se notificará a ésta, no se ejecutará, hasta que pasen cuarenta días después del parto, a no ser que ella misma lo permita expresamente (...) Pero la sentencia de muerte que cause ejecutoria, no se le notificará ni se ejecutará nunca hasta que se verifique el parto y pase la cuarentena.

[179] Art. 35. Aún después de la notificación de la sentencia última, se suspenderá su ejecución en cualquiera de los casos siguientes: 1ro. Si se presentare o recibiere carta real de indulto particular concedido por el Rey... 2do. Si por la retractación legal de algún testigo de los que hubieren declarado contra el reo, o por nuevas pruebas halladas, o por algún descubrimiento hecho después de la sentencia resultare motivo fundado, a juicio y bajo la responsabilidad de los jueces de derecho, para dudar de la certeza del delito, o de la certeza de la gravedad que se le hubiere dado en el juicio, o que de la persona juzgada sea la delincuente.

[180] Art. 36. Si el reo después de la sentencia capital que cause ejecutoria confesare o descubriere otro delito, o resultare autor o cómplice de otro diferente, no por eso se suspenderá la notificación y ejecución de la sentencia; excepto cuando a juicio y bajo la responsabilidad de los jueces de derecho sea tal el nuevo delito, que el bien del Estado se interese particularmente en su averiguación y castigo, y que no puedan con probabilidad conseguirse estos objetos, sino existiendo algún tiempo más el sentenciado.

mismo entendido, y con base en los principios constitucionales, en el año de 1812, la horca fue suplantada por el garrote:

> "Las Cortes generales extraordinarias, atendiendo a que ya tienen sancionado en la Constitución política de la Monarquía, que ninguna pena ha de ser trascendente a la familia del que la sufre; y queriendo al mismo tiempo que el suplicio de los delinquentes no ofrezca un espectáculo demasiado repugnante a la humanidad y al carácter generoso de la Nación Española, han venido en decretar, como por el presente decretan: Que desde ahora quede abolida la pena de horca, substituyéndose la de garrote para los reos que sean condenados a muerte."[181]

Reinstalado al poder, en 1814, el monarca Fernando VII ordenó la vuelta a la horca, como principal método de ejecución, aunque el garrote permanecería aplicable a ciertos casos.[182] Restablecida por segunda vez la Constitución de 1812, a partir de 1820 la horca volvería a ser abolida, presumiendo que el asesinato judicial por recurso del garrote sería una práctica penal más *humana*. Reza el Código penal de 1822:

> Art. 38. El reo condenado a muerte sufrirá en todos casos la de garrote, sin tortura alguna ni otra mortificación previa de la persona, sino en los términos prescritos en este capítulo.[183]

Como parte del espectáculo y en función de su ejemplaridad, los reos eran exhibidos con señas distintivas de sus

---

[181] Decreto de 24 de enero de 1812, según citado en Puyol Montero, José M.; *La pena de garrote durante la Guerra de la Independencia: los decretos de José Bonaparte y de las Cortes de Cádiz*; Departamento de Historia del Derecho. Facultad de Derecho Universidad Complutense de Madrid; 2010

[182] Decreto de 4 de mayo de 1814; (Ídem)

[183] Código Penal (1822) Capítulo III. De las penas y sus efectos, y del modo de ejecutarlas.

delitos[184], conducidos desde la cárcel hasta el suplicio, "con túnica y gorros negros, atadas las manos, y en una mula, llevada del diestro por el ejecutor de la justicia..."[185]; acompañados siempre por dos sacerdotes, el escribano y alguaciles enlutados, y la escolta correspondiente.

>Art. 42. Al salir el reo de la cárcel, al llegar al cadalso, y a cada doscientos o trescientos pasos en el camino, publicará en alta voz el pregonero público el nombre del delincuente, el delito por el que se le hubiere condenado, y la pena que se le hubiere impuesto.[186]

El público espectador, convertido en objeto de la ejemplaridad del condenado, debía presenciar el evento *civilizadamente*[187], porque el Estado no admitía excepciones ni

---

[184] Art. 41. En todos los casos llevará el reo en el pecho y en la espalda un cartel que con letras grandes anuncie su delito de *traidor, homicida, asesino, reincidente en tal crimen, etc.*

[185] Art. 40 ...siempre que no haya incurrido en pena de *infamia*. Si se le hubiere impuesto esta pena con la de muerte, llevará descubierta la cabeza, y será conducido en un jumento en los términos expresados. • Sin embargo, el condenado a muerte por *traidor* llevará atadas las manos a la espalda, descubierta y sin cabello la cabeza, y una soga de esparto al cuello. • El *asesino* llevará la túnica blanca con soga de esparto al cuello. • El *parricida* llevará igual túnica que el asesino, descubierta y sin cabello la cabeza, atadas las manos a la espalda y con una cadena de hierro al cuello, llevando un extremo de ésta el ejecutor de la justicia, que deberá preceder cabalgado en una mula. • Los *reos sacerdotes* que no hubieren sido previamente degradados llevarán siempre cubierta la corona con un gorro negro.

[186] Art. 45. Sobre el sitio en que haya de sufrir la muerte, y en la parte más visible, se pondrá otro cartel que anuncie con letras grandes lo mismo que el pregón.

[187] Art. 43. Así en las calles del tránsito como en el de la ejecución debe reinar el mayor orden; pena de ser arrestado en el acto cualquiera que lo turbare, pudiendo además ser corregido sumariamente, según el exceso, con dos a quince días de cárcel, o con una multa (...)

relajaba su mandamiento.[188] Tampoco al condenado le era permitido interrumpir el ritual de su propia muerte:

> Art. 44. Al reo no le será permitido hacer arenga ni decir cosa alguna al público ni a persona determinada, sino orar con los ministros de la religión que le acompañen.

Agarrotado el reo por el "ejecutor de la justicia", su cuerpo permanecía en exhibición pública durante un tiempo definido. De no ser reclamado por amigos o familiares, el cadáver podía ser dispuesto por las autoridades e, incluso, usado para la ciencia:

> Art. 46. Ejecutada la sentencia, permanecerá el cadáver expuesto al público en el mismo sitio hasta puesto el sol. Después será entregado a sus parientes o amigos, si lo pidieren, y si no, será sepultado por disposición de las autoridades, o podrá ser entregado para alguna operación anatómica que convenga.[189]

Las ejecuciones de naturaleza política seguían constituyendo una parte sustancial de los códigos penales. Es con la pena de muerte que el Estado de Ley castigaba los delitos perpetrados contra su ordenamiento constitucional y las figuras que le representan; y bajo la amenaza constante de su aplicación gobernaban a todos los súbditos en sus dominios:

> Art. 188. Toda persona de cualquier clase que conspire directamente y de hecho a trastornar o destruir o alterar la Constitución política de la Monarquía Española, o el gobierno monárquico

---

[188] Los que levantaren grito o dieren voz, o hicieren alguna tentativa para impedir la ejecución de la justicia, serán castigados como sediciosos, y esta disposición se publicará siempre en los pregones. (Ídem)

[189] Exceptúense de la entrega los cadáveres de los condenados por traición o parricidio, a los cuales se dará sepultura eclesiástica en el campo y en sitio retirado, fuera de los cementerios públicos, sin permitirse poner señal alguna que denote el sitio de su sepultura. (Ídem)

(...) que la misma Constitución establece, será perseguido como traidor, y condenada a muerte.[190]

La misma pena era aplicada con relación a las Cortes (Art.189) y al Rey (Art.191), incluyendo a quien indujese o auxiliase al Rey a traicionarla. Aunque la pena de muerte solía reservarse para delitos políticos en que se ejercía la violencia armada y otros agravantes[191], el *nuevo* código penal conservó penas corporales severas para cualquier manifestación, de palabra o escrito, que considerase un atentado contra la Constitución.[192] Asimismo, cualquier atentado contra el Rey o su familia, era penado con la muerte.[193] Igualmente, el asesinato judicial siguió aplicándose sobre quien atentara contra la Religión del Estado:

> Art. 227. Todo el que conspirare directamente y de hecho a establecer otra religión en las Españas, o a que la nación Española deje de profesar la religión católica apostólica romana, es traidor, y sufrirá la pena de muerte.[194]

Bajo el extenso registro de delitos contra la "seguridad exterior" del Estado, tipificados como delitos de traición, el código penal de 1822 siguió penando con la muerte a

---

[190] Parte I. De los delitos contra la sociedad. Título I. De los delitos contra la Constitución y orden político de la Monarquía. Capt. I. De los delitos contra la libertad de la Nación.

[191] Art. 204-207. Cualquier persona que impidiere la celebración de juntas electorales, elecciones de ayuntamientos, de diputados provinciales, etc., (...) si pare ello usare de fuerza con armas o de alguna conmoción popular, será condenada a muerte.

[192] Art. 210. Todo español de cualquier clase (incluyendo funcionarios públicos y eclesiásticos) que de palabra o por escrito (en un sermón, discurso, edicto, carta pastoral o escrito oficial), tratare de persuadir que no debe guardarse en las Españas o en alguna de sus provincias la Constitución política de la Monarquía (...) será castigado como subversor de la misma (...), sufrirá seis años de prisión, imponiéndosele ésta en alguna fortaleza de las islas adyacentes...

[193] Capt. II. De los delitos contra el Rey, La Reina o el Príncipe heredero.

[194] Capt. III. De los delitos contra la religión del Estado.

insubordinados y desertores del ejército.[195] Otro registro de delitos penados con la muerte reaparecen tipificados como delitos contra la "seguridad interior" del Estado[196] (rebelión[197], sedición[198], motín[199], etc.)

Con el fin de hacer más efectivos los controles legales del Estado de Ley, la Constitución y el código penal no sólo obligan a todos a suscribir sus mandamientos sino, además, a que sean partícipes activos en procurar sus cumplimientos; a celar sus requerimientos; a vigilarse y denunciarse unos a otros; a asistir a las autoridades y, en caso de estar ausentes, a intervenir individualmente para hacer valer el orden de la Ley.[200]

---

[195] Título II. De los delitos contra la seguridad exterior del Estado. Capt. I. De los que comprometen la existencia política de la nación, o exponen el Estado a los ataques de una potencia extranjera.

[196] Título III. De los delitos contra la seguridad interior del Estado, y contra la tranquilidad y orden público. Capt. I. De la rebelión y del armamento ilegal de tropas.

[197] Art. 274. Es rebelión el levantamiento o insurrección de una porción más o menos numerosa de súbditos de la Monarquía, que se alzan contra la patria y contra el Rey, o contra el Gobierno supremo constitucional y legítimo de la nación, negándole la obediencia debida (...) o haciéndole la guerra con las armas... Art. 276, 277 y 278 (clases de reos por rebelión). Los de primera clase... son traidores y sufrirán la pena de muerte.

[198] Capítulo II. De la sedición. Art. 280. Es sedición el levantamiento ilegal y tumultuario de la mayor parte de un pueblo o distrito, o el de un cuerpo de tropas o porción de gentes, que por lo menos pasen de cuarenta individuos, con el objeto (...) de oponerse con armas o sin ellas a la ejecución de alguna ley, acto de justicia, servicio legítimo o providencia de las autoridades, o de atacar o resistir violentamente a éstas o sus ministros, o de excitar a la guerra civil (...) o de trastornar o turbar de cualquier otro modo y a la fuerza el orden público. Art. 281. Las mismas clases de reos y penas aplican.

[199] Capt. III. De los motines o tumultos, asonadas, u otras conmociones populares. Art.299. Es motín el movimiento o tumulto el movimiento insubordinado y reunión ilegal y turbulenta de una gran parte del pueblo o de una porción de gentes que por o menos pase de cuarenta personas mancomunadas para exigir a la fuerza o con gritos, insultos o amenazas, que las autoridades o funcionarios públicos (...) otorguen, o hagan o dejen de hacer alguna cosa justa o injusta... Art. 301. Los delitos de motín y asonada se tendrán por consumados en el caso de inobediencia al primer requerimiento de la autoridad pública. (Lo mismo que sedición y rebelión)

Art. 126. La obligación (...) es mucho más estrecha con respecto a las conspiraciones contra la Constitución, o contra la sagrada persona del Rey, y a los delitos contra la seguridad y tranquilidad del Estado.

• **Delitos contra la Moral / penas moralizadoras**

La función moralizadora del Estado de Ley se reintegró dentro del código penal como una de sus funciones políticas claves, en el contexto general de sus objetivos estratégicos. En acorde a sus disposiciones, dedica varios capítulos a indicar las prácticas prohibidas y respectivas penas a los funcionarios públicos de todas los ramificaciones del Estado.[201] El listado de prohibiciones, recicladas de textos constitucionales y códigos penales anteriores, revela las prácticas que afectan la administración del Gobierno en distintas dimensiones, ya porque ponen en entredicho la credibilidad y legitimidad de sus autoridades, ya porque se insertan dentro del registro de ilegalismos generalizados sobre otros renglones de la vida social. Las prohibiciones legales y tipificaciones delictivas corresponden a prácticas concretas que, como en tiempos remotos, no cesarían de repetirse indistintamente de la modalidad constitucional del Estado, de los regímenes de Gobierno y de las variantes en sus prácticas penales.[202]

- **Delitos contra las "buenas costumbres"**

Dentro de la estrategia general de control y dominación encargada al texto constitucional y su código penal, y bajo la

---

[200] Capt. VI. De la obligación que todos tienen de impedir los delitos, y de notificarlos a la autoridad, y de la persecución, entrega o remisión de los delincuentes. Art. 122. Toda persona que vea cometer o que sepa que se va a cometer un delito está obligada a impedirlo (...)

[201] Parte I. Título VI. De los delitos y culpas de los funcionarios públicos en el ejercicio de sus cargos.

[202] Entre los delitos relativos a los funcionarios públicos destaca el código penal: prevaricación, sobornos, cohechos, usurpación, malversación, extorciones, estafas, insubordinación, mala conducta, violencia en el ejercicio de sus funciones y abusos de la autoridad o poder, entre otros. (Parte I. Título VI. Art. I-XII)

modalidad de su encargo político moralizador, el código de 1822 - de manera similar a los que le precedieron- clasificaría las prácticas sociales consideradas como contrarias o dañinas al orden constitucional establecido, y sujetas al rigor disciplinario de sus castigos legales.[203] Las prohibiciones legales y respectivas penalidades, tipificadas bajo el título "delitos contra las buenas costumbres", también revelan la existencia imperecedera de prácticas sociales que, al margen de las diferencias de clase, posiciones sociales y rangos de autoridad, todos los estados de Ley en los reinos de la cristiandad habían convertido en objeto de su primitivo poder interventor, disciplinario y represor.

El registro de regulaciones legales sobre la vida cotidiana y las medidas penales para reforzarlas exponen los valores morales dominantes en las altas esferas del poder de gobierno estatal y, a la vez, la relativa imposibilidad de ejercer un dominio absoluto sobre el objeto de sus intervenciones.[204] La institución familiar (la crianza de los hijos, las relaciones matrimoniales, la violencia doméstica) y la sexualidad en general[205], continuarían siendo objeto de regulación constitucional y del Derecho Penal del Estado de Ley, siempre en consonancia con el discurso católico romano e indistintamente de la modalidad constitucional de los regímenes de Gobierno. Del mismo modo, el texto de las prohibiciones señala determinadas prácticas sociales que acontecen cotidianamente en todas las épocas y exceden el poder del control estatal para contenerlas en definitiva.[206]

---

[203] Parte I. Título VII. De los delitos contra las buenas costumbres. Art. I-VI.

[204] Delitos relativos a diversas manifestaciones artísticas, literarias o teatrales, consideradas contrarias a las "buenas costumbres" (palabras y acciones "obscenas" en sitios públicos; absoluta desnudez o cualquier otro modo que "ofenda el pudor"; actos "lúbricos o deshonestos"; continuarían siendo objeto del derecho penal del Estado.

[205] La prostitución ("mujeres públicas"), el adulterio, la bigamia, matrimonios clandestinos y el aborto, reaparecen tipificados como delitos.

[206] Por ejemplo, la prostitución de menores. (Capt. II. De los que promuevan la prostitución, y corrompen a los jóvenes, o contribuyen a cualquiera de estas cosas); la violencia doméstica (Capt. VI De las desavenencias y escándalos en los matrimonios) Del mismo modo, el Estado seguiría interviniendo sobre las violencias entre las personas particulares (peleas, riñas, homicidios, asesinatos, raptos, ultrajes y malos tratos, etc.) (Parte II. De los delitos contra los particulares. Título I. De los delitos contra las personas)

- **Delitos relativos a la libertad de imprenta / derechos políticos-civiles**

La función política de encuadramiento ideológico al orden estatal, encargada a las constituciones y códigos, relativas a la libertad de imprenta y los derechos de expresión, aparece reforzada por las leyes penales codificadas en 1822. Aunque se distancian levemente de las regulaciones impuestas bajo el régimen absolutista de Fernando VII y las antiguas leyes del reino, el *nuevo* régimen constitucional preservó el mismo poder de censura. El Código penal lo refinaría, ordenaría las regulaciones y respectivas prohibiciones; tipificaría los delitos y prescribiría los castigos.[207]

- **Del poder de indulto**

Cónsono al poder legal de castigar, incluso con la muerte, el poder de *indulto* siempre ha jugado un papel importante dentro de la economía política de la violencia estatal. La Constitución de 1812 y el Código penal de 1822 también lo integraron, precisando sus límites y excepciones.[208] Asimismo, los jueces podían

---

[207] Art. 592. Abúsase de la libertad de imprenta de los modos siguientes: • 1ro. Impresos subversivos publicando máximas o doctrinas que tengan una tendencia a destruir o trastornar la religión del Estado o la Constitución política de la Monarquía... • 2do. Impresos incitadores a la rebelión, a la sedición o a la turbación de la tranquilidad pública... • 3ro. Impresos incitadores a la desobediencia... • 4to. Impresos incitadores a la desobediencia, o la inobservancia de la Constitución, provocando a ello con sátiras o invectivas... • 5to. Impresos obscenos o contrarios a las buenas costumbres... • 6to. Impresos con libelos inflamatorios, cuya injuria se declare además como calumnia... (Título IX. De los delitos y las culpas de los impresores, libreros... abuso en la libertad de imprenta)

[208] Capt. X. De los indultos. Art. 160. En ningún caso puede obtener indulto particular el que haya cometido alguno de los delitos siguientes: • 1ro. Traición contra la seguridad interior o exterior del Estado. • 2do. Delitos contra la Constitución. • 3ro. Cualquier atentado contra (...) el Rey (...) la Reina (...) Príncipe (...) o del heredero presuntivo de la corona. • 4to. Rebelión, sedición o conmoción popular (...) contra el Gobierno; o contra la ejecución de las leyes, o provocación a desobedecerlas; resistencia o desacato a las autoridades establecidas; usurpación o impedimento de la autoridad o fuerza pública; asociación de malhechores, allanamiento de cárceles o establecimientos públicos de corrección o castigo... • 5to. Delitos contra la religión. • 6to. Delitos contra la fe pública, la salud pública y las buenas costumbres. • 7mo. Delitos de los funcionarios públicos en el ejercicio de sus funciones. • 8vo. Robo,

recomendar la clemencia del Rey para casos particulares.[209] Por ejemplo:

> 4to. Cuando haya mediado en el delito circunstancias extraordinarias de aquellas que, no habiendo podido ser previstas probablemente por las leyes, manifiesten que el reo fue contra sus propios sentimientos e inclinaciones arrastrado al delito por algún estímulo poderoso y disculpable, o que en el delito tuvo más parte la pasión, la desgracia, la miseria o el error, que la malicia y la depravación del corazón.

De la pena de muerte: entre la horca y el garrote (1823-1832)

En 1823 volvería a restituirse el régimen absolutista bajo el reinado de Fernando VII y quedaría abolida nuevamente la Constitución de 1812, regente entre los años 1820 y 1823.[210] Aunque los delitos penados con la muerte durante el siglo XIX seguirían siendo virtualmente los mismos que existían en las primitivas leyes de España, integrados en sus códigos legales a partir del siglo XIII, las principales técnicas de ejecución variaban entre la horca y el garrote. El código penal de 1822, sin embargo, no sufriría trastoques mayores durante el reinado del monarca, que se extendería hasta su muerte, en 1833. En 1832, tras consultar al Consejo de Castilla, el monarca abolió la pena de muerte en la

---

malversación, extravío, destrucción, o cualquier daño o perjuicio causado a sabiendas en caudales o efectos de la nación, o de la comunidad de alguna provincia o pueblo, o de algún establecimiento público, incluso todo fraude contra las rentas y derechos del Estado, o contra la causa pública. • 9no. Parricidio o asesinato. • 10mo. Incendio, castración o envenenamiento cometidos a sabiendas, con intención de dañar. • 11mo. Rapto y violación forzada de mujer, o de niño o niña que no haya llegado a la pubertad. • 13ro. Robo o hurtos, bancarrotas fraudulentas, estafas, engaños, falsificación de obras ajenas y abusos de confianza.14to. Calumnias.

[209] Art. 164. En los delitos capaces de indulto particular, los jueces mismos que pronuncien la sentencia contra el reo podrán recomendarle a la clemencia del Rey, expresándolo así en la propia sentencia...

[210] El régimen absolutista, suprimido en 1820, sería restablecido por Fdo. VII en 1823. ES.41091.AGI/35 (http://pares.mcu.es)

horca[211], estableciendo para el fuero militar la pena de muerte por fusilamiento y en la "jurisdicción ordinaria" la pena de garrote como única pena capital legítima. Persuadido de que *humanizaba* la pena sin desvirtuar o atenuar la severidad precisada de la justicia de la Ley, el rey Fernando VII decretó:

> "Deseando conciliar el último e inevitable rigor de la justicia con la humanidad y la decencia en la ejecución de la pena capital, y que el suplicio en que los reos expían sus delitos no les irrogue infamia cuando por ellos no la mereciesen, he querido señalar con este beneficio la gran memoria del feliz cumpleaños de la Reina mi muy amada esposa, y vengo a abolir para siempre en todos mis dominios la pena de muerte por horca; mandando que adelante se ejecute en garrote ordinario la que se imponga a personas de estado llano; en garrote vil la que castigue delitos infamantes sin distinción de clase; y que subsista, según las leyes vigentes, el garrote noble para los que correspondan a la de hijosdalgo."[212]

Constituciones españolas (1837/1845/1857)

Las sucesiones en la realeza española, tras la muerte del rey Fernando VII, reciclaron el texto constitucional de 1812 sin enmiendas sustanciales en ningún aspecto. Bajo el reinado de Isabel II se proclamó la constitución de 1837[213], y se "modificó" en 1845[214] y 1857[215], con el fin de "...regularizar y poner en

---

[211] Real Orden de 13 de mayo de 1832, del rey Fernando VII; publicado en la *Gaceta Oficial*; reproducida en *Boletín Histórico de Puerto Rico* (Tomo III); op.cit., p.14.

[212] Real Cédula (1832), de Fernando VII; reproducida en Eslava, Juan; *Verdugos y torturadores*; Ediciones Temas de Hoy, España, 1993; p.260.

[213] Constitución de la Monarquía Española, Promulgada en Madrid; 18 de junio de 1837; digitalizado por Biblioteca Nacional de España en http://bdh.bne.es.

[214] Constitución de la Monarquía Española; 23 de mayo de 1845; digitalizado por Biblioteca Nacional de España en http://bdh.bne.es.

consonancia con las necesidades actuales del Estado los antiguos fueros y libertades de estos Reinos... " Ninguna opera cambios sustanciales que se distancien de la Constitución de 1812, y todas reiteran: "unos mismos Códigos regirán en toda la Monarquía."

- **Leyes Especiales para las colonias de Cuba y Puerto Rico (1837)**

Antes de la muerte del rey Felipe VII las provincias coloniales de América, con excepción de las islas de Cuba y Puerto Rico, se habrían independizado. Por Real Orden de la gerencia imperial española, bajo el reinado de Isabel II, en el año de 1837 fue anulada la aplicabilidad de la *nueva* Constitución a las posesiones coloniales remanentes en territorios americanos.[216] A partir de la puesta en vigor de la Constitución de 1837 y las promulgadas posteriormente, "las provincias de Ultramar serán gobernadas por leyes especiales."

> "No siendo posible aplicar la Constitución que se adapta para la península é Islas adyacentes á las provincias ultramarinas de América y Asia, serán estas regidas y administradas por leyes especiales análogas á sus respectiva situación y circunstancias, y propias para hacer su felicidad..."[217]

Las disposiciones legales anularían la representación de diputados coloniales en las Cortes de la metrópoli: "...no tomarán asiento en las Cortes actuales Diputados por las espresadas provincias." La determinación excluyente de la gerencia imperial tuvo base en los informes de los gobernantes coloniales, que manifestaron la inconveniencia de introducir reformas políticas en las *islas* bajo su mando. La regencia española acogió sus demandas

---

[215] Constitución española (1857); digitalizada en (http://es.wikisource.org.

[216] Ley mandando que las Provincias de Ultramar se rijan por leyes especiales; 18 de abril de 1837, (reproducida en *Boletín Histórico de Puerto Rico* (1915); Tomo II; op.cit., pp.29) / Real Orden de 22 de abril de 1837 (reproducida en op.cit., pp.29-31)

[217] Ídem.

dando por entendido que quienes se oponían a la ley de exclusión eran "malévolos, que con la apariencia de apetecer una libertad que no entienden, aspiran á otro objeto execrable y perjudicial á su misma seguridad é intereses…"

Para las provincias coloniales excluidas por la administración de gobierno de la reina Isabel II, dispuso la legislación: "…sigan gobernándose por las Leyes de Indias, por los reglamentos y por las Reales ordenes…"; e instó categóricamente a que "…no se ponga en ejecución disposición alguna que se adopte en la Península…"

- **Censura a la libertad de imprenta**

La ley de exclusión enfatizó la derogación de las libertades de imprenta y de periódicos, reconocidas con exclusividad para los españoles peninsulares. Ordenó la ley que "se aplique con la mayor discreción la censura" y no se permitan las publicaciones "que puedan perjudicar la tranquilidad y seguridad del país; al buen crédito del Gobierno español y á la justa causa nacional…"[218] Asimismo, ordenó una estricta vigilancia sobre la introducción y circulación de publicaciones (folletos, periódicos y papeles impresos) provenientes del exterior.

Códigos penales españoles (1848/1850)

Durante el reinado de Isabel II se publicó un *nuevo* código penal[219] que derogaría todas las leyes penales anteriores a su promulgación.[220] Aunque sería mucho más extenso que los anteriores, conservaría su semejanza en todos los aspectos medulares de los antiguos códigos penales del reino. El amplio registro de regulaciones y controles legales ejercido por el poder estatal sobre la vida social (mandamientos, prohibiciones y castigos) seguiría enmarcado dentro de las tradiciones jurídico políticas de la cristiandad europea, conservando sus primitivos preceptos morales y reforzando la hegemonía ideológica de las clases dominantes. Al margen de las mutaciones políticas de la

---

[218] Ídem.

[219] Código Penal de España (1848)

[220] Art.494. Disposición final. Lib.III.-Tit.III.

época, las prácticas sociales constituidas en delitos y castigadas por la fuerza superior de la Ley seguirían siendo las mismas que en los contextos históricos que le antecedieron. El objetivo de preservar y perpetuar el ordenamiento jurídico-político establecido en la Constitución y, simultáneamente, las condiciones psicosociales, económicas y políticas que posibilitaban sus dominios, seguirían ocupando la razón y la práctica del Derecho Penal en el curso restante del siglo XIX.

El perfil general de la condición de época se refleja en las restricciones y prohibiciones codificadas como objetos de intervención represiva y castigo del Estado de Ley. El nuevo código penal, de modo similar a todos los códigos que le precedieron, seguiría castigando los mimos delitos políticos (traición, conspiración, insubordinación, etc.); y las corrupciones, negligencias, malversaciones, sobornos y excesos de funcionarios y empleados públicos, en todas las esferas de Gobierno e instituciones estatales, desde los altos foros judiciales, las administraciones carcelarias y las autoridades policiales. Asimismo, continuaría interviniendo penalmente en las dimensiones económicas privadas, contra los engaños y fraudes, falsificaciones, adulteraciones, etc., cometidos por comerciantes y como medidas de protección de los súbditos-consumidores. Del mismo modo seguiría ejerciendo estrictos controles sobre las esferas profesionales privadas, también objetos de penas por delitos de negligencia, engaños y fraudes, desde la clase médica y las farmacéuticas a los lucrativos negocios de la abogacía.

Permanecerían intactas las regulaciones y castigos relativos a las relaciones interpersonales, proscribiendo y penando las que ocasionasen daños a las personas y propiedades, desde las agresiones físicas, violaciones, raptos, etc., hasta las psicológicas, como las amenazas, calumnias e injurias. Las infracciones a los reglamentos de orden público y la desobediencia a las autoridades policiales, códigos de seguridad, de higiene y salud, también seguirían siendo objeto de penas legales.

De la misma forma, el Estado conservaría el poder regulador de los derechos civiles de expresión e imprenta, castigando injurias, calumnias y obscenidades dirigidas contra sujetos particulares, figuras de gobierno y eclesiásticas.

El repertorio de delitos aumentaría y las penas correspondientes se ajustarían en una escala general de "Penas aflictivas"[221], "Penas correccionales"[222] y "Penas accesorias"[223], a las que le serían aparejadas penas de multa y caución (fianza). Las sentencias definitivas y adjudicación de penas correspondientes, a cargo de los tribunales y jueces, debía ceñirse en términos absolutos a lo establecido en el *nuevo* código penal.

• **La pena de muerte: espectáculo público / ejecución por garrote**

La pena de muerte se conservaría intacta en el Código Penal de 1848, aplicada al mismo repertorio de delitos codificados en el pasado.[224] Le sería aplicable la pena de muerte a los delitos de traición[225]; de Lesa Magestad[226]; piratería[227]; rebelión y sedición[228]; homicidio[229], parricidio[230]; infanticidio[231]; castración[232]; incendio[233]

---

[221] • Muerte • Cadena perpetua y temporal • Reclusión perpetua y temporal • Relegación perpetua y temporal • Extrañamiento perpetuo y temporal • Presidio mayor y menor • Prisión mayor y menor • Confinamiento mayor y menor • Inhabilitación absoluta perpetua • Inhabilitación especial perpetua y temporal (para cargo público, derecho político, profesión ú oficio) Lib. I. Tit. III. Capt. II. Art. 24. De la clasificación de la penas.

[222] • Presidio correccional • Prisión correccional • Destierro • Sujeción a la vigilancia de la Autoridad • Represión pública • Suspensión de: cargo público, derecho político, profesión u oficio • Arresto mayor y menor (Ídem)

[223] • Argolla • Degradación • Interdicción civil • Resarcimiento de gastos ocasionado por el juicio • Pago de costas procesales (Ídem)

[224] Lib. I. Tít. II. Capt. V. De la ejecución de las penas y de su cumplimiento. Secc. II. Penas principales.

[225] Artículos 139 a 144. Delitos de traición. Tít. II. Delitos contra la seguridad exterior del Estado. Capt. I.

[226] Art. 160 y 165. Capt. I. Delitos de Lesa Magestad. Tit. III. Delitos contra la seguridad interior del Estado y el orden público.

[227] Art. 156. Capt. III. Delitos contra el derecho de gentes.

[228] Art. 167. Rebelión. Capt. II. Delitos de rebelión y sedición.

[229] Art. 324. El que mate á otro (...) será castigado: con la pena de cadena perpetua á la de muerte, si lo ejecutare con alguna de las circunstancias siguientes: 1ª. Con alevosía. 2ª Por precio ó promesa remuneratoria. 3ª Por medio de inundación, incendio ó veneno. 4ª Con premeditación conocida. 5ª

y robo en el que ocurriera homicidio. La pena habría de ejecutarse públicamente mediante el garrote, pero no en días festivos nacionales o religiosos.[234] El espectáculo de muerte, como todos los penas codificadas, se integró mecánicamente en el texto del código penal, y del mismo modo debía realizarse, sin racionalizar sobre sus objetivos ni justificar sus habituales crueldades.

> Art. 92. El cadáver del ejecutado quedará expuesto en el patíbulo hasta una hora antes de oscurecer, en la que será sepultado, entregándolo á sus parientes ó amigos para este efecto, si lo solicitaren. El entierro no podrá hacerse con pompa.

De igual modo seguirían aplicando las escasas consideraciones *humanistas* de los viejos códigos.[235] De resultar

---

Con ensañamiento, aumentando deliberada é inhumanamente el dolor del ofendido. Lib.II.-Tit.IX. Delitos contra las personas. Capítulo I. Homicidio.

[230] Art. 323. El que mate á su padre, madre ó hijo, sean legítimos, ilegítimos ó adoptivos, ó á cualquier otro de sus ascendientes ó descendientes legítimos, ó á su cónyuge, será castigado como parricida: 1. Con la pena de muerte si concurriera la circunstancia de premeditación conocida, ó la de ensañamiento, aumentando deliberadamente el dolor del ofendido.

[231] Art. 327. Lib.II.-Tit.IX. Capt.II. Del infanticidio.

[232] Art. 332. Capt. IV. Lesiones corporales. Lib.II.-Tit.IX. Delitos contra las personas.

[233] Art. 456. Del incendio y otros estragos. Capt. VII. Lib. II.-Tit. XIV.

[234] Art. 89. Penas Principales. Penas principales. La pena de muerte se ejecutará en garrote sobre un tablado. La ejecución sería "con publicidad en el lugar generalmente destinado para este efecto... Esta pena no se ejecutará en días de fiesta religiosa ó nacional. Art. 90. El sentenciado a la pena de muerte será conducido al patíbulo con hopa negra, en caballería ó carro. El pregonero publicará en alta voz la sentencia en los parajes del tránsito que el juez señale. Art. 91. El regicida y el parricida serán conducidos al patíbulo con hopa amarilla y un birrete del mismo color; uno y otra con manchas encarnadas.

[235] Art. 93. No se ejecutará la pena de muerte en la muger que se halle encinta, ni se le notificará la sentencia en que se le imponga, hasta que hayan pasado cuarenta días después del alumbramiento.

indultado el reo de pena de muerte le seguiría aplicando la pena de "inhabilitación absoluta perpetua y sujeción de aquél á la vigilancia de la Autoridad durante la vida de los penados."[236]

- **Crueldad de las penas / la "pena de argolla"**

Aunque en los *principios* constitucionales se prohíben los tormentos y las torturas, el Código Penal de 1848 integró a su repertorio de crueldades legales la "pena de argolla", que consistía en poner una argolla al cuello del condenado, y pesadas cadenas en pies y manos, con un cartel en el pecho y exhibirlo en espectáculo público. La pena de argolla le era impuesta a los reos condenados a cadena perpetua, cómplices de condenados a muerte "por cualquiera de los delitos de traición, regicidio, parricidio, robo ó muerte alevosa, o ejecutada por precio, recompensa ó promesa."[237] Los reos así penados también formarían parte de los espectáculos de muerte del Estado:

> Art. 113. El sentenciado a la pena de argolla precederá al reo ó reos de pena capital conducido en caballería y suficientemente asegurado. Al llegar al lugar del suplicio, se le colocará en un asiento sobre el cadalso, en el que permanecerá mientras dure la ejecución asido á un madero por una argolla que se le pondrá al cuello.

- **Pena de cadena perpetua y temporal / trabajos forzados / servicio militar**

Las penas "aflictivas" prescribirían entre los 10 a 20 años, en acorde a la clasificación del condenado en el código penal.[238] Los reos condenados a cadena perpetua debían cumplir sus condenas fuera de las inmediaciones del reino, y eran trasladados a

---

[236] Art.50. Secc. Tercera.

[237] Art. 52. 1ª.

[238] Art. 126. Las penas de muerte y cadena perpetua prescriben a los 20 años. Las demás penas aflictivas a los 15 años; y las penas correccionales y las leves a los 10.

las jurisdicciones coloniales[239], donde permanecían encadenados y forzados a realizar trabajos "en beneficio del Estado".[240]

> Art. 96. Los sentenciados á cadena temporal ó perpetua trabajaran en beneficio del Estado, llevarán siempre una cadena al pié pendiente de la cintura, ó asida á la de otro penado: se emplearán en trabajos duros y penosos, y no recibirán auxilio alguno de fuera del establecimiento.

También los condenados a presidio estaban sujetos a trabajo forzado (Art. 104) En los casos de sentenciados a "confinamiento mayor" "podrán ser destinados por el Gobierno al servicio militar" (Art. 107)

• **Las penas a los enloquecidos**

El Código Penal de 1848 copió también las disposiciones para los reos *enloquecidos* durante el tiempo de las condenas.

> Art. 88. Los delincuentes que después del delito cayeren en estado de locura ó demencia, no sufrirán pena, ni se les notificará la sentencia en que se les imponga hasta que recobren la razón (...) El que perdiese la razón después de la sentencia en que se le imponga pena aflictiva, será constituido en observación dentro de la misma cárcel; y cuando definitivamente sea declarado demente, se le trasladará á un hospital, donde se le colocará en una habitación solitaria. (...) Estas disposiciones se observarán también cuando la locura o demencia sobrevengan hallándose el sentenciado cumpliendo la condena.

---

[239] Art. 94. La pena de cadena perpetua se sufrirá en cualquier de los puntos destinados á este objeto en África, Canarias ó Ultramar. Del mismo modo, las penas de "relegación perpetua y temporal" debían cumplirse en Ultramar, en los puntos destinados para ello por el Gobierno (Art. 102)

[240] Art. 100. Los condenados a reclusión perpetua "están sujetos á trabajo forzoso en beneficio del Estado..."

• **Delitos contra la religión / delitos eclesiásticos**[241]

La religión católica permaneció bajo el resguardo constitucional de la monarquía española de la época, y las codificaciones penales reforzaron sus dominios con fuerza de Ley:

> Art. 128. La tentativa para abolir ó variar en España la religión católica, apostólica, romana, será castigada con las penas de reclusión temporal y extrañamiento perpetuo (para funcionarios públicos) y, para el resto prisión mayor y en caso de reincidencia, la de extrañamiento perpetuo.
>
> Art. 129. El que celebre actos públicos de un culto que no sea el de la religión católica, apostólica, romana, será castigado con la pena de extrañamiento perpetuo.

Asimismo, eran castigados con la pena de prisión correccional el que inculcare públicamente la inobservancia de los preceptos religiosos; el que con igual publicidad se mofare de alguno de los Misterios ó Sacramentos de la Iglesia, ó de otra manera excitare á su desprecio; el que después de haber sido condenado por la autoridad eclesiástica reincidiera sería sentenciado a la pena de extrañamiento temporal. (Art. 130) Otros delitos relativos eran penados con arresto mayor, multas, prisión mayor, prisión correccional (Art. 131-135) El español que apostatare públicamente sufriría la pena de extrañamiento perpetuo (Art. 136) Por cualquiera de los delitos: se les impondrá, además de las penas señaladas, la de inhabilitación perpetua para toda profesión o cargo de enseñanza (Art. 137)

> Art. 480- Serán castigados con el arresto de uno a cuatro días y la represión: El que blasfemare públicamente de Dios, de los Santos ó de las cosas sagradas.[242]

---

[241] Libro II. Delitos y sus penas. Título I. Delitos contra la religión.

[242] Art. 480. Lib. III. De las faltas. Tit.II. De las faltas menos graves.

Preservado el monopolio legal de las supersticiones, el Estado de Ley español también seguiría castigando las competencias marginales:

> Art. 482. (9) Serán multados: El que con objeto de lucro interpretare sueños, hiciere pronósticos ó adivinaciones, ó abusare de la credulidad de otra manera semejante.[243]

No obstante la relación de complicidad expresa entre los poderes estatales y eclesiásticos, el Estado de Ley siguió condicionando los privilegios de los funcionarios de la Iglesia a suscribir incondicionalmente las prescripciones legales de la Constitución y sus códigos. El encargo político de la Religión, como mecanismo de subyugación ideológica al proyecto imperial del Estado de Ley, quedó refrendado y reforzado en el *nuevo código penal*:

> Art.195. El eclesiástico que en sermón, discurso, edicto, pastoral ú otro documento á que diere publicidad, censurare como contrarias á la religión cualquiera ley, decreto, orden, disposición ó providencia de la Autoridad pública, será castigado con la pena de destierro.[244]

Asimismo, conservó entre su repertorio de penas las aplicables a los funcionarios eclesiásticos, equiparados con cualquier otro funcionario o empleado público, que en el ejercicio de sus cargos "...abusen de la jurisdicción ó autoridad que ejerzan..." (Art. 297)

• **Delitos-Pecados: Aborto / Adulterio**

La conservación del primitivo régimen patriarcal - reforzado ideológicamente por las tradiciones religiosas judeocristianas- y las consecuentes prácticas de subordinación de

---

[243] Art. 482. 9º Lib.III.-Tit.II. De las faltas menos graves.

[244] Art. 195. Capt. IX.Lib.II.-Tit. VIII. *Abusos de los eclesiásticos en el ejercicio de sus funciones.*

la mujer, dominio sobre su cuerpo y reducción de su sexualidad a funciones reproductivas, permanecería relativamente intacto en los códigos penales del siglo XIX. Así, "el que de propósito causare un aborto será castigado."[245]

> Art.330. La muger que causare su aborto ó consintiere que otra persona se lo cause, será castigada con prisión menor. Si lo hiciere para ocultar su deshonra, incurrirá en la pena de prisión correccional.

Del mismo modo, "el facultativo que abusando de su arte causare el aborto ó cooperare á él" también sería objeto de penas (Art. 331). Aunque la severidad de las penas relativas al delito de adulterio habría disminuido significativamente con relación a las codificaciones penales antiguas, la práctica del adulterio seguiría siendo objeto de castigo durante el siglo XIX.[246] El antiguo derecho del marido a matar a la mujer y su amante, aunque conservado intacto en los textos sagrados judeocristianos, habría sido formalmente excluido de los códigos penales del siglo XIX. No obstante, se conservaría el derecho a ejercer la violencia física sobre los adúlteros a discreción del marido.

> Art. 339 El marido que sorprendiendo en adulterio á su muger matare en el acto á esta ó al adúltero, ó les causare algunas de las lesiones graves, será castigado con la pena de destierro. Si les causare lesiones de otra clase, quedará exento de pena.[247]

Las misma reglas aplican a los padres respecto a sus hijas menores de 23 años y sus "corruptores", mientras aquellas vivieran en la casa paterna. Entre las "lesiones graves" penadas con destierro el *nuevo* código penal incluye la de castración. El adúltero, hombre o mujer, serían castigados con la pena de prisión menor (Art. 349) Asimismo, "el marido que tuviere manceba

---

[245] Art. 328-331 Capt. III. Aborto.

[246] Capt. I. Adulterio. Tít. X. Delitos contra la honestidad.

[247] Art. 339. Capt. V. Disposición general. Lib.II.-Tit.IX.

dentro de la casa conyugal ó fuera de ella con escándalo, será castigado con la pena de prisión correccional y la manceba será castigada con la pena de destierro (Art.353)

• **Asociaciones ilícitas**

Las prácticas de control y vigilancia estatal sobre la vida cotidiana de sus súbditos no mermaría durante el curso del siglo XIX, a pesar de las garantías formales de los derechos políticos/civiles establecidas en los textos constitucionales *liberales* de la época y celebrados como triunfos *humanistas* sobre los regímenes de gobierno absolutistas. El Código Penal de 1848 prescribe que: "…toda asociación de más de veinte personas que se reúna diariamente, ó en días señalados, para tratar de asuntos religiosos, literarios, ó de cualquier otra clase, siempre que no se haya formado con el consentimiento de la Autoridad pública" serían disueltas y penados con multas sus participantes (Art. 205-206)

• **Carácter clasista de las penas / criminalización de la pobreza**

El carácter clasista seguiría siéndole característico, privilegiando a los pudientes y despreciando, como de costumbre, el valor de la vida de los empobrecidos.[248]

> Art. 473 -El que hallándose necesitado hurtare comestibles con que puedan él y su familia alimentarse dos días á lo más, será castigado con el arresto de cinco á quince días.[249]

Los códigos penales de la época seguirían tipificando como delito la vagancia y la mendicidad, criminalizando a los

---

[248] Si el sentenciado ni tuviere bienes para satisfacer las responsabilidades pecuniarias (…) sufrirá la prisión correccional, por vía de sustitución y apremio, regulándose á medio duro por día de prisión, pero sin que esta pueda exceder nunca de dos años. Art. 49. Lib. I. Tit. III.

[249] Art. 473. Libro III. De las faltas. Tít. I. De las faltas graves.

sujetos desempleados y a los mendigos.[250] El Estado mantendría su política represiva sobre estos amplios y crecientes sectores poblacionales, exigiendo inexcusablemente su inserción dentro de las fuerzas productivas asalariadas y haciendo caso omiso a la realidad laboral de la época, dominada por la mentalidad capitalista e imposibilitada de garantizar empleos a toda la ciudadanía.

Durante el curso del siglo XIX la vagancia y la mendicidad seguirían siendo consideradas por la razón estatal como "plagas sociales". De entre los condenados por estos delitos el Estado seleccionaba una partida para la milicia y otra para trabajos forzados en obras públicas. La racionalidad penal siguió centrada en los sujetos intervenidos como únicos responsables de sus propias condiciones de existencia, justificando los castigos como mecanismos disciplinarios, correccionales y rehabilitadores. Cumplidas las sentencias *rehabilitadoras*, los reincidentes seguirían siendo objeto de penas más severas...

Constituciones españolas (1869[251]/1876[252])

Las pugnas internas por dirigir las riendas del poder político y económico del Estado de Ley español imposibilitaban la realización definitiva del proyecto de unificación nacional bajo el régimen monárquico-constitucional. Fuera de las representaciones ideológicas de las constituciones y al margen de la relativa uniformidad de las legislaciones civiles y penales, el territorio español operaba de manera relativamente fragmentada por los antagonismos regionales y marcadas diferencias entre las clases dominantes. Las confrontaciones políticas entre los sectores conservadores y *liberales* tenía su expresión más superflua en las reformas de los textos constitucionales, que se mantenían virtualmente intactos en los aspectos fundamentales, y las escasas variaciones de corte *liberal* no los alteraban sustancialmente. El gobierno central no ignoraba las condiciones de inestabilidad

---

[250] Art. 251.Tit.VI. De la vagancia y mendicidad.

[251] Constitución Democrática de la Nación Española; 6 de junio de 1869; digitalizado por Biblioteca Nacional de España en http://bdh.bne.es.

[252] Constitución de la Monarquía Española; 30 de junio de 1876; digitalizado por el Ayuntamiento de Alcalá de Guadaíra Sevilla en http://www.alcalaarca.com.

política en su orden interior y, aunque no desistiría de sus pretensiones centralizadoras y uniformadoras, retenía la potestad jurídica de trastocar los preceptos constitucionales a conveniencia. Las constituciones de 1860 y de 1876 también conservaron la religión católica, apostólica, romana como religión del Estado, y aunque toleraban formalmente las prácticas de otros cultos religiosos, prohibían cualquier expresión o manifestación pública que no fuera cristiana. La primitiva moral cristiana, definida y celada por la autoridad de la Iglesia católica romana, seguiría siendo la referencia en última instancia de la "moral pública" y las "buenas costumbres" en España. Directa o indirectamente, la ideología católica seguiría dominando gran parte de los contenidos de las leyes civiles y penales...

Código Penal de España (1870) / Reforma penal europea

Más allá de las divagaciones teóricas y elucubraciones filosóficas que caracterizaron los discursos reformistas del humanismo liberal europeo de los siglos XVIII y XIX no se registran cambios sustanciales en el imaginario jurídico-penal de la época. El primitivo derecho estatal a castigar permanecería virtualmente intacto en las últimas constituciones políticas y códigos penales del siglo XIX. El Código Penal de España (1870)[253] reciclaría los contenidos de los códigos precedentes, conservando las mismas tipificaciones delictivas de las antiguas constituciones teocráticas católico-romanas (siglo VI), copiadas casi al pie de la letra, incluyendo sus disposiciones penales (aunque modulados sus métodos). Algunos ajustes estructurales se habrían operado durante la época, pero sin trastocar en lo absoluto sus primitivas funciones y objetivos. Asimismo habría acontecido en el orden de las prácticas penales con arreglo a requerimientos político-administrativos puntuales, cónsonos al refinamiento estratégico del poderío estatal y el imperio de la Ley.

---

[253] Código Penal de España (1870); Tomos I-VIII; Concordado y Comentado por Groizard, Alejandro D. y Gómez de la Serna, Pedro; Biblioteca Nacional de España (1870-1899)

• **La pena de muerte en Europa**

La pena de muerte se conservaría sin alteraciones mayores en el código penal de España (1870)[254] De modo similar aparecería en los códigos penales europeos, con algunas diferencias menores en cuanto a los delitos penados con la muerte, al orden del espectáculo público y los métodos de la ejecución.[255] Los propagandistas del Derecho Penal español justificaban el uso del garrote en lugar de la decapitación porque "en el garrote la muerte es rápida, instantánea y segura", y "la decapitación tiene el inconveniente de ensangrentar el cadalso."[256] Asimismo, justificaban la publicidad de la ejecución por las "grandes ventajas" que produce la *ejemplaridad* de la pena:

> "Queremos la publicidad en interés dé la justicia, para que llegue al pueblo la certidumbre de que el reo ha espiado su delito, para que todos tengan la seguridad de que no hay nada oculto ni misterioso en el ejercicio de la acción pública..."[257]

Algunos gobiernos europeos decretaron la abolición de la pena de muerte en sus jurisdicciones. En la Toscana se abolió en 1786, se restableció en 1852 y se abolió nuevamente en 1860. En Austria fue abolida en 1787. A partir de la revolución *liberal* francesa (1789) el tema de la pena de muerte ocupó centralidad entre los temas de la reforma penal en Europa: "...trasladándola desde el silencioso estudio de los jurisconsultos y gabinetes de

---

[254] Art. 102-104. Una parte de las especificaciones del ritual de muerte, el protocolo general de los preparativos y formalismos del espectáculo público lo definiría la *Ley provisional de Enjuiciamiento criminal* (Art. 905-912)

[255] **Métodos de ejecución en los códigos penales europeos del siglo XIX:** • España (Art. 102 - Garrote) • Francia (Art. 12 - Decapitación) • Nápoles (Art. 4 - Decapitación, horca y fusilamiento) • Bavaria (Art. 5 - Decapitación) • Prusia (Tit. I-7 - Decapitación) • Suecia (Capt. 2. Art. 2 - Decapitación) • Bélgica (Art. 8 - Decapitación) • Italia (Art. 14 - La pena de muerte se ejecutará en la forma hasta ahora acostumbrada.-)

[256] Groizard, Alejandro D. y Gómez de la Serna, Pedro; Comentarios al Código Penal de España (1870); Tomo II (1872); p.471.

[257] Ídem.

algunos príncipes innovadores, á las ardientes luchas de la prensa y al apasionado debate de los Congresos."[258] Aunque se decretó formalmente su abolición en Francia, la práctica de la pena de muerte no se suprimió definitivamente. Una disposición legislativa de 1810 declaró que seguiría aplicándose, según dispuesto en las leyes, "hasta que se dispusiera otra cosa". El código penal francés (1810) la conservó para un gran número de delitos y a partir de 1848 sólo la prohibió para los delitos políticos.

Las potencias nacionales europeas se aferraron a sus antiguas creencias y retuvieron la pena de muerte en sus códigos penales, disminuyendo en ocasiones el número de delitos a los que se le aplicaba habitualmente e incluso haciéndose menos frecuente:

> "...pero no han borrado de sus leyes, ni dejan de ejercitar alguna vez el terrible derecho que en nombre de la justicia y de la conveniencia del Estado con razón se atribuyen..."[259]

Solamente el reino de Portugal la habría abolido en su código penal (1867), sustituyéndola por la terrible pena de prisión celular perpetua[260], que incluye el confinamiento solitario y el trabajo forzado. No obstante, la pena de muerte permanecería practicada bajo todas las codificaciones penales militares de la época.

> Art. 92. -La pena de muerte puesta á un militar se ejecutará pasando al reo por las armas. También serán pasados por las armas los reos no militares que fuesen sentenciados á muerte por los Tribunales de Marina, si al ejecutarse la sentencia

---

[258] Ídem.

[259] Ídem.

[260] Código Penal de Portugal (1867); Art. 28 (*Ley de 1 de Julio de 1867 sobre reforma de las penas y de las prisiones*. Art. 1.° Queda abolida la pena de muerte. Art. 2.° Queda también abolida la pena de trabajos públicos. Art. 3.° Á los crímenes á que por el Código penal era aplicable la pena de muerte, será aplicada la pena de prisión celular perpetua.

se hallaren en alta mar ó fuera de los puertos de España. Fuera de estos casos, los reos no militares sufrirán la pena de. muerte en la forma establecida que se estableciere por la ley común, si hubiera medios de emplearla á juicio de la Autoridad de Marina.-[261]

• **Reforma carcelaria / modelo penitenciario**

La primitiva racionalidad penal seguiría prevaleciendo como denominador común en todos los estados de Ley del continente europeo, que habrían matizado sus retóricas legitimadoras en el lenguaje de la reforma liberal-humanista y adecuado el ejercicio de sus prácticas penales a los requerimientos ideológicos y político-administrativos de sus respectivos ordenamientos jurídicos. Las reformas en el Derecho Penal, ajustadas a las exigencias de gobernabilidad general y a los requerimientos disciplinarios de las fuerzas productivas del capitalismo, incluirían modulaciones precisas en sus prácticas carcelarias, desde su representación ideológica hasta los modos como ejercían sus funciones. A la par con la preservación de la pena de muerte, las penas de cadena perpetua seguirían vigentes en los códigos penales europeos del siglo XIX. Según los ideólogos-propagandistas de la reforma penal española (1870), "las penas perpetuas de privación de libertad presentan hoy un carácter de conveniencia (...) de necesidad, en todos los pueblos de Europa"[262], incluso en los que habían suprimido la pena de muerte, como es el caso de Portugal.

---

[261] Código de Justicia Militar de España (1890) / Código Penal de la Marina de Guerra (1863) La pena de muerte se ejecuta en los casos siguientes: • En tiempo de guerra, en Ultramar, en escuadra o buque suelto, y cuando no hubiere medio de comunicar prontamente con el Gobierno, si en cualquiera de estos casos la pena de muerte recae sobre delito que exija rápidamente el castigo para la conservación de la disciplina y seguridad de la Armada, á juicio de los Capitanes ó Comandantes generales de departamento ó Autoridad de Marina en quien resida la jurisdicción • Cuando la pena de muerte recaiga sobre los delitos de rebelión ó sedición cometidos por individuos de la Armada ó del Ejército. (Art.93-94)

[262] Groizard, Alejandro D. y Gómez de la Serna, Pedro; Comentarios al Código Penal de España (1870); Tomo II (1872); op.cit.

El "espíritu que domina las leyes" -en el marco ideológico del humanismo- reservó el castigo de cadena perpetua a "delitos atroces"[263], con base en las primitivas creencias en la ejemplaridad y la "justa" proporcionalidad de las penas. Algunos estados conservaron la posibilidad de aplicar la pena de muerte a los delitos castigados con cadena perpetua en los códigos penales, o la cadena perpetua aparece como sustitutiva a la pena de muerte en casos de conmutación judicial o indulto.

Los condenados a cadena temporal o perpetua seguirían siendo forzados a trabajar "en beneficio del Estado; llevarán siempre una cadena al pié, pendiente de la cintura; se emplearán en trabajos duros y penosos, y no recibirán ausilio alguno de fuera del establecimiento" (Art. 407) La razón de esta práctica de tortura y crueldad no respondía exclusivamente a requerimientos de seguridad institucional sino, además, a los primitivos vicios vengativos de la Ley.

> "La cadena debe ser, por lo tanto, una pena durísima que de día y de noche aflija y sujete y oprima al delincuente que sobre él pese dominando sus fuerzas y sus instintos feroces, deprimiendo sus bríos ó conteniendo sus pasiones por medio de la sujeción del hierro y del trabajo."[264]

Aunque la construcción de establecimientos penitenciarios aparece como parte de los proyectos de reforma de los sistemas carcelarios en todos los estados europeos, la realidad económica de éstos imposibilitaba su realización inmediata. No obstante, si bien la conservación de las penas de cadena perpetua se justificaba con base a consideraciones de seguridad, a ésta le iba aparejada la

---

[263] La pena de cadena perpetua aplica a delitos de traición, parricidio, asesinato, robo con homicidio, incendio y falsificación de moneda de oro y plata y billetes de Banco ó títulos al portador. La reclusión perpetua se impone con la pena de muerte en el regicidio y en los delitos *graves* de piratería, en la rebelión, en algunos delitos contra el derecho de gentes y en otros de *lesa majestad*. (Código Penal de España,1870)

[264] Groizard, Alejandro D. y Gómez de la Serna, Pedro; Comentarios al Código Penal de España (1870); Tomo II (1872); op.cit.; p.482.

pena de trabajos forzados para beneficio del Estado. Este modelo de esclavitud legal (perpetua o temporal) seguiría operando dentro de los sistemas e ideologías penales europeas bajo los dos registros legitimadores del discurso reformista. El primero conservaría la justificación tradicional de tratarse de prácticas penales ejemplares y proporcionales a la naturaleza de los crímenes. El segundo justificaría el trabajo forzado como mecanismo disciplinario y regenerativo de la moralidad de los reos. La utilidad práctica de la fuerza laboral de reos esclavizados seguiría sujeta a los requerimientos coyunturales de los estados de Ley. De una parte, el trabajo forzado se impondría para cumplir el castigo dispuesto en las leyes. De otra, la fuerza laboral sería explotada para satisfacer determinadas demandas de trabajo diestro y relativamente barato en comparación con las demandas salariales de la fuerza laboral en la *libre* sociedad...

Todavía a finales del siglo XIX los condenados por sentencia judicial a cadena perpetua, así como a quienes se les conmutase la pena de muerte por crímenes *atroces*, seguirían siendo enviados a las posesiones coloniales españolas de África, Canarias y Ultramar (Cuba, Puerto Rico y Filipinas)[265] De igual modo, los reos sentenciados a relegación perpetua (extrañamiento o destierro).[266]

• **Afinaciones ideológicas / refinamientos estratégicos**

Siguiendo la práctica habitual de los procesos reformistas europeos, el código penal español (1870) habría derogado *todas* las leyes penales anteriores (Art. 626), salvo algunas excepciones definidas. Sus propagandistas lo exaltaron: "El viejo derecho muere, para que surja con mayor vigor y sea acatado y cumplido sin incertidumbres el nuevo."[267] Objetivamente, sin embargo, no

---

[265] Art. 106. -La pena de cadena perpetua se cumplirá en cualquiera de los puntos destinados á este objeto, en África, Canarias ó Ultramar.-

[266] Art. 114. -Las penas de relegación perpetua y temporal se cumplirán en Ultramar en los puntos para ello destinados por el Gobierno. Los relegados podrán dedicarse libremente, bajo la vigilancia de la Autoridad, á su profesión ú oficio, dentro del radio á que se extiendan los límites del establecimiento penal.-

[267] Groizard, Alejandro D. y Gómez de la Serna, Pedro (1899); Comentarios al Código Penal de España (1870); Tomo VIII (1899); p.493.

se habrían operado cambios sustanciales en relación a los códigos penales precedentes, y el "viejo derecho" seguiría dominando en todas las dimensiones del poder estatal de castigar. El ordenamiento jurídico-constitucional del Estado de Ley español, similar al resto de las naciones europeas, conservaría las mismas instancias represivas y disciplinarias que viabilizaban la efectividad general de sus dominios desde sus emergencias históricas. Los ajustes estructurales (retóricos e institucionales) seguirían respondiendo a los mismos fines estratégicos de control social y gobernabilidad general: la subyugación ideológica, la domesticación disciplinaria y el encuadramiento moral de la ciudadanía-súbdita del reino imperial de la Ley.

Las constituciones políticas, los códigos civiles y penales, las leyes especiales (ordenamientos regionales, reglamentos institucionales, bandos de policía, disposiciones sanitarias, etc.), seguirían regulando estrictamente las relaciones y prácticas sociales e individuales en todas sus dimensiones, de modo virtualmente idéntico a como se hacía bajo los antiguos regímenes de gobierno en las constituciones imperiales romanas y sus hibridaciones históricas. Al margen de las demagogias humanistas de la reforma penal europea, todos los códigos penales de fines del siglo XIX conservarían las mismas tipificaciones delictivas del "viejo derecho", y las variaciones relativas a las prácticas penales seguirían respondiendo a requerimientos coyunturales de orden político-administrativo. Igual que en la antigüedad, una parte sustancial de los códigos penales seguiría reservada a castigar severamente los delitos contra la propiedad y a proteger los derechos consignados de los propietarios (robos, hurtos, vandalismos, etc.) Asimismo, seguirían regulando el conjunto de las relaciones de producción, tanto las competencias entre empresarios y comerciantes capitalistas (productores, traficantes, vendedores, publicistas) como las prácticas relativas a la administración de sus respectivos negocios; y castigando las defraudaciones, engaños, adulteraciones, estafas, etc.[268] Además de

---

[268] Según Groizard y Gómez de la Serna (1896), en el contexto de época "la astucia reemplaza á la fuerza en la mayor parte de los casos", y la estafa y el fraude (engaño) son los delitos característicos de la época. (Op.cit., Tomo VII) El control de precios, la calidad de los productos de consumo, principalmente de alimentos y medicamentos y la accesibilidad de otros artículos de necesidad general, seguiría siendo objeto de regulación penal.

las regulaciones sobre las relaciones de producción y comercio, también seguirían siendo objeto de estricto control y penalidades todos los funcionarios públicos.

Del mismo modo, los códigos penales europeos -aunque *reconocían* las *libertades* de culto religioso y las supersticiones de la cristiandad habían sido despojadas de sus antiguos privilegios de exclusividad- seguirían discriminando, prohibiendo y castigando otros negocios religiosos no reconocidos como tales:

> Art. 606 -Los que por interés ó lucro interpretaren sueños, hicieren pronósticos ó adivinaciones ó abusaren de la credulidad pública de otra manera semejante.-

Fuera del ámbito doméstico, la vida social *pública* también seguiría siendo objeto de precisas regulaciones y leyes penales, similares a las establecidas en las leyes y códigos penales antecedentes. Seguirían castigándose con penas de multa, arresto y represión, por ejemplo, a quienes "…se bañaren faltando á las reglas de decencia ó de seguridad establecidas por la Autoridad"; a quienes "…infringieren las disposiciones sanitarias de policía sobre prostitución" (Art. 596); y a "los que dieren espectáculos públicos ó celebraren cualquiera clase de reuniones sin obtener la debida licencia…" (Art. 597)

La primitiva jerarquía de autoridad patriarcal también sería conservada en las leyes y códigos civiles y penales europeos de la época, y las respectivas regulaciones y castigos tampoco variarían. Así, por ejemplo, seguirían siendo castigados: "Los maridos que maltraten á sus mujeres…"; "las mujeres desobedientes á sus maridos que les maltrataren de obra ó de palabra" y "los cónyuges que escandalizaren en sus disensiones domésticas…" Del mismo modo seguirían siendo objeto de intervención disciplinaria y represora del Estado "los hijos de familia que faltaren al respeto y sumisión debidos á sus padres" y "los pupilos que cometieren igual falta hacia sus tutores." (Art.603)

- **Leyes penales en el ámbito doméstico: sexualidad, matrimonio y familia**

Aunque las constituciones políticas de los estados de Ley del siglo XIX presumían haberse distanciado de las antiguas leyes eclesiásticas en favor de los rigores racionales de la *ciencia*, los primitivos entendidos ideológicos de la cristiandad no sufrieron trastoques sustanciales.[269] Todos los códigos civiles y penales europeos conservaron integralmente las creencias religiosas que sacralizaban las instituciones estatales del matrimonio y la familia, incluyendo las estructuras jerárquicas de la vieja ideología patriarcal. Los ideólogos-propagandistas del Derecho Penal de la época lo justificaban: "El matrimonio es la base de la familia; la familia es la base de la sociedad."[270] Reproduciendo la primitiva moral cristiana, los códigos penales europeos de finales del siglo XIX conservaron los antiguos delitos/pecados y leyes penales sobre el matrimonio, prohibiendo y castigando cualquier otra relación de pareja practicada fuera de sus prescripciones legales (bigamia, poligamia, incesto, estupro, adulterio)

Los hijos e hijas menores de veintitrés años estaban obligados a obtener consentimiento previo de los padres; y serían considerados matrimonios ilegales, anulados y castigados los que incumplieran este precepto. Incluso los mayores de edad no podían prescindir de la autorización previa de sus padres, y les estaba prohibido casarse hasta tres meses después en caso de no contar con ella. Las relaciones sexuales con menores de veintitrés años seguiría siendo criminalizada en los códigos penales europeos, y aún de tratarse de relaciones consentidas voluntariamente las leyes presumían que las mujeres menores de veintitrés años eran víctimas de seducciones y engaños.

La relativa secularización del matrimonio tampoco alteró las prácticas discriminatorias que le eran constitutivas bajo la racionalidad eclesiástica. Las penas relativas al primitivo delito de adulterio, por ejemplo, seguirían pesando con mayor rigor contra la mujer.[271]

---

[269] El Código Penal de 1870, con base en la Constitución de 1869 (que proclamó la libertad de cultos) suplantó el "matrimonio canónico" por el "matrimonio civil".

[270] Groizard, Alejandro D. y Gómez de la Serna, Pedro (1894); Comentarios al Código Penal de España (1870); Tomo V (1894).

[271] Art. 448 El adulterio será castigado con la pena de prisión correccional en sus grados medio y máximo. Cometen adulterio la mujer casada que yace con varón que no sea su marido y el que yace con ella, sabiendo que es casada, aunque después se declare nulo el matrimonio.

Art. 438 -El marido que sorprendiendo en adulterio á su mujer, matare en el acto á ésta ó al adúltero, ó les causare alguna de las lesiones graves, será castigado con la pena de destierro. Si les causare lesiones de otra clase, quedará exento de pena.-

La mujer, aunque *sorprenda* al marido en adulterio y le dé muerte a él y/o a su amante, no podía ampararse bajo las exenciones penales de la ley.[272] Las mismas reglas seguían siendo aplicables en "iguales circunstancias" a los padres respecto de sus hijas menores de veintitrés años y "sus corruptores", mientras éstas vivieran en la casa paterna.

La "fornicación" voluntaria fuera del matrimonio, sin embargo, dejó de ser ilegal en la mayor parte de Europa[273], y más allá de los hostigamientos psicológicos de la moral cristiana el Estado de Ley se abstendría de castigar a las mujeres mayores de edad que hicieran uso de sus cuerpos a conveniencia.[274] Incluso la prostitución aparece sólo como objeto de reglamentaciones de orden público sin mayores recriminaciones legales. No obstante, esta relativa liberalización de la sexualidad no estaba ligada a consideraciones humanistas o de derechos civiles sino a un cálculo económico y político sobre condiciones de otro orden. A la relativa libertad sexual de la mujer no le iba aparejado un reconocimiento de sus derechos reproductivos, el aborto seguiría estando prohibido y la mujer que lo practicase criminalizada y castigada severamente por la Ley, con base en las primitivas supersticiones de la cristiandad y el derecho canónico.

---

[272] A diferencia del Código Penal de España, el de Italia disponía los mismo derechos y castigos a hombres y mujeres.

[273] A la fecha todavía algunos códigos penales europeos, como el de Suecia, castigaba con fuerza de ley las relaciones sexuales fuera del matrimonio.

[274] La determinación de la minoría de edad variaba entre las naciones europeas. En España, por ejemplo, la mujer era considerada menor de edad hasta los veintitrés años, mientras que en Portugal era dieciocho y en Bélgica catorce.

Constitución española de 1883[275]: fallido intento de secularización del Estado de Ley

El centenario proyecto de integración jurídico-política del Estado de Ley español nunca llegó a concertarse de manera fija y absoluta, y aunque todas las constituciones procuraron centralizar el poder político de Gobierno ordenando la uniformidad de los códigos civiles y penales, la realidad excedía sus pretensiones. Los conflictos de intereses regionales dificultaban la unificación del territorio español bajo un mando único, como en el pasado se presumía en torno a la figura centralizadora del Monarca y la imaginada voluntad de Dios. Más allá del discurso imperial de la Ley no existía una realidad política que pudiera representarse de manera definitiva y conciliar todas las diferencias regionales de manera absoluta. Al margen de los principios políticos que regulan sus prescripciones y la coherencia calculada de sus retóricas, la fallida reforma constitucional de 1883 refleja esta condición y deja entrever la relativa inestabilidad política de la época. A pesar del fuerte sesgo nacionalista, las dinámicas relativas al desarrollo del capitalismo (trans)nacional debieron incidir de manera significativa en la fragmentación del poder político español. Los choques ideológicos entre autonomistas liberales y conservadores monárquicos estaban determinados por las competencias entre poderosos e influyentes sectores económicos a quienes, de una parte, les resultaba más conveniente la descentralización del poder político y la liberalización de las restricciones mercantiles en todas sus dimensiones. De otra, las mismas motivaciones les caracterizaban pero estimaban más conveniente conservar las viejas estructuras de gobierno. Igual que las constituciones precedentes, los contenidos de las leyes aplicables a todas las regiones autónomas de España representaban predominantemente los intereses de las clases privilegiadas, y aunque regulaban estrictamente sus condiciones de existencia y las relaciones de producción, las protegían por encima del bien común con fuerza de Ley.

En la Constitución de 1883 las regiones autónomas de España se organizarían políticamente como estados soberanos; las

---

[275] Constitución de la República Democrática Federal Española, 10 de junio de 1883; Biblioteca Nacional de España. La Constitución de 1883 nunca llegó a promulgarse y la de 1876 continuaría en vigor hasta 1931.

leyes fundamentales serían representadas como pactos convenidos entre éstos, y el antiguo régimen de gobierno monárquico quedaría suplantado por un régimen de gobierno republicano. El poderío imperial de la Ley ya no se ejercería en nombre de la Monarquía sino de la República Democrática Federal; el poder ejecutivo ya no residiría en la figura del Rey sino en la del Presidente; y su posición ya no se determinaría por la vía hereditaria sino mediante procesos electorales. La nueva constitución de la Federación española, no obstante, conservaría los primitivos objetivos políticos de todos los estados de Ley que le precedieron: garantizar el orden interior bajo el imperio de la Ley.

Cónsono con los *nuevos* requerimientos de orden interior, ligados al desenvolvimiento de la economía capitalista a escala global, adoptaría sin remiendos los *principios* ideológicos de la revolución liberal francesa de fines del siglo XVIII, englobados bajo los signos polisémicos de los derechos humanos y las libertades civiles, así como el derecho sacralizado de la propiedad privada. Todos los súbditos-ciudadanos seguirían siendo *iguales* ante la Ley, porque fuera de ella ni lo eran ni podrían serlo...

Para garantizar la efectividad ideológica y política de los *nuevos* preceptos constitucionales, el discurso imperial de la Ley se desembarazaría de las reminiscencias del antiguo poder eclesiástico, que todavía impregnaba de manera determinante los contenidos de las leyes en todas sus dimensiones. La religión católica ya no sería la religión oficial del Estado y a ninguna de sus jurisdicciones administrativas les sería permitido vincularse de modo alguna con ella ni con cualquier otra religión.[276] La política administrativa bajo la nueva Constitución secularizaría formalmente todas las instancias estatales, poniendo énfasis en las principal potencia estatal de subyugación ideológica, encuadramiento moral y domesticación disciplinaria: la educación.[277]

Aunque en la práctica ya existía una separación formal entre la Iglesia y el Estado, la ideología eclesiástica seguía ejerciendo una poderosa influencia sobre las prácticas legislativas

---

[276] Art. 6.º Ni la Federación, ni los estados regionales, ni los municipios podrán sostener culto alguno.

[277] Art. 9.º Quedan secularizadas la enseñanza y la beneficencia, ya dependan de la Federación, ya de los estados regionales ó de las municipalidades.

en todos los estados europeos y latinoamericanos. Así, por ejemplo, en la frustrada Constitución de 1883 el matrimonio seguiría siendo considerado como base de la familia y ésta la base de la sociedad, a la que debe su existencia el Estado y la Ley. La secularización del matrimonio no conllevaría una subversión de los primitivos objetivos políticos que lo ordenan y asignan funciones; y la antigua estructura de dominación patriarcal[278] seguiría conservada entre los principales mecanismos estatales de control social.

Las primitivas tipificaciones delictivas, incluyendo las de origen mítico-religioso, permanecerían intactas en los códigos penales, ya no legitimadas por sus imaginarias relaciones con Dios sino por la idealizada razón práctica de la *ciencia*. El primitivo poder estatal a castigar permanecería intacto, ya no en base a sus relaciones imaginarias con la divinidad sino por tratarse ahora de un irreducible derecho *natural*, de una irremediable necesidad social e irrenunciable deber político y moral del Estado. Así lo habían justificado las constituciones precedentes y sus respectivos códigos penales. Las reformas penales pretendidas por la Constitución de 1883 contradicen las anteriores racionalidades que justificaban la preservación de la pena de muerte y de cadenas perpetuas[279], poniendo en evidencia el carácter arbitrario y maleable del Derecho Penal. No obstante, el Código Penal de 1870 no sufriría modificaciones en lo restante del siglo XIX...

---

[278] Además de las disposiciones discriminatorias del Código Penal de 1870, el Código Civil de 1888 mantiene a la mujer en una posición de inferioridad jurídica y subordinación al hombre: Art. 60 -El marido es el representante de su mujer. Esta no puede, sin su licencia, comparecer en juicio por si por medio de Procurador.- Art. 62 -Las compras de joyas, muebles y objetos preciosos, hechas sin licencia del marido, sólo se convalidarán cuando éste hubiese consentido á su mujer el uso y disfrute de tales objetos.- (Código Civil de España, 1 de mayo de1888)

[279] Constitución de la República Democrática Federal Española (1883) Art. 11. Quedan también abolidas en toda la Federación la pena de muerte y todas las perpetuas. La pena de muerte seguiría practicándose en España hasta finales del siglo XX.

"El cautiverio es tan bárbaro como la delincuencia"[1]

---
[1] Grabado de Francisco Goya (1815)

"Ya no hai remedio"[2]

"Por qué?"[3]

---

[2] Grabado #15 de Francisco Goya (1746-1828); *Los Desastres de la Guerra*; Real Academia de Nobles Artes de San Fernando, Madrid, 1863.

[3] Grabado #32; op.cit.

"Qué hai que hacer más?"[4]

"Grande hazaña! Con muertos!"[5]

---

[4] Grabado #33; op.cit.

[5] Grabado #39; op.cit.

"Tampoco"[6]

"Por una navaja"[7]

---

[6] Grabado #36; op.cit.

[7] Grabado #34; op.cit.

"El agarrotado"[8]

---

[8] Grabado de Francisco Goya (1790)

Ejecución pública del gobernador de Granada[9]

Anarquistas agarrotados (1890)[10]

---

[9] Ilustración de Tomás López Enguídanos (1773-1814); "Justicia Popular" (1804); digitalizado por The New York Public Library, Art and Picture Collection, en http://digitalcollections.nypl.org.

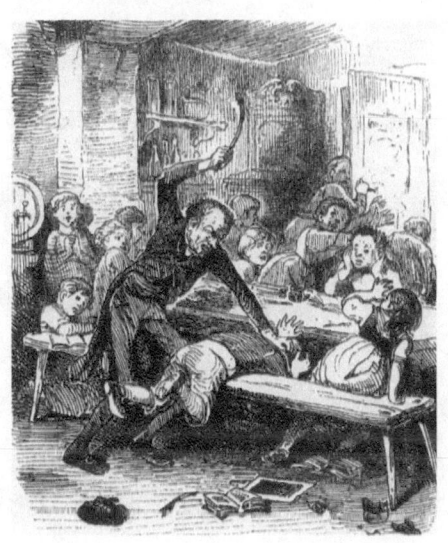

10 Ilustración publicada en Le Petit Journal, Francia, 1890.

Ejecución pública en Cuba (1869)

Ejecución de prisioneros cubanos, Habana (1895)[11]

Fusilamiento de espías en Cuba (1895)[12]

---

[11] Fotografía digitalizada por The New York Public Library, Picture Collection.

[12] Ídem.

Fusilamiento de insurgentes filipinos bajo fuego militar español (1896)[13]

Condena judicial a pena de muerte con garrote

---

[13] Fotografía publicada en Dumidin, Arnaldo; *Philippine-American War (1899-1902)*; digitalizado en http://philippineamericanwar.webs.com.

Muerte por garrote en la Habana, Cuba (1880)

Agarrotados, España (1892)[14]

---

[14] Agarrotados en la plaza pública de Belén, en Jeréz de la Frontera (1892)

Parte XIII

El Derecho Penal
en la era (pos)colonial de las Américas

Parte XIII

El Derecho Penal
en la era (pos)colonial de las Américas

"...la ley no difiere en manera alguna de la ley,
y todas las leyes son de la misma esencia;
cada ley es igualmente ley
y no ésta más y aquella menos."
Sócrates

-Nadie puede hacer ó dejar de hacer alguna cosa,
sino en virtud de ley.-[1]

Discurso independentista / constituciones (pos)coloniales (1810-1824)

Aprovechando las condiciones de inestabilidad e incertidumbre generalizada al interior de la Metrópoli imperial española, agravadas por la guerra con Francia, y sirviéndose de la relativa desintegración y debilitamiento de sus poderes de gobierno, sectores influyentes en la vida política interior de los estados coloniales de las Américas conspiraron para romper en definitiva las relaciones de subordinación y dependencia colonial. A la sombra del reino en decadencia iniciaron movimientos insurreccionales que, aunque de manera fragmentada y dispersa, fueron apoderándose de sus dominios y constituyendo progresivamente estados nacionales soberanos e independientes. A pesar de las poderosas fuerzas internas que conservaban sus lealtades incondicionales con la monarquía imperial española, el saldo final de las guerras civiles en las colonias latinoamericanas favorecería a los insurgentes independentistas. En el curso de poco más de una década llegaría a su fin la dominación que, por los pasados trescientos años, la corona española había ejercido sin mayores resistencias en todas sus posesiones de las Américas continentales.[2]

---

[1] Art.72; Constitución de los Estados Unidos del Brasil (1889)

[2] **Relación de independencias latinoamericanas, iniciadas fragmentariamente desde 1804**: • Argentina (1816) • Bolivia (1826) • Brasil (1822) • Chile (1818) • Colombia (Nueva Granada) (1819) • Costa Rica (1821) • Ecuador (1822) • El Salvador (1821) • Guatemala (1821) • Haití (1804) • Honduras

La metrópoli española, bajo la regencia del rey Fernando VII, juzgó y criminalizó las manifestaciones independentistas dentro de los entendidos constitucionales, códigos penales y leyes marciales del reino, acusando a sus ideólogos y ejecutores de cometer delitos de traición, conspiración sediciosa, insubordinación e insurrección entre otros.

Los fundamentos en los que se asentaron las guerras de independencia, al margen de las demagogias nacionalistas, fueron de carácter administrativo y circunstancial. Más allá de tratarse de reivindicaciones identitarias o siquiera de diferencias culturales irreconciliables, todas las declaraciones de independencia acentuaron sus vínculos inequívocos e indisolubles con España, si no de manera explícita, de manera tácita. En parte, porque sus principales promotores se concebían a sí mismos como descendientes de los descubridores, conquistadores y emigrantes colonos; en parte, porque compartían sus mismas raíces culturales, tradiciones y lengua, valores e intereses de clase. Pero, sobre todo, porque se identificaban con la religión imperial católica, que conservarían celosa y rígidamente como religión oficial en sus respetivos estados (pos)coloniales.

Dentro de este marco de coincidencias, las premisas ideológicas independentistas se formularon con base en los discursos de los derechos jurídico-políticos de moda en la época, principalmente los ensalzados en la declaración de independencia de los Estados Unidos de América (1776), en la declaración de los derechos universales de la revolución francesa (1789), e incluso en los principios soberanistas esgrimidos por los españoles que combatían la dominación imperial francesa desde 1808.

La histórica incondicionalidad de las lealtades con la Corona española se truncó por complejas condiciones de época, que habían degenerado en prácticas de gobierno despóticas e intolerables, injustas e injustificables para un poderoso sector de entre los habitantes y funcionarios de las jurisdicciones coloniales. El resquebrajamiento de las ilusiones reformistas y aspiraciones de igualdad jurídica con el resto de los ciudadanos del reino español también operó como detonante de los proyectos soberanistas, y del mismo modo los intereses económicos de las clases dominantes. La conciencia del buen negocio que les representaba

---

(1821) • México (Nueva España) (1821) • Nicaragua (1821) • Perú (1821) • Paraguay (1811) • Santo Domingo (1821) • Uruguay (1825) • Venezuela (1823)

la disolución del control monopólico de la metrópoli y los cálculos sobre los beneficios de insertarse en los circuitos de los mercados internacionales como potencias soberanas, también debió animar los sentimientos *libertarios*.

El carácter transnacional de la Iglesia católica facilitó la transición, disponiendo sus lealtades entre ambos bandos y acoplándose sin miramientos a las ordenes de los vencedores. Los primeros textos constitucionales de las naciones latinoamericanas (pos)coloniales, aún en pleno apogeo de las guerras de independencia, ya anunciaban la posición privilegiada que habría de jugar la religión católica en el devenir de sus historias.[3] La primera constitución de la República de Venezuela (1811) reza:

> 1. La Religión, Católica, Apostólica, Romana, es también la del Estado, y la única, y exclusiva de los habitantes de Venezuela. Su protección, conservación, pureza, é inviolabilidad será uno de los primeros deberes de la Representación nacional, que no permitirá jamás en todo el territorio de la Confederación, ningún otro culto público, ni privado, ni doctrina contraria á la de Jesu-Christo.[4]

Y de modo similar rezarían todas las constituciones políticas latinoamericanas en el curso del siglo XIX.[5] La efectividad del proyecto de colonización ideológica de la Iglesia católica se manifestó con nitidez en los discursos independentistas

---

[3] A diferencia de la constitución francesa y la estadounidense, que reconocían la "libertad de culto" como derecho político de sus ciudadanos.

[4] Constitución Federal para los estados de Venezuela (1811). Capt. 1ro. De la Religión.

[5] La Constitución Política de la República Federal de Centro América (1824), integrada por las repúblicas de Costa Rica, Nicaragua, Honduras, El Salvador y Guatemala, dispone la exclusividad de la religión católica apostólica romana en sus estados, "con exclusión del ejercicio público de cualquier otra" (Art.11) De modo similar, la Constitución Política de Colombia (1830) dispone: -La religión católica, apostólica, romana, es la religión de la República.- (Art. 6) -Es un deber del Gobierno protegerla y no tolerar el culto público de ninguna otra.- (Art.7)

y constituciones de la época.⁶ Algunos textos constitucionales incluso hicieron explícito el requerimiento de "ser católico" como condición para ser considerado ciudadano, poder gozar de las garantías civiles y poder ocupar cargos como funcionario público. La religión católica conservaría su espacio privilegiado en los *nuevos* ordenamientos constitucionales y el Estado de Ley la retendría como mecanismo efectivo de control social, de subyugación ideológica y encuadramiento moral de sus súbditos.

Finalizadas las guerras de independencia e instaurada la soberanía política de los estados (pos)coloniales latinoamericanos, el poderío imperial de la Ley siguió ejerciendo sus dominios con la misma *normalidad* que en la época colonial. Sus mitos legitimadores permanecieron intactos en todas sus dimensiones, consagrando el monopolio de las violencias represivas del poderío estatal. Para todos los regímenes de gobierno, pretéritos y contemporáneos, la Ley siguió siendo "la expresión libre de la voluntad general" y todos los súbditos/ciudadanos tenían el *deber* inexcusable de "vivir sometidos a las leyes"; y los gobiernos se habrían instituido con la finalidad de garantizar la felicidad de sus súbditos, quienes debían gestionársela dentro del marco de la Ley o sufrir las consecuencias penales de procurársela fuera de ella. El preámbulo de la primera constitución de Chile (1822) ilustra el modelo ideológico-retórico en que se enmarcarían todas las constituciones (pos)coloniales de la época:

> -La felicidad general se cifra en la observancia de las leyes, y éstas son vanas sin costumbres y espíritu público. Las mejoras en la educación doméstica y en la moral, fundadas en la base sólida

---

⁶ Durante el primer régimen constitucional haitiano se operó una ruptura categórica entre el Estado y la Religión: Art. 50. La ley no admite religión dominante. Art. 51. Es tolerada la libertad de cultos. Art. 52. El Estado no provee el mantenimiento de ningún culto ni de ningún ministro. (Constitución Imperial de Haití, 20 de mayo de 1805) No obstante, pronto reintegraría en los textos constitucionales los antiguos privilegios y protecciones de Ley a la religión católica: Art. 30. -La religión Católica Apostólica Romana es lá única reconocida por el Gobierno. Se tolera el culto de las demás; pero no públicamente. (Constitución del Estado de Hayti (1810) Tít. 7. De la Religión)

de la pura religión, preparan la perfección ulterior de las leyes y de las instituciones.-[7]

Las diferencias entre el régimen jurídico-constitucional español y los que habrían de establecerse en los estados (pos)coloniales latinoamericanos serían insustanciales más allá de las cuestiones relativas a la soberanía política. Las aspiraciones de las clases dominantes en la cristiandad europea de la época seguirían siendo las mismas en las naciones *libres* de América. Las leyes fundamentales que gobiernan en la Metrópoli española serían reproducidas y aplicadas sin alteraciones mayores. Las leyes españolas que no contravinieran los preceptos constitutivos de las soberanías nacionales seguirían ordenando y rigiendo sobre todo los dominios de la vida social latinoamericana y serían conservadas e integradas en los *nuevos* textos constitucionales.[8] Los códigos civiles y penales vigentes en España también conservarían su vigencia y aplicabilidad en los estados (pos)coloniales de las Américas, que no sólo los conservarían sino que los plagiarían y harían pasar como propios...

---

[7] Constitución Política del Estado de Chile (1822) El marco retórico-ideológico de las constituciones políticas de la época, en lo relativo a las libertades civiles, tendría como modelo principal la Constitución de los Estados Unidos (1787) y sus enmiendas integradas en su Carta de Derechos (1791) Dentro de este discurso, "el fin de la sociedad es la felicidad común" y el gobierno se establece "para garantir al hombre en el goce de sus derechos naturales e imprescriptibles, la igualdad, la libertad, la seguridad y la propiedad..." (Ídem)

[8] **Relación de constituciones y reformas constitucionales en la primera mitad del siglo XIX**: • Argentina (1819/1826) • Bolivia (1826/1831/1834/1839/1843) • Brasil (1824) • Chile (1822/1828/1833-1893) • Colombia (Nueva Granada) (1819/1821/1830/1843) • Costa Rica (1823-1825/1844/1847) • Ecuador (1830/1835/1843/1845) • El Salvador (1824/1841) • Guatemala (1825) • Haití (1805/1810/1843/1849) • Honduras (1825/1831/1839/1848) • México (Nueva España) (1814/1824) • Nicaragua (1824/1826/1838) • Paraguay (1813/1844) • Perú (1823/1826/1828/1834/1839) • República Dominicana (1844) • Uruguay (1829-1830) • Venezuela (1811/1819/1830) • República Federal de Centroamérica (Costa Rica, Nicaragua, Honduras, El Salvador y Guatemala /1824)

Códigos penales (pos)coloniales: réplicas del derecho penal español

A las guerras por la emancipación política de la metrópoli imperial española, libradas desde inicios del siglo XIX en las naciones coloniales latinoamericanas, no le siguieron cambios sustanciales en el imaginario jurídico-constitucional reinante; y las prácticas del poder judicial y penal permanecieron, en contenido y forma, relativamente intactas.[9] El andamiaje ideológico del Derecho Penal en conjunto, las instituciones y códigos legales en que se materializaba, fueron conservados sin alteraciones fundamentales por los regímenes de gobierno emergentes.[10] Los *nuevos* estados nacionales asimilarían el modelo jurídico-penal español y, más allá de las modulaciones propias al ámbito de la soberanía política, sus constituciones y códigos civiles y penales serían facsímiles de los modelos españoles, así en el orden del lenguaje formal como en la dimensión general de los objetivos estratégicos de control social, de encuadramiento moral y subyugación ideológica al discurso imperial de la Ley.[11]

Aunque en el transcurso del siglo XIX los estados poscoloniales de las Américas producirían textos constitucionales *propios*, la racionalidad penal española se reproduciría en todos los

---

[9] El Derecho penal vigente tras las independencias latinoamericanas seguiría siendo el mismo que regía durante la era colonial, según integrado en la *Recopilación de las leyes de Indias* (1680); en las recopilaciones de *leyes de España* (1567/1775/1804) e incluso en las compilaciones del *Fuero Real* (*Siete Partidas*) (1265), en las que se habrían integrado casi al pie de la letra las disposiciones constitucionales y penales regentes bajo el imperio romano recopiladas en el *Corpus Iuris Civilis* (117-534) y posteriormente en el cuerpo constitucional de los reinos visigodos, en el *Liber Iudiciorum* (654).

[10] Por encima de las disposiciones especiales concernientes al derecho penal *indiano*, la matriz jurídica del Derecho Penal regente en las Américas era la *Novísima Recopilación de las Leyes de España* (1804), principalmente las disposiciones contenidas en el Libro XII. De los Delitos y sus Penas, y de los Juicios Criminales. Las modulaciones posteriores están enmarcadas en las constituciones españolas (1812/1837/1845/1869/1876) y en sus respectivos códigos penales (1822/1848/1850/1870).

[11] El Código Penal del imperio francés, promulgado bajo la regencia del emperador Napoleón en 1810, también sería usado como modelo ejemplar por algunas jurisprudencias latinoamericanas, principalmente por México.

aspectos fundamentales, tanto en el ámbito de las *nuevas* leyes como en lo concerniente a las estructuras y prácticas institucionales, judiciales y penales.[12] El ejercicio del poder penal continuaría reforzando los regímenes de explotación laboral asalariada y esclava, reproduciendo las condiciones psicosociales que los posibilitaban. La marginación de los sectores empobrecidos y la consecuente criminalización de las prácticas económicas y sociales inadmisibles dentro de las lógicas e intereses de las clases dominantes también serían reforzadas por el derecho penal de los *nuevos* estados de Ley. El marcado carácter clasista, racista y sexista de las *nuevas* leyes retendría su hegemonía en los ordenamientos jurídicos latinoamericanos, favoreciendo a las clases privilegiadas blancas y legitimando el régimen de dominación patriarcal en el orden de la vida cotidiana.

Asimismo, la poderosa influencia de la Iglesia católica no mermaría ni un ápice en los estados poscoloniales de América Latina, que integrarían al unísono y sin reservas las prescripciones legales arraigadas en las primitivas moralidades, prejuicios e intolerancias, de la cristiandad europea. A pesar del apoyo incondicional a la monarquía imperial española y la expresa oposición de la Iglesia católica a las independencias latinoamericanas[13], todas las constituciones poscoloniales de América Latina preservarían la religión católica como religión oficial de sus estados, conservando sus antiguos privilegios con fuerza de ley y castigando severamente las inobservancias e infidelidades proscritas en los códigos penales.

La identidad de la jurisprudencia penal latinoamericana lo sería sólo en apariencia, pues las mentalidades encargadas de crear las *nuevas* leyes -en consonancia a las *realidades* y contingencias nacionales- se limitarían, si no a copiar las leyes existentes en España, a enmendar sus retóricas y ajustarlas al orden del discurso

---

[12] **Relación de códigos penales latinoamericanos (siglo XIX):** • Brasil (1830) • Bolivia (1834) • México (1835/1868/1871) • Haití (1835) • Perú (1836/1863) • El Salvador (1826/1859/1881) • Nueva Granada (Colombia) (1837/1873/1890) • Ecuador (1837) • Venezuela (1863/1873/1897) • Nicaragua (1837/1858/1891) • Chile (1874) • Guatemala (1877) • Costa Rica (1880) • Honduras (1859/1866/1880) • Santo Domingo (1884) • Argentina (1887) • Uruguay (1830/1889) • Paraguay (1892) • Cuba y Puerto Rico (1879)

[13] Encíclica *Etsi Iam Diu*, promulgada por el papa León XII, 24 de diciembre de 1824.

de Ley y Orden (pos)colonial. El primer deber de los constituyentes:

> -Vivir sometidos á la Constitución i á las leyes, í obedecer i respetar á las autoridades establecidas por ellas...-[14]

El proyecto *civilizatorio* de la cristiandad europea quedaría virtualmente intacto tras las guerras de independencia y, al margen de las diferencias circunstanciales en los desarrollos de los estados y regímenes de gobierno poscoloniales, el derecho penal del Estado de Ley católico-español prevalecería aún tras su presumida derrota...

Primeros códigos penales latinoamericanos (1830-1837)[15]

Los primeros códigos penales de supuesto *origen* latinoamericano fueron copias casi exactas del Código Penal Español[16], decretado en 1822 bajo el régimen absolutista del monarca Fernando VII. Éstos serían promulgados durante la tercera década del siglo XIX. En 1830 entró en vigor el Código Criminal del Imperio de Brasil[17], con base en la legislación penal portuguesa pero indiferenciado de la española más allá de los distintivos retóricos nacionalistas. En 1831, la República Federal de Centro América (1824-1839), integrada por Costa Rica, el Salvador, Guatemala, Honduras y Nicaragua, adoptó el Código Penal preparado originalmente por el legislador estadounidense

---

[14] Art. 6; Constitución Política de la República de la Nueva Granada (1843)

[15] En adelante, los artículos citados para efectos demostrativos corresponden principalmente al Código Penal de Bolivia (1834) Aunque el orden de numeración de los artículos en el resto de los códigos pueden variar, e incluso pueden identificarse algunas variaciones menores en sus respectivos lenguajes, en ninguno se altera el sentido de los textos.

[16] Código Penal Español, decretado por las Cortes en 8 de junio de 1822 y mandado promulgar en 9 de julio de 1822; digitalizado en http://books.google.com/

[17] Código Criminal do Imperio do Brasil (1830); digitalizado en http://books.google.com/

Edward Livingston para el Estado de Louisiana y posteriormente sometido a consideración del Congreso de los Estados Unidos (1828).[18] En 1834 fue promulgado el Código Penal de Bolivia[19], reproducido de manera íntegra en Perú[20] para el año de 1836, bajo la regencia constitucional boliviana, ambos equivalentes al Código Penal español. El Salvador[21] también promulgaría ese mismo año *su* versión del Código Penal de España (1822). Desde 1835 regía un Código Penal provisional en México[22], equivalente al español de 1822. Las repúblicas del Ecuador[23] y de Nueva Granada[24] (Colombia) promulgarían *sus* respectivos códigos penales en 1837, también copiados al pié de la letra del código regente en España.

Los preludios de los textos penales (pos)coloniales no admitirían nunca que habían sido plagiados, y en su lugar reivindicarían el fraude como creación propia y pertinente a sus realidades jurídicas y sociales particulares. No vacilarían en criticar severamente los códigos precedentes y, en contraste, ensalzarían sus presumidas virtudes *innovadoras*. De una parte, alegarían que los antiguos códigos penales constituían una "masa confusa de disposiciones inconexas..."[25], de legislaciones criminales

---

[18] *Código Penal de Livingston*; traducido por el presidente de la RFCA, José Francisco Barrundia y adoptado por el gobierno de la federación durante la presidencia de Francisco Morazán (1830-1834); impreso por Imprenta de la Unión, Guatemala; 1831 (Digitalizados en http://books.google.com)

[19] Código Penal de Bolivia (Santa Cruz) (6 de noviembre de 1834); digitalizado en http://books.google.com/

[20] Código Penal de Perú (Santa Cruz), del Estado sud-peruano (22 de junio de 1836) y del Estado nor-peruano (1 de noviembre de 1836); digitalizados en http://books.google.com/

[21] Código Penal de El Salvador (1836)

[22] Código Penal del Estado de Veracruz, México (28 de abril de 1835); digitalizado por la Biblioteca Nacional de España.

[23] Código Penal de la República del Ecuador (1837) / Ley de Procedimiento Criminal (1837); digitalizado en http://books.google.com/

[24] Código Penal de Nueva Granada (Colombia); junio 27 de 1837; en *Recopilación de las Leyes de la Nueva Granada*; Parte 4ª; Bogotá, 22 de febrero de 1845; digitalizado en http://books.google.com/

contradictorias, que dejaban delitos impunes y ejecutaban castigos innecesariamente crueles e inútiles. En cambio, sus códigos penales estarían fundamentados en la *ciencia* criminológica moderna, que habría "purificado con su antorcha" el nuevo Código Penal, "fruto del saber de los siglos (...) y puesto en armonía con vuestras circunstancias particulares."

Dentro de esta gran farsa ideológica, los *nuevos* códigos (pos)coloniales, civiles y penales, celebrarían haber enmendado las antiguas fallas, frenado los abusos de poder y "perfeccionado en alto grado la administración de la Justicia". El *nuevo* Código Penal:

> "...presenta una nomenclatura lógica y bien clasificada de delitos y penas: resumen de las más acreditadas teorías, con que, desde el renacimiento de las luces en Europa, han procurado los legisladores filosóficos purificar esta parte importantísima de las instituciones sociales. (...) Ningún acto contrario a la sociedad quedará impune..."

Por el contrario, bajo las justicias de los códigos antiguos:

> "La humanidad se estremecía al ver el refinamiento de medidas aflictivas y crueles la inicua desigualdad de castigos; el bárbaro sistema de precauciones tan dolorosas como inútiles, que deshonraban la legislación criminal de nuestros progenitores."

Los textos introductorios se prometen radicalmente diferentes y legitiman su pertinencia dentro de las retóricas *liberales* y *humanistas* de moda en la época:

> "Vais a ser emancipados de este bárbaro yugo. Las leyes que de ahora en adelante van a proteger

---

[25] "...en que se encuadran violentamente la sabiduría de los Romanos, con los errores de la Edad Media; los fallos del Derecho Canónico, con las medidas transitorias de una administración efímera: imitaciones mal acomodadas de los Códigos extranjeros, con las ruinas enmohecidas de los juzgados peninsulares: leyes, en fin, emanadas de diferentes épocas de todas las combinaciones que pueden experimentar los cuerpos políticos..."

vuestra seguridad, contra los ataques de la violencia y de las pasiones maléficas, no intimidarán sino al malvado; no prodigarán la sangre del hombre en expiación de delitos, cuya satisfacción no exige tamaño sacrificio."

Las *nuevas* legislaciones constitucionales, civiles y penales, se representaban a sí mismas como garantías de seguridad al ciudadano en todas las dimensiones de la vida social, económica y política, y a la vez como garantías contra la corrupción, las negligencias y los sobornos, malversaciones y extorciones, la prevaricación, la protervia, la arbitrariedad y los abusos de poder de los funcionarios públicos. Además de establecer "un sagrado respeto a la seguridad individual y a la propiedad", presumen de haber *arrebatado* a los jueces "el terrible derecho de obligar a los delincuentes a acusarse a sí mismos, por medio de artificios…" y les habría puesto el deber "de ser mansos y benignos con los reos."

Comparándose con los antiguos códigos penales, e incluso con los más liberales existentes en la Europa y América contemporánea[26], destaca que sus leyes penales "economizan la vida del hombre, y no le cierran, sino en un pequeño número de casos, las puertas de la Sociedad, a que puede ser restituido, después de haberla satisfecho." Aunque en realidad los códigos penales (pos)coloniales son réplicas de los códigos vigentes en la España de la época, su discurso legitimador construye la ilusoria pretensión de *novedad* con el mismo cálculo ideológico y político de todos los estados de Ley. Dentro de sus objetivos estratégicos, enmarcados en una retórica *liberal* y *humanista*, el Código Penal:

> "Es hecho para prevenir los crímenes, más bien que para castigarlos; y muy pocos de ellos merecen la pena capital, que se ha prodigado en otros códigos, con agravio de la razón y de la humanidad."

---

[26] "Las sanciones del Código Penal son la cuarta parte de las penas con que la legislación de los pueblos más liberales de Europa y América castiga unos mismos delitos."

Al margen de las retóricas legitimadoras de los *nuevos* códigos penales y del carácter ficticio de su presumida evolución racional, el ejercicio del poder estatal de castigar se conservaría de manera intacta y sus mecánicas represivas se reproducirían en idénticos términos en todos los estados de Ley, invariablemente como en todos los tiempos. Seguiría siendo la fuerza superior de su poderío la razón irreducible sobre la que asienta sus razones de principio y modula sus cambios internos, siempre en función de las mismas primitivas finalidades: preservar el ordenamiento constitucional; regular la vida social en todas sus dimensiones, subyugar ideológicamente y encuadrar moralmente a todos sus súbditos al interior de sus dominios, los del imperio de la Ley.

-Comete delito el que libre y voluntariamente, y con malicia, hace ú omite lo que la lei prohíbe ó manda bajo alguna pena. En toda infraccion libre de la lei se entenderá haber voluntad y malicia, mientras que el infractor no pruebe ó no resulte claramente lo contrario.- (Art.1)

La presunción de culpabilidad seguiría constituyendo una premisa ideológica clave en el imaginario jurídico penal de los estados (pos)coloniales, reforzando la racionalidad infalible del discurso imperial de la Ley y el conjunto de sus maquinarias represivas. Los *nuevos* regímenes de gobierno se asentarían progresivamente sin alterar la *vieja* estructura de dominación estatal, legitimando de manera incontestable las prácticas de control y vigilancia general, y dando rienda suelta a las mecánicas interventoras de sus autoridades oficiales. Presumido el carácter voluntario y malicioso de los sujetos intervenidos, el poder policial -por ejemplo- seguiría investido tácitamente de una suerte de poder judicial, justificando el prejuicio como medida de seguridad y medio "para prevenir los crímenes, más bien que para castigarlos." Dentro de sus respectivas jurisdicciones territoriales, todo sujeto que cometiera algún delito, súbditos nacionales y extranjeros, serían castigados "sin distinción alguna" con arreglo a sus códigos penales[27], "sin que a nadie sirva de disculpa la ignorancia de lo que en él se dispone."

---

[27] Las penas seguirían estando diferenciadas bajo las categorías de penas corporales o represivas (• Muerte • Presidio • Extrañamiento (Destierro) •

La moral absolutista de la cristiandad en los estados (pos)coloniales

La eficacia y efectividad del proyecto de colonización ideológica de las potencias imperiales de la cristiandad europea se manifiestan con nitidez en los textos políticos constitucionales y sus respectivos códigos civiles y penales. Al margen de los conflictos políticos por (re)establecer las condiciones de gobernabilidad al interior de los *nuevos* estados nacionales, los estrategas e ideólogos de las élites políticas latinoamericanas (juristas y teólogos, capitalistas y militares) compartían abiertamente los credos dogmáticos de la Iglesia católica romana y suscribieron sus demandas en idénticos términos a como estaba prescrito en las constituciones y leyes del reino español. Algunos textos constitucionales, inclusive, harían explícito el requerimiento de "ser católico" como condición a ser considerado ciudadano, poder gozar de las garantías de los derechos civiles y aspirar a ocupar algún cargo como funcionario público.

A pesar de la oposición explícita de la alta jerarquía eclesiástica a la independencia de las colonias latinoamericanas, todas las constituciones (pos)coloniales integraron al pie de la letra las disposiciones legales que privilegiaban sus dominios particulares desde los inicios de la conquista y en el devenir los tres siglos que le sucedieron. Asimismo, conservarían sus encargos políticos dentro de la compleja maquinaria de control y dominación estatal en la América (pos)colonial.

• Delitos contra la Religión

Las primeras constituciones políticas y códigos penales (pos)coloniales prohibían cualquier práctica que atente contra la

---

Trabajos forzados para obras públicas • Reclusión en casas de trabajo • Ver ejecutar una sentencia de muerte • Prisión en fortaleza • Confinamiento en determinado pueblo); penas no corporales o correctivas (• Infamia -La pena de infamia conlleva la pérdida de los derechos de ciudadano y civiles- • Inhabilitación para ejercer empleo, profesión o cargo público • Privación de empleo, honores, profesión o cargó público • Suspensión de los mismos • Arresto • Sujeción a vigilancia especial de las autoridades • Obligación de dar fianza de buena conducta • Retractación • Satisfacción • Apercibimiento judicial •Retención judicial: • Oír públicamente la sentencia • Corrección en alguna casa de esta clase para mujeres y menores de edad. •); y penas pecuniarias (• Multas • Confiscación • Indemnización)

religión católica apostólica romana y criminalizan bajo la clasificación de "traidor" a sus detractores, quienes -de "conspirar" contra ella- serían sentenciados a sufrir la pena de muerte. Los que con palabras, acciones o gestos la "ultrajaran" serían condenados a la pena de presidio, por un tiempo de cuatro años si se trata de ciudadanos comunes y ocho años de tratarse de funcionarios públicos o eclesiásticos en el ejercicio de sus funciones. Otras modalidades penales, desde las de prisión a las de multas, aplicarían en base a las disposiciones codificadas al respecto.

No obstante la explícita complicidad de los estados (pos)coloniales latinoamericanos con la Iglesia católica, todos los funcionarios eclesiásticos estaban compelidos a jurar lealtad incondicional a sus respectivos regímenes constitucionales, y a guardar respeto absoluto a las autoridades y leyes estatales. Las violaciones a los preceptos legales del estado de Ley, de modo similar a todos los códigos penales de la cristiandad europea, serían castigados.

> -...si un eclesiástico secular o regular abusando de él en sermon o discurso al pueblo, o en edicto, carta pastoral u otro escrito oficial, censurare o calificare como contrarias a la Relijion o a los principios de la moral Evanjélica las operaciones o providencias de cualquiera autoridad pública, sufrirá una reclusion, de dos a seis años. Si denigrare con alguna de estas calificaciones al Cuerpo Lejislativo, o al Gobierno Supremo de la Nacion, será estrañado de la República.-

- **Delitos contra la moral y las "buenas costumbres"**

La incompatibilidad entre el programa de encuadramiento moral del proyecto imperialista de la cristiandad (católica y protestante) y los derechos políticos *universalistas* del *humanismo* contemporáneo, integrados en las constituciones francesas y estadounidenses de fines del siglo XVIII, se hace patente en los códigos civiles y penales de los estados nacionales emergentes en el continente americano. Los estados latinoamericanos (pos)coloniales seguirían reproduciendo las primitivas mentalidades dominantes desde la época imperial romana, en particular desde que aconteció la integración de la religión católica en sus constituciones políticas y códigos penales. Los primitivos requerimientos estatales para *preservar* la moral y las "buenas costumbres" en las naciones bajo la dominación imperial romana seguirían siendo los mismos en las naciones latinoamericanas del siglo XIX. Asimismo, seguirían tipificados como delitos contra la moral y las buenas costumbres las *blasfemias*; las palabras y acciones públicas, publicaciones y expresiones artísticas criminalizadas como *obscenas, indecentes* y *deshonestas*. Asimismo:

> -Los que se manifestaren en absoluta desnudez á la vista de personas de distinto sexo, ó de modo que se ofenda el pudor (...) sufrirán un arresto de ocho á treinta días.-[28]

• **Dominación patriarcal / control sobre la sexualidad**

Aunque el carácter predominantemente misógino de la cristiandad, consagrado en las *sagradas escrituras*, seguiría impregnando de prejuicios y discrímenes contra las mujeres todos los textos civiles y penales europeos y americanos, los requerimientos de orden social en los Estados de Ley se vieron compelidos a considerar ciertas modulaciones -sin menoscabo del antiguo régimen de autoridad patriarcal en la dimensión de la vida doméstica e institucional- a favor de las mujeres. Aunque en términos generales la aplicación de las penas a las mujeres sería mucho menos severa que la de los hombres, los estados (pos)coloniales latinoamericanos no cuestionaron los fundamentos de la primitiva dominación del hombre sobre la mujer, y mantuvieron las mismas estructuras institucionales que le asignaban una posición de inferioridad y subordinación, y la excluía de todos los dominios de la vida política y administrativa del Estado de Ley. Dentro de este cuadro, se prohibía y castigaba a los funcionarios públicos que abusaran de su poder formal en detrimento de las mujeres. Así, por ejemplo:

> -El juez que solicite o seduzca a mujer que litigue, o esté causada o procesada ante él, o citada como testigo, perderá su empleo o cargo i quedará

---

[28] Art. 437; Código Penal de Ecuador (1837)

inhabilitado perpetuamente para volver a ejercer la judicatura; sin perjuicio de cualquiera otra pena que como particular merezca por su delito. Si sedujere o solicitare a mujer que se halle presa bajo su autoridad, sufrirá ademas la inhabilitacion perpétua para cualquiera otro cargo público.- (Art. 383)

La misma regulación valdría para alcaides, guardas o encargados por alguna autoridad de cárcel, casa de reclusión u otro sitio, que seduzca o solicite a mujer que tenga presa bajo su custodia (Art. 384). Del mismo modo, se castigaría a cualquier otro funcionario público que "abuse de sus funciones para seducir o solicitar a mujer que tenga algun negocio ante él por razon de su empleo o cargo..." (Art. 385)

No obstante la posición desventajada de la mujer, el propio Estado de Ley que la garantiza también le confiere legitimidad para, en determinadas circunstancias, asesinar legalmente, sin culpa y sin pena, al hombre que la agreda. Según prescribe la Ley, no estará sujeta a pena de homicidio la "mujer honesta" que lo cometa en caso de defensa propia contra "...algun ultraje o ataque violento que se haga a su pudor en el acto mismo del homicidio, no teniendo otro medio para impedirlo." (Art. 497)

- El delito de aborto

Los códigos penales latinoamericanos imitarían las prácticas de control reproductivo de las mujeres en idénticos términos a como lo hacía el resto de los estados de la cristiandad, con base en los primitivos textos *sagrados* de la Iglesia católica. El aborto seguiría tipificado como delito y penado con fuerza de ley:

-El que empleando voluntariamente i a sabiendas alimentos, bebidas, golpes o cualquiera otro medio análogo, procure que alguna mujer embarazada aborte, sin saberlo ni consentirlo ella, sufrirá una reclusion de dos a cuatro años. Si lo hiciere con consentimiento de la mujer, será la reclusion de uno a dos años; si resultare efectivamente el aborto, sufrirá el reo una reclusion de cuatro a

> ocho años en el primer caso, i de dos a cuatro en el segundo. Pero si es un médico, cirujano, boticario, comadrona o matrona, el que a sabiendas administra, proporciona o facilita los medios para el aborto, sufrirá, si esto no tiene efecto, la pena de dos a seis años de obras públicas, i de cuatro a ocho si lo tuviere, con inhabilitacion perpetua en ambos casos para volver a ejercer su profesion.- (Art. 516)

La mujer que se procure control sobre su cuerpo y su potencia reproductiva seguiría siendo criminalizada por la racionalidad imperante en los códigos penales de los estados (pos)coloniales y castigada severamente como en el resto de los estados de la cristiandad europea.

> -La mujer embarazada que para abortar emplée a sabiendas alguno de los medios espresados, i aborte efectivamente, sufrirá reclusion de uno o dos años; pero si fuere soltera o viuda no corrompida i de buena fama anterior, i resultare a juicio de los jueces que el único i principal móvil de la accion fué el de encubrir su frajilidad, se le impondrá solamente uno a dos años de arresto.- (Art. 517)

En otras jurisdicciones (pos)coloniales la pena sería aún más severa:

> -Si el aborto se verifica con anuencia de la muger, ó esta lo procura, sufrirá la pena de trabajos forzados hasta por el tiempo de su vida...-[29]

- Moral sexual del Estado / delito de incontinencia / prostitución

Haciéndose eco de la moralidad católica, el poder estatal conservaría estrictos controles sobre la vida sexual de sus súbditos. Aunque la prostitución no aparece explícitamente

---

[29] Art.571; Código Penal de México (1835)

prohibida en los códigos estatales, estaba regulada por leyes especiales (códigos de orden público y salubridad, ordenanzas municipales, bandos de policía, entre otros). Los códigos penales, sin embargo, castigaban a los funcionarios públicos que guardasen cualquier relación con mujeres "públicas". La moral sexual cristiana consideraba "escandalosa" la *incontinencia* y los códigos penales seglares la proscribían y la penaban, así en casos en que "el funcionario público mantenga en su casa una mujer pública conocida como tal..." o "cuando frecuente con escándalo la casa de una ramera." (Art. 387)

Si bien la legislación penal no prohíbe la práctica de la prostitución a personas adultas, el Estado castiga a quienes la promueven o fomentan entre los menores de edad. Si la prostitución de menores fuese efecto de abandono o negligencia de sus padres, madres o abuelos, o instigada por tutores, curadores, parientes, maestros, directores o jefes de establecimiento, los primeros "la perderán estos la autoridad que las leyes les conceden" y, los segundos, "sufrirán la privacion de sus cargos respectivos" y serán multados. (Art. 427)

> -Toda persona que contribuya a la prostitucion o corrupcion de jóvenes de uno i otro sexo, menores de diez i siete anos, ya por medio de dádiva, ofrecimientos, consejos, engaños o seducción, ya proporcionándoles a sabiendas casa u otro auxilio para ello, sufrirá la misma pena que los autores principales...- (Art. 426)

El poder estatal interviene, además, en casos en que ciudadanos o funcionarios públicos incurran en violencias de carácter sexual, según tipificadas en los códigos penales. La pedofilia, aunque no aparece proscrita ni censurada en los textos sagrados de la Iglesia católica, es condenada y penada en las leyes seglares de la cristiandad europea y americana.[30] Así mismo:

---

[30] -El que abusare deshonestamente de niña o niño que no haya cumplido la edad de la pubertad, sufrirá la pena de cuatro a ocho años de presidio con destierro por igual tiempo; sin perjuicio de la pena que mereciere por el daño causado.- Art. 419; Código Penal de Bolivia (1834)

-El que abusare deshonesta i violentamente de una mujer mayor de catorce años i menor de diez i siete, será castigado con uno a tres años de reclusion e igual tiempo de destierro.- (Art. 420)

Aún de tratarse de una relación sexual consentida ("cópula carnal"), si la mujer es menor de diecisiete años se presume que fue víctima de *seducción* y el seductor sería desterrado hasta un máximo de tres años. (Art.422) En los casos en que el abuso sexual se cometiera contra una "mujer honesta", la pena máxima sería de cuatro años de reclusión y destierro; y "si la violentada fuere mujer pública conocida por tal, será castigado el reo solamente con seis meses a un año de arresto." (Art. 421) De tratarse de funcionarios públicos "aprovechándose de sus funciones" serían juzgados como infames y las penas serían más severas aún. Asimismo, el Estado castiga la práctica de la prostitución bajo dominio doméstico:

-Los maridos que á sabiendas, consintieren que sus mujeres abusen de sus cuerpos, ó que las induzcan á que hagan tal abuso, serán infames y condenados á obras públicas por cuatro á ocho años.-[31]

- Matrimonio (i)legal / delito de amancebamiento y bigamia

El matrimonio seguiría constituyendo una de las principales instituciones de control social en los estados de Ley (pos)coloniales y los códigos penales seguirían castigando a los ciudadanos que no cumpliesen con "…las formalidades que ha establecido la Iglesia, i han reconocido i reconocieron en adelante como esenciales i necesarias las leyes de la República…" (Art. 436) Dentro de esta prescripción se criminalizaría y castigaría cualquier otra relación de convivencia sentimental bajo los delitos de *bigamia* y *amancebamiento*:

-Las personas de diferente sexo que sin ser casadas, hicieren vida pública i escandalosa, serán

---

[31] Art. 295; Código Penal de Ecuador (1837)

> confinadas á lugares distantes entre sí por lo menos veinte leguas, por uno á tres años…-³²

- **Delito de incesto**

Las relaciones sexuales consentidas entre familiares consanguíneos, ascendientes o descendientes, también seguirían siendo criminalizadas y penadas severamente en los estados (pos)coloniales. El delito de *incesto* incluiría, además, a los parientes que no comparen vínculos de sangre. Las penas fijas serían de trabajos forzados de cuatro a quince años y la "pérdida de los derechos de familia entre los incestuosos."³³

- **Castigos domésticos**

Por su condición de relativa inferioridad jurídica, con base en las sagradas escrituras judeocristianas, la mujer está subordinada a la "autoridad del marido" y está obligada por la Ley a subordinarse inexcusablemente a sus dominios en el ámbito doméstico.

> -La mujer que abandonare la casa de su marido, ó rehusare vivir con él, o cometiere graves escesos contra el orden doméstico, ó mostrare tan mala inclinacion que no basten a correjirla las amigables amonestaciones de su marido, será a solicitud de este apercibida por el juez-³⁴

No obstante, el Estado de Ley se arroga la potestad de intervenir en su vida doméstica e interceder a su favor en casos en que éste incurra en determinados excesos o violaciones:

> -Cuando el marido por su conducta relajada, o por sus malos tratamientos a la mujer, que no sean de obra, diere lugar a justas quejas de parte de ésta,

---

[32] Art. 462; Código Penal de Nueva Granada / Colombia (1837)

[33] Art. 626-631; Código Penal de México (1835)

[34] Art. 468; Código Penal de Nueva Granada / Colombia (1837)

será reprehendido tambien la primera vez por el juez; i si insidiere en sus escesos, será arrestado o puesto en una casa de correccion por el tiempo que se considero proporcionado, i que tampoco pasará de un año a lo cual so procederá en virtud de nueva queja de la mujer, si resultara cierta.- (Art. 448)

El Código Penal también dispone para que el Estado intervenga en las desavenencias *escandalosas* entre "el marido" y "su mujer". No obstante, el marido conserva en ley el primitivo "derecho de corregir" cualquier tipo de insubordinación de *su* mujer. En los casos en que se *exceda* en su poder disciplinario el Código Penal dispone:

- El marido que excediéndose en el derecho de correjir a su mujer (…) la mate en el arrebato de su enojo, será castigado con un máximo de seis años de presidio y destierro…- (Art. 503)

- **Delito de adulterio**

El adulterio también sería conservado como delito en los códigos civiles y penales latinoamericanos.

-La mujer que cometa adulterio perderá todos los derechos de la sociedad conyugal, i sufrirá una reclusión por el tiempo que quiera el marido, con tal que no pase de seis años. El cómplice en el adulterio sufrirá igual tiempo de reclusión que la mujer, i será desterrado del pueblo mientras viva el marido, a no ser que este consienta lo contrario.- (Art. 564)

El marido que *consintiera* el adulterio de *su* mujer sufriría la pena de *infamia* y la *manceba* sería desterrada "mientras viva la mujer, a no ser que esta consienta lo contrario." (Art. 565) De sorprender a *su* mujer sosteniendo relaciones sexuales con su amante -según las prescripciones bíblicas- podría matarles y:

-Será exento de responsabilidad el marido que matare á su mujer cuando la sorprenda en acto carnal con un hombre, ó que matare entonces al hombre que yaciere con ella.- [35]

De ser enjuiciados los adúlteros, las penas conllevarían un máximo de prisión y trabajos forzados por diez años. La mujer adúltera, además, pierde los derechos de familia...[36] Algunas códigos penales en las jurisdicciones (pos)coloniales hacen explícito el carácter abiertamente discriminatorio del derecho judicial y penal contra la mujer. Sólo el marido tiene el derecho legal a de acusar el delito de adulterio y en cambio:

-La muger cuyo marido le haya sido infiel, tiene la accion de pedir, ó la disolucion de la sociedad conyugal y el castigo de la persona con quien su marido le haya faltado, ó la proteccion de la justicia para conservar en lo sucesivo la paz del matrimonio.-[37]

A la amante del marido se le impondría la pena de un año de prisión y trabajos forzados, hasta diez años de destierro...

- Poder disciplinario / castigo correccional

Conservando las tradiciones de la vida doméstica enraizadas en las primitivas moralidades de la cristiandad, los hijos debían subordinarse inexcusablemente a la autoridad de sus padres y, de no resultar efectivos los castigos domésticos, el Estado podría intervenir imponiéndoles las penalidades *correccionales* establecidas en el Código Penal. (Art. 443) Y aún cuando los hijos no estén bajo la patria potestad de sus padres o abuelos, en casos de injurias graves, ultrajes o malos tratos, serían castigados con fuerza de ley. (Art. 444) Los hijos, al menos dentro del discurso formal de la Ley, también debían gozar de la protección del Estado contra los abusos de sus padres o tutores:

---

[35] Art. 446; Código Penal de Ecuador (1837)

[36] Art. 635-637; Código penal de México (1835)

[37] Art. 638-641; op.cit.

>-En todo caso que la queja fuere infundada, i por el contrario resulte que los hijos, pupilos o menores hayan sido maltratados indebidamente o inducidos a escesos o caprichos irregulares, el juez reprehenderá por la primera vez al culpable y procurará con prudencia poner orden para que se establezca la buena armonia en la familia (...) con arreglo al Código Civil, ya para la emancipacion de los hijos, o ya para separar los pupilos i menores del poder de sus madres, parientes a cuyo cargo estuviesen, tutores i curadores, i sin perjuicio tambien de las demas acciones competentes por el abuso en el manejo de estos.- (Art. 446)

En contraste con los preceptos de las tradiciones judeocristianas, los estados de Ley habrían impuesto frenos al primitivo poder disciplinario de los padres, y sus códigos penales habrían establecido castigos severos por sus excesos:

> - Los padres o abuelos, que excediéndose en el derecho de correjir a sus hijos o nietos, cuando cometan alguna falta, maten a alguno de estos en el arrebato del enojo, serán considerados siempre i castigados como culpables de homicidio involuntario cometido por lijereza.- (Art. 504)

Los excesos en el férreo control disciplinario sobre la sexualidad de las hijas, también promovido por las tradiciones religiosas judeocristianas, son objeto de intervención penal del Estado de Ley.

>-El homicidio voluntario que alguno cometa en la persona de su hija, nieta o descendiente en linea recta, cuando la sorprenda en acto carnal con un hombre, o el que cometa entonces en el hombre que yace con ella, será castigado con un arresto de seis meses a dos años. Si la sorpresa no fuere en acto carnal sino en otro deshonesto i aproximado a preparatorio del primero, será la pena de uno a cuatro años de reclusion.- (Art. 495)

La misma prescripción aplicaría en caso de que se tratase de la hermana o la nuera. (Art. 464)

-Los que maten a su padre o madre, o a su abuela u otro ascendiente en linea recta, voluntariamente, sabiendo quien es, i con intencion de matarle, herirle o maltratarle, son parricidas o infames por el mismo hecho, i sufrían la pena de muerte...- (Art. 490)

La pena de muerte en los estados (pos)coloniales

La pena de muerte se conservaría intacta en todas las constituciones y códigos penales (pos)coloniales del siglo XIX. El asesinato legal y el espectáculo de muerte seguirían enmarcados dentro de los primitivos objetivos penales en todos los estados de Ley americanos, consagrando sus poderíos absolutos sobre la vida de sus súbditos. Las funciones ideológicas de las prácticas de asesinato legal no habrían variado ni un ápice desde las antiguas constituciones imperiales romanas, conservadas virtualmente intactas en todos los estados y gobiernos de la cristiandad europea desde el siglo IV. La venganza seguiría siendo el objetivo matriz de la pena de muerte, y la ilusión de cumplir con ella un efecto psicosocial intimidatorio y disuasivo seguiría siendo la justificación de su carácter espectacular y público.

Además de las prácticas penadas con la muerte por delitos contra la religión, las tipificaciones delictivas contra la "seguridad exterior" del Estado (conspiraciones, espionaje, sediciones e insurrecciones, deserciones en contextos de guerra, entre otras) permanecerían dentro del amplio registro del primitivo crimen de traición y también seguirían siendo penadas con la muerte. Otros delitos penados con la pena capital en la antigua metrópoli también permanecerían inalterados: parricidio, infanticidio y cualquier otro delito de homicidio que no apareciese consentido de manera explícita en las leyes penales. Cada jurisdicción constitucional se reservaría para sí la potestad de conservar, sustituir o abolir la pena de muerte para determinados delitos.[38]

---

[38] • La Constitución de la Nación de Argentina (1816), disponía la "abolición de la pena de muerte por causas políticas" (Art.18) • La Constitución Política de la República Federal de Centro América (1824 y 1835), integrada por las

Sólo algunas jurisdicciones (pos)coloniales integrarían de manera explícita consideraciones de trato a los condenados previo a la ejecución:

> -Desde la notificación de la sentencia hasta la egecucion, se tratará al reo con la mayor conmiseracion y blandura, se le proporcionarán todos los ausilios y consuelos espirituales y corporales que apetezca, sin irregularidad ni demasía, y se le permitirá ver y hablar las veces y el tiempo que quiera á su muger, hijos, parientes y amigos; arreglar sus negocios, hacer testamento y disponer libremente de sus bienes, ropas y efectos con arreglo á las leyes, sin perjuicio de las responsabilidades pecuniarias á que estén sujetos; pero entiéndase todo esto de manera que no dejen de tomar las medidas y precauciones oportunas para la seguridad y vigilancia de su persona.-[39]

En la ejecución pública de los condenados seguiría predominando el uso del garrote. De no disponer de su maquinaria, los reos serían fusilados. El primitivo espectáculo de muerte en conjunto también permanecería integrado en todos los códigos penales latinoamericanos, tal y como se practicaba en los tiempos de la dominación colonial española y en los años siguientes a las independencias. Los *nuevos* códigos penales, redactados a partir de los años 30, harían aparecer el espectáculo de muerte como acorde a las realidades propias de cada nación,

---

repúblicas de Costa Rica, Nicaragua, Honduras, El Salvador y Guatemala, dispone: -No podrá imponerse pena de muerte sino en los delitos que atenten directamente contra el orden público y en el asesinato, homicidio premeditado o seguro.- (Art.152) • La Constitución Política de Bolivia (1839) Art.113, dispone: - Queda abolida la pena de muerte, salvo los casos de traición a la patria, rebelión, parricidio y asesinato, conforme lo determinan las leyes. La Constitución boliviana de 1843 incluiría a la lista de delitos penados con la muerte los dispuestos en el Código Militar. (Art. 97) • La Constitución Política del Estado de Honduras (1848); Art. 70 dispone que -No podrá imponerse la pena de muerte en caso alguno, por grave, criminal y atroz que merezca, excepto a los que mandan a infligirla a una o más personas...-

[39] Art. 6; Código Penal de México (1835)

pero en la práctica no harían más que reproducir los protocolos existentes.

-La pena de muerte se ejecutará en la ciudad, villa o canton en cuyo distrito se cometió el delito; i las demas penas serán cumplidas en los establecimientos que ofrezcan mayor seguridad i comodidad, i estuvieren mas próximos al lugar del delito, los que serán designados por el juez en su sentencia.- (Art. 50)

-La pena de muerte será dada con garrote, i a falta de él será fusilado el reo sin otra mortificacion previa de su persona que la que designan las leyes. Su ejecucion será siempre pública entre once i doce de la mañana, fuera de la poblacion i en sitio inmediato a ella, proporcionado para muchos espectadores; í jamas podrá verificarse en dia feriado o de regocijo público.- (Art. 51)

-El condenado a muerte será ejecutado dentro de las cuarenta i ocho horas de habérsele notificado la sentencia, éscepto en los casos designados por él Código de Procederes.- (Art. 52)

-El reo será conducido desde la cárcel al Suplicio (…) vestido Ordinario, con grillos i los ojos vendados. Si ademas de la pena de muerte hubiese merecido la de infamia llevará descubierta la cabeza. El parricida arrastrará también una cadena de hierro pendiente del cuello. Los reos sacerdotes que no hubiesen sido previamente degradados llevarán la cabeza cubierta con gorro negro.- (Art. 53)[40]

---

[40] El Código Penal de Ecuador (1837) es más explícito sobre este tema: -Los reos condenados á muerte serán conducidos al suplicio con túnica negra y gorros negros, y con las manos atadas, por delante, con una cuerda cuyo estremo llevará el ejecutor de la justicia vestido de negro. Si el delincuente fuere asesino llevará la túnica blanca y ensangrentada, y el gorro encarnado. Si traidor irá descalzo y la cabeza descubierta, la túnica hecha pedazos y las manos atadas á la espalda. Si fuere parricida, irá igualmente descalzo con la túnica blanca

Algunas jurisdicciones (pos)coloniales optarían por excluir del espectáculo público las ejecuciones de los reos eclesiásticos o religiosos de profesión.[41] En todos los casos, durante la procesión los reos irían acompañados por "los ministros de la Religión, el subalterno de Justicia que presida en la ejecución, y de los escribanos y alguaciles, en traje de luto, y de la escolta correspondiente."[42]

> -Desde la salida del reo de la cárcel hasta su muerte asi en las calles del tránsito, como en el sitio de la ejecucion reinarán el mayor orden i silencio que no serán interrumpidos, sino por las oraciones del reo i de los sacerdotes. Cualquiera que los turbare será arrestado en el acto, i castigado sumariamente con dos a quince dias de cárcel, o con una multa de cuatro a veinte pesos.- (Art. 54)

> Asimismo, -...los que levantaren la voz, ó de alguna manera intentaren impedir la ejecucion de la justicia, serán castigados como reos de sedicion.-[43]

> -El cadáver del reo quedará espuesto al público en el mismo sitio hasta puesto el sol, i despues será sepultado sin pompa por sus parientes i amigos, a quienes podrá ser entregado, o por disposicion de las autoridades. Esceptuándose dé la entrega los cadáveres de los traidores i de los parricidas, a los cuales sé enterrará en el campo fuera de los cementerios públicos, sin pompa ni señal que denote él sepulcro. Los que inflijieren cualquiera parte de esto artículo serán castigados con un arresto de un mes a un año.- (Art. 55)

---

ensangrentada y desgarrada, con una cadena al cuello, cubierta la cabeza con un velo negro y las manos atadas á la espalda. (Art.16)

[41] Art. 11; Código Penal de México (1835)

[42] Art. 16. Código Penal de Ecuador (1837)

[43] Art. 17; op.cit.

El cadáver del reo también podría ser entregado "para alguna operación anatómica."[44]

A pesar de tratarse de un acto de venganza y crueldad, la pena de muerte era administrada como dispositivo intimidatorio y disuasivo, y salvo en casos excepcionales -como los contextos de guerra- podía prescindir de ejecuciones masivas. Si bien la mecánica del derecho penal garantizaba la pena de muerte para determinados delitos, en casos donde hubiese pluralidad de culpados por un mismo delito, no todos los condenados bajo sentencia de muerte debían sufrirla. La fórmula española también habría sido copiada, y por recurso de *sorteo*, de cada diez condenados uno sería objeto del asesinato legal, "i aquellos a quienes no tocare la suerte serán condenados a diez años de presidio i a otro tanto tiempo de confinamiento..." Serían excluidos de sorteo los reos de mayor gravedad.[45]

Asimismo, a los reos sentenciados a muerte podría conmutársele la pena de muerte por la de destierro, a discreción del primer ejecutivo[46] y con excepción de los casos especificados en el Código Penal.[47] En algunas jurisdicciones se especificaba la

---

[44] Art. 18, op.cit.

[45] Los reos de "mayor gravedad" que serían excluidos del sorteo son: 1ro Los que hubiesen sido condenados a muerte como jefes, cabezas o directores de los otros reos sentenciados a la misma pena. 2do Los que se hubiesen libertado otra vez del suplicio por la suerte, o por indulto o por conmutación de la pena de muerte. 3ro Los condenados a la pena capital por reincidencia, o por haber cometido nuevo delito durante la fuga. 4to Los que hayan incurrido en la pena capital por un delito más que los otros sentenciados a la propia pena. 5to Los que tengan contra sí la circunstancia particular que no concurra respecto de los demás condenados a muerte, de incurrir también en pena de infamia.

[46] Art. 98. -La conmutacion de la pena de muerte en estrañamiento de la República por diez años solo tendrá lugar cuando el reo que la merezca haya sido condenado por sentencia legal que cause ejecutoria. Art. 59°.- Si el reo a quien el Presidente del Estado le hubiese conmutado la pena de muerte, fuere aprehendido en la República antes de haber cumplido el destierro, será condenado a diez años de presidio sin descuento ni rebaja alguna, si no hubiere cometido nuevo delito o culpa.

[47] 1ro Los condenados por delitos de parricidio. 2do los que habiendo sido indultados de la pena capital, cometieren otro delito que merezca la misma pena. 3ro Los que incurrieren en pena de muerte, después de haberse libertado del último suplicio por conmutación de esta pena o por suerte. 4to Los traidores contra la seguridad exterior de la República. 5to Los delincuentes contra el

equivalencia de la pena de muerte con veinticuatro años de trabajos forzados.⁴⁸ Los reos excluidos de sufrir la sentencia de muerte por suerte de sorteo, a los que les fuera conmutada la pena o menores de diecisiete años, formarían parte del espectáculo público:

> -...sufrirán la de ver ejecutar la pena capital en sus compañeros, i la de infamia si estuviese impuesta al delito en que hubiesen cooperado.- (Art. 58)

> -El reo condenado a ver ejecutar la sentencia de muerte será conducido tras el reo principal en su propio traje, con la seguridad conveniente, i permanecerá al pié del cadalso mientras dure la ejecucion. (...) Si en el año de sufrir o ser conducido para que sufra la pena de presenciar la ejecucion, cometiere el reo algun daño de irreverencia o desacato, será puesto en un calabozo (...) Si el esceso en público consistiere en blasfemias, obsenidades, insultos a la autoridad o a los espectadores, i no se contuviere el reo a la primera advertencia, se le pondrá en el año una mordaza por el ejecutor de la justicia.- (Art. 63)

- Excepciones al delito de homicidio / derecho de asesinato

Todos los estados (pos)coloniales conservaron intacto el antiguo registro de delitos penados con la muerte, y se reservaron para sí el derecho exclusivo de matar, según dispuesto en las leyes penales existentes. No obstante, a pesar de las estrictas prohibiciones, todos los estados de ley tambien conservarían determinadas excepciones, reconociéndole al ciudadano común el derecho a matar en circunstancias particulares. Aunque los códigos penales no lo expresarían categóricamente bajo la forma de un derecho civil, e incluso lo clasificarían bajo el signo de

---

Presidente de la República o contra los que ejercen la suprema administración del Estado en los casos de la Constitución. 6to Los asesinos. 7mo Los incendiarios.

⁴⁸ Art. 126; Código Penal de Nueva Granada / Colombia (1837)

homicidio, el Estado de Ley se eximiría a sí de castigar a los homicidas:

-No estará sujeto á pena alguna el homicidio que se cometa en los casos siguientes:

1. En el de la necesidad de egercer la defensa legítima y natural de la propia vida ó de la otra persona contra una agresion injusta en el acto de la agresion, cuando no hay otro medio de repelerla.

2. En el de repeler alguna agresion sobre bienes propios ó agenos, resultando la muerte de la defensa necesaria para la conservacion de aquellos.

3. En el de defender la libertad propia, de la muger ó hermanos, ó la persona de una muger á cuyo honor se atente con fuerza ó violencia , no presentándose en el acto otro medio de evitar el atentado.

4. Cuando cualquiera de los cónyuges encuentra á su cónyuge en acto de adulterio, ó en accion preparatoria y próscima á este.

5. En el de matar cualquiera de los cónyuges al cónyuge que sabe le ha faltado, ó a la persona con quien sabe le faltó…-[49]

Asimismo:

-Los agentes de la autoridad pública que por aprehender ó perseguir á un delincuente, ó por evitar la comisión de un delito grave que haya comenzado á perpetrarse, quitaren la vida al autor de este, quedarán escentos de toda pena…-[50]

---

[49] Art. 558; Código Penal de México (1835)

[50] Art. 562; op.cit.

- **Criminalización del suicidio**

Sostenido un trasfondo implícito de supersticiones religiosas, los estados (pos)coloniales conservarían la prohibición legal del suicidio y criminalizarían a quienes asistieran de modo alguno al suicida, logre o no su cometido. Incluso el que a sabiendas de las intensiones suicidas lo ignore y no de aviso inmediato a las autoridades pertinentes sería criminalizado como "cómplice de homicidio" y penado conforme a las leyes penales.[51]

Política (pos)colonial sobre las poblaciones indígenas

El predominio de la raza blanca entre las clases dominantes de los estados (pos)coloniales, aunque consagrado tácitamente en sus textos legales e históricas prácticas racistas y discriminatorias, no sería el factor determinante en última instancia de las reformas concernientes a los *ciudadanos* indígenas. La misma política e ideología "proteccionista" implementada por la gerencia imperial española desde el siglo XVI sería revalidada por las nuevas gerencias soberanas. Los remanentes culturales de las poblaciones indígenas no serían reivindicados por los nuevos gobernantes sino que, por el contrario, procurarían retomar el proyecto inconcluso de domesticación general, subyugación ideológica y encuadramiento moral al proyecto hegemónico de las clases dominantes bajo el imperio de la Ley.[52] La reproducción de las condiciones de marginalidad y empobrecimiento de los indígenas seguiría siendo condición esencial para la explotación de su fuerza laboral asalariada, *libre* y barata; así para el Estado como para el sector privado. Las clases privilegiadas no interesaban prescindir de las servidumbres indígenas, que constituían un soporte de garantía para la conservación de sus privilegios. En el ámbito de las obras públicas, si bien el Estado contaba con la fuerza laboral de los reos esclavizados por la fuerza penal de la Ley, también *necesitaba* mano de obra asalariada, dócil y barata. Las

---

[51] Art. 542; op.cit.

[52] La Constitución Política de la República del Ecuador (1830) es ilustrativa: Artículo 68 -Este Congreso constituyente nombra a los venerables curas párrocos por tutores y padres naturales de los indígenas, excitando su ministerio de caridad en favor de esta clase inocente, abyecta y miserable.-

constituciones políticas (pos)coloniales invisibilizarían las precarias condiciones de existencia de las poblaciones indígenas, englobándolas indiscriminadamente dentro del conjunto de sus fuerzas productivas e invisibilizando las diferencias de clase bajo el precepto ideológico-político de igualdad ante la Ley.

Prohibición de la trata / abolición de la esclavitud

En el contexto de las guerras de independencia y dentro del marco jurídico-constitucional español, que regulaba la política esclavista de la época, los gobiernos coloniales y las fuerzas republicanas latinoamericanas prometieron liberar a los esclavos que se enlistaran en los ejércitos de sus respetivos bandos. No obstante, tras la emancipación política de las colonias y la instauración de la soberanía jurídica de los nuevos estados nacionales, muchas legislaciones esclavistas permanecerían inalteradas. Salvo algunas excepciones[53] y por particulares condiciones de orden interior, la degradación jurídica de los seres humanos esclavizados se prolongaría hasta entrada la segunda mitad del siglo XIX y se haría extensiva en partes del territorio continental americano hasta 1888.[54]

La abolición de la esclavitud en las Américas respondía primordialmente a las lógicas de dominación de las potencias imperiales, vinculadas a las demandas relativas a sus respectivos desarrollos industriales, al cálculo favorable al ejercicio de explotación de la fuerza laboral asalariada y *libre*, y a los nuevos requerimientos de una economía de mercado globalizada, no a las sensibilidades *humanistas* de moda en la época.[55] En el escenario de

---

[53] La esclavitud sería abolida durante la primera mitad del siglo XIX en: • Haití (1805) • Argentina (1816/1853) • Santo Domingo (1822) • Guatemala (1824) • Costa Rica (1824) • El Salvador (1824) • Chile (1823) • Honduras (1824) • Bolivia (1826) • México (1829) • Nicaragua (1824) • Paraguay (1842) • Uruguay (1846)

[54] La esclavitud se aboliría a partir de la segunda mitad del siglo XIX en: • Venezuela (1851) • Panamá (1851) • Ecuador (1851) • Colombia (1852) • Perú (1856) • Brasil (1888)

[55] En el contexto de la revolución francesa (1789) y dentro del marco de la progresiva consolidación de la hegemonía política de la burguesía capitalista y los respectivos requerimientos de sus fuerzas laborales, la esclavitud habría sido abolida en 1794. No obstante, bajo la gerencia imperial de Bonaparte, habría

las guerras independentistas latinoamericanas, más allá de las demagogias abolicionistas desatadas con fines estratégicos políticos y militares, la abolición de la esclavitud no habría sido un objetivo prioritario. Los intereses económicos de influyentes sectores de las clases dominantes en los estados (pos)coloniales de América siguieron ligados a la tenencia de la fuerza laboral esclava. La moral cristiana les seguía sirviendo de fundamento legitimador, y las codificaciones legales, copiadas al pie de la letra de las leyes españolas, garantizaban su existencia y perpetuidad.

La fase inicial de los proyectos abolicionistas fue la prohibición de la trata y consecuente política de "vientres libres", que disponía, con fuerza de ley, reconocer el estado de "ciudadano libre" a los hijos de esclavas nacidos a partir de la aprobación de la ley. No obstante, al margen de estas disposiciones legales, el comercio de esclavos seguiría formando parte de la economía transnacional de la época, dentro y fuera de la Ley.

Hasta las fechas en que se formalizaron jurídicamente las aboliciones en los estados (pos)coloniales, las leyes especiales aplicables a los esclavos durante la gerencia española también debieron guardar su vigencia, y con ellas sus brutales codificaciones penales...

---

sido restituida en 1802 y abolida definitivamente en 1848. Inglaterra habría prohibido la trata desde 1808 y la abolición sería efectiva bajo todos sus dominios desde 1833, incluyendo en sus posesiones coloniales: • Jamaica (1833) • Belice (1838) Tras la independencia de los Estados Unidos (1776) el régimen esclavista se prolongó hasta 1865. La monarquía constitucional española conservaría la trata de esclavos hasta 1867 y la abolición se efectuaría en 1886. En sus colonias caribeñas también se aboliría la esclavitud tardíamente: • Puerto Rico (1873) • Cuba (1886)

Reformas constitucionales[56] / reformas penales (1848-1898)

Ya para mediados del siglo XIX los estados (pos)coloniales latinoamericanos habrían definido en definitiva sus fronteras nacionales y, aunque atravesados permanentemente por profundos conflictos de intereses y luchas de poder en su orden interior, las clases dominantes habrían refinado sus respectivas constituciones políticas como estados nacionales soberanos. Sin embargo, el imaginario jurídico-penal español predominante durante la era colonial seguiría moldeando todos los aspectos de la vida política y social sin excepciones. Hasta la fecha, los códigos penales que reforzaban las leyes regentes seguían siendo copias e imitaciones de los códigos penales españoles, particularmente del Código Penal promulgado en 1822 bajo la regencia de Fernando VII. En 1848 el gobierno español promulgaría un *nuevo* Código Penal que, sin vínculos políticos de índole alguna, serviría de modelo para los *nuevos* códigos penales latinoamericanos.

El proyecto de colonización ideológica del imperio de la Ley seguía su curso sin alteraciones mayores. Más allá de las exaltadas *diferencias* entre las naciones, las semejanzas ideológicas que se materializaban en sus leyes y códigos las revelaban artificiales e insustanciales. En el discurso de la Ley, las jurisprudencias latinoamericanas del siglo XIX seguirían siendo esencialmente españolas, del mismo modo que las jurisprudencias europeas seguían siendo, en lo esencial, católica-romanas. De manera tácita y explícita, la religión católica siguió siendo denominador común, y sus primitivas moralidades seguirían infestando de crueldades, prejuicios e intolerancias las leyes de las naciones seculares. Los códigos penales que habrían de promulgarse progresivamente hasta finales del siglo XIX, aunque exaltados como *originales* y conformes a las realidades particulares

---

[56] **Relación de constituciones y reformas en la segunda mitad del siglo XIX:** • Argentina (1853-1898) • Bolivia (1851/1861/1868/1871/1878/1880) • Brasil (1891) • Chile (1833-1893) • Colombia (1853/1858/1863/1886) • Costa Rica (1859/1869/1871-1888) • Ecuador (1851/1852/1861/1869/1878/-1884/1897) • El Salvador (1864/1871/1872/1880/1883/1886) • Guatemala (1879) • Haití (1867/1874/1879) • Honduras (1865/1873/1880/1894) • México (1857/1865) • Nicaragua (1854/1858/1893-1896) • Paraguay (1870) • Perú (1856/1860/1867) • República Dominicana (1854/1858/1865-1896) • Uruguay (1897) • Venezuela (1858-58/1864/1874/1881/1891/1893) • Estados Unidos de Centroamérica (Honduras, Nicaragua y El Salvador /1898)

de cada nación, seguirían siendo, si no transcripciones literales, copias moduladas de los códigos penales españoles de 1822, 1848 y 1870.

Todavía durante el último cuarto del siglo XIX los estados (pos)coloniales latinoamericanos, ensimismados diferencialmente en sus respectivos proyectos nacionales y entre las competencias, rivalidades y discordias internas por advenir al poder de gobierno, conservaban celosamente las tradiciones jurídico-penales de la era colonial. Al ritmo en que la antigua metrópoli imperial española y demás estados nacionales europeos *reformaban* sus constituciones políticas y sus códigos civiles y penales, los gobiernos latinoamericanos hacían lo propio, pero sin trastocar ni un ápice los cimientos ideológicos del primitivo Derecho Penal de la cristiandad europea. Los estrategas e ideólogos de la maquinarias represivas de los estados de Ley seguirían cumpliendo el encargo político de ajustarlas en correspondencia a los requerimientos de gobernabilidad general de la época. Las reformas operadas en el sistema penal durante este periodo histórico, aunque enmarcadas dentro de corrientes filosóficas *liberales*, no respondían a motivaciones *humanistas* sino al cálculo estratégico-político del poder de gobierno de los estados de Ley. La finalidad estratégica no era *humanizar* el sistema penal sino hacer más efectivas sus prácticas represivas, disciplinarias y punitivas. La fabricación retórica del contraste entre la antigua legislación penal europea y la *nueva* legislación penal latinoamericana no representaba una ruptura ideológica radical sino la forma discursiva que, dentro del imaginario nacionalista de la época, viabilizaba la continuidad de las prácticas concretas y cotidianas de los sistemas penales existentes sin trastocarlos sustancialmente. Las jurisprudencias latino-americanas, al margen de las particulares circunstancias socio-políticas de cada nación, priorizaron en *modernizar* el lenguaje general de los códigos sin alterar sus ancestrales preceptos, mandamientos y prohibiciones. Las antiguas potestades represivas, disciplinarias y punitivas fueron refrendadas; y las mismas tipificaciones delictivas se reprodujeron indiferenciadamente en todas las jurisdicciones (pos)coloniales de América Latina. Las variantes en las modalidades de los castigos codificados siguieron operándose bajo el arbitrio de las autoridades legislativas nacionales, dentro del primitivo imaginario absolutista de la Ley y sin cambio alguno en los primitivos supuestos y objetivos del

Derecho Penal. Las *diferencias* y *originalidades* de los códigos penales *reformados* lo serían sólo en el orden de las apariencias.

En 1862, el gobierno mexicano designó una Comisión encargada de formular un *nuevo* proyecto de Código Penal, porque la antigua legislación española no podía aplicarse a la *realidad* mexicana contemporánea. De una parte, porque la legislación penal española, "en su mayor parte, había sido formada hacía siglos, por gobiernos absolutos, en tiempos de ignorancia, y para un pueblo que tenía diversa índole que el nuestro, diversas costumbres y otra educación..."[57] De otra parte, porque la sociedad mexicana, a diferencia de la española, era "esencialmente democrática". En este contexto, el gobierno mexicano, "conociendo ese grave mal y queriéndolo remediar", aprobaría un *nuevo* Código Penal en 1871. En él, el legislador debía declarar la existencia de la Ley, la obligación inexcusable de obedecerla y "que castigue al que no la cumpla". En los mismos términos se enmarcaría el *nuevo* Código Penal de Guatemala (1877).[58] Por su parte, el informe de la comisión codificadora del Código Penal de Honduras (1880) también justificaría su encargo en idénticos términos. Sostenía que los principios del Derecho Penal existente "no estaban formulados, ni sus aplicaciones formuladas, de un modo científico, o siquiera tolerable, en la legislacion que nos legó la colonia...":

> "Sus leyes viciosas, deficientes i absurdas, dictadas por el oscuro instinto, venidas de tiempos remotos i de un estado social que no es el nuestro (...) han llegado, casi todas, a ser letra muerta..."[59]

---

[57] Informe de Comisión de Proyecto de Código Penal para el Distrito Federal y territorio de la Baja-California (sobre delitos de fuero común) y para toda la República (sobre delitos contra la Federación), México, 1871.

[58] Un discurso similar se pronunciaría en el informe introductorio del *nuevo* Código Penal de Guatemala (1877) -que deroga todas las leyes penales anteriores (Art.446)- argumentando que las leyes penales vigentes hasta la fecha "son inaplicables, por haber sido emitidas en una época remota y para regir una nación diversa de la nuestra." Era por esa razón que "han sido reemplazadas por una jurisprudencia puramente práctica... (Código Penal de la República de Guatemala; promulgado en 15 de septiembre de 1877)

[59] Informe de la Comisión codificadora del Código Penal de la República de Honduras (1880)

De aquí es que, "no habiendo en el derecho penal español que se nos dio, nada que pudiera servir de regla a la sociedad", surge la necesidad imperiosa de "reforma radical i completa". El objetivo expreso sería contrarrestar el capricho, la malicia y la ignorancia que caracterizan las antiguas leyes coloniales, y promulgar un Código Penal "científico i humano", resultado del "progreso moderno" y que fuese reflejo fiel de nuestra sociedad..." A los efectos, copiaría de manera íntegra el Código Penal de Chile (1874) y, con modulaciones menores, lo convertiría en el *nuevo* Código Penal de Honduras (1880)

Las modulaciones en el discurso del Derecho Penal eran retóricas y cumplían una función legitimadora eminentemente demagógica. Pero más que por defecto ilusorio, las *reformas* penales operadas en los estados (pos)coloniales imitarían a conveniencia las ilusiones producidas por el discurso reformista *liberal*[60], calculadas con la finalidad expresa de consolidar la maquinaria represiva del Estado de Ley. Así, la función represora de las antiguas leyes penales seguiría practicándose con escasas variaciones. El objetivo de los castigos (vengar e intimidar) seguiría justificando las crueldades inherentes al sistema represivo de los estados de Ley, que incluso preservarían los mismo delitos del pasado. La función del Código Penal seguiría definida en los mismos términos: establecer "reglas equitativas" que concilien el "interés de la sociedad" con "la libertad de los ciudadanos".

Las corrientes ideológicas del positivismo habrían absorbido los discursos dominantes en materia criminal y penal en todos los estados occidentales contemporáneas, compartiendo indiferenciadamente la ilusión de que habrían desarrollado un método de clasificación virtualmente infalible ante las primitivas arbitrariedades *interpretativas* de los jueces, y puesto fin a su poder discrecional en la adjudicación de las culpas y la aplicación de las penas.[61] Los nuevos códigos penales ahora podrían describir con nitidez las prácticas constitutivas del delito, enumerar sus particularidades con precisión mecánica y garantizar la efectividad

---

[60] Sin menoscabo de las enmiendas retóricas de las reformas constitucionales y códigos penales españoles, algunos estados latinoamericanos integrarían los modelos de reforma penal de Inglaterra, Francia y Estados Unidos predominante-mente, y también de Portugal, Bélgica, Suiza e Irlanda entre otros.

[61] Según dispuesto en la Ley 8ª Tít. 31, Partida 7ª

de los respectivos castigos sin la intromisión indebida de los jueces. Ahora el derecho estatal a castigar podría ejercerse correctamente, y al fin servir a la *justicia* y responder al *interés social*, que eran sus fundamentos irreducibles. Creyendo eliminado el poder discrecional del Juez y la arbitrariedad judicial heredada de la era colonial, la ideología positivista en boga se manifestó con nitidez en las retóricas legitimadoras de los *nuevos* códigos penales (pos)coloniales:

> "...todo obedece a la lei esacta (...) el número rije el castigo i todo en la aplicación es matemático (...) El mérito del sistema (...) consiste en hacer la justicia proporcional, igual para todos i segura, i, por lo tanto, en prevenir eficazmente los delitos, pues ya puede saberse de antemano cual es el castigo que habrá de reprimirlos."[62]

Más allá de su evidente carácter iluso e ilusorio, el *nuevo* paradigma ideológico del Derecho Penal seguiría siendo igualmente represivo, y la fuerza superior del Estado se preservaría como su garante en última instancia, pero ahora se representaría a sí mismo como *científico* y *humanizado*. Más que acentuar su función represiva, las penas debían ser, a la vez, *ejemplares* y *correccionales*; y corresponder con un tiempo "proporcional" a la *naturaleza* y *gravedad* del delito. Las descripciones contenidas en los textos penales debían bastar para garantizar la pureza del sistema penal. Las palabras de los legisladores -instruidas por las *ciencias* positivistas- serían tenidas como expresiones objetivas de la realidad; y las *nuevas* leyes penales se enmarcarían dentro de un régimen de Verdad similar al fabricado por los antiguos hacedores de leyes, que las hacían aparecer como ingenios de Dios...

- **Delitos contra la Religión / libertad de culto / *separación* de Iglesia y Estado**

Entrada la segunda mitad del siglo XIX todavía algunas jurisdicciones (pos)coloniales celaban sus primitivos vínculos con

---

[62] Informe de la Comisión codificadora del Código Penal de la República de Honduras (1880)

la religión católica, consagrándola en sus constituciones políticas como religión del Estado[63], *"respetada* como esencial elemento del orden social"[64], y reforzándola con el poder represivo de las leyes penales.[65] El Código Penal de Perú (1863) castigaba con la "expatriación" cualquier *tentativa* para "abolir ó variar la Religión católica, apostólica, romana..." y condenaba a la pena de reclusión al que celebre actos públicos de un culto que no fuera la religión católica. Asimismo, hacía sufrir penas de arresto a quien "blasfemare de Dios, de la Virgen, de los santos o de los dogmas de la religión, o los ridiculizare con palabras o hechos..."[66]

Aunque las formaciones sociales (pos)coloniales seguirían siendo predominantemente católicas, la injerencia (in)directa de la Iglesia a través de las leyes penales iría mermando progresivamente en el devenir de la segunda mitad del siglo XIX. Las constituciones latinoamericanas de la época, aunque conservarían la religión católica como religión oficial de sus estados de Ley, suprimirían paulatinamente sus privilegios de exclusividad y admitirían el ejercicio de otros cultos religiosos "permitidos" en sus dominios.[67] Desbancado el monopolio católico de las

---

[63] La Constitución Política de la República del Ecuador (1869) disponía que -La Religión de la República, es la Católica, Apostólica, Romana con exclusión de cualquiera otra, y, se conservará siempre con los derechos y prerrogativas de que debe gozar según la ley de Dios y las disposiciones canónicas. Los poderes políticos están obligados a protegerla y hacerla respetar.- (Art.9) E incluso condicionaba el reconocimiento de ciudadanía a "ser católico" (Art.10.1); y suspendía los derechos de ciudadanía "por pertenecer a las sociedades prohibidas por la iglesia" (Art.13.1)

[64] Art. 35; Constitución Política de Colombia (1886)

[65] Constitución de la República Peruana (1856); Art. 4 -La nación profesa la Religión Católica, Apostólica, Romana. El Estado la protege por todos los medios conforme al espíritu del Evangelio y no permite el ejercicio público de otra alguna. Constitución de Venezuela (1857); Art.4 - El Estado protegerá la Religión Católica, Apostólica y Romana, y el Gobierno sostendrá siempre el Culto y sus Ministros, conforme a la ley.

[66] Art. 99-100 / Art. 372-73; Código Penal del Perú (1863)

[67] • La Constitución Política de la República Federal de Centro América (1835), integrada por las repúblicas de Costa Rica, Nicaragua, Honduras, El Salvador y Guatemala, había dispuesto que sus habitantes "pueden adorar a Dios según su conciencia", que los estados "cuidarán de la actual religión de sus pueblos", protegerán la "libertad de culto religioso" y lo "mantendrán en armonía con las

supersticiones religiosas por las reformas *liberales*, los *nuevos* códigos penales reemplazarían los antiguos delitos contra la Religión por delitos contra la "libertad de culto"[68], y castigarían con fuerza de ley a los "reos de intolerancia".[69] El Código Penal de Nicaragua (1891) castigaría a:

> -Los que procuran que otra persona cambie de creencia religiosa ó de culto, empleando para ello alguna compulsión material, amenazas, represiones ú otros medios suficientes para molestar á la persona ofendida.-[70]

Aunque admitidos los nuevos negocios religiosos, las intolerancias religiosas seguirían ocupando su sitial privilegiado en los códigos penales de la época, y las antiguas prohibiciones y castigos que antes favorecían con exclusividad la religión católica, ahora favorecerían una multiplicidad de cultos religiosos. Las blasfemias públicas, irreverencias, expresiones artísticas o literarias

---

leyes" (Art.11) • La Constitución de Nueva Granada/Colombia (1853) permite "la profesión libre, pública ó privada, que a bien tengan, con tal que no turben la paz pública, no ofendan la sana moral, ni impidan á los otros el ejercicio de su culto.- (Art.5) La Constitución de Venezuela (1864) dispone entre las garantías ciudadanas: -La libertad religiosa, pero sólo la Religión Católica, Apostólica y Romana, podrá ejercer culto público fuera de los templos- (Art. 14.13) El Código Penal de Chile (1874) castiga a los que impidan el ejercicio de un "culto permitido" en la República. (Art.138)

[68] La definición, extensión y límite de lo que constituye "libertad de culto" y "culto religioso" quedan sujetas a la discreción del poder del Estado. En algunas jurisdicciones (pos)coloniales permanece explícita la prohibición de prácticas religiosas consideradas como actividades fraudulentas por la razón de Estado, aunque no las juzgaría como religiosas sino cono supersticiones. Igual que en el resto de los estados de Ley de la cristiandad europea, seguiría siendo objeto de penas de prisión y multa el que "con objeto de lucro interprete sueños, hiciere pronósticos o adivinaciones, o abusare de la credulidad de otra manera semejante..." Art. 496. 32; Código Penal de Chile (1874) / Art. 529.9; Código Penal de Nicaragua (1891)

[69] Art. 968-975; Código Penal de México (1871)

[70] Art. 207; Código Penal de la República de Nicaragua (1891)

impías, entre otras prácticas sociales, seguirían consideradas delitos y castigadas con penas de arrestos y multas.[71]

A pesar de los cambios favorables al orden de los derechos civiles, las mentalidades legislativas de la época continuaban arraigadas en las moralidades y tradiciones represoras de la cristiandad, y las codificaciones penales de la época preservarían los mismos primitivos delitos de base religiosa como si se tratasen de distintivos culturales propios. Consecuentemente seguirían reproduciendo las mismas prohibiciones y castigando severamente a sus detractores...

- El fantasma de la moral cristiana / represión sexual

La criminalización de la sexualidad fuera del ámbito matrimonial seguiría existiendo en los códigos penales (pos)coloniales de la segunda mitad del siglo XIX. Los primitivos pecados de las *sagradas escrituras* se preservaban intactos en las leyes seglares de los estados de Ley, que los tipificaban como delitos contra la sociedad y las personas e imponían castigos severos. Aunque las penas dispuestas en los códigos penales de la época no eran tan atroces como las practicadas en los textos sagrados y antiguos reinos de la cristiandad, seguían siendo prohibiciones legales con fundamentos religiosos, objetos de castigos crueles, infamantes y deshumanizantes, aunque los apologetas del Derecho Penal insistieran en negarlo.

En algunas jurisdicciones (pos)coloniales todavía los maridos que *sorprendieran* a sus esposas sosteniendo relaciones sexuales con un amante podían matarlos en el acto, y las leyes penales los eximen de responsabilidad criminal.[72] Igualmente, los padres o hermanos que sorprendieran *infraganti* a sus hijas o hermanas en actos sexuales *ilegítimos* podían matarlas y la ley los eximía de culpa. Asimismo, los maridos que se excediesen en el ejercicio de sus derechos a disciplinar y castigar a *sus* esposas desobedientes podían agredirlas y causarles lesiones corporales sin temor a ser procesados penalmente. Del mismo modo, los padres estaban investidos del derecho a *corregir* y disciplinar a sus hijos

---

[71] Art. 551.26; op.cit.

[72] En el Código Penal de Chile (1874) está "exento de responsabilidad criminal" el marido que "diere muerte, hiriere o maltratase" a su mujer adúltera y a su amante. (Art. 11)

con violencia física, y si los mataban o lesionaban gravemente, podían ser excusados por la Ley.

Los códigos penales de la segunda mitad del siglo XIX conservaban intactos los delitos/pecados fundamentados por las supersticiones religiosas de la cristiandad y seguían ejerciendo su poder represivo y penal sobre sus practicantes. Las reformas penales de la época, aunque conservarían la misma mentalidad, optaron por reprimir penalmente los homicidios y agresiones físicas severas cometidas contra adúlteros y corruptores de menores. Incluso los estados (pos)coloniales más conservadores, los que retenían todavía la religión católica como religión única en sus constituciones y estados, se inclinaron a favorecer el castigo de los agresores. Los matadores de adúlteros sufrirían penas de cárcel por tiempos definidos, igual que los homicidas de los corruptores de sus hijas, nietas o hermanas menores. En algunos códigos penales podía entreverse las reservas a eliminar el derecho de matar a la mujer adúltera y su amante, como de matar al sujeto *corruptor* de menores. Temían que la criminalización de éstas prácticas pudiera interpretarse como consentimiento a la prostitución de sus mujeres, hijas o hermanas.[73]

A fin de cuentas, el Estado seguiría castigando severamente a los adúlteros y corruptores, y los ofendidos todavía podían causarles "lesiones leves" a quienes sorprendieran en adulterio o acto carnal, en pleno ejercicio de sus derechos *correccionales* y exentos de responsabilidad criminal.[74] De igual modo, los que ocasionen lesiones leves por "corregir las faltas" de sus hijos, nietos. El Código Penal de México (1871) es explícito al respecto[75], y establece que los golpes, violencias y lesiones no serán punibles cuando se ejecuten con derecho de castigar, aun cuando se excedan en el acto correccional.[76] Dentro de la misma racionalidad, el Código Penal de Nicaragua (1891) dispone que si

---

[73] Art. 234-36. Código penal de Perú (1863)

[74] Art. 255-56; op.cit.

[75] Lista las lesiones como heridas, contusiones, escoriaciones, fracturas, dislocaciones y quemaduras, toda alteración en la salud y cualquier otro daño que deje huella material en el cuerpo humano. Art. 511; Código Penal de México (1871)

[76] Art. 527; 510-12; Código Penal de México (1871)

las lesiones corporales no presenten ninguna "deformidad o imperfección" en el rostro o cualquier otra parte *visible* del cuerpo, según "acostumbran tener descubiertas las mujeres", el grado de severidad de la pena de encierro sería menor que si las *lesiones* fueran visibles. (Art. 364) No obstante el consentimiento explícito de la Ley al ejercicio de la violencia disciplinaria, también disponía de leyes que censuraban y condenaban los maltratos fortuitos entre ambos géneros.[77]

Si bien algunas estados (pos)coloniales continuarían excluyendo a la mujer del recurso legal contra el marido adúltero[78], otras se lo concederían pero diferencialmente: "...pues aquel queda infamado (...) por la infidelidad de su consorte, y la reputación de ésta no se empaña por las faltas de su marido..."[79] La degradación jurídica de la mujer frente al hombre seguiría siendo un rasgo característico invariable en todos los códigos penales (pos)coloniales...

A pesar de las reformas *liberales*, los códigos penales de la época también seguirían ejerciendo un férreo control sobre el cuerpo de la mujer y su potencia reproductiva, con base en las primitivas supersticiones religiosas de la cristiandad. La criminalización del aborto se preservaría invariable-mente y sin miramientos en todos los códigos penales (pos)coloniales. La prohibición y castigo del crimen de aborto seguía respondiendo a una imaginaria "necesidad social" que el Estado de Ley estaba obligado a satisfacer. Las corrientes ideológicas del positivismo no cuestionarían los fundamentos religiosos del "delito de aborto" sino que lo asumirían como una *realidad* en sí misma sobre la que las *ciencias* del Derecho Penal estaban compelidas a actuar.[80]

---

[77] El Código Penal de Guatemala (1877) castigaba a los maridos que maltraten a sus mujeres y las mujeres que maltraten a sus maridos. (Art. 425)

[78] En el Código penal de Chile (1874) el delito de adulterio sólo aplica a la mujer casada y su amante, no al marido. (Art.375) La misma disposición penal aparecería en el Art. 419 del Código Penal de Nicaragua (1891)

[79] Art. 816; Código Penal de México (1871)

[80] Según el Código Penal de México (1871) el "Derecho Penal" define el aborto como: "la extracción del producto de la concepción y a su expulsión provocada por cualquier medio, sea cual fuere la época de la preñez..." Esta práctica sólo estaría exenta de responsabilidad criminal cuando corre riesgo de morir la mujer

El repertorio de prácticas sexuales criminalizadas por los antiguos estados de Ley de la cristiandad, tipificadas en sus códigos penales como delitos contra la *honestidad* y las *buenas costumbres*, permanece de manera explícita en todos los estados (pos)coloniales latinoamericanos. Por consideraciones administrativas puntuales, el poder interventor y represor del Estado se reserva la potestad de integrar de manera explícita las prohibiciones y castigos en sus textos penales, y regular mediante leyes especiales (ordenanzas, reglamentos institucionales, códigos municipales, etc.) los que estime pertinente excluir de sus códigos principales. Del mismo modo, varía la severidad de las penas en función de sus respectivos proyectos de gobernabilidad general. En algunas jurisdicciones (pos)coloniales, los estados de Ley castigan las prácticas sexuales domésticas si salen a la luz pública como escándalos, pero no se inmiscuyen en el ámbito domestico e intimidad privada de sus súbditos/ciudadanos. De acuerdo al cálculo económico de sus posibilidades interventoras y respectiva capacidad represora, ejerce su derecho a castigar sobre los delitos de sodomía, estupro, bestialismo, pederastia, incesto, entre otros. El delito de sodomía, por ejemplo, se preserva como objeto de prohibición y condena en el imaginario cultural (religiosos-jurídico-penal) de la época, pero no aparece referido de manera explícita en los códigos penales latinoamericanos hasta fines del siglo XIX.[81]

Las prácticas sociales relativas a la prostitución permanecían reguladas por leyes especiales fuera de los códigos penales. Los códigos penales seguirían centrando sus represiones directas sobre los corruptores de menores de edad; los maridos y padres que forzaran o consintieran la prostitución de sus esposas e hijas; traficantes de mujeres, alcahuetes y dueños o administradores de prostíbulos, que debían operar clandestinamente.[82]

---

embarazada, a juicio del médico debidamente autorizado. Art.569-70; Código Penal de México (1871)

[81] –El que hiciere reo del delito de sodomía sufrirá la pena de presidio...- Art. 365; Código Penal de Chile (1874)

[82] El Código Penal de Guatemala (1877) añadiría un artículo para multar a los infractores de las disposiciones policiales-sanitarias sobre la prostitución. (Art. 419)

La tendencia en la época era conservar las mismas tipificaciones delictivas de los antiguos códigos penales de la era colonial, pero, a la vez, operar determinados cambios administrativos en las prácticas penales, ajustados dentro del marco ideológico de las *ciencias* positivistas y las filosofías políticas del *humanismo*.

• **Criminalización de la pobreza / delitos de vagancia y mendicidad**

De manera semejante a las naciones europeas, los estados (pos)coloniales de las Américas conservarían íntegramente las demandas disciplinarias de sus fuerzas productivas, exigiéndoles inexcusable e indiscriminadamente su inserción dentro de las lógicas ordenadoras del modo de producción capitalista. Las leyes estatales seguirían asumiendo a los sujetos súbditos-ciudadanos como únicos responsables de sus condiciones de existencia, obligándolos a integrarse dentro en los circuitos del trabajo legal-asalariado y criminalizando a quienes no lo hicieran o se procurasen medios de subsistencia al margen de la Ley. Los textos penales omitían -de manera calculada o por ignorancia- la imposibilidad estructural del Estado para garantizar empleos asalariados dentro del sistema de producción capitalista. La escasez de empleos y las crecientes condiciones de pobreza continuarían sirviéndole de pretexto interventor al poder disciplinario del Estado, que conservaría las primitivas tipificaciones delictivas de vagancia y mendicidad[83]; encarcelando a vagos y mendigos para castigar sus faltas a la Ley, corregirlos y rehabilitarlos. Algunos reos de vagancia y mendicidad seguirían siendo integrados dentro de las instancias militares y otros esclavizados temporalmente, forzados a trabajar a beneficio del Estado en obras públicas. Cumplidas las condenas y presumida la

---

[83] El Código Penal de la República de Chile (1874) es ejemplar al respecto. Con relación al delito de vagancia dispone: Art.305. -Son vagos los que no tienen hogar fijo ni medios de subsistencia, ni ejercen habitualmente alguna profesión, oficio u ocupación lícita, teniendo aptitudes para el trabajo.- Art. 306 -El vago será castigado con las penas de reclusion (...) i sujesion a la vigilancia de la autoridad- Sobre el delito de mendicidad dispone: Art. 309 -El que sin debida licencia pidiere habitualmente limosna en lugares públicos, será castigado con reclusion (...) i sujesion a la vigilancia de la autoridad-

rehabilitación de los reos, los reincidentes eran objeto de penas más severas...

• **Reforma penitenciaria / confinamiento solitario / pena moralizadora**

Enmarcado dentro de las reconfiguraciones ideológicas de la reforma penal europea y estadounidense de entre finales del siglo XVIII y principios del siglo XIX, las constituciones políticas latinoamericanas copiaron al pie de la letra sus prescripciones carcelarias, sin operar cambios sustanciales sobre su primitiva materialidad institucional y sin alterar las terribles condiciones de existencia a las que eran sometidos los condenados. Tras emitirse la sentencia judicial de culpabilidad y durante todo el tiempo de la condena seguirían siéndole suspendidos los derechos civiles de los reos, quedando sujetos a las reglamentaciones internas de cada institución carcelaria. No obstante, las atroces prácticas vengativas, disciplinarias y punitivas que caracterizaban el oren interior en las instituciones carcelarias fueron reconocidas y refrenadas formalmente en los *nuevos* códigos:

> -Las cárceles de la Nación serán sanas y limpias, para seguridad y no para castigo de los reos detenidos en ellas; y toda medida que a pretexto de precaución conduzca a mortificarlos más allá de lo que aquélla exija, hará responsable al juez que la autorice.-[84]

El poder discrecional de las autoridades carcelarias quedaba regulado por las vagas prescripciones constitucionales, limitadas a recitar las modulaciones retóricas del humanismo-liberal de moda en la época.[85] Desde inicios del siglo XIX se prohibían formalmente los tormentos y mortificaciones, las penas de azote y cualquier otra modalidad punitiva que pudiera poner en riesgo la *seguridad* del prisionero. A partir de la segunda mitad del siglo XIX algunos códigos penales latinoamericanos -copiados de

---

[84] Art.18; Constitución Política de la Nación de Argentina (1816)

[85] En principio, la potestad reglamentaria debía suscribirse a las leyes existentes, y éstas a la vez subordinarse a los preceptos constitucionales.

los códigos europeos y estadounidenses- integrarían las *reformas* carcelarias fundamentadas en las *ciencias* positivistas en boga, insustancialmente diferenciadas de las antiguas filosofías penales que seguían conformando las mentalidades predominantes en los códigos penales europeos. Según esta corriente ideológica los reos son "convalecientes de un mal moral" y deben ser tratados como "a los que convalecen de una grave enfermedad física"[86] -como rezaban las Siete Partidas del rey Alfonso (siglo XIII), copiadas de la racionalidad penal de los antiguos código romanos, promulgados por el emperador Justiniano (siglo VI). A diferencia de las antiguas tradiciones carcelarias, las reformas penales del siglo XVIII y XIX asignaron una función adicional al poder penal de los estados de Ley, obligando que además de cumplir el primitivo encargo de castigar a sus detractores, debía procurar su rehabilitación moral e integrarlos a las fuerzas productivas. Igual que en Europa, en América las penas de cárcel se orientarían hacia el fin político de *corregir* a los "hombres despreciables y aborrecibles" y convertirlos en "miembros útiles de nuestra sociedad."[87]

Si bien la mayor parte de las naciones (pos)coloniales de América Latina copiaron las *reformas* carcelarias directamente de los código españoles, otras copiaron el modelo penitenciario portugués y el regente en algunas jurisdicciones estadounidenses[88], cónsonos con "la opinión de los más celebres criminalistas" y

---

[86] Código Penal de México (1871) / Proyecto de Código Penal para el Distrito Federal y territorio de la Baja-California (sobre delitos de fuero común) y para toda la República (sobre delitos contra la Federación), México, 1871.

[87] Ídem.

[88] La República Federal de Centro América (1824-1839) (Costa Rica, el Salvador, Guatemala, Honduras y Nicaragua) había adoptado el Código Penal de Louisiana en 1831, del legislador estadounidense Edward Livingston. El mismo, que también había sido sometido como modelo de Código Penal Federal a consideración del Congreso de los Estados Unidos (1828), integraba un proyecto de reforma del sistema carcelario, centrándose en fusionar la práctica punitiva de la Ley con el objetivo "rehabilitador" de los condenados, integrando al régimen disciplinario los trabajos forzados, el confinamiento solitario, y el acceso a una educación estrictamente regulada; y reinstaurando la presencia de capellanes a cargo del adoctrinamiento moral y religioso. (*Código Penal de Livingston* (1831) / Code of Reform and Prison Discipline; *A System of Penal Law for the United States of America*; (1828). (Digitalizados en http://books.google.com)

modelo a emular entre las "naciones civilizadas". El *nuevo* modelo de encierro penitenciario consistía en aislar a los prisioneros en celdas solitarias, prohibiéndoles cualquier tipo de comunicación "moralmente peligrosa", y sujetándolos a un estricto régimen disciplinario que debía viabilizar la regeneración moral y consecuente reinserción a las fuerzas productivas nacionales. A los efectos, las penas de trabajo forzado se cumplirían al interior de las facilidades penitenciarias, aboliendo los trabajo en obras públicas y cualquier otro fuera de las prisiones.[89]

Para alcanzar la "regeneración moral" debía garantizarse la instrucción moral y religiosa.[90] La eficacia de la instrucción regenerativa sería más efectiva dentro del régimen penitenciario toda vez que los reos estaban condenados a la "soledad y el silencio":

> "Abrumados con el peso de su desgracia, entregados á la contemplación de ella, y atormentados con sus remordimientos; abren su corazón, naturalmente, á todo lo que puede proporcionarles un consuelo (…) y reciben la instrucción moral y religiosa como un bálsamo reparador que (…) les hace tomar la resolución de abandonar para siempre la senda del crimen."[91]

Aunque el principio de los regímenes penitenciarios aparecería explícito como proyecto futuro en todas las constituciones políticas de la época, su instauración estaba sujeta a

---

[89] La impotencia estructural para absorber la fuerza laboral asalariada y *libre* en las naciones capitalistas (pos)coloniales, igual que en las europeas, debió incidir en esta determinación política de reforma penitenciaria.

[90] Aunque ya para la fecha estaba prohibida legalmente la enseñanza de la Religión en los establecimientos sostenidos por el Gobierno, con base en el principio político constitucional de "libertad religiosa", los sistemas penitenciarios la integrarían como recurso clave dentro de su proyecto de subyugación moral. Copiado de los modelos y principios penitenciarios estadounidenses, ingleses y franceses, la educación religiosa sería integrada a los programas *correccionales* ajustándola, en principio, a la diversidad de creencias religiosas de los prisioneros.

[91] Proyecto para el Código Penal de México (1871)

consideraciones político-administrativas y a las condiciones económicas de cada país...

• **La pena de muerte: preservación y abolición**

Los estados (pos)coloniales latinoamericanos no sólo copiarían el modelo jurídico-penal europeo y estadounidense sino que, además, imitarían las reformas de sus sistemas penales en todas sus dimensiones. Salvo algunas diferencias menores, integrarían en sus códigos penales las mismas *innovaciones* ideológicas del discurso del Derecho Penal europeo y estadounidense, aparentando una transformación radical del poder estatal de castigar, pero sin alterar el orden de sus dominios, sus principios y objetivos. Los informes de las comisiones codificadoras de los *nuevos* códigos penales recitaron al pie de la letra los mismos argumentos *reformistas*, transcribiendo en sus textos las mismas racionalidades filosóficas y políticas que orientaban sus procesos y daban formas precisas a sus ajustes y arreglos ideológicos. Los cambios operados en el orden interior del Derecho Penal latinoamericano durante la segunda mitad del siglo XIX no responderían a diferencias de carácter nacional sino que, por el contrario, estrecharían las semejanzas inherentes al modelo imperial de la Ley, dominante en los estados nacionales europeos.

Con excepción de las repúblicas del Perú (1856)[92] y Venezuela (1864)[93], que habrían abolido la pena de muerte por decreto constitucional, algunos estados (pos)coloniales la abolirían

---

[92] Constitución de la República Peruana (1856); Art. 16°.- La vida humana es inviolable; la ley no podrá imponer pena de muerte.- La Constitución de 1856 sería objeto de reforma en 1860, y volvería a integrar la pena de muerte: - La ley protege el honor y la vida contra toda injusta agresión; y no puede imponer la pena de muerte sino por el crimen de homicidio calificado. (Constitución Política del Perú (1860); Art. 16.) En 1867, la nueva Constitución Política del Perú volvería a proscribirla: -La vida humana es inviolable. La ley no podrá imponer pena de muerte- (Art.15)

[93] Constitución de los Estados Unidos de Venezuela (1864) Título III. Garantía de los venezolanos. Artículo 14.- La Nación garantiza a los venezolanos: 1. La inviolabilidad de la vida, quedando abolida la pena capital, cualquiera que sea la ley que la establezca.

y volverían a instaurar en poco tiempo[94]; otros la mantendrían entre el último cuarto[95] y finales del siglo XIX[96]; y otros la preservarían entrado el siglo XX, si no de manera explícita en sus constituciones, en sus respectivos códigos penales. Algunos constituciones y códigos penales dejaron constancia de su carácter *provisional*. La Constitución de México (1857) disponía:

> -Para la abolición de la pena de muerte, queda á cargo del poder administrativo el establecer, á la mayor brevedad, el régimen penitenciario. Entretanto, queda abolida para los delitos políticos, y no podrá extenderse á otros casos más que al traidor á la patria en guerra extranjera, al salteador de caminos, al incendiario, al parricida, al homicida con alevosía, premeditación ó ventaja, á los delitos graves del orden militar y á los de piratería que definiere la ley.- (Art. 23)

Las códigos penales de Honduras (1880), Nicaragua (1891) y Guatemala (1877) también condicionaban la preservación de la pena de muerte a la habilitación de los proyectos penitenciarios:

> -La pena de muerte solo podrá aplicarse mientras no se halle terminado y organizado el sistema penitenciario, entendiéndose desde aquel

---

[94] En la Constitución Política de los Estados Unidos de Colombia (1863) se abolió la pena de muerte (Art.15). En la Constitución de 1886 sería reinstalada para los delitos comunes (Art. 28. -...al traidor á la Patria en guerra extranjera, al parricida, al asesino, al incendiario, al salteador en cuadrilla de malhechores, al pirata, y á los que cometan ciertos delitos militares definidos por las leyes del ejército-)

[95] La Constitución Política de la República Dominicana (1877) abole "para siempre" la pena capital en la república. (Art.11) En la Constitución de 1879 la restablece de manera implícita, especificando su abolición "por causas políticas". (Art. 11)

[96] En la última década del siglo XIX, la Constitución Política de Honduras (1894) aboliría la pena de muerte (Art.27) La Constitución Política para los Estados Unidos de Centro América (1898), integrada por las repúblicas de Honduras, Nicaragua y El Salvador, dispondría: -La vida del ser humano es inviolable, y la pena de muerte no se impondrá en ningún caso.- (Art.25)

momento abolida para todos los efectos de este Código, y reemplazada en los casos respectivos por la pena de presidio con calidad de retención.-[97]

La razón generalizada para retener la pena de muerte era la falta de un sistema penitenciario que hiciera del castigo sustituto una "espiación cristiana". Ante la ausencia de éste, la pena de muerte siguió siendo considerada como una "necesidad impuesta por el interés social".[98] Dentro de la misma racionalidad, algunos códigos penales no impondrían la pena de muerte a las mujeres, a los menores de edad y a los mayores de setenta años, condenándolos a penitenciaría y trabajos forzados por "tiempo indeterminado".[99] Otros, por decreto constitucional, habrían suprimido la pena capital para los delitos políticos[100], o la preservarían para delitos de asesinato y parricidio[101], entre otros.[102]

---

[97] Art. 22; Código Penal de la República de Guatemala (1877) / Art. 447; Código Penal de la República de Honduras (1880) / Art. 500; Código Penal de la República de Nicaragua (1891)

[98] Informe de la Comisión codificadora del Código Penal de la República de Honduras (1880)

[99] Art. 59; Código Penal de la República de Argentina (1887)

[100] Art. 48; Constitución de Venezuela (1857) Al año siguiente un nuevo texto constitucional entraría en vigor y añadiría: -El Código criminal limitará en cuanto sea posible la imposición de la pena capital. (Constitución de Venezuela (1858) Art. 151) La Constitución Política de la República del Ecuador (1861) Art. 123, dispone: - Queda abolida la pena de muerte para los delitos puramente políticos; una ley especial determinará estos delitos.- La Constitución de Colombia (1886) disponía: Art. 29. -Sólo impondrá el Legislador la pena capital para castigar, en los casos que se definan como más graves, los siguientes delitos, jurídicamente comprobados, á saber: traición á la patria en guerra extranjera, parricidio, asesinato, incendio, asalto en cuadrilla de malhechores, piratería y ciertos delitos militares definidos por las leyes del Ejército. En ningún tiempo podrá aplicarse la pena capital fuera de los casos en este artículo previstos.- Art. 30 -No habrá pena de muerte por delitos políticos. La ley los definirá.- La Constitución de Bolivia, reformada en 1888: Art. 21. -Queda abolida la pena de muerte, exceptuándose los únicos casos de castigarse con ella el asesinato, el parricidio y la traición á la patria: se entiende por traición la complicidad con el enemigo durante el estado de guerra extranjera.-

[101] Constitución Política de la República del Ecuador (1878); Art.17 -La Nación garantiza a los ecuatorianos: 1. La inviolabilidad de la vida; y, en consecuencia, queda abolida la pena de muerte para los delitos políticos y crímenes comunes.

El proyecto de la Constitución Política de Nicaragua (1854), promulgada en 1858, conservaba un amplio repertorio de delitos penables con la muerte:

> -La pena de muerte sólo podrá establecerse por los delitos de asesinato, homicidio premeditado o seguro, incendio con circunstancias graves calificadas por la ley, asalto en poblado, si se siguiere muerte, o en despoblado si resultare robo. También podrá imponerse esta misma pena al ladrón famoso. En los de disciplina la ley determinará los casos en que haya lugar a ella.- (Art.102/Art.77)

Las retóricas *humanistas* seguirían sirviendo de soporte ideológico al poder represivo del Estado en todas sus dimensiones, y las *reformas* constitucionales de la época la seguirían usando sin reparos por sus ambigüedades, inconsistencias y contradicciones. Los artículos sobre la cuestión penal en la Constitución de la República Salvadoreña (1864) son ejemplares al respecto:

> -Las penas deben ser proporcionadas á la naturaleza y gravedad del delito; su verdadero objeto es corregir y no exterminar á los hombres. En consecuencia el apremio ó tortura que no sea necesario para mantener en seguridad á la persona, es cruel y no debe consentirse.- (Art.84)

Establecido en la ley fundamental de la República que el objeto de la pena no es exterminar a los hombres, dispone:

El asesinato cometido en la persona del padre o madre legítimos o naturales no está comprendido en esta garantía.- La Constitución ecuatoriana de 1884 restituiría la pena de muerte a los delitos de asesinato. (Art.14)

[102] La Constitución Política de Honduras (1865) conserva la pena de muerte para los delitos de asesinato, homicidio "premeditado y seguro", asalto, incendio si hubiere muerte y parricidio. También reconoce a la autoridad militar ejecutar a muerte según sus propias disposiciones. (Art.87) Las mismas disposiciones serían conservadas en las constituciones posteriores (1873, Art.89) En la Constitución de 1894 abole la pena de muerte (Art.27)

-La pena de muerte queda abolida en materia política; solamente puede establecerse por delitos de traición, asesinato, asalto é incendio si se quiere la muerte.-[103] (Art.85)

Otras constituciones políticas y códigos penales de la época también conservarían el mismo registro de delitos penados con la muerte que en la era colonial, pero mudarían los poderes judiciales y penales a los códigos penales de la jurisdicción militar.[104] En algunas jurisdicciones las ejecuciones ya no serían públicas sino al interior de las facilidades previstas para ello[105], mientras que en otras el espectáculo de muerte seguiría realizándose como de costumbre[106]: La ejecución de la pena de muerte "será siempre pública".[107] Los condenados a muerte ya no serían agarrotados sino fusilados.

Dentro del cuadro ideológico de las reformas penales europeas, las comisiones codificadoras de los estados (pos)coloniales latinoamericanos diferían internamente sobre la preservación o abolición de la pena de muerte. Algunos favorecían la abolición inmediata, otros su retención provisional hasta que se establecieran las penitenciarías en las que debían cumplir sentencias supletorias los condenados a muerte. La derogación de los artículos condenatorios a la pena capital estaba sujeta a esta condición, y en base a ella se mantuvieron vigentes en los códigos

---

[103] La misma disposición se repetiría en las reformas constitucionales de 1871, 1872, 1880 y 1883. En la Constitución de 1886 (Art.19) añadiría el poder de penar con la muerte del Código Militar. La Constitución de 1898 (Art. 25) dispondría que -...la pena de muerte no se impondrá en ningún caso.-

[104] Los reos de los delitos de sedición, rebelión, tumulto o conspiración contra el orden y tranquilidad pública; así como los ladrones y salteadores en despoblado, y los que roban en las poblaciones, si lo hacen formando cuadrilla de tres ó más individuos: "serán juzgados militarmente y castigados con entero arreglo á lo que dispone el Código Penal Militar." Art. 39-40; Código de procedimiento en materia criminal de Guatemala (1877)

[105] Art. 68; Código Penal del Perú (1863); Art. 248; Código Penal de México (1871)

[106] Art. 82; Código Penal de la República de Chile (1874)

[107] Art. 92-95; Código Penal de la República de Paraguay (1880/1892)

penales de la época. Las facciones abolicionistas latinoamericanas recitaban los argumentos abolicionistas europeos[108] y las facciones que favorecían su preservación provisional sustentaban sus argumentos en idénticos términos a como lo hacían sus homólogos europeos. Ambas posiciones, sin embargo coincidían plenamente en que los legisladores debían procurar que "las penas sirvan de escarmiento". Para la facción conservadora ninguna pena era más efectiva al respecto que la de muerte, y lo ejemplificaba con el saldo de las ejecuciones en los contextos de guerras civiles acontecidos en sus propias jurisdicciones nacionales desde sus independencias. El efecto intimidatorio y disuasivo de las ejecuciones públicas se daba por *evidenciado* toda vez que le precedían al restablecimiento del orden y la tranquilidad pública.[109] La reiterada aparición de conflictos armados, sin embargo, *evidenciaba* la inefectividad de la pena de muerte, su impotencia ejemplarizante, y el carácter ilusorio de su potencia intimidatoria y disuasiva.

Los crímenes penados con la muerte siempre han estado tipificados en los códigos penales, y ninguna facción poseía *evidencias* empíricas para sostener de manera incontestable sus respetivas posturas. Las pugnas entre ambos bandos se libraban fuera del orden de lo real, en la imaginación y el deseo de sus proponentes, y cada cual invocaba *autoridades* ideológicas (filósofos, criminalistas, juristas) a conveniencia. Las contradicciones y ambigüedades epistémicas inherentes a las *ciencias* positivistas les permitían integrar las retóricas reformistas sin alterar el poder represivo del Estado de Ley y los dominios tradicionales del Derecho Penal. La pena de muerte seguiría siendo objeto de disputas dentro de las racionalidades administrativas del poder estatal de castigar durante el curso del siglo XIX, y aún en los estados en que se aboliera, los delitos

---

[108] Los principales argumentos abolicionistas en Latinoamérica no eran diferentes a los expresados en la obra del reformista italiano *Beccaria* (1764), que también legitimaba la aplicación de la pena de muerte para los crímenes políticos. De las figuras más influyentes en la ideología abolicionista en las naciones latinoamericanas del siglo XIX destaca el escritos francés Víctor Hugo, que enfatizó la retórica abolicionista dentro del humanismo-cristiano. (Hugo, Víctor (1802-1865); *Escritos sobre la pena de muerte*; Editorial Ronsel; Barcelona, 2002)

[109] Informe de la Comisión codificadora del Código Penal de México (1871)

seguirían siendo los mismos en todos los códigos penales, pero castigados de *otras* maneras, más crueles y deshumanizantes que la muerte...

Código Penal *para* las "provincias" de Cuba y Puerto Rico (1879)

Aunque desde inicios de la conquista y durante los cuatro siglos subsiguientes aplicaron en principio las mismas leyes y procedimientos judiciales y penales regentes en la metrópoli en todos los territorios coloniales de las Américas[110], sus aplicaciones prácticas estuvieron sujetas a las "condiciones especiales" de las colonias. Formalmente existía una relativa uniformidad legislativa en todos los dominios del reino español, pero el ejercicio de la jurisprudencia colonial siempre estuvo sujeto al poder discrecional de las autoridades gubernamentales[111], encargadas por decretos reales y disposiciones constitucionales a regir y administrar las "provincias" de ultramar mediante "leyes especiales análogas á sus respectiva situación y circunstancias, y propias para hacer su felicidad..."[112] Hasta el último cuarto del siglo XIX todas las disposiciones constitucionales de España habrían impedido la aplicación mecánica e indiscriminada de los códigos penales regentes en la península a sus remanentes coloniales en el Caribe. Si bien la misma regla de trato "especial" seguiría aplicando invariablemente para las "provincias" coloniales de Cuba y Puerto Rico, la apocada gerencia imperial española insistía en uniformar "en lo posible" la jurisprudencia antillana con la de la metrópoli.

---

[110] Tanto las recopiladas en las *Leyes de Indias* (1680) como las del *Fuero Juzgo* (654), el *Fuero Real* (1255), las *Siete Partidas* (1265) y la *Novísima Recopilación de las leyes de España* (1567/1775/1804).

[111] No debe entenderse que los jueces o tribunales coloniales gozaran de un arbitrario poder discrecional. En toda las legislaciones españolas las prácticas judiciales estaban estrictamente reguladas, tipificados los delitos y los castigos por faltas a las funciones judiciales. Lo mismo el resto de funcionarios (autoridades y empleados) públicos (fiscales, abogados, alcaides de prisiones, policías, etc.)

[112] Real Orden de 22 de abril de 1837, decretada por el rey Fernando VII. La misma disposición aparecería integrada en las constituciones políticas de 1845 (Art.80) y 1869 (Art.108)

Con arreglo a la disposición constitucional de 1876[113] y por Real Decreto de 1879[114], en los "territorios jurisdiccionales" de Cuba y Puerto Rico debía observarse el Código Penal de España (1870)[115], "modificado" para adecuarlo a "las condiciones especiales de nuestras provincias ultramarinas".[116] A partir de 1879 regiría un mismo Código Penal[117] para ambas jurisdicciones, ajustado a la *realidad* colonial y sin menoscabo del poder discrecional de sus respectivas autoridades gubernamentales.[118] Simultáneamente sería puesta en vigor una ley provisional para reglamentar los procedimientos judiciales en materia criminal,[119] y se mantendrían vigentes las legislaciones supletorias (bandos de

---

[113] Constitución de la Monarquía Española (1876) Título XIII. Del Gobierno de las Provincias de Ultramar. Art. 89. -Las provincias de Ultramar serán gobernadas por leyes especiales; pero el Gobierno queda autorizado para aplicar a las mismas, con las modificaciones que juzgue convenientes y dando cuenta a las Cortes, las leyes promulgadas o que se promulguen para la Península. Cuba y Puerto Rico serán representadas en las Cortes del Reino en la forma que determine una ley especial, que podrá ser diversa para cada una de las dos provincias.

[114] Real Decreto de 23 de Mayo de 1879.

[115] Código Penal de España (reformado), 17 de julio de 1870.

[116] Informe de la Comisión para el proyecto de Código penal para las provincias de Cuba y Puerto Rico, nombrada por decreto de 9 de febrero de 1874.

[117] Código Penal para las provincias de Cuba y Puerto Rico (1879) Art. 634. Quedan derogadas todas las leyes penales generales anteriores á la promulgación de este Código, salvo las relativas á los delitos no sujetos á las disposiciones del mismo…

[118] Art. 633. Las disposiciones de este libro no excluyen ni limitan las atribuciones que por las leyes municipales ó cualesquiera otras especiales competan á los funcionarios de la Administración, para dictar bandos de policía y buen gobierno, y para corregir gubernativamente las faltas en los casos en que su represión les esté encomendada por las mismas leyes y decretos.

[119] Ley provisional de Enjuiciamiento Criminal (1879) / Ley provisional para la aplicación de las disposiciones del Código Penal para las provincias de Cuba y Puerto Rico (pp.156-173) Art. 94 -Quedan derogadas las leyes que actualmente rigen sobre el procedimiento en las islas de Cuba y Puerto Rico, en cuanto se opongan á las presentes reglas, y además seguirán aplicándose con el carácter de supletorias y como doctrina respetable, las leyes procesales que rigen en la Península.

policía y buen gobierno, reglamentos de orden público, salubridad, ordenanzas, etc.)

Las modificaciones realizadas al Código Penal de Cuba y Puerto Rico no trastocaron en lo absoluto los elementos esenciales del Código español, y en lo sustancial seguiría siendo virtualmente el mismo que el del resto de las naciones europeas y latinoamericanas. Las primitivas tipificaciones delictivas y correlativas prácticas penales seguirían operando invariablemente. Fuera del orden y la coherencia del discurso de la Ley el poderío represor del Estado permanecería intacto, administrándose el Derecho Penal en función de los mismos objetivos estratégico-políticos de todos los estados de Ley: la preservación del ordenamiento jurídico-constitucional por recurso de su fuerza represiva y de sus tecnologías de subyugación ideológica y encuadramiento moral y disciplinario.

A la fecha, la gerencia imperial española habría operado algunos cambios en el lenguaje jurídico-constitucional que procuraban homogenizar la condición jurídica de los súbditos/ciudadanos en sus colonias, haciéndoles extensivas las mismas clasificaciones y respectivas obligaciones que al resto de los peninsulares. La relación de dominación político-jurídica ya no era considerada bajo los signos de la subordinación colonial sino como condición inherente a todas las jurisdicciones territoriales de "la madre patria". Para efectos de uniformar las legislaciones penales del reino español, las posesiones coloniales de Cuba y Puerto Rico serían consideradas como "provincias" españolas, y en principio las mismas disposiciones constitucionales debían regir sobre todos los habitantes del reino, dentro y fuera del territorio peninsular.

Las insurrecciones independentistas en Cuba, aunque desestabilizaban seriamente las pretendidas condiciones de gobernabilidad colonial, no alteraron la política de asimilación ideológica-jurídica e igualación legislativa en materia penal. Por el contrario, la investían de un carácter de pertinencia estratégica dentro del proyecto general de preservación del territorio y de control social de sus habitantes. La misma lógica valía para la isla de Puerto Rico que, sin embargo, nunca le representó problemas políticos al antiguo régimen colonial y se había acoplado a las *reformas* jurídicas españolas sin oponerle reservas sustanciales.

Al margen de las particularidades coyunturales y condiciones "especiales", dentro del orden imperial de la Ley los cubanos y puertorriqueños eran ciudadanos españoles, objetos de los mismos requerimientos disciplinarios y sujetos a las mismas tecnologías de domesticación social y encuadramiento moral que el resto de los ciudadanos peninsulares. En idénticos términos a como operaban los estados de Ley en los continentes europeos y americanos, las libertades y derechos civiles estaban subordinadas invariable e inexcusablemente a los mandamientos de la Ley, a hacer lo que ordena y no hacer lo que prohíbe. Dentro del marco ideológico del discurso constitucional se habrían invisibilizado las diferencias regionales y todos los súbditos/ciudadanos *igualados* ante la Ley.

- **Delitos contra el orden público**

Bajo jurisdicción del Derecho Penal las variantes locales y modificaciones circunstanciales tampoco incidirían sobre la configuración estructural del primitivo derecho estatal a castigar, los mimos delitos se mantendrían inalterados en la *nueva* codificación penal y la ejecución de las penas, aunque regulada estrictamente con fuerza de ley, seguiría condicionada por consideraciones administrativas, económicas y políticas. Aún en los contextos de guerra y bajo ley marcial, la suspensión de los derechos constitucionales y las prácticas penales seguirían rigiéndose bajo las mismas disposiciones legales que en España. Si bien se conservarían las mismas tipificaciones delictivas se incluirían algunos artículos exclusivos para Cuba y Puerto Rico, en particular los relativos a delitos *políticos*, registrados como "delitos contra el orden público" (rebelión[120] y sedición) Los reos de rebelión, siendo caudillos o que ejercieran mandos subalternos, serían sentenciados a penas de cadena perpetua a muerte (Art.238-39) y los "ejecutores de la rebelión" a penas de prisión y reclusión temporal (Art.244). Los reos de sedición serían castigados con penas de reclusión temporal, prisión correccional, etc.

---

[120] Art. 237 -Son reos de rebelión los que se alzaren públicamente y en abierta hostilidad contra el Gobierno para cualquiera de los objetos siguientes: 1.° Proclamar la independencia de las islas de Cuba y Puerto Rico, ó de cualquiera de ellas.-

- **Esclavitud y patronato**

Si bien en Puerto Rico se había abolido formalmente la esclavitud (1873), todavía se practicaba con fuerza de ley en Cuba.[121] De acuerdo a la ley abolicionista, los poseedores de esclavos serían indemnizados por el Estado y los libertos obligados a trabajar para ellos como asalariados durante los tres años subsiguientes a la compra de su *liberación* (Art. 3) Los derechos políticos constitucionales no les serían garantizados hasta cinco años después (Art. 7) En este contexto, las principales *alteraciones* al Código Penal de 1876 se centraron en las relaciones esclavistas, integrando las prescripciones legales pertinentes al régimen de dominación esclavista en transición. Tanto los amos como los patronos conservarían la "potestad paternal" sobre sus esclavos y empleados libertos.

Los esclavos y libertos estarían exentos de "responsabilidad criminal" si obran en defensa de sus amos y patronos respectivamente (Art.8) Asimismo estarían exentos de "responsabilidad criminal" los amos que en el ejercicio de su derecho correccional lesionasen a sus esclavos, siempre que no excediesen el límite del castigo autorizado por los reglamentos (Art.429) Las viejas estructuras de dominación patriarcal seguirían intactas y las mismas discriminaciones por cuestión de género resguardadas por las *nuevas* leyes penales[122], que añadirían artículos inclusivos de los esclavos y libertos.

Art. 448 -El adulterio cometido por el esclavo con la mujer de su dueño ó por el liberto con la de su

---

[121] El "tráfico negrero" había sido prohibido y castigado a partir del Real Decreto de 29 de septiembre de 1866. La esclavitud fue abolida en Puerto Rico mediante legislación de 22 de marzo de 1873 (reproducida en *Boletín Histórico de Puerto Rico* (Tomo IV); op.cit., pp.381-382) No sería hasta 1886 que sería abolida en Cuba.

[122] Art. 137 -El marido que, sorprendiendo en adulterio á su mujer, matare en el acto á esta ó al adúltero, ó les causare alguna de las lesiones graves, será castigado con la pena de destierro. Si les causare lesiones de otra clase quedará exento de pena. Estas reglas son aplicables en iguales circunstancias á los padres respecto de sus hijas menores de veintitrés años y sus corruptores, mientras aquellas vivieren en la casa paterna. El beneficio de este artículo no aprovecha á los que hubieren promovido ó facilitado la prostitución de sus mujeres ó hijas.-

patrono, será castigado con la pena de prisión mayor.-

Los mismo delitos que aparecen en el Código matriz serían conservados íntegramente[123], y los artículos relacionados a los esclavos y libertos so sólo resaltarían su condición de inferioridad jurídica sino, además, el carácter racista de la legislación penal reinante.

> Art. 454 -El esclavo que violare á una mujer en cuya servidumbre estuviere constituido, ó á la esposa, hija ó nieta de su dueño, ó á mujer de la familia de cualquiera de ellos que estuviere dentro del cuarto grado de parentesco y que viviere en su compañía, será castigado con la pena de reclusión temporal en su grado medio á reclusión perpetua.-

La violación de la esposa, hija o nieta del esclavo por su dueño no aparece tipificada como delito. Del mismo modo que las mujeres blancas no gozan de protección igual en las leyes penales, la condición de inferioridad jurídica de las mujeres esclavas las abandona a la voluntad de sus dueños, inmunizados de cargos criminales por la omisión calculada de la Ley.[124]

Para todos los delitos, las penas a los esclavos eran más severas que las de los ciudadanos libres. Hasta 1886 las leyes penales españolas seguirían protegiendo los intereses de los esclavistas por encima de la vida de las personas esclavizadas:

> Art. 542 -El esclavo que se fugare con intención de quebrantar su servidumbre, será castigado con la pena de arresto mayor.-

---

[123] Tít. VIII. Delitos contra las personas: Parricidio (Art.413); Asesinato (Art. 414); Homicidio (Art. 416); Infanticidio (Art. 422); Aborto (Art. 423); Lesiones (Art. 427); Adulterio (Art.447); Violación (Art. 453); Estupro (Art. 459); Rapto (Art. 463) Tít. X. Delitos contra el honor: Calumnia (Art.471); Injuria (Art.475) Tít. XIII. Delitos contra la propiedad: Robo (Art. 520); Hurtos (Art.535)

[124] La misma relación discriminatoria aplica a los delitos de estupro (Art. 460) y rapto (Art. 464)

- Pena de muerte / cadena perpetua / penas de prisión

La pena de muerte seguiría practicándose como de costumbre en las provincias coloniales de Cuba y Puerto Rico y sin diferencias a como se practicaba en España. Las ejecuciones seguirían siendo públicas[125] y mediante el garrote (Art.100) La pena de cadena perpetua[126] y temporal también seguirían practicándose en idénticos términos, forzando a los reos a trabajar en beneficio del Estado en empleos "duros y penosos", dentro de sus respectivas jurisdicciones (Art. 105) Los reos sentenciados a otras penas privativas de libertad y correccionales (prisión, cárcel, penitenciaría) también serían esclavizados, suspendidos sus derechos civiles y sometidos a la "vigilancia de la autoridad".

Igual que en España, los hombres condenados a penas "perpetuas" de cadena, reclusión, relegación o extrañamiento, podrían ser indultados a los treinta años de cumplimiento de la condena, "...á no ser que por su conducta ó por otras circunstancias graves no fuesen dignos del indulto, á juicio del Gobierno." (Art. 27) En caso de tratarse de penas de cadena, reclusión, relegación y extrañamiento "temporales" las condenas se extenderían entre los doce a los veinte años. Las penas mayores de presidio, prisión y confinamiento eran de seis a doce años; y las de presidio y prisión correccional de seis meses a seis años. A las mujeres les aplicarían penas menores por los mismos delitos.[127]

De modo similar al resto de los códigos penales europeos y americanos, si los sentenciados no tuvieran recursos para

---

[125] Art. 101 -Hasta que haya en las cárceles un lugar destinado para la ejecución pública de la pena de muerte, el sentenciado á ella, que vestirá hopa negra, será conducido al patíbulo en el carruaje destinado al efecto, ó donde no le hubiere, en carro. Art. 102. El cadáver del ejecutado quedará expuesto en el patíbulo durante cuatro horas, pasadas las cuales será sepultado, entregándolo á sus parientes ó amigos para este objeto, si lo solicitaren. El entierro no podrá hacerse con pompa.-

[126] El tiempo máximo de la condena a cadena perpetua era treinta años y a discreción judicial podía prolongarse, a discreción judicial, hasta cuarenta años. (Art.87)

[127] Art. 94. -Cuando las mujeres incurrieren en delitos que este Código castiga con las penas de cadena perpetua ó temporal, ó con las de presidio mayor ó correccional, se les impondrán respectivamente las de reclusión perpetua ó temporal, prisión mayor ó correccional.-

satisfacer las "responsabilidades" pecuniarias, serían encarcelados en proporción a la deuda hasta un año (Art.49)

- Delitos contra la religión y la moral pública

El discurso constitucional del Estado de Ley español había secularizado los primitivos pecados de la cristiandad convirtiéndolos en delitos morales y las viejas supersticiones en los que se asentaban las había reconfigurado como *ciencias*. La función política-ideológica de la Religión continuaba jugando un rol esencial dentro de los mecanismos estatales de control social y gobernabilidad. Durante el último cuarto del siglo XIX la religión católica seguía siendo la religión oficial en las "provincias" coloniales de Cuba y Puerto Rico, y las *nuevas* leyes penales seguían castigando a sus detractores de manera similar a como se hacía en España y en las naciones latinoamericanas (pos)coloniales.

> Art. 227 -El que con ánimo deliberado haga escarnio de la Religión católica de palabra ó por escrito, ultrajando públicamente sus dogmas, ritos ó ceremonias, será castigado con la pena de arresto mayor á prisión correccional…-

Aunque también era *reconocida* una restringida libertad de culto religioso en las jurisdicciones de Cuba y Puerto Rico, las leyes penales prohibían y castigaban a quienes la practicasen fuera de los espacios y condiciones permitidas por la Ley (Art.228) Enraizado en la moral cristiana dominante el Código Penal de 1879 también regulaba y castigaba las prácticas sociales que la contravinieran de modo alguno, tipificándolas como delitos contra las "buenas costumbres" y la "moral pública". Aunque el discurso de la Ley se representaba a sí como independiente de las antiguas prescripciones eclesiásticas, en la práctica las conservaba y reproducía sin contradicciones mayores. En algunas tipificaciones delictivas relacionadas al ámbito doméstico se manifiesta con nitidez: como la ilegalización de los matrimonios que no se efectuasen de acuerdo a las condiciones católicas; la criminalización del aborto o el derecho del marido a *corregir* violentamente a su esposa desobediente e incluso a matarla -exento de responsabilidad criminal- en caso de sorprenderla *infraganti* en acto de adulterio. Para otras dimensiones de la vida social el Código Penal inviste a las autoridades policiales del poder de intervenir y reprimir a quienes de cualquier modo "ofendieran el pudor o las buenas costumbres" (Art.457) o expresaran de cualquier modo "doctrinas contrarias á la moral pública." (Art. 458) Las autoridades incluso podían intervenir y castigar *hechos* no comprendidos expresamente en los artículos del Código...

El Código Penal de Cuba y Puerto Rico (1879) seguiría en vigor aún después de la guerra hispanoamericana (1898), cuando la derrotada potencia imperial española *cedería* ambas islas al dominio imperial estadounidense.[128]

Transnacionalización del Derecho Penal

A finales del siglo XIX todavía no estaba demarcada de manera definitiva la geografía política de todos los estados soberanos de América Latina, pero cada uno delimitaba para sí sus fronteras nacionales, marítimas y territoriales, resguardadas de injerencias *extranjeras* por sus respectivas fuerzas militares.[129] A pesar de las similitudes históricas y de las equivalencias constitucionales, la existencia humana al otro lado de cada frontera vecina era considerada extranjera, y las naciones colindantes como rivales comerciales y potencias acechantes. Al margen de las tensiones y disputas entre los gobiernos latinoamericano, todos sostenían relaciones diplomáticas y vínculos comerciales con los mercados estadounidenses y europeos, incluso con España e Inglaterra, que todavía retenían bajo sus dominios las colonias antillanas de Cuba[130], Puerto Rico,

---

[128] Treaty of Peace Between the United States and Spain; 10 de diciembre de 1898. (Digitalizado en http://avalon.law.yale.edu)

[129] Durante las últimas décadas del siglo XIX, Argentina, Paraguay, Brasil y Chile mantenían disputas fronterizas. El Estado de Panamá, creado en 1853, se independizó de Colombia y constituyó como nación soberana a inicios del siglo XX. (Constitución de la República de Panamá; 15 de febrero de 1904; digitalizada en http://books.google.com)

[130] Cada país se habría ensimismado en sus asuntos nacionales, y ninguno prestó asistencia directa a la guerra de independencia en Cuba, asistida discretamente por influyentes sectores políticos y poderosos empresarios capitalistas estadounidenses, hasta desatarse la guerra hispanoamericana en 1898.

Jamaica, la colonia de Belice en el continente y todas las Antillas menores del Caribe. La fragmentación definitiva de los territorios independientes del continente latinoamericano viabilizó una integración desigual en los mercados capitalistas internacionales, acrecentando las rivalidades comerciales entre las naciones (pos)coloniales del continente americano y, a la vez, la progresiva dependencia económica en las inversiones, negocios y especulaciones capitalistas de empresarios *extranjeros*, atraídos por invitación o por iniciativa propia, consentidos y privilegiados por las clases gobernantes.

Aunque una partida sustancial del desarrollo socioeconómico en los estados latinoamericanos de la época estaba condicionado por las relaciones de dependencia económica en el capital extranjero, las oligarquías nacionales preservaron para sí sus posesiones privadas y antiguos privilegios de clase dominante. El desarrollo e integración gradual de las tecnologías de producción industrial y los relativos progresos en los sistemas de comunicación y transporte en las ciudades y campos agilizaron las relaciones mercantiles y la explotación de las fuerzas productivas, pero el grueso de las riquezas siguió concentrándose en el sector local privado, en grandes terratenientes, comerciantes y propietarios de los medios de producción. La mayor parte de las poblaciones latinoamericanas seguían empobrecidas y marginadas, en parte sujetas a condiciones laborales arbitradas discrecionalmente por los patronos y en función de sus intereses privados, en parte desempleadas y procurándose medios de subsistencia al margen de la Ley.

Más allá de las disparidades en el desarrollo económico de los países latinoamericanos, de las tensiones irresueltas sobre algunas jurisdicciones territoriales, y de las permanentes rivalidades comerciales en el terreno de los mercados regionales e internacionales, sus respectivos ordenamientos constitucionales eran equivalentes en todas las dimensiones fundamentales, y compartían los mismos requerimientos de orden interior y gobernabilidad bajo el imperio absolutista de la Ley. Al margen de las alegadas y celebradas diferencias culturales e identitarias, (re)producidas y legitimadas por los artificios ideológicos del discurso nacionalista estatal, también las distinciones entre las ciudadanías latinoamericanas se hicieron indiferenciables dentro de los arreglos jurídico-penales internacionales. En 1889, las repúblicas de Argentina, Bolivia, Perú y Uruguay reiteraron la potestad judicial y penal sobre cualquier *extranjero* bajo sus dominios soberanos:

> Art. 1. -Los delitos, cualquiera que sea la nacionalidad del agente, de la víctima o del damnificado, se juzgan por los tribunales y se pena por las leyes de la Nación en cuyo territorio se perpetran.-[131]

No obstante, la fórmula penal convenida disponía para la aplicación automática de "la pena más grave de las establecidas en las distintas leyes penales infringidas" (Art.4) y "si la pena más grave no estuviera admitida por el Estado en que se juzga el delito, se aplicará la que más se le aproxime en gravedad." A los sujetos estigmatizados bajo la condición jurídica de "extranjeros" -aunque estaban amparados formalmente bajo las garantías civiles constitucionales- les aplicaba un trato punitivo más severo que a los ciudadanos nacionales, si no predisponiendo una política discriminatoria en el proceso judicial, obligando a las autoridades judiciales a imponer los castigos más severos dentro del marco de las leyes penales locales. Aunque reconocían la *inviolabilidad* del derecho de asilo para los perseguidos por "delitos políticos", "la Nación de refugio tiene el deber de impedir que los asilados realicen en su territorio actos que pongan en peligro la paz pública de la Nación contra la cual han delinquido." (Art.16) Las "reglas de extradición" de los reos también fueron ratificadas, obligándose recíprocamente a *entregar* a delincuentes y desertores militares *refugiados* en sus territorios.[132]

Los artículos que integran los pactos del Derecho Penal internacional eran réplicas de antiguos tratados internacionales, y existían de manera tácita y generalizada como refuerzo de las relaciones diplomáticas entre estados soberanos, de modo equivalente al "derecho de gentes" regente en la antigua jurisprudencia imperial romana, y sobre el que también se

---

[131] Tratado sobre Derecho Penal Internacional; Primer Congreso Sudamericano de Derecho Internacional Privado; Montevideo, 23 de enero de 1889.

[132] La constitución de los estados de Honduras, Nicaragua y el Salvador también disponía la entrega de "los criminales que, conforme a la ley, reclamen las autoridades respectivas" Art. 3. (Constitución Política para los Estados Unidos de Centro América; 1898)

justifican como *derechos* la esclavitud y la dominación colonial, las invasiones, las conquistas y las guerras.

El imperio de la Ley al fin del siglo XIX

Las estructuras y contenidos de las constituciones latinoamericanas en vigor a finales del siglo XIX eran equivalentes en todos los aspectos fundamentales y, más allá de algunas modulaciones retóricas, enmiendas y *reformas*, no alteraron el orden ideológico del primitivo discurso absolutista de la Ley.[133] Todas se representan a sí mismas como efectos de un devenir histórico particular, y sus estatutos como el saldo de un "consenso" racional y "unitario" entre las diversas fuerzas políticas que integran la nación y que asienten -por común acuerdo y por encima de las contradicciones y antagonismos existentes- someterse *voluntariamente* a sus mandamientos. De modo similar al resto de las constituciones occidentales contemporáneas, sus narrativas reproducen los mismos artificios ideológicos, ensamblados con categorías políticas, filosóficas y jurídicas idénticas o equivalentes: la "soberanía" aparece sujeta de manera inherente a la categoría política "Nación", y las autoridades de gobierno o "poderes públicos" como sus "emanaciones". El texto constitucional en conjunto presume representar -más allá de la miríada de diferencias reales- la "identidad nacional"; y todos sus preceptos suponen encarnar la "voluntad del pueblo". De la condición jurídica de legalidad se hacen derivar indiferenciadamente los entendidos admisibles de legitimidad y justicia; y todas las diferencias constitutivas de la vida social y de la singularidad

---

[133] Al finalizar el siglo XIX América Latina estaba dividida en dieciocho estados nacionales soberanos. Cada estado nacional estaba integrado bajo un gobierno central (federal) por estados o provincias "independientes", con gobiernos autónomos y constituciones locales subordinadas a la constitución nacional. Relación de las últimas reformas y adiciones constitucionales: • República Argentina (1898) • Bolivia (1888) • Chile (1893) • Colombia (1886) • Ecuador (1897) • Paraguay (1870) • Perú (1860) • República Oriental del Uruguay (1897) • Estados Unidos de Venezuela (1864) • Costa Rica (1889) • El Salvador (1886) • Guatemala (1897) • Honduras (1894) • Nicaragua (1896) • Haití (1894) • República Dominicana (1896) • Estados Unidos Mexicanos (1896) • Estados Unidos del Brasil (1889) (Reproducidas en *Digesto Constitucional Americano*, Tomos I-II; Buenos Aires, 1910; Digitalizadas por Biblioteca Nacional de España)

existencial se invisibilizan bajo el *principio* general de "igualdad" ante la Ley.

Las repúblicas latinoamericanas se identifican a sí mismas como repúblicas *democráticas* y estados de *Derecho*; y sus gobiernos como gobiernos populares, encargados por "el pueblo" a garantizar *sus* derechos "naturales", políticos o civiles: justicia, libertad, seguridad, bienestar general, propiedad y felicidad; y a castigar a los infractores de las leyes. Toda persona clasificada bajo la categoría jurídica de "ciudadano" está compelida a observar incondicionalmente los mandamientos constitu-cionales e hibridaciones legales, a respetar las instituciones estatales y a obedecer las autoridades de gobierno[134]; a defender la patria y a contribuir al financiamiento del Estado. La inmensa maquinaria coercitiva, disciplinaria y punitiva de los estados de Ley -que integra las instancias judiciales, legislativas, ejecutivas, las fuerzas militares y los cuerpos policiales- aparece *subordinada* al poder "civil"; y bajo la categoría política "pueblo" se preservan, de manera tácita, la primitiva ficción ideológica del asentimiento popular a la autoridad suprema de la Ley, y, de manera explícita, el artificio jurídico de *consentimiento* general a la dominación estatal. La autoridad suprema del gobierno preservó para sí la potestad de suspender discrecional-mente las garantías constitucionales, incluyendo los derechos civiles, declarar estado de sitio e imponer ley marcial cuando considerase amenazadas la seguridad o el orden en la república; ya por "agresión extranjera" o "conmoción interna".

Las *reformas* constitucionales de las últimas décadas del siglo XIX no trastocaron radicalmente las condiciones de existencia general en los países latinoamericanos y caribeños. A pesar de proliferar las alianzas coyunturales entre diversos sectores sociales, las rivalidades político-partidistas y contiendas electorales siguieron moldeadas dentro del proyecto ideológico-político de las aristocracias nacionales, sucediéndose intermitentemente entre golpes de Estado, dictaduras militares, insurrecciones populares y guerras civiles.[135] Las mujeres siguieron marginadas y excluidas de

---

[134] La versión constitucional de Bolivia (1888) es ejemplarmente explícita: -El pueblo no delibera ni gobierna, sino por medió de sus Representantes y de las autoridades creadas por la Constitución.- (Art.38)

[135] Fagg, John E.; *Historia General de Latinoamérica*; Editorial *Taurus*, España, 1970.

todas las dimensiones del poder político, incluyendo el derecho al voto -reservado a varones "ciudadanos" mayores de edad[136] y, en algunos estados, condicionado a saber leer y escribir.[137] Aunque la educación primaria se había hecho pública y obligatoria en todas las constituciones latinoamericanas[138], el analfabetismo seguía siendo una condición generalizada en todo el continente, el acceso a la *educación* superior era un privilegio de las aristocracias nacionales, educadas en universidades regionales o europeas. Paralelo al crecimiento poblacional en las últimas décadas, despuntaron las malas condiciones laborales, el desempleo y la pobreza. La Iglesia católica romana había sido desposeída de autoridad política en la mayor parte de las constituciones latinoamericanas y los funcionarios eclesiásticos despojados formalmente de sus antiguos privilegios legales, pero todavía su alta jerarquía conservaba estrechos vínculos políticos y negocios con las élites gobernantes[139], y la primitiva ideología moral del cristianismo católico prevalecía indemne bajo el imperio de la Ley.

---

[136] Cualificaban como ciudadanos con derecho al voto los varones mayores de edad, en algunos países a los 18 años y en otros a los 20 y 21. Los varones de 18 años de edad eran considerados ciudadanos si ejercían alguna profesión, poseían algún título académico, estaban casados o eran militares.

[137] Para cualificar a la elección de "representantes" los ciudadanos debían ser mayores de 25 años, como senadores no menos de 30 años, y para la presidencia entre 30 a 40 años, con excepción de Guatemala que era de 21 años. En algunas constituciones se especificaban los requerimientos de ser propietarios, de gozar de solvencia económica y empleo, y de poseer alguna titularidad académica. La Constitución de Brasil (1889), por ejemplo prohibía la inscripción electoral de mendigos y analfabetos.

[138] La educación primaria era pública, gratuita y obligatoria, expresamente laica y organizados sus currículos bajo la dirección del gobierno estatal, en la mayor parte de las repúblicas latinoamericanas. No obstante, todavía en algunas, como Colombia, la instrucción primaria del Estado estaba organizada y dirigida "en concordancia con la Religión Católica" y no era obligatoria.

[139] La mayor parte de las constituciones de las repúblicas latinoamericanas conservaron la religión Católica Apostólica Romana como religión oficial del Estado o protegían su culto de manera exclusiva o privilegiada. En Colombia, por ejemplo, se conserva como "elemento esencial del orden social"; y en Perú y Bolivia "no se permite el ejercicio público de otra alguna". No existía religión de Estado en las constituciones de los Estados Unidos del Brasil, Estados Unidos Mexicanos, Estados Unidos de Venezuela, Guatemala, Haití, El Salvador, Nicaragua y Honduras. En la Constitución de Brasil (1889), aunque

Más allá de las divisiones territoriales conquistadas y de los artificios jurídico-políticos nacionales que ordenan las repúblicas latinoamericanas, el fin de siglo XIX ratificó la efectividad de los ancestrales proyectos de colonización ideológica de las potencias imperiales europeas. Todas las jurisprudencias latinoamericanas de la época revalidaron y reprodujeron las mismas estructuras de control y dominación estatal sin alterar ni un ápice los principios y objetivos políticos que engloban el primitivo imaginario absolutista de la Ley. Los estrategas e ideólogos estadistas latinoamericanos plagiaron los textos constitucionales y códigos europeos, incluso las modificaciones retóricas de sus reformas, haciéndolas aparecer como producciones intelectuales originales e innovaciones prácticas en conformidad con las propias realidades nacionales. Moldeadas todas las constituciones por la misma demagogia populista, las aristocracias nacionales reforzaron sus privilegios de clase, haciéndolos aparecer como expresiones de la voluntad popular. Aunque la mayor parte de la población no participaba directamente en los procesos electorales, las élites gobernantes se proclamaban a sí mismas como *representantes* legítimas del pueblo. Durante este periodo histórico, el modelo constitucional "democrático" y la obra legislativa en conjunto seguían siendo manifestaciones del poder despótico de la minoría privilegiada.

La alegada heterogeneidad cultural que servía de base ideológica diferenciadora de las "identidades nacionales" en el discurso constitucional era indistinguible en la obra legislativa en materia penal acumulada en el devenir del siglo XIX. Todos los códigos penales latinoamericanos eran imitaciones de los códigos penales europeos, aunque se hicieron aparecer como resultado de profundas reflexiones intelectuales, y sus reformas como efectos del progreso de las *ciencias* del Derecho Penal y como adaptaciones pertinentes a la *realidad* histórica particular de cada nación. No existían diferencias ideológicas o políticas sustanciales entre las jurisprudencias latinoamericanas, las prácticas judiciales eran

---

protegía la libertad de cultos, prohibía la inscripción electoral de -...los religiosos de órdenes monásticas, compañías, congregaciones ó comunidades de cualquier denominación, sujetas al voto de obediencia, regla ó estatuto que importe la renuncia de la libertad individual.- Además, dispone que -Los que alegaren motivo de creencia religiosa con el fin de librarse de cualquier obligación, que las leyes de la República impongan á los ciudadanos (...) perderán todos los derechos políticos.- (Art.72.29)

equivalentes en todas las jurisdicciones y sus sistemas penales relativamente idénticos. El carácter absolutista y homogenizante del discurso de la Ley viabilizaba la preservación y reproducción de la antigua ideología penal, y en la práctica resultaban insustanciales las modificaciones estructurales y retóricas de las reformas. Todos los códigos penales en vigor durante el fin del siglo XIX preservaron las mismas tipificaciones delictivas y las variaciones en el orden de las penas siguieron respondiendo a los criterios arbitrarios de las autoridades legislativas, a cálculos políticos coyunturales, a consideraciones económicas, prejuicios y caprichos pasionales. Las garantías constitucionales de los derechos políticos y civiles de los reos encarcelados siguieron suspendiéndose temporalmente o eliminándose permanentemente. Los fundamentos que justificaron los proyectos de reforma carcelaria se limitaron a repetir a los ideólogos criminalistas europeos, principalmente a los promotores del modelo penitenciario, que insistían en aislar en confinamiento solitario y en silencio a los condenados; a someterlos a trabajos forzados bajo la más rígida disciplina posible, y a un régimen de adoctrinamiento moral y religioso con fines "correccionales" o de "regeneración moral".[140]

Más allá de las divagaciones intelectuales que moldeaban el discurso penal de la época, la práctica de condenar a encierro carcelario siguió imponiéndose indistintamente de los modelos disciplinarios adoptados en las cárceles latinoamericanas. Aunque todas las constituciones y códigos penales occidentales habían suprimido los suplicios corporales "innecesarios", las autoridades carceleras retuvieron la potestad de hacer sufrir a los condenados discrecionalmente, como medida circunstancial de seguridad o para reforzar los objetivos de sus programas correccionales, disciplinarios y moralizadores. La primitiva violencia vengativa de la Ley se preservó como matriz del discurso penal en todas las constituciones y códigos penales latinoamericanos; y las reformas de los sistemas penales -imitadas de los reformas penales estadounidense y europeas- ni suprimieron las terribles condiciones de existencia de los reos, ni abolieron las crueldades deshumanizantes inherentes al encierro carcelario...

---

[140] El informe de la comisión de reforma del Código Penal de México (1870) es ejemplar.

Parte XIV

Imperio de Ley y Derecho Penal
en la Norteamérica (pos)colonial

Parte XIV

Imperio de Ley y Derecho Penal en la Norteamérica (pos)colonial

> "Law never made men a whit more just, and, by means of their respect for it, even the well-disposed are daily made the agents of injustice."
> *Henry D. Thoreau* (1847)

Conquistas y colonizaciones británicas en Norteamérica (Siglo XVI)

La conquista, repartición y colonización de los territorios continentales de Norteamérica estuvo precedida por las guerras entre las principales potencias de la cristiandad europea, recrudecidas a partir de la segunda mitad del siglo XVI tras la emergencia del protestantismo y consecuentes rupturas políticas con la Iglesia católica romana e independencias de los reinos protestantes. Aunque las discordias *religiosas* jugaron un papel determinante en las guerras entre las monarquías cristianas de la época, los enfrentamientos en los mares americanos y ataques a las colonias isleñas y continentales españolas no fueron de naturaleza religiosa sino económica. Hasta finales de siglo, la mayor parte de los territorios ocupados en el continente norteamericano eran posesiones de los reinos católicos de España y Francia, y la presencia de la Corona inglesa en la región se destacó, predominantemente, por sufragar atracos y saqueos de corsarios y mercenarios abanderados.[1]

Además de llevar registro preciso de las expediciones exploratorias e incursiones colonizadoras de sus principales adversarios comerciales, la corona inglesa estaba informada de los inmensos caudales obtenidos de las riquezas americanas (Indias

---

[1] Hacia fines del siglo XVI el poderío militar de la monarquía española se había debilitado como consecuencia de las guerras internas (con los moros) y con los reinos cristianos de la vecindad continental. Esta condición no solo favoreció las incursiones de corsarios y piratas en las zonas costeras y rutas marítimas comerciales de las islas caribeñas y tierras continentales de América sino que, además, estimuló las empresas colonizadoras de los principales rivales comerciales de la Corona española.

occidentales) desde los inicios de las conquistas del reino español.[2] La obra del *historiador* británico Richard Hakluyt (1553-1616) - principal promotor de la empresa colonizadora de la época- no sólo recopiló numerosas referencias sobre los beneficios potenciales de la ocupación permanente de tierras en el nuevo mundo sino que, además, *evidenció* cómo las enormes riquezas adquiridas en las *Indias* habían fortalecido el poderío militar del emperador católico Carlos V (1519-1556) y del rey Felipe II (1556-1598) de España, y eran empleadas para "afligir y oprimir" los principales estados, reinos y príncipes, de la cristiandad en Europa.[3]

Aunque la explotación de las tierras y recursos de las posesiones indianas acrecentaron las riquezas de la corona española y el poderío de sus ejércitos en el curso del siglo XVI, la hegemonía económica, política y militar del imperio español se vio dramáticamente afectada por los gastos de las guerras y por la administración del gobierno del rey Felipe II. En su informe a la reina Elizabeth I (1558-1603), Hakluyt destacó que la presencia de moros en los territorios peninsulares ocupaba una parte sustancial de las fuerzas armadas del monarca español, así como las frecuentes revueltas en *sus* territorios extranjeros dispersos en Europa, donde sus habitantes "cutt the throates of the proude hatefull Spaniardes, their governours." En cuanto a los dominios en territorios americanos, destacó Hakluyt que eran sojuzgados por fuerza tiránica, "and the people kepte in subjection desire nothinge more then freedome"; y que "they will make their owne way to libertie; which way may easely be made."[4] Según las fuentes

---

[2] Hakluyt, Richard; *The Principal Navigations, Voyages, Traffiques and Discoveries of the English Nation*. Vol. XIII. America. Parte II. (1589-1600) (Digitalizado en http://www.gutenberg.org.)

[3] "And in very deede it is moste apparaunte that riches are the fittest instruments of conqveste, and that the Emperour turned them to that use." Informe a la reina Elizabeth I (1558-1603) en Hakluyt, Richard; *The Principal... Discoveries of the English Nation*; Capt. IV; op.cit., pp.231-234.

[4] Capt. VII; op.cit., p.234. Hakluyt destacó, sin embargo, que el poder del gobierno español sobre los nativos americanos no se debía a sus cualidades administrativas sino a la impresión equívoca de los indígenas subyugados, que creían que los españoles poseían una fuerza militar de reserva superior a las suyas. "And therefore wee are to understand that Phillippe rather governeth in the West Indies by opinion, then by mighte; ffor the small manred of Spaine, of

de Hakluyt, además del odio y repudio generalizado de los nativos sojuzgados, explotados y maltratados en las colonias caribeñas y americanas, los esclavos importados para trabajar en las minas se escapaban y, dondequiera que fueran a parar, lo hacían como enemigos de los españoles.[5] En la obra de Hakluyt -construida con el fin de animar a la regencia imperial inglesa a establecer colonias en las Indias occidentales- se representa el cuadro general de violencia y crueldad que caracterizaba la política de conquista y colonización española de la época:

> "So many and so monstrous have bene the Spanishe cruelties, suche straunge slaughters and murders of those peaceable, lowly, milde, and gentle people, together with the spoiles of townes, provinces, and kingdomes, which have bene moste ungodly perpetrated in the West Indies, as also divers others no lesse terrible matters, that to describe the leaste parte of them woulde require more than one chapiter (...)[6] The Spaniardes with their horses, speares, and launces, began to comitt murders and straunge cruelties. They entred into townes, burroughes, and villages, sparinge neither children nor olde men, neyther women with childe, neither them that laye in; but they ripped their bellies and cutt them in peces, as if they had

---

itself being always at the best slenderly peopled, was never able to rule so many regions, or to kepe in subjection such worldes of people as be there, were it not for the error of the Indian people, that thincke he is that he is not, and that doe ymagine that Phillippe hath a thousande Spaniardes for every single naturall subjecte that he hath there." (Capt. VII; op.cit., p.235)

[5] Otro signo de la alegada condición crítica de la regencia imperial y tropas españolas en las Américas era el uso frecuente de mercaderes privados en asuntos de guerra, aún cuando sus negocios estaban formalmente privilegiados y exentos del servicio militar por la Corona.

[6] Continúa la cita: "...especiall where there are whole bookes extant, in printe, not onely of straungers, but also even of their owne contreymen (as of Bartholmewe de las Casas, a bisshoppe in Nova Spania); yea such and so passinge straunge and excedinge all humanitie and moderation have they bene, that the very rehersall of them drave divers of the cruel Spanishe, which had not bene in the West Indies, into a kinde of extasye and maze..." (Capt. XI; op.cit., pp.246-254)

bene openinge of lambes shutt upp in their folde. They laied wagers with suche as with one thruste of a sworde, woulde paunche or bowell a man in the middest, or with one blowe of a sworde most readily and moste deliverly cut of his heade, or that woulde best perce his entralls at one stroke. They tooke the little soules by the heeles, rampinge them from their mothers brestes, and crusshed their heades against the cliftes. Others they caste into the rivers, laughinge and mockinge; and when they tombled into the water, they saied: Nowe shifte for thy selfe suche a one's corps. They put others, together with their mothers, and all that they mett, to the edge of the sworde..."[7]

En base a los referencias citadas en su obra (informes de espías y embajadores reales, comunicaciones con autoridades de gobiernos extranjeros, y fuentes de cronistas bajo el protectorado de corsarios-empresarios privados e incluso de cronistas católicos españoles, como Bartolomé de las Casas), Hakluyt desmintió la propaganda sostenida desde la cede pontificia en Roma, que exageraba para su beneficio la extensión del poder real y dominios del monarca español en las Indias occidentales[8]; y, reiterando las debilidades de la armada imperial española[9] y las inmensas riquezas naturales del *nuevo mundo*[10], exhortó a la reina de Inglaterra

---

[7] Capt. XI; op.cit., p.247.

[8] "...neither doe his domynions stretche so far as by the ignoraunte ys ymagined" (Capt. VIII; op.cit., pp.238-240)
Alegaba Hakluyt, además, que las concesiones, títulos y patronatos del papa Alejandro VI a los reyes de España habían sido injustas e irrazonables, y estaban arraigadas en intereses parcializados y discriminatorios contra los demás reinos de la cristiandad porque el papa, a fin de cuentas, era de origen español. (Capt. XVIII; p.280; Cap. XIX; pp.289-305)

[9] Otro factor favorable a la empresa de conquista propuesta por Hakluyt era que el rey Felipe había prohibido la expansión de conquistadores y colonos hacia las tierras de Norteamérica porque "they have not people ynoughe to possesse and kepe the same..." (Capt. XVII; op.cit., p.279)

[10] Hakluyt también presentó evidencia documental en su informe de que el continente de Norteamérica ya había sido *descubierto* en 1170, 322 años antes del primer viaje de Colón en 1492. (op.cit., pp.283-84)

a involucrarse de lleno en la empresa de conquista y colonización de islas caribeñas y tierras continentales de de Norteamérica: "England may enjoye the benefite of the Indian mynes, or at the leaste kepe Phillippe from possessinge the same."[11]

Además de reiterar los beneficios económicos potenciales para la corona inglesa, si llegaran a establecerse plantaciones, mercados y colonias en Norteamérica, el informe-propuesta de Hakluyt acentuó el ancestral proyecto político imperialista de los reinos de la cristiandad:

> "Wee shall by plantinge there inlarge the glory of the gospell, and from England plante sincere religion, and provide a safe and a sure place to receave people from all partes of the worlde that are forced to flee for the truthe of Gods worde."[12]

Entre las numerosas *razones* expuestas para inducir a la corona a invertir en la empresa propuesta, Hakluyt sugirió *aprovechar* a la inmensa población penal y a los desposeídos y desempleados del reino, y embarcarlos como fuerza laboral.[13] En

---

[11] "If you touche him in the Indies, you (…) take away his treasure, (…) which he hath almoste oute of his West Indies, his olde bandes of souldiers will soone be dissolved, his purposes defeated, his power and strengthe diminished, his pride abated, and his tyranie utterly suppressed." (Op.cit., pp.237-238)

[12] Capt. XX; op.cit., p.310.

[13] "And, before many thinges, this one thinge is to be called, as yt were, with spede to mynde, that the prisons and corners of London are full of decayed marchantes, overthrowen by losse at sea, by usuerers, suertishippe, and by sondry other suche meanes, and dare or cannot for their debtes shewe their faces; and in truthe many excellent giftes be in many of these men, and their goodd giftes are not ymployed to any manner of use, nor are not like of themselves to procure libertie to employe themselves, but are, withoute some speciall meane used, to starve by wante, or to shorten their tymes by thoughte; and for that these men, schooled in the house of adversitie, are drawen to a degree higher in excellencye, and may be employed to greater uses in this purposed voyadge, yt were to greate purpose to use meanes by aucthoritie for suche as maliciously, wrongfully, or for triflinge causes are deteyned, and to take of them and of others that hide their heades, and to employe them, for so they may be relieved, and the enterprice furthered in many respectes. (Chap. XXI; op.cit., p.319)

1584, la regencia británica ya había otorgado licencia a Walter Raleigh[14] para explorar "such remote, heathen and barbarous lands, countreis, and territories, not actually possessed of any Christian prince, nor inhabited by Christian people"; reclamarlas como dominios de la corona; y establecer colonias "with all prerogatives, commodities, iurisdictions, royalties, priviledges, franchises and preeminences, thereto or thereabouts both by sea and land", "according to the order of the lawes of England".[15]

> "So alwayes as the said statutes, lawes, and ordinances may be, as nere as conveniently may bee, agreeable to the forme of the lawes, statutes, government, or pollicie of England, and also so as they be not against the true Christian faith, nowe professed in the Church of England..."

La licencia para la empresa colonial concedió plena potestad a Raleigh para establecer un régimen de gobierno conforme a las leyes del reino y garantizar su seguridad interior, invistiéndolo, además, del poder y la autoridad absoluta:

> "...to correct, punish, pardon, governe, and rule by their and every or any of their good discretions and policies, as well in causes capitall, or criminall, as civill, both marine and other..."

En 1584 se efectuó el primer viaje con el objetivo expreso de instaurar la primera colonia británica en Norteamérica, estableciéndose en la zona costera de Virginia. De los primeros informes oficiales y relatos *descriptivos* de las poblaciones indígenas, destaca el objetivo de dominación colonial evangelizadora:

> "...is it probable that they should desire our friendship and love, and have the greater respect for pleasing and obeying us. Whereby may be

---

[14] En 1618, Raleigh fue sentenciado a muerte y decapitado en Inglaterra.

[15] XXIII. The letters patents, granted by the Queenes Maiestie to M. Walter Ralegh now Knight, for the discovering and planting of new lands and Countries... (Capt. XXIII. op.cit., pp.320-327)

hoped, if meanes of good government be used, that they may in short time bee brought to civilitie, and the embracing of true Religion."[16]

Los primeros informes coloniales reconocieron las marcadas diferencias culturales entre las diversas naciones y tribus indígenas, así como las relativas semejanzas con las civilizaciones del viejo mundo. Las rivalidades y guerras no eran extrañas entre los pobladores nativos, ni el orden constitucional clasista, ni la estructura jerárquica del poder político de gobierno, ni el uso de la violencia represiva para lidiar con los infractores de sus leyes:

"...there is punishment ordeined for malefactours, as stealers, whoremongers, and other sorts of wicked doers, some punished with death, some with forfeitures, some with beating, according to the greatnesse of the facts."[17]

Confirmada la existencia de incalculables riquezas naturales y la inferioridad militar de los gobiernos nativos, los viajes con miras colonizadoras y mercantiles se sucedieron intermitentemente hasta entrado el siglo XVII, cuando habrían de consolidarse los asentamientos coloniales. Los saqueos de corsarios ingleses en las islas caribeñas y zonas costeras del continente americano continuaron como de costumbre y estrechando relaciones comerciales con las emergentes colonias británicas.[18]

Constitución teocráticas y Derecho Penal en las colonias británicas (Siglo XVII)

Los primeros asentamientos coloniales en Norteamérica fueron predominantemente empresas mercantiles privadas,

---

[16] Capt. XXIX; op.cit., p 407.

[17] Op.cit., p.409.

[18] Op.cit., p. 379.

reguladas por la corona británica[19] con el fin de explotar las riquezas, recursos naturales y mercados bajo sus dominios. Para el año 1606, la corona imperial inglesa otorgó licencia (charter) exclusiva a un grupo selecto de aristócratas capitalistas para el establecimiento permanente de colonias y plantaciones en el territorio cartografiado bajo el nombre de Virginia y en "otras partes de América".[20] La primera encomienda a la empresa era propagar la religión cristiana entre los indígenas:

> "...as yet live in Darkness and miserable Ignorance of the true Knowledge and Worship of God, and may in time bring the Infidels and Savages, living in those parts, to human Civility, and to a settled and quiet Government..."

Esta fórmula contractual concedía poderes de gobierno interior autónomo y potestades legales para organizar, preservar y expandir sus posesiones territoriales y negocios. Los colonos británicos al mando de la empresa fueron autorizados a reclamar como propiedad privada todo cuanto estimasen conveniente para viabilizar sus objetivos económicos y requerimientos de gobierno: tierras y cuerpos de agua, animales, bosques, minas, etc.; y a establecer a discreción las medidas de control y seguridad para su preservación y defensa. El control de aduana y de migración también les fue otorgado con exclusividad. De las riquezas producidas, la corona devengaba ganancias también detalladas en la licencia, y se comprometía a suplir asistencia militar, por tierra y por mar. Así como los colonos, sus descendientes también debían ser reconocidos como súbditos del reino, *protegidos* por sus leyes y

---

[19] Durante el siglo XVII, el imperio británico estuvo integrado por los reinos de Inglaterra, Escocia e Irlanda, y todavía reclamaba para sí, aunque nominalmente, la titularidad del reino de Francia.

[20] The First Charter of Virginia; 10 de abril de 1606 (otorgado por el rey James de Inglaterra, Escocia, Francia e Irlanda); reproducido en The Federal and State Constitutions Colonial Charters, and Other Organic Laws of the States, Territories, and Colonies Now or Heretofore Forming the United States of America; compilado e editados bajo acta de Congreso de 30 de junio de 1906; Washington, DC: Government Printing Office, 1909. (digitalizado en http://avalon.law.yale) *La misma fuente de referencia corresponde a los documentos citados en adelante.

obligados a obedecerlas. A los designados propietarios de las posesiones coloniales, territorios y plantaciones, la corona instó a constituir regímenes de gobierno interior adecuados a sus circunstancias particulares, y les concedió pleno poder y autoridad ejecutiva, legislativa y judicial a tales fines. Aunque la gerencia imperial concedía cierta autonomía a la administración interna del gobierno colonial, éste debía encuadrarse dentro de los parámetros estatutarios de la metrópoli, sujetarse a la autoridad real ("...the said laws, ordinances, and constitutions shall not be put in execution until our royal assent..."), y subordinarse a las regulaciones de la empresa matriz con cede en Inglaterra.[21]

En lo sucesivo, la regencia imperial otorgaría licencias similares a otras compañías privadas[22], reiterando invariablemente el requerimiento de subordinación absoluta de los gobiernos coloniales a la constitución jurídico-política de la corona, y ordenando que la legislación local fuese: "...consonant to reason, and be not repugnant or contrarie, but as neare as conveniently may bee agreeable to the Lawes and Statutes, and rights of this Our Kingdome of England..."[23] Todos los habitantes en las colonias eran súbditos del reino, y estaban compelidos a "...submit and yield all due obedience to the laws and government of the said grantees..."[24]

Desde inicios del siglo XVII, otros reinos europeos establecieron colonias propias en Norteamérica, también similares en todos los aspectos contractuales.[25] Las colonias europeas se

---

[21] Ordinances for Virginia, 24 de julio de 1621; Royal Commission for Regulating Plantations, 28 de abril de 1634.

[22] The Charter of New England, 3 de noviembre de 1620; The Charter of Massachusetts Bay, 4 de marzo de 1629; The Charter of Maryland, 21 de junio de 1632; Charter of Connecticut, 23 de abril de 1662; Charter of Carolina, 24 de marzo de 1663 y 30 de junio de 1665; Charter of Rhode Island and Providence Plantations, 8 de julio de 1663; Charter for the Province of Pennsylvania, 28 de febrero de 1681; The Charter of Massachusetts Bay, 7 de octubre de 1691; The Charter of Georgia, 9 de junio de 1732.

[23] Charter for the Province of Pennsylvania, 28 de febrero de 1681.

[24] The King's Letter Recognizing the Proprietors' Right to the Soil and Government; 23 de noviembre de 1683.

[25] En 1603, el rey Henry IV de Francia y Navarra ya había concedido licencia para establecer colonias, plantaciones y mercados en Norteamérica (Charter of

multiplicaron y expandieron progresivamente sus dominios entre competencias, negociaciones y guerras, por el control de los territorios ocupados, sus recursos, riquezas y mercados. Extensas regiones fueron compradas a los indígenas[26] y otras conquistadas por la fuerza militar. Aunque algunos negocios coloniales (charters) fracasaron y abandonaron la empresa, las oligarquías británicas propietarias consolidaron sus dominios en el curso del siglo, imponiéndose gradualmente sobre sus rivales europeos[27] e indígenas en el continente norteamericano y el Caribe.[28]

Al margen de los ajustes y adaptaciones relativas a las particulares condiciones regionales, los gobiernos *civiles* emergentes fueron esencialmente réplicas del modelo de gobierno imperante en las provincias inglesas de la época, de sus estructuras burocráticas, instituciones y contenidos legislativos, fuertemente ligados a los requerimientos ideológicos de la cristiandad y a los intereses económicos de las oligarquías coloniales. Indistintamente de las circunstancias y diferencias administrativas entre los *nuevos* gobiernos, sus ordenamientos constitucionales reprodujeron los mismos principios y objetivos económicos, políticos y religiosos que dieron origen a la empresa de conquista en el siglo XVI. Dentro de este contexto, la práctica del Derecho Penal siguió siendo sustancialmente la misma que en la metrópoli y el resto de los reinos o estados nacionales de la cristiandad europea, y las modulaciones legislativas autorizadas por el gobierno central, equivalentes en sus aspectos medulares.

Acadia, 18 de diciembre de 1603); los reinos de los Paises Bajos (States-General of the United Netherlands) en 1614 (General Charter for Those who Discover Any New Passages, Havens, Countries, or Places; 27 de marzo de 1614) y en 1621 (Charter of the Dutch West India Company)

[26] Holanda, por ejemplo, compró la isla de Manhathan en 1626. (Notification of the Purchase of Manhattan by the Dutch; 5 de noviembre de 1626)

[27] En 1664 la corona británica se apropió del control sobre los territorios y asentamientos coloniales holandeses (New Netherland), integrándolos a la provincia colonial de New York; y asimismo de las posesiones coloniales suecas (New Sweden), que posteriormente serían integradas a Pensilvania en 1680.

[28] Durante el siglo XVII la corona británica estableció colonias, plantaciones y mercados en las islas caribeñas: • Saint Kitts (1623) • San Cristóbal (1624) • Barbados y Nieves (1628) • Monserrate, Tobago (1632), Barbuda, Antigua (1632) • las Bahamas (1647) • Anguilla (1650) • Jamaica (1655) • British Virgin Islands -Tortola, Virgen Gorda, Anegada, Just Van Dyke, entre otras- (1666)

De este periodo histórico también se conservan numerosos registros documentales que evidencian la fuerza determinante de las semejanzas ideológicas, jurídico-políticas e institucionales entre los gobiernos coloniales y el gobierno imperial británico. Aunque las discordias internas, por lo general, estaban enraizadas en conflictos de intereses económicos entre el sector privado y las políticas de gobierno que los regulaban, los pleitos legales -civiles y criminales- se dirimían en los tribunales locales en los mismos términos que en el resto de las civilizaciones teocráticas de la época. Del mismo modo que los contenidos de las leyes civiles y criminales eran virtualmente idénticos y aplicaban por igual tanto a la sociedad civil como a los funcionarios de gobierno, en las instancias judiciales se reproducían los mismos excesos y negligencias, corrupciones, parcialidades y abusos del poder judicial. Así como las autoridades de gobierno en general, la autoridad de las magistraturas emanaba de la voluntad de Dios y los castigos legales a los infractores eran ejemplo de la "venganza divina". Las constituciones coloniales del siglo XVII enmarcaron el orden de gobierno civil dentro del discurso teocrático dominante en la metrópoli: "...the word of God requires that to maintain the peace and union of such a people there should be an orderly and decent Government established according to God, to order and dispose of the affairs of the people at all seasons as occasion shall require..."; y la clase gobernante "shall have the power to administer justice according to the Laws here established, and for want thereof, according to the Rule of the Word of God..."[29] La constitución de la colonia de New Haven, por ejemplo, disponía que los magistrados "...shall proceed according to the scriptures, which is the rule of all rightous lawes and sentences..."[30] En un discurso ante el tribunal de la colonia de New England, el gobernador-propietario John Winthrop lo reiteró: "...we shall govern you and judge your causes by the rules of God´s laws and our own..."[31]

---

[29] Fundamental Orders of 1639 (Connecticut) / Constitution of the Colony of New Haven, 4 de junio de 1639.

[30] Government of New Haven Colony, 27 de octubre de 1643.

[31] Winthrop, John; "On Liberty" (1645); reproducido en *The People Shall Judge: Readings in the Formation of American Policy*; Vol. I; The University of Chicago Press, Chicago, 1949.

A pesar de las contradicciones inherentes a las lógicas mercantiles y la rígida moral cristiana, el desenvolvimiento de la vida económica, política y social en las colonias estuvo enmarcado en el imaginario imperialista de la Ley, y las nociones dominantes de justicia y libertad estuvieron siempre ligadas a los requerimientos de gobernabilidad prescritos en las primitivas leyes judeocristianas y en las legislaciones (re)producidas para la administración efectiva de la vida social cotidiana. El requerimiento de sujeción absoluta a la autoridad de las leyes -divinas y civiles- se conservó intacto en los discursos políticos y jurídicos de la época. El orden constitucional teocrático en las colonias británicas del siglo XVII, además de reforzar la ideología clasista de las aristocracias capitalistas dominantes, refrendó el primitivo régimen de dominación patriarcal existente en todas las naciones de la cristiandad europea y sus colonias americanas. En el ámbito de la institución estatal del matrimonio, por ejemplo: "...he is her lord, and she is to be subject to him..."[32]

Durante el mismo periodo, el gobierno colonial *autónomo* de Massachusetts formalizó su ordenamiento constitucional en base a los principios político-jurídicos del gobierno central inglés.[33] Dentro del discurso absolutista de la Ley, el lenguaje legislativo de la época ceñía sus regulaciones, mandamientos y prohibiciones, bajo el significante de "libertades" civiles; y la *libertad* sólo podía ser significada con relación a las leyes -civiles y divinas- e interpretada en última instancia por el poder de la autoridad judicial. Esta regla jurídico-política aplicaba a todas las jurisdicciones del gobierno colonial y la vida social bajo sus dominios: "...no man shall infringe them without due punishment..." Así, por ejemplo, sin menoscabo del primitivo régimen de autoridad patriarcal, la violencia disciplinaria en el ámbito doméstico era objeto de regulación legal, y las "libertades" de las mujeres eran *reconocidas* y reguladas por el sistema de justicia colonial:

---

[32] Ídem.

[33] "Massachusetts Body of Liberties" (1641); reproducido en *The People Shall Judge*...; op.cit., pp.16-20.

Art.80 -Every married woman shall be free from bodily correction or stripes by her husband, unless it be in his own defense upon her assault. If there be any just cause of correction, complaint shall be made to authority assembled in some court, from which only she shall receive it.-

Del mismo modo, la legislación y tribunales disponían y regulaban determinadas *libertades* para los padres, hijos, sirvientes, extranjeros, esclavos y animales.[34] La tenencia de esclavos -por ejemplo- estaba restringida a personas capturadas *legalmente* en "guerras justas"; a las que se vendieran a sí mismas "voluntariamente"; y a quienes fuesen vendidas en el mercado legal de esclavos. A la población esclavizada debía reconocérseles las mismas "libertades" y usos cristianos "which the law of God established in Israel..." (Art.91) Además, la legislación colonial autorizaba al tribunal a imponer discrecionalmente el castigo de servidumbre involuntaria a los reos condenados.

Entre las legislaciones adoptadas con relación a las prácticas represivas, judiciales y penales, el cuerpo de "libertades" civiles de la colonia de Massachusetts dispuso:

"...no man´s person shall be arrested, restrained, banished, dismembered, nor any ways punished (...) unless it be by virtue or equity of some express law of the country warranting the same, established by a general court and sufficiently published, or in case of the defect of a law in any particular case by the word of God."

En los casos de pena capital, destierro o desmembramientos, la palabra de Dios debía ser interpretada exclusivamente por el Tribunal General. El ritual judicial también era semejante al modelo inglés: la privación de libertad y el encierro carcelario estaban sujetos a la sentencia judicial; los jueces estaban autorizados a conceder discrecionalmente alternativas de custodia o fianza, excepto para los crímenes capitales; a los acusados de causas criminales debía garantizárseles la celebración

---

[34] Art.92 -No man shall exercise any tyranny or cruelty toward any brute creatures which are usually kept for man´s use...-

de un juicio imparcial y justo; nadie podía ser sentenciado por un mismo crimen, falta o infracción, previamente sentenciado por otro tribunal. Así como los principios políticos constitucionales, las reglas de procedimiento judicial presumían de su carácter humano, civilizado y cristiano. Consecuentemente, en la práctica penal cultivaban las mismas tradiciones vengativas y crueles con fuerza de Ley:

> Art. 43 -No man shall be beaten with above forty stripes, no shall any true gentleman, nor any man equal to a gentleman be punished by whipping, unless his crime be very shameful, and his course of life vicious and profligate.-

También la práctica de los tormentos judiciales se preservó intacta en las colonias británicas, y estaba regulada en las leyes de sus gobiernos autónomos:

> Art.45 -No man shall be force by torture to confess any crime against himself nor any other, unless it be in some capital case where he is first fully convicted by clear and sufficient evidence to be guilty (...) then he may be tortured, yet not with such tortures as be barbarous and inhumane.-

Para los castigos corporales, la legislación colonial permitía torturar y atormentar al condenado, pero éste no debían ser objeto de suplicios "inhumanos", "bárbaros" o "crueles". (Art.46) El orden interior de los gobiernos coloniales también fue reforzado por leyes marciales, reiterando la potestad de hacer la guerra y matar a los prisioneros "salvajes" de las "naciones bárbaras", a los enemigos, piratas y criminales. Del mismo modo, la ley marcial podía declararse en casos de tumulto, rebelión o sedición de los súbditos británicos.[35]

En 1643 los gobiernos de las colonias y plantaciones de Massachusetts, New Plymouth, Connecticut y New Haven, convinieron un pacto de alianza para reforzar sus dominios, preservar y propagar "the truth and liberties of the Gospel", y

---

[35] The Charter of Maryland; 21 de junio de 1632.

para mutua seguridad y bienestar.[36] Las "United Colonies of New England" convinieron, además de conservar la autonomía de gobierno en sus respectivas jurisdicciones, respetar las fronteras regionales existentes y disponer de sus recursos militares para guerras ofensivas o defensivas; así como asistir en la persecución, captura y entrega de sirvientes fugitivos, prisioneros escapados y criminales prófugos.

- **La pena de muerte en las colonias cristianas de Norteamérica**

La pena de muerte también se aplicaba al mismo registro de tipificaciones delictivas vigentes en la metrópoli imperial británica. El condenado a muerte debía ser ejecutado en un plazo de cuatro días de haber sido dictada la condena, salvo en casos "especiales" determinados por el tribunal o en casos donde rigiese la ley marcial; el cuerpo debía ser enterrado a las doce horas, con excepción de los cuerpos destinados por sentencia judicial para estudios "anatómicos".[37]

Aunque el sistema de justicia británico presuponía una separación formal entre Iglesia y Estado, los requerimientos de lealtad incondicional a la religión oficial del reino tenían una materialidad concreta en la legislación penal. De modo semejante, era requerimiento de Ley profesar exclusivamente la religión cristiana para ocupar cargos públicos así como para obtener autorización real para emigrar, residir y hacer negocios en las colonias. Así como en los territorios administrados directamente por el gobierno británico como en las colonias con gobiernos autónomos, la violencia represiva del poder penal reforzaba las constituciones teocráticas de Norteamérica:

Art.94 (1) -If any man after legal conviction shall have or worship any other god, but the Lord God, ha shall be put to death.-

---

[36] The Articles of Confederation of the United Colonies of New England; 19 de mayo de 1643.

[37] Art. 44; Massachusetts Body of Liberties (1641)

La intolerancia religiosa que caracterizaba a los reinos de la cristiandad europea de la época, igual que en el resto de sus colonias americanas, fue institucionalizada al pie de la letra en las colonias británicas. Los gobiernos coloniales no solo reprodujeron las mismas creencias y supersticiones religiosas reconocidas con fuerza de Ley en la metrópoli sino que, consecuentemente, integraron a sus prácticas judiciales y penales la misma política de persecución por motivos *religiosos*.

> Art.94 (2) -If any man or woman be a witch (that is, hath or consulteth with a familiar spirit) they shall be put to death.-

Del mismo modo, los requerimientos de la moral cristiana dominante fueron reforzados por la violencia estatal con fuerza de Ley:

> Art.94 (3) -If any man shall blaspheme the name of God, the Father, Son, or Holy Ghost, with direct express, presumptuous, or high-handed blasphemy, or shall curse God in the like manner, he shall be put to death...-

Los gobiernos coloniales *autónomos* establecidos durante la segunda mitad del siglo XVII reprodujeron reglas judiciales y legislaciones civiles y criminales similares a las ya existentes en otras colonias inglesas. La pena de muerte siguió siendo un denominador común en el sistema de justicia colonial de la época, y la referencia a la primitiva legislación hebrea su modelo principal. El extenso repertorio de tipificaciones delictivas a las que aplicaba la pena capital cubría numerosas dimensiones de la vida social pública y privada. La legislación penal de la colonia de York es ejemplar[38]:

> 1. If any person within this Government shall by direct express, impious or presumptuous ways,

---

[38] Duke of York's Laws (1665-75); reproducido por The New York Historical Society (1800); The New York State Library.

deny the true God and his attributes, he shall be put to death.

2. If any person shall commit any wilful and premeditated Murder, he shall be put to Death.

3. If any person slayeth another with sword or dagger who hath no weapon to defend himself; he shall be put to death.

4. If any man shall slay, or cause another to be Slain by lying in wait privily for him or by poisoning or any such wicked conspiracy, he shall be put to death.

5. If any man or woman shall lye with any beast or bruite creature by carnal copulation they shall be put to death, and the beast shall be burned.

6. If any man lyeth with mankind as he lyeth with a woman, they shall be put to death, unless the one party were Forced or be under fourteen years of age, in which case he shall be punished at the Discretion of the Court of Assizes.

7. If any person forcibly stealeth or carrieth away any mankind; he shall be put to death.

8. If any person shall bear false witness maliciously and on purpose to take away a mans life, he shall be put to death.

9. If any man shall traitorously deny his Majesties right and titles to his crowns and dominions, or shall raise arms to resist his authority, he shall be put to death.

10. If any man shall treacherously conspire or publicly attempt to invade or surprise any town or towns, fort or forts, within this Government, he shall be put to death.

11. If any child or children, above sixteen years of age, and of sufficient understanding, shall smite their natural father or mother, unless thereunto provoked and force for their self preservation from death or mayming, at the complaint of the said father and mother, and not otherwise, they being sufficient witnesses thereof, that child or those children so offending shall be put to Death.

12. Every married person or persons, who shall be found or proved by confession of partyes, on sufficient testimony, to have committed adultery with a married man, or woman, shall be put to death.

13. Every single person or persons who shall bee found, or proved by confession of partyes on sufficient testimony, to have committed carnal copulation (fornication), with a married man or woman, they both shall bee grievously fined, and punish as the Governor & Council or the Court of Assizes shall thinke meete...

La pena de muerte en las jurisdicciones coloniales de Connecticut (Código de 1650) y de New Haven (Código de 1656) también se aplicaba a los delitos de origen religioso (adulterio, bestialismo, blasfemia, maldecir a los padres, idolatría, incesto, sodomía y brujería[39], entre oros.)

---

[39] Ilustrativo de los efectos violentos, crueles y sanguinarios de las supersticiones religiosas con fuerza de Ley a fines del siglo XVII es el caso judicial levantado contra hombres y mujeres acusados del crimen de brujería en Salem, Massachussetts. A raíz de un extenso y riguroso proceso judicial en 1691, los acusados fueron encontrados culpables por el jurado y sentenciados a muerte. ("The Salem Witchcraft", en St. Clair, Henry; *The United States Criminal Calendar*; Boston, 1840; Digitalizado por http://books.google.com) Procesos judiciales y sentencias similares se registran en el Estado de Connecticut hasta 1697. (Taylor, John M.; *The Witchcraft Delusion in Colonial Connecticut (1647-1697)*; San Bernardino, 2014)

- *Nuevos* códigos penales: castigos corporales / encarcelamiento

Aunque la mayor parte de tipificaciones delictivas siguió siendo idéntica o equivalente en todos los territorios y provincias coloniales del reino imperial británico, los gobiernos coloniales estaban autorizados a legislar de manera autónoma los castigos, que incluían multas y confiscaciones de bienes, suplicios corporales, encarcelamientos, penas de trabajos forzados y de muerte. La constitución jurídico-política y legislación penal de la colonia de Pensilvania[40] (1682) -por ejemplo- aparejaba la pena de encierro carcelario con la de trabajo forzado: Art. X. -That all prisons shall be work-houses, for felons, vagrants, and loose and idle persons...-; y las cárceles eran administradas por el Estado en todos los pueblos de la colonia. Además del castigo a trabajo forzado en obras públicas, los bienes y propiedades de los condenados judicialmente podían ser confiscados "to make satisfaction to the party wronged twice the value". El término de tiempo de la condena a trabajos forzados debía prolongarse "...till the party injured be satisfied." (Art. XXIV) Los tenencias privadas de los sentenciados a pena de muerte también eran administradas bajo la legislación penal:

> XXV. -That the estates of capital offenders, as traitors and murderers, shall go, one-third to the next of kin to the sufferer, and the remainder to the next of kin to the criminal.-

Las leyes penales citadas también castigaban severamente a los infractores de las regulaciones institucionales del Estado, a sus funcionarios de gobierno como a sus ciudadanos; y los sobornos y extorsiones "shall be severely punished" (Art. XVII) En el ámbito judicial, cada persona llamada a testificar estaba obligada a jurar "to speak the truth, the whole truth, and nothing but the truth", y el convicto por falso testimonio (wilful falsehood): "...shall suffer

---

[40] Frame of Government of Pennsylvania; promulgado por el gobernador William Penn, 25 de abril de 1682; reproducido en *The Federal and State Constitutions Colonial Charters, and Other Organic Laws of the States, Territories, and Colonies Now or Heretofore Forming the United States of America*; compilado y editado bajo el Act of Congress de 30 de junio de 1906; Washington, DC; Government Printing Office, 1909.

and undergo such damage or penalty, as the person, or persons, against whom he or she bore false witness...". Además, debía reparar los daños a la víctima y "be publicly exposed as a false witness." (Art. XXVI) El convicto por falsear, alterar o dañar documentos oficiales también debía exponerse a pena de prisión, multas, reparación de daños y pena infamante ("publicly disgraced as false men") (Art. XXI)

La legislación penal de Pensilvania autorizaba diversas modalidades de culto y rituales religiosos dentro del primitivo imaginario judeocristiano, que no alterasen los requerimientos de convivencia pacífica en la sociedad civil. Aunque la política pública regulaba la competencia y rivalidades entre las diversas denominaciones eclesiásticas del cristianismo, el discurso y poder de la Ley conservaba los preceptos morales, mandamientos y prohibiciones, intolerancias, prejuicios y supersticiones comunes en todos los reinos, estados y provincias coloniales de la cristiandad. Los ancestrales pecados bíblicos, sus hibridaciones y extensiones contemporáneas, seguían integrados como delitos en el código penal de la época y castigados con severidad sus infractores:

> Art. XXXVII. -That as a careless and corrupt administration of justice draws the wrath of God upon magistrates, so the wildness and looseness of the people provoke the indignation of God against a country: therefore, that all such offences against God, as swearing, cursing, lying, prophane talking, drunkenness, drinking of healths, obscene words, incest, sodomy, rapes, whoredom, fornication, and other uncleanness (not to be repeated) all treasons, misprisions, murders, duels, felony, seditions, maims, forcible entries, and other violences, to the persons and estates of the inhabitants within this province; all prizes, stage-plays, cards, dice, May-games, gamesters, masques, revels, bull-battings, cock-fightings, bear-battings, and the like, which excite the people to rudeness, cruelty, looseness, and irreligion, shall be respectively discouraged, and severely punished, according to the appointment of the Governor and freemen in provincial Council and General Assembly; as also

all proceedings contrary to these laws, that are not here made expressly penal.-

Los delitos que no eran castigados con la muerte también tenían raíces en la ideología moral de la cristiandad y, aunque las leyes criminales supuestamente respondían a la *razón* política de gobierno civil, las referencias bíblicas en las que se asentaban conservaban su primitivo carácter brutalmente violento y cruel. Los registros sobre las prácticas penales de la época lo evidencian.[41] Las tipificaciones delictivas relativas al control de la sexualidad, de la vida privada y de la institución estatal del matrimonio acarreaban penas atroces: el adulterio era castigado con azotes y un año de cárcel y trabajos forzados; la bigamia conllevaba la pena de cárcel perpetua; las penas por fornicación eran suplicios corporales, multas y contraer matrimonio; el incesto acarreaba la confiscación de la mitad de las propiedades y un año en prisión por la primera ofensa, y prisión perpetua por reincidencia; la violación sexual (rape) era castigada con la pérdida de una tercera parte de las propiedades y cárcel por un año, y perpetua en caso de reincidencia; y la sodomía y el bestialismo, además de acarrear la confiscación de una tercera parte de los bienes, el reo debía sufrir latigazos y cumplir seis meses en "reformatorio" (house of correction), y de reincidir la pena era cárcel perpetua (imprisonment for life).[42]

Los delitos relativos al control estatal del tiempo de ocio privado fuera del ámbito doméstico (juegos y deportes prohibidos, "alcoholismo", etc.) eran castigados predominantemente con multas y periodos más breves de cárcel. Las penas relativas a delitos contra la propiedad privada incluían: por escalamiento (house breaking), restituir cuatro veces el valor de lo robado y tres meses de prisión, y en caso de no hacerlo, siete años de encarcelamiento; por robo, además de las mismas condiciones de

---

[41] Gipson, Lawrence Henry; "The Criminal Codes of Pennsylvania"; reproducido en *Journal of Criminal Law and Criminology*; Vol. 6, Issue 3; 1915-1916; Northwestern University School of Law Scholarly Commons. *Gipson integra, además, un estudio comparativo entre las legislaciones penales, sentencias judiciales y tipos de castigos aplicados entre mediados del siglo XVII y el siglo XVIII (1650-1784) en las colonias de Connecticut, New Haven, York, Chester y Pensilvania.

[42] Op.cit., pp.325-327.

restitución, el reo podía ser azotado veinte veces o ser encarcelado en una "casa correccional" y trabajar ahí hasta saldar su deuda.

Aunque el registro de delitos era similar en todas las colonias de la época, las penas (castigos corporales, tiempo de aprisionamiento y monto de las multas) variaban al arbitrio de sus respectivas autoridades legislativas, y los grados de severidad estaban sujetos a criterios político-administrativos de sus gobiernos y, a la vez, a discreción de las autoridades judiciales. En las colonias de New Haven (1658) y de York (1664), por ejemplo, hay registro de la aplicación de la pena de perforar la lengua (boring of tongue) al condenado; y en la colonia de Connecticut (1650), de la pena de amputar las orejas. Las penas de suplicios corporales (mutilar con hierros candentes, azotes, cárcel y muerte, entre otras) se aplicaron en todas las jurisdicciones coloniales *autónomas* durante el curso del siglo XVII, y seguirían aplicándose en el siglo XVIII...

Reformas políticas / violencias penales (siglo XVIII)

En el contexto británico, ni el derrocamiento del rey católico James II[43] (1688); ni la consolidación del poder político de la aristocracia parlamentaria-protestante y consecuente disminución de la potestad absolutista del monarca (1689); ni el advenimiento al trono del rey protestante William III[44] (1689-1702) y ni el de sus sucesores[45] en el curso del siglo, afectaron la antigua imaginería jurídico-penal que igualmente caracterizaba al resto de las naciones-estado y reinos de la cristiandad europea. Los cambios estructurales, políticos y religiosos en el orden administrativo del gobierno inglés, consagrados en la Carta de Derechos de 1689, no trastocaron la ideología absolutista de la Ley sino que vinieron a refrendarla y a reforzarla en todas sus dimensiones. La antigua lógica administrativa de la violencia

---

[43] James II (1633-1701) fue rey de Inglaterra, Escocia e Irlanda desde 1685 hasta 1688.

[44] El rey William III ocupó el trono imperial (Inglaterra, Irlanda y Escocia) desde 1689 hasta 1702. La reina María (Mary) II compartió el poder real hasta su muerte en 1694.

[45] A partir de 1702 ocuparon el trono imperial británico: • Anne (1702-1707) • (?) • George I (1714-1727) • George II (1727-1760) • George III (1760-1820)

coercitiva, disciplinaria y penal del Estado se preservó de manera íntegra en la metrópoli imperial y sus colonias. La cláusula jurídica que *prohibía* a las justicias de la Ley la imposición de penas crueles e inusuales[46] se conservó también de manera intacta en las constituciones coloniales autónomas y *sus* códigos penales, pero en el ejercicio cotidiano de la potestad judicial y de la práctica penal se continuó imponiendo castigos atroces e inhumanos con fuerza de Ley.

Así como en la metrópoli, durante el siglo XVIII las colonias británicas-norteamericanas conservaron intactas las antiguas tipificaciones delictivas y respectivas instituciones administrativas (judiciales y penales). No obstante, este periodo histórico se caracterizó por un progresivo aumento en la severidad de los castigos, algunos prescritos en las leyes penales y otros sujetos al poder discrecional de la autoridad judicial. Además de acrecentar el repertorio de delitos penados con la muerte[47], los suplicios corporales (mutilación[48], marcas con hierros candentes (branding) y penas de azotes; inmersión (ducking), picota y cepo) se impusieron con frecuencia, y se aumentaron las penas pecuniarias; las de cárcel, trabajos forzados y servidumbre.[49]

Más allá de las modulaciones retóricas en el discurso jurídico-político de la época y el uso demagógico de las categorías fuertes con que se describía a sí mismo (humanista, civilizado, racional y cristiano), el cuerpo de legislaciones penales encarnaba la primitiva ideología represiva, vengativa y cruel de las leyes

---

[46] English Bill of Rights (1689) -That excessive bail ought not to be required, nor excessive fines imposed, nor cruel and unusual punishments inflicted-

[47] El código penal de Pensilvania fue *reformado* en 1718, convirtiendo en delitos capitales la traición, el asesinato, el robo, el hurto (burglary), el crimen *contra natura*, el homicidio "by stabing", el incendio de propiedades privadas, estatales y eclesiásticas, el fraude monetario (counterfiting). Estos delitos siguieron siendo penados con la muerte hasta 1786. (*Statistical View of the Operation of the Penal Code of Pennsylvania / A View of the Present State of the Penitentiary and Prison in the City of Philadelphia*; Philadelphia Society for alleviating the misery of public prisons;; Philadelphia, 1817; digitalizado en http://books/google.com)

[48] De las colonias de Connecticut y Pensilvania hay registro de reos condenados durante el siglo XVIII a los que se aplicó el castigo de clavar las orejas en la picota y de amputar las orejas.

[49] Gipson, L.H.; "The Criminal Codes of Pennsylvania"; op.cit., pp.328-333.

hebreas del Pentateuco y sus configuraciones derivadas de los códigos penales del imperio católico-romano, reproducidas en todas las legislaciones penales de la cristiandad europea y colonias americanas de la época. En la legislación penal de la colonia de Pensilvania, por ejemplo, al condenado por reincidencia en el delito de adulterio se le aprisionaba por siete años, se le confiscaba una tercera parte de sus bienes, se azotaba con veintiún latigazos y se mutilaba el rostro, marcándole (branding) la frente con la letra A.[50] El reo por bigamia era azotado públicamente treintainueve veces, le eran confiscadas sus propiedades y encarcelado de por vida (life imprisonment).[51] Al reincidente por delito de violación (rape) se añadió la marca con la letra R y la castración. De tratarse de un hombre negro, la pena era de muerte. A partir de 1700, los condenados por el delito de sodomía y bestialismo, además de sufrir la pena de azotes y encarcelamiento perpetuo, eran castrados.

Los reos por los delitos de escalamiento y robo también eran mutilados con la marca de la T en la frente. A partir de 1706, los condenados por reincidencia de robo eran sentenciados a prisión perpetua; y en 1780, el delito se hizo objeto de pena capital. El delito de incendio (arson), que era penado con cárcel perpetua, desde 1762 se castigaba con la muerte.

Aunque los delitos y castigos omitidos en las leyes penales de la colonias solían remitirse, si no a las sagradas escrituras, a la legislación penal existente en la metrópoli, los gobiernos coloniales practicaban celosamente su relativa *autonomía* legislativa, judicial y penal. Las diferencias, en la práctica, eran insustanciales. El fuerte arraigo de la primitiva *moral* judeocristiana en la psiquis de la clase gobernante en las colonias siguió jugando un papel determinante en la preservación de las antiguas leyes penales y consecuentes atrocidades institucionales. El ordenamiento jurídico-constitucional durante este periodo histórico preservó la estructura clasista, patriarcal y racista bajo el dominio de las oligarquías locales. En este contexto, por ejemplo, los códigos de las colonias de Connecticut (1784) y de Pensilvania (1786)

---

[50] Esta práctica se preservó desde la reforma al código penal de 1700 hasta 1810.

[51] En 1786 se añadió la pena de marca con hierro en la frente del condenado.

preservaron la pena de muerte por delitos relativos a la propiedad privada. En todas las colonias del siglo XVIII, indistintamente de sus diferencias administrativas -judiciales y penales-, imperó la ideología absolutista de la Ley, y el poder penal (criminal law) del Estado -al margen de sus justificaciones ideológicas- se ejerció invariablemente como acto de venganza contra los condenados.

Legislación penal clasista y racista / servidumbre / esclavitud (Siglo XVII-XVIII)

El ordenamiento constitucional de las teocracias coloniales de la época privilegió a la clase propietaria y adinerada en todas las dimensiones de la vida política, económica y social. Los gobiernos e instituciones estaban regidos exclusivamente por hombre blancos acaudalados, y la obra legislativa en conjunto respondía a sus intereses, a la preservación de su posición social y a garantizar las condiciones generales para acrecentar sus riquezas. Aunque desde los estadios iniciales de las colonias se registra el uso de mano de obra esclava, hasta finales del siglo XVII predominaba la modalidad esclavista de la "servidumbre" temporal entre la fuerza laboral.[52] A inicios del siglo XVIII, la demanda de trabajadores esclavizados incrementó significativamente en las colonias norteamericanas. En este contexto se refrendaron las leyes vigentes y se aprobaron *nuevas* leyes para regular el tráfico, las formas de trato permitidas a los amos, las condiciones de existencia de la servidumbre esclava y los castigos por infracciones a las leyes y requerimientos de disciplina, sumisión y obediencia. La legislación esclavista de la colonia de Virginia es ejemplar.[53] Desde 1705, la servidumbre importada de otros países o comprada en América y que no fuese cristiana, fue convertida automáticamente en esclava, y aún después de su conversión al

---

[52] Según un autor de la época: "Their Servants, they distinguish by the Names of Slaves for Life, and Servants for a time. Slaves are the Negroes, and their Posterity, following the condition of the Mother (...) They are called Slaves, in Respect of the Time of their Servitude, because it is for Life." (Robert Beverley, Robert; "Of the Servants and Slaves in Virginia," *The History and Present State of Virginia*, 1705.) El modelo de esclavitud temporal o servidumbre tiene sus raíces históricas en la antigua legislación hebrea.

[53] An Act concerning Servants and Slaves (Virginia); octubre de 1705.

cristianismo debía permanecer perpetuamente bajo la condición de esclava.

Las leyes de la época prohibían el matrimonio interracial entre cristianos, y si un hombre o una mujer de la raza blanca se casaba con hombre o mujer negra o mulata, libre o sierva (bond), "...shall by judgment of the county court be committed to prison and there remain during the space of six months, without bail or mainprize"; y, además, pagar una multa "to the use of the parish..." La condición de inferioridad jurídica de la población esclava no sólo la excluía de la vida política, sino que, además, controlaba y restringía su vida social cotidiana, pública y privada. A ningún esclavo le era permitido salir fuera de las plantaciones o de la zona determinada de residencia sin la previa autorización del amo (master, mistress, u overseer).

> "...if any slave shall be found offending herein, it shall be lawful for any person or persons to apprehend and deliver such slave to the next constable or head-borough, (...) without further order or warrant, to give such slave twenty lashes on his or her bare back, well laid on, and so send him or her home..."[54]

Además de reforzar el rígido sistema de control disciplinario invistiendo de potestad legal a las personas blancas-libres para capturar y castigar por cuenta propia a cualquier esclavo que estuviera sin permiso fuera de los predios ordenados, también la legislación penal de la época recrudeció su régimen de

---

[54] Desde 1680 existía esta política con fuerza de ley: "Whereas the frequent meeting of considerable numbers of negroe slaves under pretence of feasts and burials is judged of dangerous consequence; for prevention whereof for the future, Bee it enacted by the kings most excellent majesty and with the consent of the general assembly (...) that from and after the publication of this law, it shall not be lawful for any negroe or other slave (...) to go or depart from of his masters ground without a certificate from his master, mistress, or overseer (...); and every negroe or slave so offending not having a certificate as aforesaid shall be sent to the next constable, who is hereby enjoined and required to give the said negroe twenty lashes on his bare back well laid on, and so sent home to his said master, mistress or overseer. (An act for preventing Negroes Insurrections, junio de 1680; reproducido en Henning, William W; The Statutes at Large; Being a Collection of all the Laws of Virginia, v.2 (1823)

violencia represiva: "…in all cases of penal laws, whereby persons free are punishable by fine, servants shall be punished by whipping…" En base al carácter clasista, racista y discriminatorio de la legislación colonial -legitimado por la primitiva ideología judeocristiana e impuesto por virtud de la superioridad de la fuerza represiva del gobierno- las poblaciones subyugadas por criterios raciales, aunque les era reconocido un derecho formal a radicar querellas en los tribunales, estaban obligadas a soportar la violencia física de los cristianos de raza blanca sin oponer resistencia y bajo amenaza de castigos brutales. Aunque la legislación existía desde 1680, fue refrendada en 1705:

> "And also, if any negro, mulatto, or Indian, bond or free, shall at any time lift his or her hand in opposition against any Christian, not being negro, mulatto, or Indian, he or she so offending shall, for every such offence proved by the oath of the party, receive on his or her bare back thirty lashes, well laid on; cognizable by a justice of the peace for that county wherein such offense shall be committed."

Al mismo tiempo, desde 1669 el orden de la Ley autorizaba a los amos y patrones en las colonias a ejercer la violencia disciplinaria y punitiva a discreción y sin reservas o consecuencias legales por sus excesos. Según reza la legislación de 1705:

> "…if any slave resist his master or owner or other person, by his or her order, correcting such slave, and shall happen to be killed in such correction, it shall not be accounted felony; but the master, owner, and every such other person so giving correction shall be free and acquit of all punishment and accusation for the same, as if such accident had never happened…"[55]

---

[55] Una legislación similar existía desde 1669: Whereas the only law in force for the punishment of refractory servants resisting their master, mistress or overseer cannot be inflicted upon negroes, nor the obstinacy of many of them by other than violent means suppressed, Be it enacted and declared by this

La legislación de las teocracias cristianas en Norteamérica no se limitó a ejercer un férreo control disciplinario y punitivo sobre la población esclavizada. También, desde 1680, autorizó la ejecución sumaria de cualquier esclavo o negro que opusiera resistencia a su captura:

> "And it is hereby further enacted by the authority aforesaid that if any negroe or other slave shall absent himself from his masters service and lye hid and lurking in obscure places, committing injuries to the inhabitants, and shall resist any person or persons that shall by any lawful authority be employed to apprehend and take the said negroe, that then in case of such resistance, it shall be lawful for such person or persons to kill the said negroe or slave so lying out and resisting, and that this law be once every six months published at the respective county courts and parish churches within this colony."[56]

En 1691, la legislatura colonial refrendó la misma orden:

> "...in case any negroes, mulattoes or other slave or slaves lying out as aforesaid shall resist, runaway, or refuse to deliver and surrender him or themselves (...) in such cases it shall and may be lawful (...) to kill and destroy such negroes,

---

grand assembly, if any slave resist his master (or others by his masters order correcting him) and by the extremity of the correction should chance to die, that his death shall not be considered a felony, but the master (or that other person appointed by the master to punish him) be acquit from molestation, since it cannot be presumed that malice existed (which alone makes murder a felony) [or that anything] should induce any man to destroy his own estate. (An Act about the casual killing of slaves, octubre de 1669; reproducido en Henning, William W; *The Statutes at Large*...; op.cit.)

[56] An Act for preventing Negroes Insurrections, junio de 1680; reproducido en Henning, William W; *The Statutes at Large; Being a Collection of all the Laws of Virginia*, v.2 (1823).

mulattoes, and other slave or slaves by gun or any other ways whatsoever."[57]

Escenario jurídico-político de la guerra de independencia (1763-1775)

Tras finalizar la última guerra con las potencias imperialistas de Francia, España y Portugal[58], la gerencia imperial británica impuso nuevos impuestos contributivos en sus posesiones coloniales de Norteamérica, so pretexto de aliviar los embates económicos sufridos y financiar los costos administrativos de gobierno, incluyendo las instancias judiciales y militares. Asimismo, el Parlamento inglés decretó nuevas regulaciones para afianzar las condiciones de gobernabilidad en sus jurisdicciones coloniales, en conformidad con los estatutos legales del reino y la racionalidad política de la gerencia imperial. Para 1774 se registran las primeras manifestaciones violentas de protesta en la provincia colonial de Massachusetts. Desde la óptica del gobierno local y la metrópoli:

> "...in his Majesty's province of Massachuset's Bay, in New England, an attempt hath lately been made to throw off the authority of the parliament of Great Britain over the said province, and an actual and avowed resistance, by open force, to the execution of certain acts of parliament, hath been

---

[57] An act for suppressing outlying slaves, abril de 1691.

[58] La guerra iniciada durante el reinado de George II (1727-1760) y continuada durante la regencia de su sucesor, el rey George III (1760-1820), culminó con la firma de un tratado de paz en 1763, que incluyó la ratificación de los convenios comerciales previamente existentes entre los respectivos reinos, e integró nuevos acuerdos comerciales y políticos, incluyendo la restitución, repartimiento y demarcación de propiedades y territorios continentales en América del Norte e islas caribeñas, así como la entrega de prisioneros de guerra (exceptuando los deudores y criminales). Francia retuvo sus dominios sobre las islas de Guadalupe, Marie-Galante, Désirade, Martinica y Santa Lucía; e Inglaterra sobre las islas de San Vicente, Dominica, Tobago. Asimismo, Inglaterra devolvió las posesiones españolas en Cuba y reconoció sus posesiones continentales. Cualquier reclamación posterior a la guerra debía tratarse en los tribunales, según convenido. (Tratado de Paz, Paris; 10 de febrero de 1763)

suffered to take place, uncontrolled and unpunished, in defiance of his Majesty's authority, and to the subversion of all lawful government..."[59]

Ante el estado de situación el gobierno inglés tomó medidas para "restablecer la autoridad legal" y "suprimir" los disturbios (riots) y tumultos, disponiendo que los casos radicados en los tribunales contra súbditos acusados de crímenes capitales o delitos relacionados a las protestas fuesen vistos en otras jurisdicciones ("in some other of his Majesty's colonies") o llevados a los tribunales de Gran Bretaña, "before his Majesty's court of King's Bench ..." Las demandas contra las autoridades de gobierno también debían tratarse en tribunales fuera de la jurisdicción de la provincia colonial de Massachusetts. La orden de cobro de impuestos fue reforzada por las fuerzas armadas del gobierno colonial y las protestas de los colonos reprimidas violentamente.

En este contexto y bajo el amparo del orden jurídico-constitucional existente, un poderoso e influyente sector de las castas privilegiadas en las colonias vio afectado sus intereses económicos, privilegios y derechos políticos reconocidos formalmente en las leyes del reino.[60] Ese mismo año, representantes de las diversas colonias y plantaciones -predominantemente terratenientes esclavistas, empresarios capitalistas y comerciantes acaudalados- se reunieron en

---

[59] The Administration of Justice Act; 20 de mayo de 1774. (An act for the impartial administration of justice in the cases of persons questioned for any acts done by them in the execution of the law, or for the suppression of riots and tumults, in the province of the Massachuset's Bay, in New England.)

[60] Los tres estatutos decretados por el parlamento inglés y reprochados por los colonos ingleses fueron: 1. "An act to discontinue, in such manner and for such time as are therein mentioned, the landing and discharging, lading, or shipping of goods, wares and merchandise, at the town, and within the harbor of Boston in the province of Massachusetts-bay, in North America"; 2. "An act for the better regulating the government of the province of the Massachusetts-bay in New England"; 3. "An act for the impartial administration of justice, in the cases of persons questioned for any act done by them in the execution of the law, or for the suppression of riots and tumults, in the province of the Massachusetts-bay, in New England."

congreso⁶¹ y convinieron que la política contributiva impuesta por el gobierno británico era injusta, las restricciones comerciales arbitrarias y las medidas judiciales violatorias de sus ancestrales derechos políticos y libertades constitucionales. En conformidad con "the immutable laws of nature" y "the principles of the English constitution", ratificaron sus demandas a la corona inglesa.⁶²

En la declaración congresional de 1774, los colonos residentes en Norteamérica se representan a sí mismos como descendientes de los emigrantes de la "madre patria" y, así como sus ancestros y cualquier nativo del reino de Inglaterra, como poseedores de los mismos derechos, libertades e inmunidades reconocidas y protegidas en la Constitución, "as their local and other circumstances enable them to exercise and enjoy." Según refieren a los estatutos constitucionales, aunque los colonos no están representados propiamente en las agencias del gobierno central ni participan directamente del poder legislativo del Parlamento, tienen derecho a ejercer localmente y de manera autónoma potestades gubernamentales y legislativas, "in such manner as has been heretofore used and accustomed".⁶³ Para los colonos norteamericanos, la injerencia actual del Parlamento británico en la política de gobierno local en sus respectivas provincias ("majesty's colonies") era ilegal. Desde la perspectiva del derecho constitucional vigente -alegaron- cualquier intromisión del gobierno central estaba condicionada al

---

⁶¹ Los participantes del primer Congreso eran *representes* de las colonias de New Hampshire, Massachusetts bay, de las plantaciones de Rhode Island y Providence, Connecticut, New York, New Jersey, Pennsylvania, Newcastle Kent y Sussex en Delaware, Maryland, Virginia, North Carolina y South Carolina.

⁶² "Declaration and Resolves of the First Continental Congress", Philadelphia, 5 de septiembre de 1774. (Digitalizado en http://www.let.rug.nl)

⁶³ Según reza la declaración congresional de 1774: "...the respective colonies are entitled to the common law of England, and more especially to the great and inestimable privilege of being tried by their peers of the vicinage, according to the course of that law." Asimismo, "they are entitled to the benefit of such of the English statutes, as existed at the time of their colonization; and which they have, by experience, respectively found to be applicable to their several local and other circumstances."

consentimiento previo de los colonos y debía, en todo momento, responder a los intereses y beneficios mutuos.

De acuerdo a las *interpretaciones* constitucionales del congreso de 1774, las colonias no solo estaban gobernadas bajo el protectorado y regulación de las leyes regentes en la metrópoli[64] sino que, además, tenían pleno derecho a gobernarse internamente por sus propias legislaciones y a regular, en conformidad a sus intereses y condiciones regionales, sus prácticas comerciales y tributarias, judiciales[65], policiales y militares.[66] La independencia y separación de las ramas de gobierno (legislativa, judicial y ejecutiva) era esencial en el derecho constitucional inglés de la época, y para los colonos norteamericanos la usurpación de las potestades de *sus* gobiernos locales, fuese por el Parlamento o por la corona, fueron consideradas inconstitucionales y "dangerous and destructive to the freedom of American legislation"; y la *nueva* política regional, adoptada e impuesta después de la última guerra, fue juzgada como "system formed to enslave America".

El objetivo político convenido en la declaración congresional de 1774 fue "restaurar" la armonía entre Gran Bretaña y las colonias de Norteamérica; derogar los estatutos impuestos unilateralmente por el Parlamento y restablecer los ancestrales derechos y libertades constitucionales que estaban vigentes antes de finalizar la última guerra entre las potencias imperialistas europeas. La medida "pacífica" para ejercer presión a favor de sus objetivos, según acordada en el congreso por los

---

[64] "...his majesty's colonies, are likewise entitled to all the immunities and privileges granted and confirmed to them by royal charters, or secured by their several codes of provincial laws." "...they have a right peaceably to assemble, consider of their grievances, and petition the King; and that all prosecutions, prohibitory proclamations, and commitments for the same, are illegal."

[65] Algunas medidas impuestas por la legislación imperial autorizaba a los jueces del reino apostados en las colonias a tratar determinados casos criminales, como los relativos a cargos de traición, comercio ilegal y piratería. Los colonos protestaron las medidas, alegando que se violaba el derecho a ser enjuiciados por jurados constituidos por sus pares regionales.

[66] Entre las medidas de control impuestas por la regencia imperial inglesa tras el final de la última guerra, destaca la permanencia injustificada de regimientos militares en las colonias. Para los colonos norteamericanos: "...the keeping a Standing army in these colonies, in times of peace, without the consent of the legislature of that colony in which such army is kept, is against law."

delegados de las colonias, fue boicotear las relaciones comerciales con la madre patria: "To enter into a non-importation, non-consumption, and non-exportation agreement or association..."

Las demandas legales del congreso de 1774 fueron ignoradas por el gobierno británico, y aunque las presiones comerciales no fueron implementadas, la regencia imperial acrecentó la presencia militar en las colonias y movilizó sus tropas para contener las manifestaciones de protesta. A mediados de mayo de 1775, las hostilidades entre la corona británica y los colonos norteamericanos ya habían degenerado en enfrentamientos armados y se habían establecido leyes marciales en algunas localidades. Una nueva declaración congresional, firmada por los delegados de las United Colonies of North-America, ratificó las demandas y justificó la resistencia armada de los colonos.[67] En la nueva proclama fueron reiterados los principios constitucionales (legales, políticos y religiosos) y referentes históricos sobre los que asentaban sus súplicas los colonos[68], y reafirmados los objetivos políticos de sus protestas. El texto de la proclama idealizó el pasado colonial y exaltó las armoniosas relaciones de convivencia e inmensidad de beneficios mutuos obtenidos entre los colonos y la corona inglesa previo a la política de posguerra.[69]

> "Societies or governments, vested with perfect legislatures, were formed under charters from the crown, and an harmonious intercourse was

---

[67] "Second Continental Congress Declaration of the Causes and Necessity of Taking up Arms"; Philadelphia, 6 de julio de 1775. (Digitalizado en http://www.let.rug.nl/usa/documents/)

[68] "Our forefathers, inhabitants of the island of Great-Britain, left their native land, to seek on these shores a residence for civil and religious freedom. At the expense of their blood, at the hazard of their fortunes, without the least charge to the country from which they removed, by unceasing labor, and an unconquerable spirit, they effected settlements in the distant and inhospitable wilds of America, then filled with numerous and warlike nations of barbarians."

[69] "The mutual benefits of this union became in a short time so extraordinary, as to excite astonishment. It is universally confessed, that the amazing increase of the wealth, strength, and navigation of the realm, arose from this source..."

established between the colonies and the kingdom from which they derived their origin."

Además de idealizar las ancestrales condiciones de existencia en las colonias, la acelerada e incontenible prosperidad económica y las virtudes propias de gobiernos locales autónomos y bajo el protectorado del régimen constitucional y las leyes del imperio británico, los colonos protestantes reafirmaron sus devociones y lealtades a la corona, y exaltaron sus contribuciones en las pasadas guerras contra las otras potencias imperialistas de la cristiandad europea y contra los indígenas del continente, "numerous and warlike nations of barbarians." Dentro de este cuadro, insistieron en sus reproches por la injerencia de la metrópoli en los asuntos de gobierno local.[70]

Por otra parte, los gobernantes, jefes militares y magistrados coloniales permanecieron firmes en la *nueva* política colonial dispuesta con fuerza de Ley por el Parlamento británico. La desobediencia e infracciones a los mandamientos de ley y orden, indistintamente de las consideraciones de sus oponentes políticos locales, fueron reprimidas por la maquinaria represiva de los gobiernos coloniales; los participantes e incitadores de los movimientos de protesta, reyertas y enfrentamientos armados, fueron acusados de rebeldes y traidores; y los prisioneros procesados bajo ley marcial en los tribunales de Inglaterra.

Agotadas las resoluciones diplomáticas, los delegados al congreso de 1775 ratificaron el voto a favor de la resistencia armada, condicionando su terminación al cumplimiento pleno de

---

[70] "They have undertaken to give and grant our money without our consent, though we have ever exercised an exclusive right to dispose of our own property; statutes have been passed for extending the jurisdiction of courts of admiralty and vice-admiralty beyond their ancient limits; for depriving us of the accustomed and inestimable privilege of trial by jury, in cases affecting both life and property; for suspending the legislature of one of the colonies; for interdicting all commerce to the capital of another; and for altering fundamentally the form of government established by charter, and secured by acts of its own legislature solemnly confirmed by the crown; for exempting the "murderers" of colonists from legal trial, and in effect, from punishment; for erecting in a neighboring province, acquired by the joint arms of Great-Britain and America, a despotism dangerous to our very existence; and for quartering soldiers upon the colonists in time of profound peace. It has also been resolved in parliament, that colonists charged with committing certain offences, shall be transported to England to be tried."

sus requerimientos. A pesar de la resolución bélica de los colonos norteamericanos, todavía el conflicto era considerado como un problema político circunstancial y el objetivo estratégico seguía siendo la restauración de las relaciones políticas y comerciales con la corona imperial inglesa, en conformidad con su ordenamiento jurídico-constitucional y las leyes existentes antes de la última guerra, culminada hacía doce años.

> "Lest this declaration should disquiet the minds of our friends and fellow-subjects in any part of the empire, we assure them that we mean not to dissolve that union which has so long and so happily subsisted between us, and which we sincerely wish to see restored. Necessity has not yet driven us into that desperate measure (...) We have not raised armies with ambitious designs of separating from Great-Britain, and establishing independent states."

Confiados en la misericordia y providencia del "supreme and impartial Judge and Ruler of the Universe", los colonos norteamericanos reiteraron su voluntad de reconciliación en "términos razonables" con sus adversarios y de economizar al imperio las calamidades de una guerra civil.

- **Crímenes de rebelión, sedición y traición**

Conforme al ordenamiento jurídico-político regente en las posesiones coloniales inglesas del continente norteamericano, y en el marco de la legislación penal y respectivas tipificaciones delictivas vigentes en todos sus dominios, la gerencia imperial inglesa juzgó como actos criminales las manifestaciones de protesta, crecientes "hostilidades" y consecuentes sublevaciones armadas de *sus* súbditos americanos. Invocado el imperio de la Ley y el derecho real de propiedad sobre las "colonias y plantaciones" en Norteamérica, en 1775 el rey George III (1760-1820) recriminó que muchos de *sus* súbditos -manipulados por "dangerous and ill designing men", "wicked and desperate persons", y en menoscabo de la lealtad debida a la corona inglesa- estaban desordenando y perturbando la "paz pública", obstruyendo el comercio legal y oprimiendo a sus súbditos leales; incurriendo abiertamente en actos ilegales, hostiles y declarada rebelión, "and traitorously preparing, ordering and levying war against us..."[71] El monarca inglés ordenó a las autoridades coloniales (civiles y militares) y a todos los súbditos "obedientes y leales" al reino contrarrestar las manifestaciones insurgentes, acentuando la obligación legal de todos, súbditos y oficiales de gobierno, "to exert their utmost endeavors to suppress such rebellion, and to bring the traitors to justice..." Todos los oficiales y súbditos del reino, en todos sus dominios y posesiones:

> "...are bound by law to be aiding and assisting in the suppression of such rebellion, and to disclose and make known all traitorous conspiracies and attempts against us, our crown and dignity (...) in order to bring to condign punishment the authors, perpetrators, and abettors of such traitorous designs."

- **Declaración y guerra de independencia (1776-1783)**

Abandonadas las pretensiones de reconciliación política y renunciado el objetivo de restauración conservadora del antiguo régimen constitucional del imperio británico en las colonias, el congreso de las Colonias Unidas de Norteamérica (1776) revalidó sus principios, querellas y voto de resistencia armada para resolverlas; ratificó la ruptura de las ancestrales relaciones diplomáticas (pactos políticos, alianzas militares y convenios comerciales); abjuró las lealtades a la corona imperial inglesa y disolvió definitivamente las antiguas relaciones de subordinación jurídico-política, declarando a las trece colonias norteamericanas como estados soberanos independientes.[72]

El texto final de la declaración de independencia compendió el primitivo ideario imperialista de la Ley, conservado

---

[71] Decreto real (George III) de 23 de agosto de 1775.

[72] "Declaration of Independence", 4 de julio de 1776 (Digitalizado en http://www.let.rug.nl) La declaración fue firmada por los delegados congresionales de las colonias de New Hampshire; Massachusetts-Bay; Rhode Island; Connecticut; Georgia; Maryland; Virginia; New York; Pennsylvania; Delaware; North Carolina; South Carolina; New Jersey.

y modulado a conveniencia por todas las potencias imperiales de la cristiandad europea, reinos independientes y estados soberanos.[73] Las élites intelectuales de la aristocracia independentista norteamericana moldearon e integraron a su particular proyecto estratégico-político los arreglos retóricos que -desde la antigüedad- habían operado eficazmente como mecanismos de encuadramiento ideológico al orden imperial de la Ley. Aunque la fuerza motriz de la guerra contra la dominación imperial inglesa fue de naturaleza primordialmente económica y respondía a los intereses particulares de las clases privilegiadas en las colonias, los principales estrategas e ideólogos insurgentes convinieron reconfigurar el discurso de Ley constitucional que hasta entonces había prevalecido como justificante y legitimador de las condiciones coloniales (subordinación jurídico-política, económica y militar), previamente consentidas y aún idealizadas por los principales colonos norteamericanos.

La declaración de independencia y su propaganda ideológica fueron enmarcadas en la milenaria ficción política-religiosa del "derecho natural".[74] Dentro de su andamiaje retórico, la existencia y el poder de gobierno reaparecen como efectos de

---

[73] Aunque las más antiguas constituciones jurídico-políticas y códigos legales del viejo mundo integran la mayor parte de los *principios* políticos expresados en la declaración de independencia de las colonias norteamericanas, las similitudes retóricas con la declaración de independencia de los Países Bajos, promulgada a fines del siglo XVI, lo evidencia. (Plakkaat van Verlatinghe; "Act of Abjuration"; Países Bajos, 26 de julio de 1581; Traducido al inglés y digitalizado en http://www.let.rug.nl/usa/documents/)

[74] En base a la ficción jurídica-político-religiosa del "derecho natural" ("the laws of nature and of nature's God entitle them") se justificó la conquista y colonización de las Américas por las potencias de la cristiandad europea y todavía se justificaba la destrucción de los remanentes de las naciones indígenas y las matanzas de aborígenes insumisos; así como la preservación de la trata humana y el régimen de explotación esclavista. Asimismo, sobre esta ficción ideológica el poder de gobierno estatal conservaba la división clasista de la sociedad, y legitimaba y protegía con fuerza de Ley la posición económica y política privilegiada de la clase dominante; así como el régimen doméstico de dominación patriarcal y de exclusión jurídica de la mujer en los asuntos políticos formales.

leyes *naturales-divinas*[75], y sus "poderes legítimos" como derivados del "consentimiento de los gobernados." [76] En contraste, los gobernantes contraventores de los requerimientos, principios y condiciones impuestas por las leyes de Dios, debían ser depuestos por la fuerza armada de sus súbditos e instaurado un *nuevo* gobierno para sus conveniencias.[77] A la consecuente demonización del monarca regente le siguieron los mismos reproches promulgados desde el primer congreso de las Colonias Unidas de Norteamérica, en 1774. En torno a la figura de un rey tiránico fueron reiteradas las acusaciones por abusos de los gobernantes coloniales e injerencias de la corona imperial inglesa en los asuntos de gobierno local (legislativo, judicial, comercial, policial y militar).[78]

---

[75] "We hold these truths to be self-evident, that all men are created equal, that they are endowed by their Creator with certain unalienable rights, that among these are life, liberty and the pursuit of happiness."

[76] Aunque no se trataba de una guerra religiosa, y las condiciones materiales de existencia tal vez podían proveer motivaciones suficientes, el reclutamiento de tropas milicianas y el apoyo de las clases populares estaban condicionados por la maleabilidad de sus disposiciones anímicas a la credulidad religiosa. El monarca británico aparece en el discurso independentista como contraventor de las leyes naturales dispuestas por Dios e identificado con las características propias de un tirano. Pero los estrategas-ideólogos norteamericanos sabían que las alusiones religiosas, aunque útiles, no bastaban. A todas cuentas, tampoco habían logrado retener las lealtades de los colonos cristianos a la corona inglesa y contener por temor a Dios las sublevaciones. El movimiento independentista requería de refuerzos ideológicos no menos abstractos y más productivos para su proyecto.

[77] "…whenever any form of government becomes destructive to these ends, it is the right of the people to alter or to abolish it, and to institute new government, laying its foundation on such principles and organizing its powers in such form, as to them shall seem most likely to effect their safety and happiness." "But when a long train of abuses and usurpations, pursuing invariably the same object evinces a design to reduce them under absolute despotism, it is their right, it is their duty, to throw off such government, and to provide new guards for their future security."

[78] Entre las causas que originaron la guerra de independencia, el congreso destacó reiteradamente: • el repliegue de tropas armadas; • la obstrucción de las justicias locales • la protección judicial de soldados, aún cuando se tratase de crímenes de asesinato de civiles; • la interrupción del comercio internacional e imposición de severas restricciones mercantiles • los obstáculos legales a los nuevos proyectos expansionistas y conquista de territorios indígenas • el

A la fecha de la declaración de independencia, la corona ya había contratado ejércitos de mercenarios extranjeros como refuerzos de sus tropas y -aseveran los insurgentes independentistas- el rey también habría incitado a cruzar fronteras a los aborígenes vecinos, "...the merciless Indian savages, whose known rule of warfare is undistinguished destruction of all ages, sexes and conditions." La armada independentista también contó con refuerzos militares de tropas extranjeras, predominantemente del reino imperial de Francia, la principal potencia rival de la corona británica.

La guerra se prolongó hasta imponerse la supremacía de las fuerzas armadas norteamericanas. En 1783 se firmó el tratado de paz[79] entre la corona de Gran Bretaña y los Estados Unidos de América, reconociéndose la soberanía e independencia de los trece estados norteamericanos y restableciéndose en definitiva las relaciones diplomáticas y comerciales entre ambas naciones. La nueva relación contractual incluyó, además, la restitución de las propiedades confiscadas a los súbditos británicos y la entrega de prisioneros de guerra de ambos bandos.

Constituciones de los estados independientes de Norteamérica (1776-1787)

Al tiempo en que fue declarada la independencia y soberanía de los trece estados norteamericanos e iniciada la guerra

---

restringente control de aduana y migración • la imposición de impuestos contributivos sin consentimiento • la eliminación intermitente y arbitraria de juicios por jurado; • el traslado de prisioneros a ser enjuiciados en tribunales de Inglaterra por cargos fraudulentos • la abolición de la legislación común inglesa y de las ordenanzas reales aplicables en las colonias desde los tiempos de la conquista • la suplantación del gobierno autónomo de las colonias por un régimen colonial absolutista • la supresión de las legislaturas locales y la consecuente usurpación del ancestral derecho legislativo en las colonias • la renuncia del rey imperial a gobernar *sus* colonias, habiendo retirado su protectorado, incitado las insurrecciones domésticas y declarado la guerra.

[79] Treaty of Peace, Paris, 3 de septiembre de 1783. En 1782 las negociaciones diplomáticas ya habían iniciado y se habían firmado otros acuerdos contractuales, predominantemente de naturaleza económica y comercial. (Contract between the King and the Thirteen United States of North America, 16 de julio de 1782 y 25 de febrero de 1783). Treaties and Other International Acts of the United States of America; editado por Miller, Hunter; Vol.2, Docs. - 1-40 (1776-1818); Washington: Government Printing Office, 1931.

contra la potencia imperial británica, sus respectivos cuerpos políticos redactaron constituciones jurídico-políticas independientes y reorganizaron para sí sus propios gobiernos.[80] Cada Estado (pos)colonial integró bajo sus jurisdicciones territoriales las zonas, comunidades periféricas y poblados rurales previamente adscritos al gobierno colonial; demarcó los límites y extensiones de sus fronteras; y revistió con fuerza de Ley los títulos de propiedad privada, incluyendo las tierras todavía habitadas por naciones y tribus indígenas. Más allá de la ruptura jurídico-política con el antiguo régimen de dominación colonial, los *nuevos* ordenamientos constitucionales soberanos reprodujeron casi al pie de la letra la antigua estructura de gobierno estatal regente bajo la derrocada constitución británica, sus ancestrales principios ideológico-políticos e instituciones. La elección de los principales cargos administrativos de gobierno (ejecutivo, judicial y legislativo) y de los funcionarios institucionales se preservó de manera intacta, reproduciéndose las relaciones de dominación política de la oligarquía norteamericana sobre las clases subalternas: el sistema electoral *democrático* siguió practicándose con exclusividad entre la aristocracia dominante -terratenientes y propietarios-, de género masculino, de raza blanca y religión protestante.

El *nuevo* orden constitucional preservó el primitivo régimen de dominación patriarcal, excluyendo de la vida política a las mujeres. Asimismo, reiteró el carácter racista y clasista de la oligarquía dominante, reservando el poder de participación política y gobierno a los hombres blancos, propietarios y adinerados.[81]

---

[80] Constitution of New Hampshire, 5 de enero de 1776 • Constitution of South Carolina, 26 de marzo de 1776 • Constitution of New Jersey; 2 de julio de 1776 • Constitution of Delaware, 10 de septiembre de 1776 • Constitution of Pennsylvania, 28 de septiembre de 1776 • Constitution of Maryland, 11 de noviembre de 1776 • Constitution of North Carolina, 8 de diciembre de 1776 • Constitution of Georgia; 5 de febrero de 1777 • The Constitution of New York, 20 de abril de 1777 • Constitution of South Carolina, 19 de marzo de 1778. (Reproducidas en The Federal and State Constitutions Colonial Charters, and Other Organic Laws of the States, Territories, and Colonies Now or Heretofore Forming the United States of America; (Act of Congress; June 30, 1906); op.cit.

[81] -All male white inhabitants, of the age of twenty-one years, and possessed in his own right of ten pounds value, and liable to pay tax in this State, (…) shall have a right to vote at all elections for representatives, or any other officers…- Art. IX. Constitution of Georgia (1777)

Además, aunque todas las constituciones reiteraron el principio de "libertad de culto" con exclusividad a las sectas cristianas protestantes[82] que no contravinieran las leyes y regulaciones estatales[83], y declararon explícitamente la separación de Iglesia y Estado[84], era requerimiento para cualificar a posiciones de gobierno profesar abiertamente la religión protestante.[85]

Las *nuevas* constituciones de los estados (pos)coloniales eran esencialmente idénticas entre sí, y predominaba en todos los aspectos medulares de gobierno el mismo modelo constitucional existente bajo la condición colonial. Las escasas diferencias solo remitían a matices retóricas retomadas u omitidas del texto de la declaración de independencia, pero en todos los aspectos sustanciales seguían moldeadas dentro del marco ideológico e intereses económico-políticos de la oligarquía dominante y los requerimientos coyunturales del modo de producción capitalista de la época. En este contexto, la esclavitud se preservó sin reserva entre las instituciones de los estados (pos)coloniales, con excepción del texto constitucional del Estado de Delaware (1776), que integró un artículo relativo a la política esclavista:

---

[82] El texto constitucional de Carolina del Sur (1778) ejemplifica la aplicación exclusiva de la "libertad de culto" a la religión protestante: XXXVIII. -That all persons and religious societies who acknowledge that there is one God, and a future state of rewards and punishments, and that God is publicly to be worshipped, shall be freely tolerated. The Christian Protestant religion shall be deemed, and is hereby constituted and declared to be, the established religion of this State...- Cualquier secta o denominación protestante estaba compelida a cumplir esos requerimientos.

[83] El texto constitucional más explícito al respecto fue el de New York (1777), que justificó la "libertad de culto" to guard against that spiritual oppression and intolerance wherewith the bigotry and ambition of weak and wicked priests and princes have scourged mankind..." (Art.XXXVIII)

[84] Todas las constituciones prohibieron la elección de ministros religiosos a cargos gubernamentales, civiles y militares.

[85] El texto de la constitución de Carolina del Sur (1778) es ejemplar:" No person shall be eligible to sit in the house of representatives unless he be of the Protestant religion..." (Art.XIII) En la constitución de Pensilvania (1776), cualquier funcionario o representante de gobierno debía jurar: -I do believe in one God, the creator and governor of the universe, the rewarder of the good and the punisher of the wicked. And I do acknowledge the Scriptures of the Old and New Testament to be given by Divine inspiration.- (Secc.10)

ART. 26. -No person hereafter imported into this State from Africa ought to be held in slavery under any presence whatever; and no negro, Indian, or mulatto slave ought to be brought into this State, for sale, from any part of the world.-

Durante este periodo, otros estados aprobarían legislaciones similares para restringir el sistema esclavista e integrar gradualmente a la población esclavizada dentro del marco jurídico aplicable a la sociedad civil. La legislación del Estado de Pennsylvania es ejemplar al respecto:

SECT. 7. -And be it further enacted by the authority aforesaid, that the offences and crimes of Negroes and Mulattoes, as well slaves and servants as freemen, shall be enquired of, adjudged, corrected and punished in like manner as the offences and crimes of the other inhabitants of this state are and shall be enquired of, adjudged, corrected and punished, and not otherwise; except that a slave shall not be admitted to bear witness against a freeman.-[86]

En el curso restante del siglo XVIII y a pesar de las tendencias abolicionistas de algunos estados, la esclavitud prevalecería con fuerza de Ley, preservándose la condición de inferioridad jurídica de la servidumbre esclava y el trato discriminatorio generalizado sobre la raza negra y mulata.

- **Derecho Penal (pos)colonial (1776-1787)**

Todas las constituciones de los *nuevos* estados independientes conservaron las leyes de gobierno (códigos, ordenanzas municipales y reglamentos institucionales) existentes desde la época colonial.[87] Asimismo, la rama legislativa de los

---

[86] An Act for the Gradual Abolition of Slavery, Pennsylvania, 5 de marzo de 1780.

[87] El texto constitucional del Estado de Delaware (1776) es ejemplar: ART. 25. - The common law of England, as-well as so much of the statute law as has been heretofore adopted in practice in this State, shall remain in force, unless they

gobiernos (pos)coloniales conservó su autonomía para crear leyes, preservar las ya existentes que no contradijeran los *nuevos* estatutos constitucionales y derogar las consideradas "repugnant to the true intent and meaning of any rule or regulation contained in this constitution."[88] En el ámbito judicial, se refrendaron las reglas y procedimientos preexistentes para los "freeman": la primitiva práctica de juicio por jurado ("the ancient mode of trial, by jury (...) ought to remain sacred and inviolable"; la concesión condicionada a fianza[89]; y las prescripciones al ritual judicial, entre otras.[90]

Aunque en la práctica se revalidaron la mayor parte de las tipificaciones delictivas existentes en la época colonial, algunos textos constitucionales expresaron de manera explícita el requerimiento de revisar las leyes penales en vigor hasta entonces. El texto constitucional de Pensilvania (1776) es ejemplar:

> SECT. 38. -The penal laws as heretofore used shall be reformed by the legislature of this state, as soon as may be, and punishments made in some cases shall be altered by a future law of the legislature; such parts only excepted as are repugnant to the rights and privileges contained in this constitution, and the declaration of rights (...) agreed to by this convention.-

[88] Art. VII. Constitution of Georgia (1777)

[89] La constitución de Pensilvania (1776) reproduce textualmente las antiguas condiciones para conceder fianza: -All prisoners shall be bailable by sufficient sureties, unless for capital offences, when the proof is evident, or presumption great.- (Secc. 28)

[90] El texto constitucional de Carolina del Norte (1776) es ejemplar: Art. VII. -That, in all criminal prosecutions, every man has a right to be informed of the accusation against him, and to confront the accusers and witnesses with other testimony, and shall not be compelled to give evidence against himself.-; Art. VIII. -That no freeman shall be put to answer any criminal charge, but by indictment, presentment, or impeachment.-; Art. IX. -That no freeman shall be convicted of any crime, but by the unanimous verdict of a jury of good and lawful men, in open court, as heretofore used.-; Art. X. -That excessive bail should not be required, nor excessive fines imposed, nor cruel or unusual punishments inflicted.- Art. XII. -That no freeman ought to be taken, imprisoned, or disseized of his freehold liberties or privileges, or outlawed, or exiled, or deprived of his life, liberty, or property, but by the law of the land.-

less sanguinary, and in general more proportionate to the crimes.-[91]

La constitución de Delaware (1776) también fue explícita sobre la deseabilidad de *reformar* algunas leyes penales, improductivamente sanguinarias, desproporcionadas y contraventoras de la antigua prohibición constitucional de imponer castigos "crueles e inusuales" en los tribunales:

> Art. XIV. -That sanguinary laws ought to be avoided, as far as is Consistent with the safety of the State: and no law, to inflict cruel and unusual pains and penalties, ought to be made in any case, or at any time hereafter.-[92]

Aunque las referencias al Derecho Penal son relativamente escasas en los textos constitucionales, limitados a establecer principios generales y suficientemente ambiguos para hacer maleables sus formas concretas, las alusiones al poder represor y punitivo del Estado siguieron siendo las mismas que en épocas anteriores. En parte, por el profundo arraigo del discurso jurídico-político en la imaginería religiosa, en el que sigue apareciendo la referencia a Dios como fundamento de la Ley y como "the punisher of the wicked". De esta primitiva relación, el control y dominio estatal sobre la vida cotidiana, pública y privada, seguiría en vigor bajo las antiguas leyes de la moral cristiana, secularizadas en el discurso de la Ley, pero no menos religiosas por ello. La constitución del Estado de Pennsylvania (1776) es ejemplar:

---

[91] Carolina del Sur (1778) lo repite textualmente: -That the penal laws, as heretofore used, shall be reformed, and punishments made in some cases less sanguinary, and in general more proportionate to the crime.- (Art. XL)

[92] La constitución de Delaware (1776) también integró un artículo reiterando la antigua prohibición de imponer castigos sobre hechos acontecidos previo a la existencia de la ley penal: Art. XV. -That retrospective laws, punishing facts committed before the existence of such laws, and by them only declared criminal, are oppressive, unjust, and incompatible with liberty; wherefore no ex post facto law ought to be made.-

> SECT. 45. -Laws for the encouragement of virtue, and prevention of vice and immorality, shall be made and constantly kept in force...-

En consonancia, la legislación penal del Estado seguiría siendo eminentemente vengativa, y el ejercicio del poder punitivo, igualmente cruel. Las *reformas* penales previstas en los *nuevos* textos constitucionales debían responder a los requerimientos estratégicos del poder político y adecuarse a las exigencias de gobernabilidad de la época. La exigencia de *proporcionalidad* entre el crimen y el castigo seguiría siendo efecto puntual de la arbitrariedad legislativa, de sus cálculos políticos y a la vez del capricho personal de los legisladores, investido con fuerza de Ley de autoridad para reprimir y castigar. La creencia ancestral en la *ejemplaridad* de la pena como justificación de la misma también sería reproducida sin remiendos, y asimismo la primitiva ilusión del efecto *disuasivo* de los castigos. La pena de muerte seguiría practicándose en todos los estados independientes de Norteamérica, con los mismos métodos y como espectáculos públicos, persiguiendo los mismos objetivos que en el resto de las naciones de la cristiandad europea y sus posesiones americanas.

En el curso restante del siglo XVIII, los criterios de severidad de las penas seguirían respondiendo al cálculo administrativo del poder penal del Estado. Algunos delitos aparejarían castigos menos sanguinarios pero no menos crueles e inhumanos. En algunos estados, -exceptuando a los condenados por crímenes capitales- los reos serían castigados en encierro carcelario y bajo el suplicio permanente de trabajos forzados. En la constitución del Estado de Pennsylvania (1776) se representa la ideología penal dominante en la época, y que habría de predominar hasta entrado el siglo XIX:

> SECT. 39. -To deter more effectually from the commission of crimes by continued visible punishments of long duration, and to make sanguinary punishments less necessary; houses ought to be provided for punishing by hard labour, those who shall be convicted of crimes not capital; wherein the criminals shall be employed for the benefit of the public, or for reparation of injuries done to private persons: And all persons at proper

times shall be admitted to see the prisoners at their labour.-

El trabajo forzado como castigo cumplía la doble función de proveer servidumbre esclava al servicio del Estado y, a la vez, de afectar la psiquis del público, que debía impresionarse por el suplicio laboral del reo y *disuadirse* de la comisión de cualquier delito. El progresivo incremento de la población penal encarcelada en el curso restante del siglo XVIII daría al traste con la impotencia estructural y económica de los sistemas carcelarios estatales para sostenerla y emplearla, abarrotando a los reos en condiciones de existencia crueles e infrahumanas...

No obstante las similitudes ideológicas y semejanzas en los modelos gubernamentales e institucionales de los trece estados norteamericanos, hasta 1787 las estructuras de sus respectivos sistemas de justicia, prácticas judiciales y legislaciones penales, respondían a intereses y requerimientos locales. Aunque en consonancia con las prescripciones constitucionales de Gran Bretaña, las administraciones de gobierno y sus instancias legislativas y judiciales no guardaban vínculos de regulación y sistematización general entre los estados (pos)coloniales. Durante el periodo de la guerra de independencia y tras el rompimiento definitivo con la corona británica, un influyente sector de las fuerzas políticas-militares de la confederación promovió la integración permanente de los trece estados bajo un mismo régimen constitucional y gobierno federal-nacional. Entre sus objetivos, destacaría la imposición de uniformidad en el discurso jurídico-penal y la consecuente sistematización de las prácticas judiciales y regulación ideológica de las legislaciones penales...

Constitución de los Estados Unidos de América (1787)

Relativamente estabilizadas las condiciones de gobierno interior en los trece estados, las élites políticas de la aristocracia (pos)colonial norteamericana contendieron sobre el destino de la confederación y las relaciones jurídico-políticas entre los nuevos estados independientes. El bando que habría de prevalecer (federalista), impulsaba la consolidación de un gobierno central permanente y la creación de una constitución matriz que regulase, en términos absolutos y con fuerza de Ley, los gobiernos de los trece estados confederados.⁹³ La principal oposición al proyecto de unificación permanente bajo un modelo constitucional uniforme y uniformador -según sus promotores- provenía de sectores particulares que temían perder los antiguos privilegios de clase y potestades de gobierno adquiridos durante el periodo colonial y fortalecidos tras la independencia. Las "ambiciones perversas" y avaricias de grandes terratenientes y propietarios, que sólo interesaban agrandar sus dominios y riquezas para lucro particular, también fue identificado entre las resistencias al programa centralizador de los trece estados (pos)coloniales. Entre los numerosos argumentos publicados a favor de la unificación nacional permanente⁹⁴, destaca la similitud con la política centralizadora del imperio británico a inicios del siglo XVIII, que en lo general se justificaba en base a los mismos principios políticos, intereses económicos y objetivos militares estratégicos.⁹⁵ Entre las referencias históricas, los federalistas destacaron las guerras constantes entre "repúblicas comerciales" análogas⁹⁶; la recurrencia invariable de gobernantes corruptos; de rivalidades y discordias permanentes entre partidos políticos y entre facciones domésticas; y de insurrecciones y guerras civiles, ocasionadas por

---

[93] Los principales argumentos a favor de una constitución de gobierno federal uniforme y centralizadora -incluyendo comparaciones críticas sobre los diversos regímenes constitucionales en la historia política de Occidente y sobre los antiguos y contemporáneos gobiernos confederados- fueron publicados desde inicios de 1787 hasta mediados de 1788 en diversos medios escritos. (Hamilton, Alexander; Madison, James; Jay, John; *The Federalist Papers*, No.1-85; 1787-1788; digitalizado por Yale Law School en http://avalon.law.yale.edu.)

[94] "The idea of a national government involves in it, not only an authority over the individual citizens, but an indefinite supremacy over all persons and things, so far as they are objects of lawful government." (*The Federalist Papers* #39)

[95] Los federalistas citaron a su favor y en idénticos términos la antigua retórica de la corona británica, que en 1706 fomentaba la unión permanente con el reino de Escocia. La unión entre reinos garantizaría la preservación de una paz duradera; la religión, la libertad y la propiedad privada; desalentaría las animosidades entre súbditos, y los celos y diferencias entre ambos reinos. La unión bajo una misma constitución de gobierno también incrementaría su poderío militar, seguridad y defensa, riquezas y mercados...

[96] Mencionan, por ejemplo, las guerras entre estados independientes de la antigua Grecia, y las guerras civiles el "Estado comercial" de Atenas.

causas semejantes en regímenes constitucionales *diferentes*.[97] La historia política de Occidente[98] evidencia -según alegan los federalistas- que solo la confederación permanente bajo un gobierno central fuerte viabilizaría los objetivos constitucionales de los estados independientes, regularía y controlaría efectivamente la administración de sus gobiernos, y reduciría las hostilidades domésticas y la posibilidad latente de guerras entre estados. Los acontecimientos recientes en algunos estados ahora independientes -rebelión en Carolina del Norte, disturbios en Pensilvania e insurrecciones en Massachusetts- refrendaban la experiencia histórica citada y confirmaban la deseabilidad y pertinencia del proyecto constitucional.

El concepto de una constitución federal no era una idea nueva -reconocían sus promotores- pero respondía a criterios de utilidad práctica, basados en la experiencia histórica, ancestral y contemporánea. Sus principios políticos y objetivos pragmáticos no eran sustancialmente diferentes a los promulgados en las más diversas constituciones y gobiernos existentes desde tiempos remotos. La instauración de un régimen imperial de Ley pertenecía a la *naturaleza* política de todo gobierno, y el modelo constitucional propuesto perseguía los mismos fines. Según los federalistas, la constitución federal interesaba reproducir las prácticas organizativas y administrativas que han demostrado su

---

[97] "Have republics in practice been less addicted to war than monarchies? Are not the former administered by men as well as the latter? Are there not aversions, predilections, rivalships, and desires of unjust acquisitions that affect nations as well as kings? Are not popular assemblies frequently subject to the impulses of rage, resentment, jealousy, avarice, and of other irregular and violent propensities? Is it not well known that their determinations are often governed by a few individuals in whom they place confidence, and are, of course, liable to be tinctured by the passions and views of those individuals? Has commerce hitherto done anything more than change the objects of war? Is not the love of wealth as domineering and enterprising a passion as that of power or glory? Have there not been as many wars founded upon commercial motives since that has become the prevailing system of nations, as were before occasioned by the cupidity of territory or dominion? Has not the spirit of commerce, in many instances, administered new incentives to the appetite, both for the one and for the other?" (*The Federalist Papers* #6)

[98] Aunque también aparecen dispersas entre los diversos temas tratados, la mayor parte de las referencias históricas comparativas aparece en *The Federalist Papers* #6 y #18.

productividad y experimentar otras alternativas que viabilizaran la efectividad y eficiencia del gobierno. En términos ideológicos, recitaron la antiquísima fórmula de gobierno basada en el principio monopolista de la violencia represiva y punitiva del Estado -reciclada en las obras de numerosos filósofos políticos en todos los tiempos-:

> "Government implies the power of making laws. It is essential to the idea of a law, that it be attended with a sanction; or, in other words, a penalty or punishment for disobedience. If there be no penalty annexed to disobedience, the resolutions or commands which pretend to be laws will, in fact, amount to nothing more than advice or recommendation. This penalty, whatever it may be, can only be inflicted in two ways: by the agency of the courts and ministers of justice, or by military force; by the coercion of the magistracy, or by the coercion of arms."[99]

El principio de gobierno *civil* bajo el modelo constitucional *republicano* procuraba reforzar el poderío y autoridad de la Ley, y sustituir "the violent and sanguinary agency of the sword to the mild influence of the magistracy." Reconocían los federalistas que la administración efectiva del poder penal (criminal justice) del Estado, "…having its benefits and its terrors in constant activity before the public eye, (…) contributes, more than any other circumstance, to impressing upon the minds of the people, affection, esteem, and reverence towards the government."[100] Bajo la constitución nacional se reforzaría la administración ordinaria de las justicias estatales, con refuerzo permanente de la autoridad y poder armado del gobierno federal.

A pesar de las facciones opuestas, el Congreso aprobó por "consentimiento unánime" la *nueva* Constitución.[101] Aunque todos

---

[99] *The Federalist Papers* #15.

[100] *The Federalist Papers* #17.

[101] The Constitution of the United States; 17 de septiembre de 1787. La Constitución fue firmada por los delegados de los estados de: Connecticut, Delaware, Georgia, Maryland, Massachusetts, New Hampshire, New Jersey,

los estados conservarían sus gobiernos autónomos, uniformados bajo el modelo de gobierno republicano, ninguna ley estatal podría contravenir los principios y preceptos de la "ley suprema", y todos los tribunales y jueces estaban compelidos a respetarlas al pie de la letra. (Art.VI) El Congreso tendría la autoridad para legislar, definir y castigar, delitos de piratería y crímenes en alta mar, así como las *ofensas* a las leyes internacionales. Además, el Congreso "shall have power to declare the punishment of treason"(Art. III. Secc.3) Los fugitivos de cualquier delito o prisioneros condenados a trabajos forzados y que hubiesen huido a otro Estado, debían ser aprisionados y devueltos a la jurisdicción estatal donde se radicaron los cargos. (Art. IV. Secc.2) Asimismo, el Congreso fue investido del poder para "provide for calling forth the militia to execute the laws of the union, suppress insurrections and repel invasions." (Art. I. Secc.8)

El texto constitucional aprobado consolidó la estructura centralizadora y uniformadora del poder de gobierno federal, de la autoridad legislativa del Congreso, de la potestad ejecutiva, del sistema judicial y de las fuerzas armadas. La oposición generalizada a la integración de una "carta de derechos" que estableciera límites precisos al ejercicio de las potestades de gobierno -ejecutiva, legislativa y judicial- prevaleció a la fecha de su aprobación. Para los federalistas, la protección de derechos civiles estaba implícita en el espíritu de la *nueva* Constitución, y reconocerlos de manera explícita era considerado políticamente "innecesario", "impropia" y "peligroso".[102] Los argumentos que prevalecieron estuvieron, sin embargo, fundamentados en razones demagógicas populistas. Según alegaron los federalistas, la mayor parte de la ciudadanía americana estaba convencida de que la unificación nacional provista en la Constitución era la base de su "felicidad política", *confiaba* en el patriotismo y el sentido de justicia de *sus* representantes políticos, y eso bastaba para omitir la integración de frenos jurídicos a la injerencia del poder de gobierno y derechos civiles precisos en el texto constitucional. El *nuevo* régimen de control y dominación absolutista de la Ley, bajo

---

New York, North Carolina, Pennsylvania, South Carolina, Virginia (Rhode Island no envió delegados)

[102] *The Federalist Papers* #84.

administración exclusiva de la aristocracia[103] política dominante y en consonancia con los intereses de la oligarquía estadounidense, consolidó su legitimidad en la Constitución de 1787 tras el eufemismo retórico-ideológico del "consentimiento" popular.[104] La proclama oficial de la nueva Constitución, leída por el presidente del Congreso, anunció entre líneas el carácter virtualmente irrestricto del poder de gobierno federal y el requerimiento de subordinación absoluta de los gobernados:

> "It is obviously impractical in the federal government of these states, to secure all rights of independent sovereignty to each, and yet provide for the interest and safety of all: Individuals entering into society, must give up a share of liberty to preserve the rest."[105]

Dentro del *nuevo* ordenamiento constitucional se preservó el antiguo régimen de dominación patriarcal y de explotación laboral esclavista[106], excluyendo a las mujeres y a la población esclavizada de la vida política en la nación (pos)colonial

---

[103] La constitución republicana prohibió formalmente los "títulos de nobleza", pero la procedencia de clase privilegiada de las élites políticas "representantes" y el contenido eminentemente clasista de sus programas de gobierno y consecuentes legislaciones, se conservó de manera íntegra en la práctica del poder político del gobierno federal.

[104] La alusión a un consenso general remitía a los delegados con poder de voto en la asamblea constituyente del Congreso, pero fuera de ella no existía un consenso general real. Poderosos e influyentes sectores de las élites políticas de la época siguieron oponiéndose a la aprobación de la Constitución federal, y los mismos federalistas lo admitían en sus escritos: "I know that powerful individuals, in this and in other States, are enemies to a general national government in every possible shape." (*The Federalist Papers* #85)

[105] Washington, George; "The letter presenting the Constitution"; 17 de septiembre de 1787.

[106] Durante este periodo acontecieron disputas entre las élites políticas de los diversos estados sobre la deseabilidad de regular la esclavitud en el texto constitucional, conviniéndose la omisión del tema en la Constitución y el reconocimiento de la potestad de cada Estado para administrarla, regularla o abolirla. (Transcripción de las actas en la convención constitucional de 1787 aparecen transcritas en "Slavery and Constitution"; 21 y 22 de agosto de 1787; digitalizadas en http://www.let.rug.nl/usa/documents)

estadounidense. Aunque durante este periodo se convinieron determinados tratados comerciales con las naciones indígenas, también se preservó intacta la política de expansión territorial e integración de nuevos estados bajo la "ley suprema" de los Estados Unidos.[107]

- **Enmiendas constitucionales / carta de derechos (1789-1791)**

La integración jurídica de los trece estados bajo una misma constitución no atenuó las críticas de sus principales opositores, que en conjunto y a pesar de las diferencias entre sí, amenazaban la viabilidad del proyecto uniformador del gobierno federal. Más allá de la propaganda ideológica y la demagogia populista que la hacía aparecer como representación de la voluntad general, un influyente sector de la facción más crítica siguió ejerciendo presiones al Congreso para ajustar la *nueva* Constitución a sus intereses políticos y económicos. El principal portavoz de la oposición federalista a la integración de una "carta de derechos" civiles y de regulaciones explícitas a los poderes ejecutivos, legislativos y judiciales, cedió a las demandas y propuso una serie de enmiendas a la Constitución.[108] El contenido de las enmiendas, sin embargo, fue una transcripción de artículos constitucionales previamente establecidos en algunos estados, en gran parte copiados de la carta de derechos británica de 1689. Entre ellos, los relativos a la regulación de los *derechos* de los acusados en causas criminales[109]; a garantizar juicios por jurado; y la prohibición al poder judicial de imponer fianzas "excesivas" y castigos "crueles e inusuales".

---

[107] Art. IV Secc.3 -New states may be admitted by the Congress into this union...-

[108] Madison speech proposing the Bill of Rights; 6 de junio de 1789.

[109] "In all criminal prosecutions, the accused shall enjoy the right to a speedy and public trial, to be informed of the cause and nature of the accusation, to be confronted with his accusers, and the witnesses against him; to have a compulsory process for obtaining witnesses in his favor; and to have the assistance of counsel for his defense." (Ídem)

La incorporación de una declaración de derechos civiles al sistema de gobierno federal fue admitida por el Congreso en base al cálculo de sus efectos políticos estratégicos: apaciguar y complacer las demandas de los poderosos sectores que lo exigían, y viabilizar las condiciones de gobernabilidad deseadas; lograr, en fin, "the tranquility of the public mind, and the stability of the government". Entre los objetivos principales destaca el de regular la autoridad legislativa de los diversos estados, restringirla dentro del marco de la "ley suprema" y controlar los abusos de poder; y asimismo, regular las prácticas judiciales y punitivas en las jurisdicciones estatales.

No obstante la aprobación de diez enmiendas a la Constitución, integradas como "carta de derechos"[110] y los relativos *frenos* a la injerencia de las autoridades de gobierno, el poder legislativo conservó su antigua potestad de manera virtualmente irrestricta. Dentro de la ideología republicana dominante, el cuerpo legislativo es en sí mismo el principal guardián de las libertades constitucionales, por lo que resulta improcedente restringir su dominios. Aunque los códigos legales (civiles y criminales) existentes desde la época colonial siguieron en vigor durante el curso restante del siglo XVIII, y la mayor parte de las tipificaciones delictivas existentes se conservaron sin trastoques sustanciales, los cuerpos legislativos de los trece estados siguieron funcionando como tradicionalmente lo hacían, preservándose la ancestral potestad de imponer castigos con fuerza de ley a discreción y conveniencia. Bajo la autoridad legislativa del Congreso se nacionalizaría un registro de delitos y castigos, en su mayoría preexistentes durante el periodo colonial.

• Código criminal del gobierno federal (1790[111])

Dentro del marco de la *nueva* Constitución y bajo la autoridad suprema del Congreso, los gobiernos estatales (pos)coloniales conservaron sus relativas autonomías legislativas,

---

[110] The U.S. Bill of Rights; 15 de diciembre de 1791 (Digitalizado en http://www.archives.gov)

[111] Crimes Act (1790) / Federal Criminal Code of 1790 (United States Statutes at Large. Vol. 1. United States Congress. Public Acts of the First Congress. 2nd Session. Chapt. IX –An Act for the Punishment of certain Crimes against the United States- April 30, 1790. (Digitalizado en http://en.wikisource.org)

judiciales y ejecutivas sobre asuntos locales. La jurisdicción del gobierno federal reforzó las condiciones de gobernabilidad general sin trastocar los principios políticos-administrativos y objetivos institucionales preestablecidos durante la era colonial. No obstante, las antiguas tecnologías de control y domesticación social fueron ajustadas progresivamente en conformidad a los requerimientos uniformadores del sistema de gobierno central, y sistematizadas consecuentemente las instancias judiciales y prácticas penales adscritas a su jurisdicción.[112] En 1790 el Congreso de los Estados Unidos decretó la primera legislación criminal que habría de implementarse en todas sus jurisdicciones,[113] "under the sole and exclusive jurisdiction of the United States."

El *nuevo* código penal estadounidense reprodujo las tipificaciones delictivas preexistentes durante la era colonial, limitándose a encuadrar su lenguaje dentro de la nueva condición de soberanía política y en acorde a sus particulares requerimientos administrativos.[114] El Congreso expandió la jurisdicción penal de los tribunales federales sobre los crímenes de traición, piratería, falsificación (counterfeiting) así como los relativos al "derecho internacional" (law of nations) encausados dentro del territorio continental y en sus dominios marítimos. También recicló la legislación penal sobre los crímenes de soborno (bribery), perjurio, obstrucción a las autoridades judiciales y falso testimonio en los tribunales; crímenes contra la propiedad y contra las personas (asesinato, homicidio y mutilación –mayhem-).

La relativa ambigüedad de categorías criminales como la de "traición[115]" dejaba un amplio margen discrecional a las

---

[112] The United States Judiciary Act of 1789 (First Congress. 1rst Session. Chapter 20. An Act to Establish a Judicial Court in the United States); September 24, 1789; reproducido en *A Century of Lawmaking for a New Nation: U.S. Congressional Documents and Debates, 1774-1875.* (Digitalizado en http://www.loc.gov)

[113] Crimes Act (1790) / Federal Criminal Code of 1790; op.cit.

[114] La comisión senatorial a cargo de redactar el código criminal examinó los códigos penales (criminal laws) de los estados Massachusetts, New Jersey, Pennsylvania, Virginia, y South Carolina.

[115] Otras categorías criminales o tipificaciones delictivas igualmente ambiguas, como sedición, conspiración, rebeldía, insubordinación, etc., posibilitaban la

autoridades judiciales para procesar a encausados por cuestiones políticas reales o ficticias, y castigar brutalmente las manifestaciones opositoras y expresiones disidentes. Los juzgados culpables por el tribunal, con base a la confesión del acusado o al testimonio de dos testigos –según dispone el código criminal de 1790– "shall suffer death". (Secc. 1) A quienes teniendo conocimiento previo no los delatasen les era impuesta una pena máxima de siete años de prisión y una multa. (Secc.2)

Además de garantizar la prepotencia de la magistratura federal en la dimensión de los crímenes políticos, la ambigüedad de los términos también hacía extensiva la potestad virtualmente irrestricta de los jueces federales sobre el ámbito económico en tierra y en mar. La piratería era penada con la muerte (Secc.8) y, aunque existían leyes estatales previas, el nuevo código penal omitió la especificidad de los delitos encausados bajo esta categoría, amplificando el poder político federal sobre todas las relaciones y prácticas comerciales. Los artículos relacionados castigan con la muerte por asesinato, atraco (robbery), delitos graves (felony) y "hostilidad" contra los Estados Unidos, fuesen cometidos por las autoridades, por la tripulación o por ciudadanos particulares. Asimismo, castiga con la muerte la insubordinación de los tripulantes y los motines. (Secc.9-10) La falsificación de monedas, certificados y documentos oficiales también era penada con la muerte. (Secc.14)

El crimen de asesinato voluntario (wilful murder) también fue integrado a la jurisdicción de los tribunales federales (Secc. 3). El método para infligir el castigo de muerte era la horca: "…shall be by hanging the person convicted by the neck until dead." (Secc. 33) Los cuerpos de los ejecutados –a discreción y por orden judicial-: "shall be delivered to a surgeon for dissection." (Secc. 4) Cualquier persona que *obstruyera* la orden judicial de diseccionar al reo ejecutado o tratase de "rescatar" el cuerpo entregado al cirujano incurría en pena de prisión hasta un año y multa. (Secc.5) Copiada de la legislación penal inglesa, la disección de cadáveres de reos ejecutados formaba parte del código penal del gobierno federal estadounidense. También eran condenados a muerte quienes liberasen por la fuerza o "rescatasen" de prisión a condenados a muerte. (Secc.23)

---

criminalización de prácticas políticas disidentes a discreción de las autoridades judiciales.

Los crímenes de homicidio (manslaughter) conllevaban una pena de prisión de tres años y mil dólares de multa (Secc.7). El crimen de mutilación (mayhem) –el acto de cortar orejas o lengua, sacar ojos, arrancar nariz o labios, dañar o desfigurar cualquier parte del cuerpo ajeno, de manera ilegal, intencional y maliciosa– era castigado con siete años de prisión y multa de mil dólares. (Secc.13)

Los crímenes contra la propiedad registrados bajo la categoría de fraude o latrocinio (larceny) eran penados con una multa de cuatro veces el valor de la propiedad robada e incluía el suplicio público de treintainueve latigazos. (Secc. 16) La misma pena era impuesta a cómplices y accesorios del crimen (quienes a sabiendas compraran cosas robadas o supieran de los ladrones y no los delataran)

La mayor parte de los crímenes relacionados a la esfera judicial eran penados con multas y prisión (corrupción de registros judiciales, perjurio, soborno, obstrucción al proceso judicial, etc.) (Secc.15; 18; 21; 22) Los crímenes de corrupción de registros judiciales (robo, alteración, falsificación, etc.) eran castigados con siete años de prisión, cinco mil dólares de multa y treintainueve latigazos en público. Los encausados por perjurio eran ridiculizados públicamente en la picota (pillory).

- **Crímenes políticos y criminalización de "extranjeros" (1798)**

A finales del siglo XVIII, el Congreso aprobó *nuevas* legislaciones penales atribuyéndose potestades omnímodas sobre las poblaciones "extranjeras" en todas las jurisdicciones bajo sus dominios. A discreción de las autoridades federales, las personas extranjeras (aliens) de las que *sospechasen* que pudiesen ser "peligrosas" para la "paz y seguridad" de los Estados Unidos, podían ser intervenidas, procesadas judicialmente y encarceladas.[116] Al mismo tiempo, reforzó la política de control migratorio ordenando el arresto y aprisionamiento de las personas que residieran sin licencia en sus jurisdicciones. Al término de la condena, que podía extenderse hasta tres años, eran deportados permanentemente y sin opción para obtener ciudadanía. A

---

[116] An Act Concerning Aliens, 25 de junio de 1798; reproducido en *The People Shall Judge*; op.cit., pp.434-35.

mediados de 1798, el Congreso decretó una *nueva* ley para hacer más severas las penas a los sospechados o acusados por crímenes de sedición y actos análogos (insurrección, revueltas y asambleas ilegales), incluyendo la ampliación de los cargos por el crimen de conspiración. Los tribunales podían infligir discrecionalmente castigos de multas y prisión por un tiempo mínimo de seis meses y hasta seis años.[117] Además, a pesar de haber *reconocido* como derechos constitucionales la libertad de expresión (freedom of speech) y la libertad de prensa en 1791, el Congreso prohibió las manifestaciones de oposición, impresos y publicaciones críticas del gobierno federal, ordenando -a discreción de los tribunales- la imposición de multas y encarcelamiento, extensivos hasta dos años.[118]

Conquistas territoriales e integración de nuevos estados (1787-1898)

Hasta finales del siglo XVIII la corona imperial española todavía poseía la mayor parte de los territorios norteamericanos, y la corona imperial inglesa aún conservaba algunos remanentes de sus antiguos territorios. A partir de la adopción general de la Constitución de los Estados Unidos, el gobierno federal consolidó su hegemonía política sobre los trece estados existentes e inició la reestructuración de los territorios bajo sus dominios. Durante este periodo, amplias extensiones territoriales fueron cedidas a la jurisdicción federal como pago de las deudas estatales contraídas durante la guerra de independencia. Simultáneamente, algunos estados contendían entre sí por el control y extensión de *sus* fronteras. A partir de 1791 serían integrados progresivamente nuevos territorios y estados bajo la constitución federal.[119]

---

[117] Sedition Act; 14 de julio de 1798; reproducido en *The People Shall Judge*; op.cit., pp.435-36.

[118] Ídem.

[119] Hasta finales del siglo XVIII, los estados admitidos bajo la soberanía de la Constitución federal fueron: • Vermont (1791) • Kentucky (1792) • Tennessee (1796). Durante la primera mitad del siglo XIX serían anexados los estados de: • Ohio (1803) • Louisiana (1812) • Indiana (1816) • Mississippi (1817) • Illinois (1818) • Alabama (1819) • Maine (1820) • Missouri (1821) • Arkansas (1836) • Michigan (1837) • Florida (1845) • Texas (1845) • Iowa (1846) • Wisconsin (1848) • California (1850).

En el curso restante del siglo XVIII y durante todo el siglo XIX, los territorios remanentes de las naciones indígenas fueron comprados, ocupados o conquistados progresivamente, y las diversas poblaciones nativas amontonadas y relocalizadas bajo la administración directa de las autoridades militares y a discreción del gobierno federal.

A raíz de la guerra entre las potencias imperialistas de España y Francia, el extenso territorio colonial de Luisiana, que ocupaba casi una tercera parte de Norte América, fue cedido al imperio francés en 1800[120]; y comprado en 1803 por el gobierno federal estadounidense.[121] Aunque la política expansionista del gobierno federal generó discordias internas entre las élites políticas estadounidenses por consideraciones estratégicas coyunturales, el proyecto expansionista se impuso de manera definitiva, integrándose gradualmente quince nuevos estados en el territorio de Louisiana.[122]

En 1823, el presidente James Monroe (1817-1825) ratificó la política de *neutralidad* del gobierno estadounidense en asuntos internos y guerras entre las potencias imperiales europeas, y declaró la disposición de los Estados Unidos a intervenir militarmente para *defender* a los países del continente americano contra cualquier intervención o injerencia bélica de países europeos en la región: "we should consider any attempt on their part to extend their system to any portion of this hemisphere as dangerous to our peace and safety…"[123] Al mismo tiempo, reiteró

---

[120] El pacto de cesión del territorio colonial de Louisiana fue convenido mediante tratado entre ambas potencias en 1800, y formalizado en la Real cédula de 15 de octubre de 1802. (Digitalizada en https://books.google.es)

[121] Treaty between the United States of America and the French Republic (The Louisiana Purchase): 30 de abril de 1803. (Digitalizado en http://www.archives.gov)

[122] Los estados que ocuparían gradualmente el territorio de Louisiana hasta fines del siglo XIX fueron: • Louisiana (1812) • Missouri (1821) • Arkansas (1836) • Texas (1845) • Iowa (1846) • Minnesota (1858) • Kansas (1861) • Nebraska (1867) • Colorado (1876) • Montana (1889) • Dakota del Norte y Dakota del Sur (1889) • Wyoming (1890). El territorio de Nuevo México sería anexado como Estado en 1912, integrando además las partes de los territorios cedidos tras la guerra con México.

[123] President Monroe's seventh annual message to Congress, 2 de diciembre de 1823. (Digitalizado en http://avalon.law.yale.edu)

la neutralidad con respeto a las guerras de independencia entre los estados latinoamericanos y España, libradas fragmentariamente desde comienzos del siglo XIX. Secuela de las guerras de independencia en las colonias americanas del reino español, otros territorios y estados fueron integrados bajo el dominio federal estadounidense.[124] Tras la anexión del Estado de Texas en 1845 y dentro del marco de la política expansionista del gobierno federal, entre 1846 y 1848 aconteció una guerra entre las potencias imperialistas de México y Estados Unidos. Derrotada la armada mexicana en 1848, el gobierno federal mexicano cedió una extensa parte de *su* territorio a la jurisdicción imperial estadounidense.[125]

Para mediados del siglo XIX, el gobierno federal estadounidense habría adquirido la mayor parte de Norteamérica, ejerciendo la soberanía política en todos los territorios bajo sus dominios. A finales del siglo XIX, se habrían integrado cuarentaitrés estados[126] y territorios coloniales mediante tratados económico-políticos[127] y conquistas militares.[128] Además de las

---

[124] En 1821 el gobierno federal compró el territorio de la Florida española, y en 1845 admitió bajo su jurisdicción constitucional el Estado de Florida. Ese mismo año el virreinato de Nueva España (México) logró su independencia. En 1836 la república de Texas se independizó de México, y en 1845 fue integrado a los Estados Unidos.

[125] Tratado de Paz, Amistad, Límites y Arreglo definitivo entre la República Mexicana y los Estados Unidos de América, 2 de febrero de 1848 (Digitalizado en http://www.fmmeducacion.com.ar) Dentro del territorio cedido se anexaron gradualmente los estados de: • California (1850) • Nevada (1864) • Utah (1896) • Arizona sería anexada como Estado en 1912, e integrados parte de los territorios a los estados de Colorado, Nuevo México y Wyoming.

[126] Antes de finalizar el siglo XIX habrían sido anexados, además, los estados de: Oregon (1859) • West Virginia (1863) • Washington (1889) • Idaho (1890); y adquiridos nuevos territorios continentales e islas que serían anexados en el siglo XX: Alaska (1959) y Hawaii (1956).

[127] En 1867 el emperador de Rusia cedió al gobierno federal de los Estados Unidos, "all the territory and dominion now possessed by his said Majesty on the continent of America and in the adjacent islands…" (Treaty concerning the Cession of the Russian Possessions in North America by his Majesty the Emperor of all the Russias to the United States of America; 20 de junio de 1867. Digitalizado en http://avalon.law.yale.edu)

[128] En 1898, como saldo de la guerra entre las potencias imperialistas españolas y estadounidenses, el gobierno federal de los Estados Unidos adquiriría las

razones estratégico-militares que animaron las conquistas e integración jurídico-política de nuevos territorios y estados, la política expansionista estuvo ligada estrechamente a los grandes intereses económicos de la oligarquía dominante. A pesar de la posesión de inmensas extensiones de tierras fértiles, incalculables riquezas naturales y poderosas fuerzas productivas, la administración política de los territorios y estados siguió favoreciendo a la minoría privilegiada, propietaria de la mayor parte de los medios de producción en ciudades y campos; y la brecha entre la minoría rica y la inmensa mayoría empobrecida se ensancharía vertiginosamente en el curso del siglo XIX. En función de los requerimientos de gobernabilidad general bajo el imperio de la Ley y en conformidad con las demandas administrativas del modelo socio-económico capitalista, el gobierno federal y los gobiernos estatales procurarían reformar, amplificar y consolidar sus respectivas maquinarias represivas, disciplinarias y punitivas.

Situación laboral / criminalización de las luchas obreras

En el curso del siglo XIX el poder político en las altas esferas de gobierno se mantuvo ocupado invariablemente por aristócratas blancos, fuesen de tendencia ideológica populista u oligárquica. El sistema electoral fue ajustado gradualmente a los nuevos requerimientos de gobernabilidad general, en parte como mecanismo de control psico-social sobre las masas populares en acelerado crecimiento, y en parte como dispositivo domesticador de las emergentes fuerzas políticas del proletariado. A partir de 1821 los gobiernos estatales eliminaron gradualmente las restricciones para cualificar al derecho al voto entre los hombres blancos[129], derogando las condiciones relativas a la posesión de capital y propiedades. El principal objetivo político de la clase

---

remanentes provincias coloniales de España en el Caribe (Cuba y Puerto Rico) e islas Filipinas, en el Pacífico. (Treaty of Peace Between the United States and Spain; 10 de diciembre de 1898. Digitalizado en http://avalon.law.yale.edu)

[129] Indistintamente de la procedencia de clase y diferencia racial, las mujeres permanecerían excluidas del derecho a participar en los procesos político-electorales y en los cuerpos administrativos de gobierno civil hasta entrado el siglo XX.

gobernante -más allá de la demagogia populista del discurso *democrático*- era viabilizar la estabilidad de las relaciones de producción y consolidar el modelo socio-económico de los "estados comerciales" sin trastocar radicalmente la estructura de control y dominación del poder patronal sobre las fuerzas obreras asalariadas.

Dentro del modelo de producción capitalista y en el marco de las regulaciones legales existentes, la clase propietaria conservó el control administrativo absoluto y privativo sobre sus negocios, objetivos y relaciones de producción. Aunque las leyes reconocían el derecho de los trabajadores a *organizarse* y *negociar* a su favor las condiciones laborales y salarios, privilegiaban el *derecho* de sus empleadores a usarlos y explotarlos a discreción y en función exclusiva de sus intereses económicos. Desde los años 40, la jurisprudencia estadounidense había consolidado los dominios corporativos privados dentro del discurso general del Derecho Penal, ratificando la aplicación de la categoría criminal de "conspiración" a cualquier acto *interpretado* judicialmente como violatorio de la relación contractual entre el patrono y el empleado.[130] Aunque la mayor parte de la fuerza laboral asalariada se sometía sin oponer mayor resistencia a los requerimientos patronales, las brutales condiciones de trabajo, la severidad del régimen disciplinario y los bajos salarios, siguieron siendo objeto de reproche y protesta organizada en todos los estados.[131] Las manifestaciones huelgarias, no obstante, estaban prohibidas en las leyes de la época, y los fallos judiciales favorecían los intereses patronales al mismo tiempo que criminalizaban las luchas obreras. Durante el curso del siglo XIX, proliferaron a escala nacional las

---

[130] Commonwealth vs. Hunt; Massachusetts Supreme Court; 1842.

[131] Desde la época colonial las jornadas de trabajo podían extenderse hasta catorce horas. Aunque existe registro de protestas y huelgas obreras desde el siglo XVIII, en los años veinte se registran en las ciudades de Boston (1825), Philadelphia (1872) y New York (1829) las primeras huelgas masivas de trabajadores con repercusiones políticas significativas. El reclamo principal era la reducción de la jornada laboral a diez horas y aumento de salario. Los pleitos fueron llevado a los tribunales y los fallos judiciales se resolvieron siempre a favor de los patronos, privilegiando los "rights of the rich" sobre los "rights of the poor". (Las resoluciones de las organizaciones obreras, las respuestas patronales y los fallos judiciales aparecen reproducidos en *The People Shall Judge* (Vol. I.); op.cit., pp.577-587)

organizaciones sindicales y las manifestaciones huelgarias siguieron siendo reprimidas brutalmente por las fuerzas policiales y militares en todos los estados y territorios.[132]

Derecho Penal en los Estados Unidos de América (Siglo XIX)

Antes de finalizar el siglo XVIII, la mayor parte de los delitos penados con la muerte en los estados (pos)coloniales de Norteamérica eran conmutados a reclusión y servidumbre en trabajos forzados.[133] En algunos estados la pena de muerte, excepto en casos de asesinato, había sido abolida temporalmente.[134] En el curso del siglo XIX, los códigos penales estadounidenses conservaron las mismas tipificaciones delictivas preexistentes desde la época colonial, y el castigo predominante siguió siendo el encierro carcelario y la servidumbre a trabajos forzados.[135] Además de los delitos tipificados en los códigos penales, existían otras numerosas legislaciones penales en todos los estados, muchas de ellas conservadas desde la época colonial.

---

[132] En 1886 se coordinó la primera huelga general de trabajadores en los Estados Unidos, priorizando el reclamo de disminución de la jornada laboral a ocho horas. Las protestas fueron prohibidas bajo ley marcial y los manifestantes objeto de represiones sanguinarias por los cuerpos militares y policiales. En 1887, a un grupo de dirigentes en la ciudad de Chicago le fueron fabricados cargos criminales y encarcelados. Cuatro de ellos (George Engel, Adolf Fischer, Albert Parsons, y August Spies) fueron condenados judicialmente a la pena de muerte y ahorcados el mismo año.

[133] En el Estado de Pennsylvania, por ejemplo, la pena para algunos delitos capitales existentes (robo, hurto y crimen contra natura -"crime against nature"-) desde 1718 fue conmutada en 1786 por el castigo de servidumbre en trabajos forzados. (*Statistical View of the Operation of the Penal Code of Pennsylvania* (1817); op.cit. p.9)

[134] En 1794 el Estado de Pennsylvania abolió la pena de muerte para todos los delitos capitales, excepto el asesinato en primer grado. (Ídem)

[135] Los registros de sentencias y prisioneros en 42 cárceles y penitenciarías de los Estados Unidos (1794-1816) incluye reos de asesinato; homicidio; mutilación (mayhem); violación (rape); muerte de un hijo bastardo; bigamia; incesto; sodomía y bestialismo (crime against nature); robo; hurto; asalto; incendio (arson) falsificación; perjurio; fraude, y otros delitos menores no especificados. (Ídem)

También era práctica generalizada durante este periodo la creación de nuevas *ofensas* (delitos y penas) paralelas a las existentes en los códigos penales. Durante las primeras décadas del siglo XIX, los sentenciados a condenas de cárcel regional por delitos particulares que no estaban contenidos en los códigos fueron trasladados -a discreción de los tribunales- a las penitenciarías estatales y obligados a cumplir los términos de las condenas en trabajos forzados, incluyendo la construcción de nuevas celdas y expansión de las instalaciones carcelarias.[136] El orden interior reglamentado para las instituciones penitenciarias disponía el régimen de suplicios corporales y psicológicos a los que debían ser sometidos los condenados. El código penitenciario del Estado de Georgia, reformado en 1829, es ejemplar:

> Sec. VI. -The convicts shall be punished with solitary confinement in cells provided for that purpose, at all times except during the hours of labour; and the time allowed by law for taking their meals, so soon as practicable, under the provisions of this act.-

Durante este periodo, la población penal había incrementado en todas las jurisdicciones estatales, las instituciones carcelarias estaban abarrotadas y el sistema no empleaba a la mayor parte de sus prisioneros. Hasta finales de siglo, el gobierno federal no dispondría de cárceles propias y los prisioneros bajo su jurisdicción también eran almacenados en las cárceles y penitenciarías estatales.[137] La insuficiencia estructural e impotencia

---

[136] En 1829, la reforma penal y penitenciaria del Estado de Georgia, por ejemplo, disponía: Sec. 11 -The convicts now in the penitentiary, or so many of them as may be necessary, shall be employed in the erecting of said cells, or such other alterations in, or additions to the penitentiary buildings, as may be herein required.- (An Act for changing the manner of punishing Convicts in the Penitentiary, and for the netter regulation of the same..."; en *A Digest of the Laws of the State of Georgia*; Philadelphia, 1831 (Penal Laws; pp.275-281 / Penitentiary; pp.281-287); digitalizado en http://books.google.com)

[137] El Crimes Act de 1790 no dispuso para la creación de cárceles federales. El gobierno federal preservó la resolución del Congreso (21 de septiembre de 1789), que disponía que los prisioneros federales fuesen encarcelados en prisiones estatales. La primera cárcel federal sería inaugurada en 1894, en Fort Leavenworth.

económica de los estados para sufragar los costos de las prisiones *públicas*, sostener la creciente población penal y garantizar empleo a los reos sentenciados a cumplir condenas de servidumbre laboral, fue reconocida en informes oficiales desde las primeras décadas del siglo XIX.[138] Las condiciones de existencia infrahumana, el hacinamiento y carencia de recursos esenciales, caracterizaba el sistema carcelario de la época. La desorganización interna y las negligencias administrativas agravaban la situación de los condenados. No obstante, la ideología carcelera se conservó intacta en todas las legislaciones penales estadounidenses. Entretanto, los proyectos de *reforma* de los códigos penales estatales refrendarían la primitiva ideología represiva y punitiva de la Ley, seguirían promoviendo el encarcelamiento como castigo idóneo a los condenados y, consecuentemente, la ampliación progresiva del sistema penal en todas sus dimensiones.

- *Nuevo* código criminal (1827)[139] / Reforma del sistema penal (1824-28)

En 1820 la Asamblea (senado y cámara de representantes) del Estado de Louisiana[140], encomendó al jurista estadounidense

---

[138] El estado de situación en la penitenciaría estatal de Pennsylvania es ejemplar. Según informes publicados en 1817, "the number of persons of all classes continues to increase (...) So many are thus crowded together in so small a space, and so much intermixed, the innocent with the guilty, the young offender, and often the disobedient servant or apprentice, with the most experienced and hardened culprit; that the institution already begins to assume, especially as respects untried prisoners, the character of a European prison, and a seminary for every vice, in which the unfortunate being, who commits a first offence, and knows none of the arts of methodized villainy, can scarcely avoid the contamination, which leads to extreme depravity, and with which from the insufficiency of the room to form separate accommodations, he must be associated in his confinement." (*A View of the Present State of the Penitentiary and Prison in the City of Philadelphia*; Philadelphia Society for alleviating the misery of public prisons; Philadelphia, 1817; digitalizado en http://books.google.com)

[139] Criminal Code. Of Criminal Offenses and their Punishment. Title I-III. Art. 3581-3754; *A Digest of the Laws of the United States*; Philadelphia, 1827; pp. 699-734. (Digitalizado en http://books.google.com)

[140] El territorio de Louisiana, antigua posesión española y posterior colonia francesa hasta inicios del siglo XIX, fue comprado por el gobierno federal

Edward Livingston (1764-1836) redactar un proyecto de revisión y reforma del sistema penal (judicial y carcelario) y un *nuevo* código criminal (1824/31). Aunque el proyecto de Livingston no fue aprobado íntegramente por el gobierno de Louisiana, fue *adoptado* posteriormente por el gobierno de la República Federal de Centro América.[141] El proyecto de Ley integró un tratado analítico sobre la condición de las leyes criminales de la época, heredadas de las tradiciones jurídico-penales europeas –predominantemente inglesas- y vigentes de manera generalizada en los estados (pos)coloniales estadounidenses. Aunque el *nuevo* código criminal no era aplicable a las *tribus* indígenas[142] ni incluía las leyes penales relativas a la inmensa población de esclavos, ni las relacionadas a los cuerpos militares[143], que tenían sus propios códigos criminales, el texto expositivo y el código propuesto reflejan la mentalidad *reformista* dominante entre la clase política *liberal* de la época.

Enmarcado en el imaginario imperialista de la Ley - manifiesto en las disposiciones constitucionales de 1787 y en el código criminal federal de 1790- las premisas guías y conclusiones de Livingston reprodujeron los mismos principios y objetivos de los discursos reformistas europeos del siglo XVIII, arraigados principalmente en las obras de los filósofos estadistas Beccaria (*De los delitos y las penas* -1764) y Montesquieu (*El espíritu de las leyes* -1747).

Según la crítica reiterada ante la Asamblea legislativa, el sistema de ley criminal del Estado era *defectuoso* y urgía reformarlo en todas sus dimensiones. El objetivo de las leyes penales y códigos criminales –insistía Livingston- debía basarse en el

---

estadounidense al emperador Bonaparte en 1803. El tratado de cesión fue firmado el 30 de abril de 1823 y el costo ascendió a $11, 250,000.

[141] La República Federal de Centro América (1824-1839) estaba integrada por los estados nacionales de Costa Rica, el Salvador, Guatemala, Honduras y Nicaragua. El Código penal de Livingston fue presentado por el presidente José Francisco Barrundia en 1829 y adoptado por el gobierno de la federación durante la presidencia de Francisco Morazán (1830-1834)

[142] Political Code. Book VI. On Indian Relations. Title I. Indian Treaties. Chapter I-XXVI / Title II. Legislative Regulations of Indian Affairs. Chapter I-VII. *A Digest of the Laws of the United States*; Art. 1405-1628; op.cit., pp.233-269.

[143] Military Code (Army/Navy) (1827); *A Digest of the Laws of the United States*; Art. 3139-3580; op.cit., pp.628-698.

principio de "prevención del crimen" y no en la venganza; su lenguaje debía ser uniforme, *claro* y comprensible de manera generalizada, no sólo entre las élites jurídicas sino entre las clases populares[144]; debían *designarse* "todos los delitos que deben castigarse por la ley", definirlos *claramente* y numerar, clasificar y determinar las penas con precisión. Asimismo, las leyes debían uniformar y fijar con claridad y precisión las reglas concernientes a los procedimientos judiciales, las funciones de los magistrados y demás funcionarios del sistema judicial, así como de las instituciones carcelarias.

Entre las razones expuestas por Livingston para constituir un nuevo código criminal destaca el imperativo político de sistematizar el lenguaje de las leyes penales y de *imprimir* en la mente de los legisladores los principios en que se fundan. Sobre esta base ideológica el código criminal debía operar como regla o norma general en todos los tribunales y viabilizar la eficacia y productividad del sistema penal del Estado. El objetivo inmediato –según el jurista- era producir un código criminal *original*, conforme a la realidad imperante:

> "Las discordancias que han ocurrido en nuestro sistema desaparecerán; (...) y nuestra legislación penal no será ya un conjunto de piezas distintas que manifieste las pasiones y variedad de sus autores, sus miedos, sus caprichos, ó el descuido y negligencia con que los legisladores en todos los tiempos y países, han expuesto la vida, la libertad y los bienes del pueblo, por disposiciones contradictorias, por crueles o desproporcionados castigos..."[145]

Las leyes criminales regentes en los Estados Unidos definían los delitos en los términos técnicos de la jurisprudencia

---

[144] Según Livingston, el derecho penal debía incluso integrarse al currículo de enseñanza en las escuelas.

[145] Livingston, Edward; "Discurso introductorio del proyecto de reforma del Código Criminal del Estado de Louisiana", en *Código Penal de Livingston*, traducido por J. Barrundia e impreso por Imprenta de la Unión, Guatemala, en 1831. (Digitalizado en http://books.google.com)

inglesa y, a pesar de las reformas del sistema penal –argumenta Livingston- el código criminal inglés describe los delitos con vaguedad -principalmente los relativos a las leyes de la moral, de la naturaleza y de la religión- dejando un amplio margen discrecional al poder judicial sobre qué es lo que realmente constituye objeto de castigo, imponiéndose la opinión personal del juez por encima de la voluntad suprema del legislador. Para evitar las arbitrariedades y corrupciones de los jueces -reiteraba Livingston- la reforma penal debía regular de manera uniforme la autoridad judicial, explicar con precisión lo que constituye delito y prohibir el castigo de los actos que no estén expresamente prohibidos por la letra de la Ley. Los vacíos, omisiones e imprecisiones en los textos legales y codificaciones penales europeas y, por herencia, estadounidenses –acusa Livingston- invisten a las autoridades judiciales del poder de interpretar los hechos y dictar sentencias con base en lo que consideren el "espíritu de las leyes", conservando un carácter desproporcionado entre los crímenes y los castigos y, a la vez, propiciando terribles prácticas de crueldad con fuerza de Ley. El extenso registro de ejecuciones por crímenes políticos o religiosos evidencia la acusación del autor, que alega que la mayor parte de los actos penados con la muerte en el código penal inglés[146] ni siquiera merecían el nombre de delitos, como los relativos a los crímenes de herejía o brujería, por los que fueron quemadas vivas o descuartizadas numerosas personas. Del mismo modo, los jueces condenaban a muerte por crímenes políticos sumamente abstractos, como los interpretados como actos de traición.

En defensa del proyecto de reforma penal, Livingston desmintió los argumentos opositores, y acusó de "objeción sospechosa" la que exalta el *respeto* a la antigüedad y predica el riesgo de las *innovaciones*. Según el legislador, los objetores de la reforma son hombres que deben sus rangos, privilegios y emolumentos a las imposturas y abusos de la antigüedad, e interesan preservarlos a conveniencia. En todas partes, con pocas excepciones -sostiene- el interés de muchos se ha sacrificado desde las primeras edades al poder de unos pocos, y las jurisprudencias y leyes penales se han formado para apoyar este poder. Las pocas instituciones favorables a la libertad que nos

---

[146] A la fecha, todavía el código penal inglés integraba más de doscientos delitos penados con la muerte.

transmitieron nuestros antecesores -insiste Livingston- no son fruto de un plan original, son privilegios aislados que se han arrebatado de las garras de la tiranía.[147] A ello se agregan la ignorancia del espíritu humano y la hipocresía intolerante que refrenaron y refrenan aún las reformas políticas y religiosas. Las legislaciones penales fueron copiadas y reproducidas hasta la actualidad, teniendo por efecto "un hacinamiento de leyes injustas, hechas solo con la mira de apoyar las ideas caprichosas del partido dominante; necias, obscuras, inhumanas, inconscientes, porque eran la obra de la ignorancia y el resultado del interés de la pasión y de un espíritu intolerante."[148] La legislación penal estadounidense permanecía sujeta a la razón de esas primitivas autoridades, y sus códigos penales eran la resulta de "confusas colecciones de providencias absurdas, crueles, contradictorias, que se han honrado con el nombre de códigos penales en la jurisprudencia europea..."[149] Considerado su devenir histórico, "...el modo en que las leyes europeas se han establecido (...) muy poco respeto se les debe por el solo motivo de su antigüedad o por la extensión con que han prevalecido." La actual jurisprudencia criminal no es mejor que la antigua -añade-, porque ésta ha imitado sus modelos despóticos, inhumanos e injustos, mezclados entre la severidad e indulgencia de algunos monarcas.

Livingston insistía en que lo que constituye delito es lo que está determinado por la letra de la ley y advertía que, sin embargo, los castigos del pasado, muchos reproducidos en la legislación penal vigente en los Estados Unidos, "parecen hechos para satisfacer la venganza" y no para disminuir la incidencia criminal. En la reforma penal propuesta, por el contrario, las leyes debían implementar castigos con el fin de prevenir los crímenes y no de procurar satisfacer sentimientos de venganza o satisfacer las inclinaciones sádicas de los verdugos. En principio, ninguna pena debía ser mayor a la necesaria para prevenir el crimen; y su objetivo primordial no debía ser otro que el de *apartar* a otros por terror del *ejemplo* de los castigos y, a la vez, por medio de la

---

[147] Op.cit., pp.lx-lxi (pp.72-73)

[148] Op.cit., p.73.

[149] Ídem.

represión, despojar al delincuente de los medios para continuar delinquiendo. Además de acentuar los objetivos *disuasivos* y *ejemplarizantes* del poder penal, los castigos debían incidir en la psiquis del reo, de modo que se abstuviera de reincidir en sus prácticas delictivas.[150]

Aunque ya no se practicaba la tortura judicial para "asegurar la inocencia o descubrir al culpable", muchos castigos en uso todavía reciclaban sus atrocidades y seguían siendo igualmente crueles e improductivos para el Estado, la sociedad y el reo que los sufría. Así como los suplicios corporales, el proyecto reformista promovía la conmutación de la pena de muerte por castigos afines a los principios y objetivos *modernos* de la reforma del sistema penal.

- De la pena de muerte

Desde la antigüedad -apunta Livingston- todas las naciones patrocinaron la pena de muerte, y la resulta de sus experimentos siempre fue infructuosa. La pena de muerte -reitera el legislador- ha existido "bajo toda variedad de formas que puede inventar la crueldad ingeniosa, y que sin embargo en todos los siglos, y bajo todos los gobiernos se ha visto siempre fallida."[151] La pena de muerte no solo ha demostrado ser ineficaz con respecto a los objetivos del derecho penal sino que, además, representa un desprecio a la vida humana y un abatimiento de la razón. Durante todos los siglos que ha existido, el sistema de justicia penal operó sin trabas de ningún tipo, y en el curso de los tiempos nada interrumpió su aplicación. De la recopilación de estadísticas e historial de la pena de muerte, aún desde cuando se aplicaba tanto a ofensas menores como a delitos graves y los suplicios eran más atroces y sanguinarios, siempre se ha visto un aumento progresivo en el crimen. Las primitivas mentalidades que dieron forma y contenido a las diversas modalidades de la pena de muerte creyeron que "un aumento en la severidad era el único remedio

---

[150] Las penas de vergüenza pública (picota, cepo, azotes y demás castigos corporales) también distan de la idea central del proyecto de la reforma. En todos los casos, estas prácticas penales son demasiado breves y los reos, por lo general, las soportan y enseguida vuelven a delinquir.

[151] Op.cit., p.78.

para contener" la actividad delictiva; creyeron que la perdida de la vida era demasiado suave y breve, y le añadieron la tortura, para prolongar el sufrimiento y aumentar los dolores antes de la muerte, y "con todo el crimen no disminuía".

A la fecha, todos los Estados Unidos conservaban la pena de muerte. No obstante, aunque se consideraba la pena más severa posible, la evidencia histórica demostraba que ni intimida, ni disuade, ni garantiza obediencia a las leyes, y el temor al castigo no detiene a los criminales. Incluso la asistencia clerical a los condenados a muerte anula la potencia *disuasiva* del castigo, elevándose el reo devoto por encima del temor a la muerte.[152] La pena capital pierde el deseado efecto ejemplarizante porque "el pueblo se familiariza demasiado con ella, para considerarla como un ejemplo". Para ser efectiva, debía convertirse en espectáculo frecuente, "que ha de estarse repitiendo para satisfacer el gusto feroz formado." En los fallos de los tribunales y en las sentencias de los jurados se manifiesta un pueblo enviciado por el gusto de los castigos atroces, y "...el espectáculo de una ejecución capital produce un deseo inhumano de contemplarlo..."

> "Sería sumamente útil para la legislación que se pudiese descubrir la verdadera causa de esta atroz pasión por presenciar las agonías humanas y contemplar la carnicería de nuestros semejantes."[153]

Livingston invocó las posturas *abolicionistas* de la pena de muerte, argumentando que "ella ha deshonrado la historia de todas las naciones...". Argumenta el legislador que "...la práctica de todas las naciones desde la más remota antigüedad se esfuerza a favor de este castigo", pero este hecho no puede interpretarse como prueba de su acierto. Así como las torturas judiciales, la

---

[152] La devoción religiosa de los condenados, reforzada por la asistencia clerical en las prisiones, contraría los "buenos efectos" que debiera producir el castigo, frustra la "intención de la ley" y elimina la fuerza del *ejemplo*: "muestra al vil pecador y al asesino, aunque indigno de gozar de la existencia sobre la tierra, purificado de la mancha de los vicios y del crimen"; ofrece salvar su alma y felicidad en el cielo.

[153] Op.cit., p.lxvii (p.59)

pena de muerte siempre estuvo ligada a la idolatría religiosa y a la tiranía de los gobiernos;[154] y las matanzas religiosas y políticas -insiste- son más representativas de los delirios populares que de un sistema de justicia civilizado. En los Estados Unidos, el "asesinato judicial" de "hechiceros y brujas" en New England, y de "conspiradores" negros en Nueva York, lo evidencia.

Para la corriente ideológica abolicionista, representada en el proyecto de Livingston, el miedo a la muerte no previene el delito, al menos no más que cualquier otro castigo. Alega el legislador, en base a sus indagaciones y comparaciones estadísticas, que en los países donde se castiga con la pena de muerte los delitos capitales son más frecuentes que donde no se practica. Razón ésta para dudar de la eficacia de este violento remedio.

De ninguna manera puede interpretarse que la crítica a la pena de muerte aboga por indulgencias no merecidas y mucho menos por impunidad. Según Livingston, los delincuentes deben ser castigados, y la impunidad es tan injusta como la severidad inmerecida. En todo caso en que se ha dictado sentencia de culpabilidad, el indulto es contrario al proyecto de reforma penal. La abolición de la pena de muerte contrarresta los posibles errores de una sentencia judicial irreparable, ciñe el Derecho Penal a los principios *rehabilitadores* y ajusta las penas a la *calidad* del delito.

Aunque las argumentaciones abolicionistas de la época no eran innovadoras, algunas jurisdicciones estatales las adoptaron y aplicaron discrecionalmente, conmutando la pena de muerte por condenas a encierro carcelario perpetuo. Hasta la fecha y en el devenir del siglo XIX, la pena de muerte seguiría aplicándose en todos los estados, por leyes locales o federales...

• **Código de crímenes y castigos (1828)**

En 1828 el Congreso de los Estados Unidos publicó el proyecto de reforma del sistema penal encomendado al jurista

---

[154] Así lo demuestra la historia -argumenta Livingston-: todas las naciones europeas en los pasados diez siglos han estado envueltas en continuas discordias interiores y guerras extranjeras; reyes y nobles luchando siempre por el poder, unos y otros oprimiendo al pueblo, y precipitándole a la rebelión; diferentes ambiciosos reclamando el trono de reyes depuestos o asesinados; guerras de religión, persecuciones atroces, divisiones de reinos, cesiones de provincias, etc.

Edward Livingston.[155] El documento integraba varios códigos[156], incluyendo un *nuevo* modelo de código penal (Code of Crimes and Punishments), aplicables a la jurisdicción del gobierno federal en el ejercicio de su soberanía, y para efectos de procurar consistencia legislativa y uniformidad en la interpretación de sus leyes, sin menoscabo de la autonomía legislativa y respectivos códigos estatales en vigor. Aunque la extensión de su autoridad general ya había sido demarcada en el texto constitucional de 1787, y el registro de tipificaciones delictivas contenidas en el código federal de 1790 se conservaría intacto, el *nuevo* modelo fusionó los primitivos objetivos políticos del poder estatal de castigar y las modulaciones ideológicas, retóricas y estructurales, de las reformas penales europeas promovidas desde mediados del siglo XVIII. Dentro de este cuadro ideológico:

> "Vengeance is unknown to the law. The only object of punishment is to prevent the commission of offences; it should be calculated to operate: first, on the delinquent, so as by seclusion to deprive him of the present means, and by habits of industry and temperance, of any future desire to repeat the offence. Secondly, on the rest of the community, so as to deter them by the example, from a like contravention of the laws. No punishments, greater than are necessary to effect these ends, ought to be inflicted."

Otras regulaciones de principio y restricciones al poder interventor del aparato penal del Gobierno remitían a las contenidas en la carta de derechos integrada en la Constitución en 1791. Asimismo, las relativas reestructuraciones administrativas, reordenamientos y reglamentaciones institucionales, eran idénticas a las contenidas en el proyecto de reforma presentado por Livingston al Estado de Louisiana en 1824, ahora modificadas para ajustarse a requerimientos de escala nacional. La legislación

---

[155] *A System of Penal Law for the United States of America*; House of Representatives, Washington, 1828. (Digitalizado en http://books.google.com)

[156] A Code of Crime and Punishments / A Code of Procedure in Criminal Cases / A Code of Prison Discipline / A Book of Definitions (Ídem)

penal para la población esclavizada permaneció reservada al arbitrio exclusivo de los estados. A los gobiernos *autónomos* de las tribus indígenas que *residían* dentro de las jurisdicción territorial de los Estados Unidos les estaba reconocida potestad legislativa y penal para sí, y las prescripciones del nuevo código no aplicaban dentro de *sus* reservaciones. Aplicaba el *nuevo* código penal a la *ciudadanía* estadounidense y residentes extranjeros, indistintamente de la procedencia de clase y diferencialmente por cuestiones de género, edad y condición mental diagnosticada.

Determinada pena pecuniaria aplicaba a la mayor parte de los delitos codificados, y las sentencias por delitos capitales aparecen conmutadas por penas de confinamiento perpetuo. A los sentenciados a penas temporales de prisión o penitenciaría le eran suspendidos los derechos civiles y políticos hasta cumplida la condena; a los condenados a encarcelamiento perpetuo les eran suprimidos de por vida.

• **Reforma del sistema carcelario / castigo y "rehabilitación" (1824-1828)**

La desproporción entre el acelerado crecimiento poblacional y el acceso general a los recursos esenciales de subsistencia dentro del modelo socio-económico estadounidense, despuntó los índices de desempleo y los niveles de pobreza; agravándose gradualmente las condiciones de existencia de gran parte de la ciudadanía, forzada a depender de la escasa asistencia *benefactora* de organismos gubernamentales o religiosos, o bien de procurarse medios ilegales de subsistencia. Dentro del marco constitucional clasista y en función del modo de producción capitalista, los cuerpos legislativos estatales reforzaron las leyes penales en favor de las clases privilegiadas, volcando sus aparatos represivos contra los sectores más desventajados, marginados y empobrecidos. Aunque imposibilitados estructuralmente para integrar dentro de las regulaciones de la Ley a toda la fuerza laboral existente, los gobiernos estatales convinieron en *remediar* los efectos inevitables del modelo socio-económico imperante, acusando a los pobres de sus condiciones de pobreza, y criminalizando a los sujetos que se procurasen para sí medios de subsistencia al margen de la Ley o practicasen estilos de vida prohibidos bajo sus dominios y moralidades.

El principal castigo impuesto de manera generalizada en el sistema penal estadounidense desde las últimas décadas del siglo XVIII era el confinamiento carcelario. Durante las primeras décadas del siglo XIX, la población penal -de procedencia de clase predominantemente pobre- seguía aumentando vertiginosamente, y las prisiones estatales se habían convertido en almacenes de condenados, hacinados y sometidos a regímenes de violencia disciplinaria irrestricta y a crueles condiciones de existencia, sin otro fin que cumplir el tiempo de la pena impuesta por la fuerza de la Ley. Paralelo al crecimiento progresivo de la población penal encarcelada, la actividad "criminal" también aumentó dramáticamente durante este periodo, y las estadísticas de la época identifican una alta incidencia de reincidentes. Al mismo tiempo y a la par con la pobreza, la política carcelera, centrada en un modelo exclusivamente punitivo, se vinculó como una de las principales causas del aumento en la criminalidad; y las cárceles se reconocieron como escuelas de criminales. Los objetivos ejemplarizantes y disuasivos encargados a la potestad penal de los estados de Ley y a la modalidad carcelera de su poder represivo se evidenciaron inefectivos e irrealizables; económicamente insostenibles y políticamente contraproducentes. La confianza de los contribuyentes en el sistema penal mermaba dramáticamente y sectores influyentes abogaban por restituir la pena de muerte y los castigos sanguinarios heredados de la época colonial para delitos castigados con penas de reclusión y trabajos forzados. Dentro de este estado de situación generalizada, los cuerpos legislativos estatales y federales auspiciaron proyectos de revisión y reforma del sistema penal carcelario, de sus objetivos, de sus estructuras administrativas y de sus métodos.

    En informes sometidos a cuerpos legislativos estatales (1824)[157] y a la cámara de representantes del Congreso (1828)[158], Edward Livingston sostuvo que el sistema carcelario en los Estados Unidos era ineficaz e incluso contradecía los objetivos

---

[157] *Project of a New Penal Code for the State of Louisiana*; publicado por la Asamblea General del Estado de Louisiana; septiembre de 1824 (Digitalizado en http://books.google.com)

[158] Code of Reform and Prison Discipline; *A System of Penal Law for the United States of America*; impreso por orden de la cámara de representantes de los Estados Unidos; Washington, 1828.

penales modernos. En su informe al Congreso, subrayó que la eficacia del sistema penal en conjunto depende de la manera como se infligen los castigos, que no deben ocasionar más daños de los requeridos para cumplir sus objetivos, y sus consecuencias debían ser calculadas cautelosamente. El proyecto de reforma procuraba modificar el primitivo sistema carcelario por un modelo de castigo disciplinario y "rehabilitador", centrado en un régimen diferencial de confinamiento solitario y trabajos forzados. Sin un programa de *rehabilitación* -insistía Livingston en su informe de 1824- la prisión "se hace escuela de vicios y corrupciones". Además, la condena exclusiva a confinamiento solitario[159] es demasiado severa para muchos delitos, y la falta de ocupación de los reos los inclina a "malas sociedades". Según el legislador, el trabajo es un correctivo disciplinario y moralizante, porque el ocio es la raíz de los vicios, y del ocio nacen las inclinaciones criminales.

Coincidente con las tendencias reformistas del Derecho Penal europeo, Livingston insistió en que el castigo debía reducir al reo "á un nivel con lo más vil y abyecto del género humano" y forzarlo a vivir, "pero á vivir en privaciones que él teme más que la muerte; dejadle reducido á una grosera dieta, á un tosco cuarto, y al incesante trabajo de un penitenciario." De esta manera, "todos los días se renueva el castigo..." La conciencia generalizada del sufrimiento permanente del reo encarcelado debía servir como disuasivo efectivo a los criminales en potencia y, a la vez, satisfacer las demandas de justicia de los constituyentes, más allá de satisfacer sus deseos de venganza.

En 1828, Livingston presentó una versión más elaborada del proyecto de reforma del sistema penal carcelario en la cámara de representantes del Congreso de los Estados Unidos. La pertinencia del proyecto de reforma la enmarcó dentro de una síntesis descriptiva del estado de situación general del sistema penal y del régimen carcelario de la época:

> "Between some States the contest seem which shall raise the greatest revenue from the labor of the convicts; in others the object is to degrade and make them feel their misery. (...) Nowhere is

---

[159] El castigo a confinamiento solitario fue puesto en práctica desde 1787 en las prisiones de Filadelfia, y desde entonces, de manera gradual en otros estados.

criminal jurisprudence treated as a science; what goes by that name, consists of a collection of dissimilar, unconnected, sometimes conflicting expedients to punish different offences as they happen to prevail; of experiments directed by no principle to try the effect of different penalties; of permanent laws to repress temporary evils; of discretionary power, sometimes with the blindest confidence vested in the judge, and at others with the most criminal negligence given to an officer of executive justice."

Los principios teórico-políticos y objetivos centrales de la reforma eran los mismos que los propuestos en el proyecto de 1824, ahora con miras a sistematizar el proyecto a nivel nacional: reconfigurar el antiguo régimen exclusivamente punitivo de las cárceles dentro de un modelo penal que integre al castigo un objetivo "rehabilitador" dentro de un régimen general de confinamiento solitario y trabajos forzados.

- **Disciplina carcelaria: confinamiento solitario y trabajo forzado**

A la fecha del informe al Congreso, catorce de los veinticuatro estados habían adoptado el modelo de encarcelamiento con trabajos forzados. No obstante, la reclusión solitaria era reservada mayormente para los sentenciados por delitos "atroces", y el (des)orden interior propiciaba condiciones antagónicas a los objetivos penales. El *nuevo* proyecto de reforma penitenciaria impulsaba la *clasificación* y separación de los reos de acuerdo a las sentencias judiciales; el establecimiento de un régimen de confinamiento solitario durante las noches y de trabajos forzados durante el día, prohibiéndose estrictamente cualquier tipo de comunicación entre los condenados, incluso mirarse unos a otros. El aislamiento en reclusión solitaria y la rígida disciplina laboral eran considerados los métodos más efectivos para propiciar la rehabilitación moral deseada. Para efectos de reforzarlos, la instrucción religiosa y académica era obligatoria. En el curso de los años y al término de las sentencias, ningún recluso sabría siquiera el nombre de otro, aunque hubieran trabajado mano a mano todos los días y comido juntos en la misma mesa.

En varios estados ya existían penitenciarías bajo el mismo modelo disciplinario. No obstante, el orden interior se preservaba por medios represivos violentos y crueles bajo amparo legislativo. En las penitenciarías estatales de Nueva York, por ejemplo, la guardia penal estaba autorizada a infligir castigos corporales, incluyendo latigazos, a discreción del jefe de la institución. Según los informes de la época, las autoridades carcelarias castigaban con el látigo incluso por cuestiones tan ambiguas como "faltas de respeto", "desobediencia" o hablar con otro reo. Aunque los castigos corporales excesivamente severos y crueles, como la tortura del látigo, estaban autorizados constitucionalmente solo para aplicarse a "criminales peligrosos", en el Estado de New York era legal de manera generalizada y a discreción de la autoridad carcelaria como castigo disciplinario legítimo y medida de seguridad necesaria. Según el texto de la ley:

> "That if any prisoner in either of the State's prisons shall refuse to comply with the rules, (...) it shall be lawful, and is declared to be the duty of the keepers, under the direction of the inspectors, to inflict corporal punishment by whipping, not to exceed thirty-nine lashes, or to confine them (...) Provided, that, when corporal punishment is inflicted on any person by whipping, it shall be the duty of at least two of the inspectors to be present..."[160]

En el modelo de reforma promulgado por Livingston, el sistema de disciplina carcelaria debía castigar sólo con la severidad necesaria para disuadir a otros de cometer delitos y a los reos de reincidir. Las penitenciarías estatales se regían por el principio del miedo, y erraban al creer que los suplicios corporales tenían los efectos disuasivos deseados. La experiencia histórica evidenciaba su ineficacia:

> "A superficial view of this subject has led to the belief, that the great secret or penal legislation is,

---

[160] Code of Reform and Prison Discipline (1828); op.cit.

to annex a penalty of sufficient severity to every offence; and, accordingly, all the variety or pains that the body of man could suffer, infamy and death, have figured as sanctions in the codes of all nations; but although these have been in a train of experiment for thousands of years, under every variety that Government, manners, and religion, could give, they have never produced the expected effect."

La historia uniforme de la jurisprudencia penal -argumenta Livingston- ha demostrado que el incremento en la severidad de los castigos, más allá de los impuestos por la sentencia judicial, ni disminuye la recurrencia de la actividad criminal, ni disuade, ni reforma:

"...it is certain that all punishments, considered merely as such, have failed in preventing offences; and the severest have always, without exception, been found the least efficacious."

Además, los castigos corporales inducen en los seres humanos, por su *naturaleza* humana, sentimientos y reacciones contrarias a las esperadas por sus verdugos, las mismas que -por analogía- incitaron a la rebelión y a la guerra de independencia por los abusos tiránicos de la corona inglesa. Sólo un régimen sistemático y estricto de soledad y silencio, combinado con trabajos forzados, adoctrinamiento religioso y educación, es el único remedio que puede viabilizar la disciplina requerida al interior de las cárceles y la reforma moral definitiva. Bajo el *nuevo* modelo reglamentario: "After sunset, and before it is dark, all the convicts shall be locked up in their separate cells."

- **Adoctrinamiento religioso / educación**

El modelo de confinamiento solitario ya había sido puesto en práctica en la penitenciaría de Pennsylvania, similar al de New York, pero sin excederse en el ejercicio de la violencia disciplinaria. El reo, "shut up in a cell for weeks and months and years alone (...) while he counts the tedious hours as they pass...", era la condición indispensable para su rehabilitación.

Pero, sin embargo, era insuficiente. El modelo penitenciario, para ser efectivo, debía integrar el adoctrinamiento religioso. Reconocía el legislador que la religión era un poderoso instrumento de control social y que, integrada al programa carcelario, contribuiría a la prevención del crimen y a la rehabilitación moral del condenado. Según cita entre sus referencias:

> "If the infliction of human punishment were as certain as their promulgation, crimes would be prevented altogether. But as it is impossible for any Government to institute such a system of laws as can detect and punish all offences, the daring criminal perceives the imperfection; and trusting to his own precautions, and availing himself of time and circumstances, flatters himself with the prospect of impunity. Not so with the denunciations of Divine punishment; which, when daily impressed on the mind, posses a sanction at which mere human authority can never arrive, and bring with them that certainty of detection and certainty of punishment, which alone can, in all cases and under all circumstances, prevent the perpetration of crime. If, then, we are once able to produce upon the mind a thorough conviction of the existence of one Supreme, Intelligent, Superintending Being, the Creator of all things, who sees through all his works, and perceives the deepest recesses of the human heart, and who will reward and punish every one according to his deeds, this will not only remedy the defects in mere human institutions by providing that continual inspection, discovery, and punishment, which such institutions endeavor in vain to supply; but will correct innumerable offences of every kind which they do not pretend to punish, and which are wholly beyond their reach."

El mismo uso que se hacía de la religión en las escuelas públicas debía ser implementado en las prisiones, según el proyecto de reforma propuesto. La matrícula de las escuelas públicas procedía predominante-mente de las clases pobres, y la educación pública, en una sociedad donde la creciente incidencia de crímenes estaba asociada a las condiciones de pobreza, era considerada "...one of the best means of preventing crimes." La función del ministro religioso (clergyman) o capellán (chaplain) estaba regulada por el *nuevo* reglamento de disciplina carcelaria y no podía crear falsas ilusiones de perdón. Su función era exortar el arrepentimiento y:

> "...to impress on their minds that it is not their punishment but their crime that bas degraded them, and that sincere repentance and amendment may cause both to be forgotten by man, as the sin will surely be forgiven by God."[161]

- Relación entre la pobreza y la criminalidad

En el *nuevo* modelo penitenciario el trabajo forzado no debía considerarse como aditivo a la severidad del castigo impuesto por los tribunales. Según sus promotores, la pobreza, la mendicidad, el ocio y la vagancia eran las condiciones principales que inducían a cometer la mayor parte de crímenes y por lo que estaban abarrotadas las cárceles. Aunque reconocían entre líneas el alto nivel de desempleo en las grandes ciudades[162] y la existencia de numerosas personas incapacitadas para trabajar asalariadamente (ancianos, menores de edad, enfermos, etc.) -y que debían ser atendidas por el Estado-, insistían que el problema criminal se originaba en personas que, pudiendo trabajar dentro del marco de la Ley, se inclinaban a satisfacer sus necesidades y antojos por vías ilegales. Además, la reincidencia delictiva estaba ligada a las mismas condiciones, por lo que no bastaba que el sistema penal

---

[161] Code of Reform and Prison Discipline; Sect. V. *Of the Duties of the Chaplain*. Los textos de la Biblia debían ser debidamente seleccionados, y el programa de adoctrinamiento religioso limitarse a las doctrinas comunes entre todas las sectas cristianas: Art. -Selections from Scripture, and such other books of religious and moral instruction as shall be recommended by the Chaplain, and approved by the Inspectors, shall be distributed among the convicts.-

[162] Livingston reconocía la existencia de un "excedente poblacional" (redundant population), es decir, que habían más personas aptas y deseosas de trabajar y ganarse el sustento como asalariados, que empleos disponibles. Una alternativa considerada, pero descartada por el reformista, era fomentar la emigración.

instruyera en la disciplina laboral a los reos sino que, además, el Estado debía garantizarles empleos al término de sus sentencias. En su *análisis* de las *causas* de la criminalidad, el discurso reformista reprodujo la ideología clasista predominante entre las élites políticas estadounidenses, para las que el problema criminal no tenía sus raíces en el ordenamiento constitucional existente, y el modelo socio-económico ordenado con fuerza de Ley debía resguardarse íntegramente, procurando que las legislaciones penales se adecuaran a sus demandas preservativas. El origen de la criminalidad -desde la óptica reformista de la época- residía en el sujeto particular; y aunque se reconocía que las condiciones de existencia propiciaban todo tipo de actividades delictivas, del acto criminal era responsable único el individuo, y el Estado debía castigarlo diligentemente:

> "...crime is the effect principally of intemperance, idleness, ignorance, vicious associations, irreligion, and poverty -Not of any defective natural organization; and the laws which permit the unrestrained and continual exercise of these causes, are themselves the sources of those excesses which legislators, to cover their own inattention, or indolence, or ignorance, impiously and falsely ascribe to the Supreme Being..."

Establecida una relación de causalidad entre la pobreza y la criminalidad, y vuelta a centrase la intervención represora y punitiva del Estado en los sujetos transgresores de la Ley, el proyecto de reforma instaba a los cuerpos legislativos estatales a no tolerar la mendicidad, el ocio, la vagancia y las corrupciones morales, y a establecer leyes penales para castigar y *reformar* a sus practicantes.

- Cárcel de menores (Reformatorio)

Dentro de este cuadro general, los informes que sustentaban el proyecto de reforma también identificaron un crecimiento acelerado de la delincuencia juvenil en las grandes ciudades, y el grueso de los perfiles de reos adultos indicaba que habían iniciado sus "carreras criminales" desde que eran niños.[163] La efectividad del proyecto de reforma del sistema penal -insistía Livingston- dependía de que los estados atendieran las condiciones sociales y económicas que propiciaban las actividades delictivas, acrecentando los programas de *asistencia* a los sectores incapacitados para trabajar dentro de los requerimientos legales, ampliando las ofertas de empleo, y fortaleciendo los programas de encuadramiento ideológico y disciplinario en las escuelas públicas. Además, instaba a las legislaturas estatales para invertir en la creación de cárceles de menores o "reformatorios" (School of Reform), que integrasen al régimen de castigo por sus ofensas los programas de rehabilitación moral en confinamiento solitario, disciplina laboral mediante trabajos forzados, adoctrinamiento religioso, y educación general obligatoria, cónsona con el modelo curricular de las escuelas públicas.

- Cárcel de mujeres

El modelo carcelario para mujeres también fue objeto de críticas reformistas durante este periodo. El almacenamiento indiscriminado de mujeres sentenciadas a cumplir condenas carcelarias sin distinción de los tipos de delito por el que fueron aprisionadas tenía el mismo efecto que en los hombres e imposibilitaba su rehabilitación efectiva. Argumentaba Livingston: "…laws which profess to preserve the morals and purity of the citizen, are made the instruments of their destruction…" Enmarcada la problemática institucional dentro de la ideología patriarcal de la época, el autor del proyecto de reforma describió la situación en las cárceles para mujeres:

> "Women of innocence and virtue are sometimes forced, by this unhallowed administration of justice, into an association with all that is disgusting in female vice; with vulgarity in its most offensive form; with intemperance sunk to the

---

[163] En los informes del proyecto de reforma hay registro de convicciones a menores de edad, que incluye casos de niños de diez y de once años enjaulados en cárceles estatales y penitenciarías. A la fecha del informe, por ejemplo, en la penitenciaría de New Jersey había un niño de once años sentenciado por robar un caballo.

lowest depth of degradation; with everything that can be conceived most abhorrent to female delicacy and refinement."

La cárcel de mujeres -en el discurso reformista- ya no sería considerada como lugar de castigo sino como *escuela* "for religion, industry and virtue." Las prisioneras serían *instruidas* en servicios domésticos y empleadas como lavanderas (incluso de la ropa de los reos hombres); y en trabajos de costura, planchado, cocina, "and other works of housewifery". El régimen de adoctrinamiento religioso y de educación general era el mismo que el de los hombres, pero dirigido por una matrona.[164]

- Condenas a prisión perpetua

El proyecto de reforma penal y disciplina carcelaria de la época estaba dirigido principalmente a las población penal sentenciada a cumplir condenas temporales, y excluía calculadamente a los reos por delitos capitales a los que los estados habían conmutado sus sentencias a cadenas perpetuas. Aunque el discurso reformista reiteraba constantemente su oposición a restaurar la pena de muerte o justificar los castigos sanguinarios del pasado, conservó la primitiva práctica de crueldad vengativa y estigmatización de la población penada por delitos "atroces". La pena de confinamiento perpetuo seguía justificándose como garantía de seguridad para la *sociedad* en conjunto, y la severidad del castigo como disuasivo efectivo contra el crimen. Los objetivos de ejemplaridad y disuasión de las penas, no obstante, seguían basados en meras especulaciones y en la repetición de clasificaciones o estigmas ancestrales, arraigados en la ignorancia, prejuicios y caprichos sádicos de legisladores de épocas remotas.

El proyecto de reforma carcelaria insistía en la separación absoluta y la reclusión solitaria permanente de los reos "peligrosos". Los sentenciados a prisión perpetua, incluyendo a quienes se le había conmutado la pena de muerte y a los

---

[164] Code of Reform and Prison Discipline. Secc. V. Of the Treatment of the Female Convicts. De tratarse de prostitutas menores de edad (menores de dieciocho años), serían convictas en el reformatorio bajo la clasificación legal del delito de vagancia.

reincidentes en delitos menores, eran juzgados como irreformables e incurables[165], y la crueldad de las condiciones de existencia a las que eran sometidos era considerada como *proporcional* a los crímenes cometidos:

> "These convicts are considered, for many purposes, to be as much dead to the world as if no commutation of their former punishment had been made; (...) they are buried in their solitary cells, and their epitaph is contained in the inscription that records their crime, and the daily renewal of its punishment."[166]

Además de satisfacer la demanda de venganza inherente al poder penal del Estado, la severidad de la pena de encarcelamiento y aislamiento perpetuo respondía al primitivo cálculo político de afectar la psiquis de la ciudadanía, "to strike the imagination with horror for the crime, without awaking any dangerous sympathy for the sufferer." Al margen del la retórica reformista y del eufemismo de la "rehabilitación", en el orden interior del sistema carcelario seguiría prevaleciendo el ancestral principio de la venganza y la brutal práctica de la crueldad. Las condiciones de existencia de los reos sentenciados a condenas perpetuas lo evidencia. El interior de las celdas de convictos por asesinato, violación y cualquier otro delito "grave". debían ser pintadas de negro, en la pared de entrada identificar el nombre del reo e inscribir la sentencia:

> "In this cell is confined to pass his life in solitude and sorrow (...) convicted of the murder of (...);

---

[165] "Those who are confined for life, for a repetition of minor offences, are considered more in the light of incurables, than atrocious offenders whose ferocious disposition makes perpetual restraint necessary for the peace of society. Yet a very long and uninterrupted curative process, may sometimes succeed..."

[166] Las visitas a convictos por asesinato, inculyendo infanticidas, parricidas, y reos por violación, estaban prohibidas, "they shall have no books, but selections from the Bible, and such other books of religion and morality, as the Chaplain shall deem proper to produce repentance..." (Code of Reform and Prison Discipline. Sect. III. *On the Treatment of the Prisoners Confined for life*.)

his food is bread of the coarsest kind; his drink is water, mingled with his tears; he is dead to the world; this cell is his grave; his existence is prolonged that he may remember his crime, and repent it, and that the continuance of his punishment may deter others from the indulgence of hatred, avarice, sensuality, and the passions which lead to the crime he has committed. When the Almighty, in his due time, shall exercise towards him that dispensation, which he himself arrogantly and wickedly usurped towards another, his body is to be dissected, and his soul will abide that judgment which Divine Justice shall decree."[167]

- De la mortandad en las prisiones

Una alta incidencia de muertes en las prisiones, más que por causas naturales, por violencias entre convictos, abusos de los carceleros, enfermedades y suicidios, también fue identificada en los informes de la época. El proyecto de reforma interior del sistema carcelario autorizaba a la administración disponer de los cuerpos discrecionalmente. En casos de los reos por delitos graves, los cadáveres eran usados para estudios *médicos*, pero no menciona cómo administraba los cuerpos de los demás. En el marco de la legislación penal existente, refrendada en los proyectos de reforma, a los prisioneros les eran suspendidos sus derechos políticos y civiles hasta cumplir el término de sus sentencias, por lo que puede inferirse que los cadáveres de cualquier convicto muerto en prisión, aún los de condenados por delitos menos graves, también podían ser entregados para ser disectados:

> -When anyone convicted of treason, piracy, murder under trust, assassination, or parricide, shall die in prison, his body shall be delivered for dissection; and the court may, at their discretion, add the same provision to their judgment in the

---

[167] Ídem.

case of simple murder, arson, theft with effraction, robbery, or rape.-[168]

No obstante, el *nuevo* código de disciplina carcelaria pretendía disminuir la tasa de mortandad por causas artificiales, aunque el *nuevo* código penal, igual que los existentes en todos los estados, autorizaba el asesinato como medida de seguridad y la ejecución de los prisioneros que intentaran fugarse:

> -Deadly weapons may be used, and death inflicted on any prisoners legally committed, who shall endeavor, by breach of prison, to escape, but not until previous warning has been given, and the prisoners persevere in their attempt.-[169]

En el devenir del siglo seguirían proliferando las instituciones carcelarias sin un modelo uniforme de disciplina y sin un programa homogéneo de fusión entre el mandato punitivo y el objetivo "rehabilitador". En algunos estados se experimentaron discrecionalmente diversos *modelos* de disciplina carcelaria, condicionados todos por consideraciones políticas coyunturales y por las particulares condiciones económicas. La ideología punitiva de la Ley seguiría moldeando invariablemente las prácticas carcelarias, conservadoras o experimentales, en todos los estados y territorios.[170]

- **Reforma en los códigos penales estatales y territoriales (1833-1861)**

A pesar de los esfuerzos por uniformar el sistema penal a nivel nacional, los proyectos para consolidar un código penal

---

[168] A Code of Crime and Punishments; *A System of Penal Law for the United States of America* (1828); op.cit.

[169] Ídem.

[170] Un estudio de referencia histórica y documental sobre los diversos modelos administrativos, disciplinarios y punitivos en las cárceles estadounidenses fue publicado en 1847: Gray, Francis C.; *Prison Discipline in America*; Patterson Smith, New Jersey, 1973.

único bajo el sistema de gobierno federal fueron infructuosos. Tampoco llegaría a implementarse un modelo uniforme para la administración y disciplina en las cárceles y penitenciarías. Aunque en todos los estados y territorios aplicaban las prescripciones federales, sus respectivos cuerpos legislativos conservaron la autonomía política para crear, enmendar y derogar leyes, ordenanzas y códigos penales a discreción y conveniencia. Las relativas diferencias eran, en todos los aspectos, superfluas e insustanciales, y en la práctica el poderío penal siguió siendo equivalente en todas las jurisdicciones estatales y territoriales.[171]

Las reformas de los códigos penales, judiciales y carcelarios en el contexto estadounidense del siglo XIX no produjeron cambios radicales en el imaginario jurídico-penal dominante desde tiempos coloniales. En todas las jurisdicciones estatales se reprodujeron los mismos principios y objetivos, delimitados uniformemente por las regulaciones generales del texto constitucional federal y relativas constituciones locales. Aunque las asambleas legislativas operaban de manera autónoma y ejercían sus potestades con el fin de acoplar el sistema penal a los requerimientos político-administrativos propios a sus respectivos estados, el saldo general de sus proyectos reformistas siempre fue sustancialmente el mismo. Si bien el discurso promotor de los proyectos de reforma se hacía aparecer como efecto de innovaciones intelectuales en la filosofía y la ciencia penal, nunca se produjeron rupturas epistemológicas significativas, ni trastoques mayores en el orden cotidiano de sus primitivas prácticas represivas y punitivas. El poder absolutista de la Ley siguió cultivándose invariablemente, y a toda violación a sus preceptos le seguía automáticamente un castigo. Más allá de los arreglos estructurales, para efectos prácticos, y de los ajustes retóricos, para efectos de inteligibilidad general, la primitiva potestad punitiva del Estado seguía siendo creída condición inherente y vital para la

---

[171] Es ejemplar el Código Penal de Nuevo México, aprobado por el cuerpo legislativo estatal en 1846, el mismo año de la invasión estadounidense. A la fecha, siendo territorio incorporado bajo la Constitución mexicana, el Código Penal de Nuevo México contenía las mismas tipificaciones delictivas que los códigos en vigor en los Estados Unidos; los castigos también eran similares, incluyendo multas, suplicios del látigo, confinamiento carcelario, trabajos forzados y pena de muerte. (*Laws for the Government of the Territory of New Mexico / Crimes and Punishments*; 22 de septiembre de 1846. Digitalizado en http://avalon.law.yale.edu)

preservación del orden constitucional reinante y su gobierno. El informe del proyecto de reforma del código penal de Massachusetts (1844) es explícito al respecto:

> "The intention has been, not to propose changes or attempt improvements in the doctrines of the law, except in cases of palpable obscurity or discrepancy, or obvious inconvenience and embarrassment in juridical administration..."[172]

La encomienda del cuerpo legislativo, asignada desde 1837, fue la de revisar el código penal existente y ajustarlo a las condiciones y requerimientos coyunturales, considerándolo como parte sustantiva del Derecho Penal (criminal law). La comisión a cargo de la reforma reestructuró el orden interno del código penal y moduló ciertos aspectos lingüísticos, pero dejó intactas las antiguas tipificaciones delictivas.[173] Según el informe, el encargo oficial era sistematizar los crímenes y castigos, pero los comisionados carecían de elementos de juicio para definirlos.

> "...a daily practical inconvenience is felt by all the members of the community for want of the means of knowing, in all cases, with reasonable facility and with reasonable certainty, under the sanction of some competent authority, what acts are crimes, and to what punishment they are subject."

Las categorías, definiciones y clasificaciones de lo criminal eran similares en todas las jurisdicciones estatales estadounidenses, recicladas del modo semejante en todos los países latinoamericanos y europeos. La especificidad de lo que constituye un acto criminal, aunque en gran parte ya estaba establecida en los textos preexistentes y fue reproducida en el código reformado, era

---

[172] Report of the Penal Code of Massachusetts; 10 de febrero de 1837-1844; Boston, 1844. (Digitalizado en http://books.google.com)

[173] -Treason, murder, arson, rape, malicious burning, carnal abuse of a female child under the age of ten years, burglary, robbery, larceny, kidnapping, child-stealing, and the offence of assault or assault and battery in the first degree, are, within the meaning of the provisions of this code, felonies. Any crime or offence not appearing to be a felony, is a misdemeanor.-

objeto de incertidumbre para la comisión legislativa. Asimismo, el encargo de especificar los castigos que debían imponerse con fuerza de Ley también les presentaba dificultades prácticas, por carecer de criterios suficientes para determinarlos. Consecuentemente, el modelo de código penal *reformado* se presentó, tras un periodo de siete años de revisión, de manera inconclusa a la Asamblea legislativa de Massachusetts. Los espacios reservados para especificar el castigo correspondiente a cada crimen tipificado se dejaron vacíos, justificándose en base a la ausencia de fundamentos racionales para definirlos.

La prescripción de los castigos que habrían de contenerse en el nuevo código penal, no obstante, estaba sujeta al poder discrecional del cuerpo legislativo, y era un encargo político constitucional definirlos con debida precisión y claridad. En el marco de la ideología penal de la época y en consonancia con las regulaciones políticas de los poderes de gobierno, la rama legislativa debía regular la arbitrariedad interpretativa del poder judicial en todas sus dimensiones, obligándolo a ceñir las sentencias punitivas dentro de los límites establecidos en la legislación penal. Sin embargo, a pesar de las relativas restricciones, no todas las categorías criminales especificaban el monto pecuniario y la extensión de los castigos, y los códigos penales reconocían autoridad discrecional absoluta a los jueces para determinar el tiempo de la condena y la cantidad de las multas.

El registro de castigos autorizados en todos los estados de Ley de la época también eral el mismo: pena de muerte por ahorcamiento en espectáculo público[174]; cárcel temporal y perpetua; trabajos forzados; confinamiento solitario; y penas pecuniarias. La interpretación de las restricciones constitucionales a la imposición de castigos "crueles e inusuales" y de las

---

[174] En 1850 la legislatura estatal de Georgia refrendó la mayor parte del Código Penal regente desde 1833, integrando algunas enmiendas más recientes. La pena de muerte siguió aplicándose a los crímenes de traición, asesinato, a ciertos tipo de homicidio (manslaughter), castración ilegal e incendio (arson). Secc. XXXII. -The sentence of death shall be executed by publicly hanging the offender by the neck, until he or she is dead. (Penal Code of Georgia; An Act to Reform, Amend, and Consolidate the Penal Laws of the State of Georgia (1833); Compilation of the Penal Code of the State of Georgia; Houston County, Georgia; 1850)

limitaciones al poder de infligir castigos corporales "excesivos" seguía estando bajo el arbitrio absoluto de los cuerpos legislativos; y así el mandamiento de prescribir castigos *proporcionales* a los crímenes, y en función de los objetivos penales de *ejemplaridad* y *disuasión*.

El principio regulador de la violencia represiva, disciplinaria y punitiva del Estado también se conservó de manera íntegra en los *nuevos* códigos penales. El texto del código de Massachusetts es ejemplar:

> -Violence may be criminal not only where the use of any degree of force is unlawful, but also where the degree or kind of force, or the manner of using force, is unlawful.-[175]

Y, asimismo, se preservó intacta la justificación del uso de la fuerza bruta, de la agresión corporal e incluso de matar para ejecutar, con fuerza de Ley, los mandamientos de las leyes:

> Art. 49 -Homicide done in pursuance of a legal sentence, judgment or decree, by a person legally authorized, or otherwise done by authority of law, is justifiable.-

Como en la antigüedad, las autoridades estatales estaban eximidas de imputaciones penales aún cuando, en la práctica de sus funciones, incurrieran en actos prohibidos a cualquier otro ciudadano, tipificados como crímenes atroces (felonies) en los códigos y castigados severamente cuando se ejercían "without authority or justification by law". Cualquier violencia física, daño corporal o muerte, ocasionado por la fuerza y con *malicia*, pero bajo autoridad de la Ley, era legal y gozaba del privilegio absoluto de impunidad. La misma racionalidad aplicaba en el contexto de intervenciones policiales o militares para suprimir manifestaciones ilegalizadas, para contener resistencias a órdenes de arrestos y para evitar las fugas de las cárceles.

> Art. 51 -...to prevent the escape of the person killed, who was legally imprisoned, in custody or

---

[175] The Penal Code of Massachusetts (1844)

detained under a conviction or sentence, or on a charge, complaint or prosecution of or for any crime, is justifiable.-

El ejercicio de la violencia represora y disciplinaria en otras dimensiones de la vida social también eran consentido por las leyes penales de la época. Los daños corporales *excesivos* y homicidios ocasionados por castigos disciplinarios de amos a esclavos, maridos a esposas y padres a hijos, estaban proscritos en la legislación penal, pero la severidad de la pena podía atenuarse si se probaba judicialmente que se hizo sin malicia y bajo efectos pasionales súbitos (sudden passion):

"...where a father, in using a rope to chastise his son for a heinous offence, causes his death, though, by reason of the dangerousness of the instrument or the manner of using it, the homicide may not be justifiable, it may, by reason of the provocations on the part of the son at the time, be extenuated on the ground of excusable sudden passion.-

La primitiva moral de la cristiandad conservó su injerencia en las leyes penales de la época, y los *nuevos* códigos, aunque disponían castigos diferentes, refrendaron las antiguas prohibiciones y la potestad para castigar a sus detractores. La vida sexual privada de la ciudadanía estadounidense siguió siendo objeto de la intromisión represora y punitiva de los estados y territorios coloniales de la época. Las relaciones sexuales consentidas entre adultos fuera del matrimonio siguieron tipificadas como crimen de fornicación; y asimismo, el adulterio, la bigamia, el incesto[176], la sodomía[177] (crime against nature); la pedofilia, la prostitución y la seducción de mujeres menores de

---

[176] El Código Penal de Georgia (1850) se basaba explícitamente en la relación de consanguineidad de los textos bíblicos (Levítico) para determinar el crimen de "incestuous fornication", para el que condenaba a sentencias de hasta tres años de trabajos forzados en la penitenciaría.

[177] Por el crimen de sodomía ("crime against the order of nature"), el Código Penal de Georgia (1850) condenaba a trabajos forzados en la penitenciaría, "during the natural life of the person convicted of this detestable crime."

dieciocho años. También el control represivo de la potestad reproductiva de las mujeres siguió ejerciéndose bajo el crimen de aborto. El suicidio asistido siguió siendo criminalizado, y también la embriaguez.

El derecho constitucional a la libertad de prensa y expresión también estaba regulado y restringido dentro del imperio de la primitiva moral cristiana. Los *nuevos* códigos penales prohibían y castigaban la creación, tenencia y distribución de producciones literarias, manifestaciones artísticas o expresiones culturales, de manera pública o en espacios privados, que contuviesen "...obscene language, obscene prints, figures, descriptions or representations, manifestly tending to the corruption of the morals of youth, or of morals generally...".

Aunque formalmente existía separación entre Iglesia y Estado, la *libertad* de cultos cristianos -dentro de las delimitaciones constitucionales- estaba reforzada en los códigos penales, y prohibidas con fuerza de Ley todo tipo de expresiones contrarias a la ideología judeocristiana:

> -Whoever blasphemes the holy name of God, by denying, cursing, or contumeliously reproaching God, his creation, government, or final judging of the world; or by cursing or contumeliously reproaching Jesus Christ, or the Holy Ghost; or by cursing or contumeliously reproaching the holy word of God, contained in the holy scriptures, or exposing them to contempt and ridicule, shall be punished by...-[178]

El grueso de las categorías criminales en los *nuevos* códigos penales no eran, sin embargo, de orden moral sino económico. Al margen de las condiciones reales de existencia en cada jurisdicción estatal, los códigos *reformados* preservaron las categorías criminales relativas predominantemente a la protección de los intereses económicos de las clases privilegiadas. Aunque regulaban las relaciones mercantiles y castigaban a los productores y comerciantes que engañaran, estafaran y defraudaran a sus clientelas -como se disponía desde la antigüedad-, el sistema penal

---

[178] The Penal Code of Massachusetts (1844)

privilegiaba el principio constitucional de la propiedad privada y castigaba indiscriminadamente a sus transgresores.[179] A pesar de los altos niveles de desempleo y la advertida impotencia estatal para integrar la totalidad de la clase trabajadora, también creciente y empobrecida, las legislaciones penales reforzaron las prohibiciones de modos alternos de subsistencia y estilos de vida; y ampliaron el registro de actos específicos criminalizados bajo la antiguas y ambiguas categorías penales de vagancia y vagabundeo (vagrant): mendigos (strolling beggars); malabaristas callejeros (jugglers) y jugadores de juegos prohibidos (gamblers); adivinos (fortune tellers); niños difíciles (stubborn childrens); menores escapados de sus casas (runaways); vendedores de bebidas embriagantes (spiritous liquors) y alcohólicos (drunkards); prostitutas (nightwalkers[180]); conductas lascivas (persons with lewd behavior); pendencieros y alborotadores (common brawlers); derrochadores pobres (idle spendthrifts[181]); rateros (pilferers); busca pleitos (affrayers) y ladronzuelos (petty thieves). Aunque la intensidad de la intervención policial estaba sujeta siempre a consideraciones político-administrativas coyunturales, este registro de categorías delictivas conllevaba penas de multa y cárcel "at the discretion of the court."[182]

---

[179] En algunos estados, los delitos contra la propiedad, como el robo de ganado o de esclavos, conllevaba penas de hasta diez años de presidio y trabajos forzados. Los castigos, monto de las multas y tiempos de condenas carcelarias para otros delitos contra la propiedad (robo, hurto (larceny), asalto, etc.) estaban bajo el poder discrecional de los jueces. (Penal Code of Georgia, 1850)

[180] -Any common nightwalker, meaning thereby a female, who, by night, frequents the streets, highways or public places, or goes about or abroad with intent to offer herself for prostitution, or to entice, allure, or invite any one to sexual intercourse.-

[181] -Any person who, by reason of his neglecting his calling or misspending his earnings, has not sufficient provision for his own support or that of his family-

[182] En 1850, el reino de Hawaii reprodujo al pie de la letra el código penal en vigor en el Estado de Massachusetts (1844) -aunque hace referencia también al del Estado de Louisiana (1828)- conservando intacta su estructura, definiciones y clasificaciones delictivas, con modulaciones menores al lenguaje general, ajustadas a su particular régimen constitucional. En lugar de "ciudadanía", por ejemplo, se refería a "súbditos del reino"; y en lugar de referir la representación del poder soberano al "pueblo" remitía al "rey". Las tipificaciones delictivas también eran las mismas, e igualmente las prácticas penales, que incluían la pena

Independientemente de las variantes en los desarrollos de los medios de producción y mercados (predominantemente agrícolas y ganaderos en los estados esclavistas del sur, y tendencialmente industriales en los estados del norte), a mediados del siglo XIX no existían diferencias sustanciales en sus respectivas legislaciones, códigos y prácticas penales. La pena de muerte, el encierro carcelario, los suplicios del látigo, los trabajos forzados y las multas, se aplicaban invariablemente en todos los Estados Unidos, que también conservaban la mayor parte de categorías delictivas existentes durante la época colonial. El objeto central del castigo seguía siendo la "supresión del crimen", y la primitiva creencia en su efectividad no era objeto de cuestionamiento alguno. Algunos informes de las comisiones legislativas a cargo de revisar y reformar los códigos penales situaban dentro de un relato histórico el desenvolvimiento formal del sistema penal en sus respetivos estados, y justificaban sus (re)formas estructurales y prácticas como efectos de sus particulares realidades, condiciones socio-económicas y requerimientos políticos de gobernabilidad general. No obstante, el contenido general de los códigos revisados y *reformados* durante este periodo siguió siendo equivalente al de las épocas precedentes[183], e incluso el objetivo "rehabilitador" del poder penal del Estado, promovido en el Congreso durante los años veinte del siglo XIX, estaba ausente en la mayor parte de los códigos reformados. También era un denominador común en los códigos penales de la época la integración diferencial de leyes penales aplicables a la población esclavizada y a "personas de color". Aunque en el curso de los años cincuenta la tendencia entre la mayoría de los estados era restringir e incluso abolir la institución esclavista, ésta se preservaría bajo el protectorado de la constitución federal hasta mediados de la década de los sesenta.

---

de muerte, castigos corporales, encierro carcelario, trabajos forzados y multas. (Penal Code of the Hawaiian Islands; House of Nobles and Representatives; Government Press; Honolulu, 21 de junio de 1850. Digitalizado en http://books.google.com)

[183] Wharton, Francis; *A Treatise on the Criminal Law of the United States / Digest of the Penal Statutes of the General Government, and of Massachusetts, New York, Pennsylvania, Virginia, and Ohio*; Philadelphia, 1861. (Digitalizado en http://books.google.com)

Esclavitud y racismo en la legislación penal

Aunque existían fuerzas políticas reformistas y abolicionistas en los cuerpos legislativos estatales, el sistema esclavista continuaba en vigor y en crecimiento con fuerza de Ley. Los estados tenían la autoridad de regularlo a conveniencia y –por el pacto constitucional entre las élites políticas dominantes- sin injerencia del gobierno federal. Durante las primeras décadas del siglo XIX, las leyes que regulaban las relaciones entre los amos y su servidumbre esclava no habían cambiado nada sustancial. La jurisprudencia penal seguía proveyendo refuerzo de legitimidad moral y la fuerza represiva requerida para preservar el antiguo sistema esclavista y consecuente predominio de la raza blanca e ideología racista en todas las dimensiones de la vida social.

Además de preservarse en los trece estados que integraron originariamente el gobierno federal estadounidense, los nuevos estados y territorios incorporados bajo su ordenamiento constitucional también mantuvieron sistemas esclavistas y ordenanzas racistas, reforzadas jurídicamente en sus respectivas constituciones y códigos penales. En el Estado de Alabama, anexado en 1819, la legislación penal (criminal law) de 1833[184] ratificó la potestad estatal para regular la trata esclava y prohibió a la asamblea legislativa aprobar leyes para la emancipación de cualquier esclavo sin el consentimiento de sus propietarios y sujeta, en caso de hacerlo, a pagar a su dueño su *valor* equivalente en dinero. De modo similar al resto de los estados, el código penal de Alabama autorizaba a sus tribunales a juzgar diferencialmente a esclavos y a "personas de color". Además de aplicarles la pena de muerte para crímenes capitales, penas de cárcel y trabajos forzados por juicios por jurado -de raza blanca-, los jueces podían castigar corporalmente a los condenados con penas de hasta cien latigazos. Las condenas a pena de muerte por crímenes de conspiración, insurrección y rebelión debían ejecutarse de inmediato tras emitirse la sentencia condenatoria, y las ejecuciones por otros cargos capitales tenían un plazo de diez días para efectuarse. Aunque formalmente se les permitía ser juzgados bajo las mismas regulaciones judiciales que la población blanca, los esclavos no podían ser llamados a comparecer como testigos en casos

---

[184] *A Digest of the Laws of the State of Alabama* (Criminal Law); Asamblea General de Alabama, 1833. (Digitalizado en http://books.google.com)

criminales o civiles, excepto, a discreción del tribunal, en casos criminales en que eran juzgados otros esclavos.

Todos los aspectos de la vida social y privada de la población esclavizada estaban fuertemente controlados por las legislaciones y ordenanzas estatales, de manera similar a como se hacía desde la época colonial. A ninguna persona de la raza blanca le era permitido enseñar a leer o escribir a ningún esclavo, y si una persona de color escribía por algún esclavo, ésta era castigada con treintainueve latigazos en la espalda y con cincuenta latigazos al esclavo que escribiera por otro esclavo. A ningún esclavo le era permitido poseer propiedades o adquirir comodidades sin la autorización de sus amos, y les estaba prohibido incluso tener animales domésticos, perros o caballos. Tampoco podían reunirse sin permiso de sus dueños, y de reunirse más de cinco las autoridades policiales, civiles y militares, debían dispersarlos, y en caso de reincidencia ser arrestados, llevados ante un tribunal y sometidos a treintainueve latigazos por el delito de "asamblea ilegal". A las nueve de la noche debían enclaustrarse en *sus* residencias, y no les era permitido salir hasta amanecer. Los esclavos que salieran sin autorización de las zonas delimitadas o se fugasen de las plantaciones, debían ser aprehendidos y castigados por orden judicial a sufrir el suplico del látigo. La violencia disciplinaria y punitiva de los amos estaba autorizada de manera explícita en los códigos penales de la época. El Código Penal del Estado de Texas (1857[185]) es ejemplar:

> Art. 802 -The right of the master to the obedience and submission of his slave, in all lawful thing, is perfect: and the power belongs to the master to inflict any punishment upon the slave not affecting life or limb, and not coming within the definition of cruel treatment, or unreasonable abuse, which he may consider necessary for the purpose of keeping him in such submission, and enforcing such submission to his commands....-[186]

---

[185] *The Penal Code of the State of Texas*; Adopted by the 6th Legislature, 1857. (Digitalizado en http://books.google.com)

[186] Part. III. Of Offenses Committed by Slaves and Free Persons of Color. Tit. I-II.; op.cit.

Dentro del ámbito doméstico y laboral, al amo (master) le era reconocido el derecho a obtener obediencia absoluta de sus esclavos, a castigar sus faltas y "corregir" sus indisciplinas, siendo él "the exclusive judge". Asimismo, con relación a la intensidad del castigo por comportamientos ofensivos a la moral dominante entre la casta blanca dominante (malas palabras, gestos indecorosos, etc.):

> -The insolence of a slave will justify a white man in inflicting moderate chastisement, with an ordinary instrument of correction...-

Aunque las leyes permitían el ejercicio brutal y cruel de la violencia represiva, disciplinaria y punitiva, en el discurso de la Ley aparentaban no hacerlo. Según el código de Alabama:

> Art.19 -And whereas, it has been the humane policy of all civilized nations, where slavery has been permitted, to protect this useful but degraded class of men from cruelty and oppression (...) no cruel or unusual punishment shall be inflicted on any slave within this territory.-

En algunos estados la legislación penal prohibía imponer castigos de multa, de penitenciaría o casa correccional a los esclavos. Los castigos autorizados por la Ley eran la muerte por horca, la marca con hierro candente en el rostro, trabajos forzados, la picota y el látigo en espacios públicos. En otros estados, para los casos en que hombres y mujeres esclavizadas fuesen sentenciados a condenas de prisión por delitos no capitales:

> Art. 22 - ...he or she shall be branded on the face or breast by the jailer in open court, and suffer such corporal punishment as the court shall think fit to inflict...-[187]

El mismo repertorio de mandamientos y prohibiciones aplicables a las personas de raza blanca en los códigos penales

---

[187] *A Digest of the Laws of the State of Alabama* (Criminal Law), 1833.

también aplicaba a la población esclava y a negros y mulatos libres, pero el régimen de castigos era mucho más severo. En Texas, por ejemplo, los esclavos o "personas de color" convictos por el delito de robo eran ejecutados.

El discrimen racial no estaba ligado exclusivamente a la condición jurídica del esclavo. Las "personas de color", también eran objeto de la política racista generalizada en los estados de la época. A partir de 1833, en el Estado de Alabama se prohibió el asentamiento de "any free person of color", y la legislación penal dispuso notificarles de inmediato y los que no hubiesen emigrado tras un periodo de treinta días debían ser aprisionados "to receive thirty-nine lashes". Cualquier persona blanca estaba autorizada a realizar el arresto. Si después de infligido el castigo no abandonaban el territorio, eran apresados y vendidos como esclavos y sin opción de emanciparse. El Código Penal de Carolina del Norte (1855) y el de Virginia (1849) prohibían el matrimonio, estatal o eclesiástico, entre "any free person of color and a white person", dejando a discreción judicial el castigo.[188] Los castigos impuestos por las autoridades estatales eran similares a los de los esclavos, pero también podían ser sentenciados judicialmente a confinamiento penitenciario y trabajos forzados en obras públicas.[189]

Los principios de las legislaciones reguladoras de la trata esclava y respectivas prácticas penales eran similares en todos los estados de la época, y las variantes respondían a consideraciones locales.[190] En los códigos penales de Georgia (1850) y de Carolina del Norte (1855) -por ejemplo- se disponía explícitamente la pena de muerte para quien incitara insurrecciones de esclavos:

---

[188] Revised Code of North Carolina; Assembly (1854); Boston, 1855. (Digitalizado en http://books.google.com) El Código Penal incluía un capítulo con setentainueve artículos penales específicos para la población esclava y *libre* "de color" (Chapt. 107. Slaves and Free Negroes; pp.563-580)

[189] Art. 882; *The Penal Code of the State of Texas* (1857)

[190] No todas las leyes relativas a la población esclava estaban contenidas en los códigos penales, y existían ordenanzas y leyes particulares con arreglo a los requerimientos de cada gobierno.

Art. 17 -If any person, by words, shall endeavor to excite in any slave or free negro or person of color, a spirit of insurrection, conspiracy or rebellion, he shall receive thirty-nine lashes on his bare back, and be imprisoned for one year; and for the second offense shall suffer death.-[191]

Asimismo, autorizaban la impunidad por la matanza de esclavos, negros libres o personas de color insubordinadas:

Secc. XVIII. -Killing a slave in the act of revolt, or when the said slave forcibly resist a legal arrest, shall be Justifiable Homicide.-[192]

A quienes incitaran la fuga de esclavos, la pena codificada era el confinamiento penitenciario y trabajos forzados hasta diez años. En 1850, el gobierno federal aprobó una legislación uniforme para reforzar las medidas de control y seguridad existentes en los estados, autorizando a sus respectivas autoridades para perseguir y capturar a esclavos fugitivos de las plantaciones, prófugos de las justicias o escapados de prisiones, y entregarlos a sus respectivas jurisdicciones.[193] No obstante, durante este periodo, a pesar de la prescripción constitucional y las fuertes presiones de los estados esclavistas, la mayor parte de los estados aprobaron legislaciones cada vez más restrictivas del comercio esclavista, incluso contraviniendo abiertamente los mandamientos constitucionales de 1850 y hasta prohibiendo los procesamientos judiciales de esclavos fugitivos de la jurisdicción de sus amos.[194]

---

[191] Revised Code of North Carolina (1855)

[192] Penal Code of Georgia (1833/1850)

[193] Fugitive Slave Act; Senate and House of Representatives of the United States of America;18 de septiembre de 1850.

[194] El Código Penal del Estado de Pennsylvania (1860) es ejemplar: Sect. 95. - No judge of any of the courts of this commonwealth (…) shall have jurisdiction or take cognizance of the case of any fugitive from labor, from any of the United States or territories, under any act of congress…- (The Penal Laws of Pennsylvania; Harrisburg, 31 de marzo de 1860. Digitalizado en http://books.google.com)

Constitución de los estados confederados / Guerra civil (1861-1865)

Al margen de la ilusión de conformidad general con el ordenamiento constitucional de los Estados Unidos, la realidad política al interior de los estados y las relaciones entre sí estaban caracterizadas por profundas discordias estratégico-políticas, económicas y administrativas. La creciente incompatibilidad de intereses regionales y los tranques en las negociaciones entre las élites políticas gobernantes -de modo similar a como aconteció en las antiguas repúblicas capitalistas- intensificaron las tensiones irresueltas y acumuladas durante décadas. En el contexto de las elecciones presidenciales de 1860, los antagonismos entre las dos principales fuerzas político-partidistas se concentraron en torno a la cuestión esclavista. Los medios de producción, acumulación de capital y enriquecimiento de la clase dominante en la mayoría de los estados ya no dependía de las fuerzas laborales esclavizadas[195], y -según alegaban los estados esclavistas- durante los últimos veinticinco años se habían intensificado las hostilidades de parte de los "non-slaveholding States" hacia la institución de la esclavitud; el ancestral derecho político de los "free persons" a poseer esclavos, protegido en el pacto constitucional de 1787, era objeto de constantes violaciones; y los detractores de la institución esclavista incitaban la insubordinación e insurrección de los esclavos, contraviniendo abiertamente leyes estatales y preceptos constitucionales.[196] El triunfo electoral del Partido Republicano[197] en los "non-slaveholding States" y la elección de

---

[195] En los estados de Maine, New Hampshire, Vermont, Massachusetts, Connecticut, Rhode Island, New York, Pennsylvania, Illinois, Indiana, Michigan, Wisconsin and Iowa, se habían aprobado medidas legislativas que restringían las operaciones de la institución esclavista en sus respectivas jurisdicciones y que, por sus políticas interiores, afectaban a los estados *dependientes* de la esclavitud.

[196] Declaration of the Immediate Causes Which Induce and Justify the Secession of South Carolina from the Federal Union; 24 de diciembre de 1860. (Digitalizado en http://avalon.law.yale.edu)

[197] La plataforma política del Partido Republicano era explícita en cuanto a su postura antiesclavista: "...we deny the authority of the Congress, of a territorial legislature, or of any individuals, to give legal existence to slavery in any territory of the United States." Además, condenaba las proviciones federales

un presidente que -según sus opositores- se había insinuado favorecedor de las inclinaciones abolicionistas[198], sirvió de pretexto político a los "slaveholding States" para disolver definitivamente sus vínculos jurídico-políticos con el gobierno federal de los Estados Unidos. En 1861, siete estados declararon su independencia y soberanía nacional, y adoptaron unánimemente una *nueva* Constitución.[199] El mismo año se integraron bajo la Constitución de estados confederados los gobiernos de otros cinco estados y territorios.[200]

El texto constitucional aprobado reprodujo la Constitución de 1787, estableciendo una estructura jurídica de gobierno federal republicano idéntica a la existente, tanto en sus principios políticos e intereses económicos como en sus objetivos estratégicos. La única diferencia radicaba en la integración explícita de los convenios existentes -omitidos en el texto constitucional

---

que sostenían con fuerza de Ley la trata de esclavos africanos como un "crime against humanity". (Republican Platform, 17 de mayo de 1860; reproducida en *The People Shall Judge* (Vol.I); op.cit., pp.757-759)

[198] No obstante las sospechas y acusaciones de la oposición (reforzadas por el contenido antiesclavista de la plataforma política del Partido Republicano), en su discurso inaugural, el recién electo presidente de los Estados Unidos, Abraham Lincoln (1861-1865), ratificó su compromiso de respetar y reforzar las leyes esclavistas existentes en los estados y la legislación dispuestas con poder constitucional por el Congreso en 1850 (Fugitive Slave Law). Además, reiteró sus promesas de campaña electoral: "I have no purpose, directly or indirectly, to interfere with the institution of slavery in the states where it exists. I believe I have no lawful right to do so, and I have no intention to do so." (Lincoln, Abraham; First Inaugural Address, 4 de marzo de 1861; reproducido en *The People Shall Judge* (Vol.I); op.cit., pp.762-768)

[199] Constitution of the Confederate States; 11 de marzo de 1861. (Digitalizado en http://avalon.law.yale.edu) Los primeros siete estados confederados fueron South Carolina, Georgia, Florida, Alabama, Mississippi, Louisiana, y Texas.

[200] Se anexaron los estados de Arkansas, Tennessee, Carolina del Norte. El Estado de Virginia se dividió internamente, creándose el nuevo Estado de West Virginia, que pasó a formar parte de la confederación. También la asamblea legislativa del Estado de Missouri promulgó la disolución de los lazos políticos con los Estados Unidos de América y proclamó su independencia el mismo año. En el estado de Kentucky también acontecieron fuertes enfrentamientos internos a favor de la independencia. (Las respectivas "ordenanzas de secesión" aparecen reproducidas en http://gen.1starnet.com)

estadounidense- sobre la institución esclavista.²⁰¹ La posesión de esclavos era un requerimiento de las clases privilegiadas dominantes en los estados sureños, y se procuraron refuerzo constitucional explícito y permanente a sus antiguos *derechos*. Además de refrendar las legislaciones existentes, ratificaron la potestad del Congreso de los estados confederados para legislar, anexar otros estados y establecer gobiernos en nuevos territorios *adquiridos*.

> Secc.3. 3. -In all such territory the institution of negro slavery, as it now exists in the Confederate States, shall be recognized and protected be Congress and by the Territorial government; and the inhabitants of the several Confederate States and Territories shall have the right to take to such Territory any slaves lawfully held by them in any of the States or Territories of the Confederate States.-

El gobierno federal de los Estados Unidos no reconoció el *derecho* de independencia de los estados confederados[202] y calificó los hechos como actos ilegítimos, ilegales e insurreccionales. Al amparo de la potestad constitucional del presidente[203], fueron

---

[201] Secc. 9. (I) -The importation of negroes of the African race from any foreign country other than the slaveholding States or Territories of the United States of America, is hereby forbidden; and Congress is required to pass such laws as shall effectually prevent the same.- (2) -Congress shall also have power to prohibit the introduction of slaves from any State not a member of, or Territory not belonging to, this Confederacy.- (4) -No bill of attainder, ex post facto law, or law denying or impairing the right of property in negro slaves shall be passed.-

[202] En 1863, en pleno apogeo de la guerra civil, el papa Pio IX (1846-1878) reconoció entre líneas la independencia de los Estados Confederados de América. (Carta dirigida al presidente Jefferson Davis, 3 de diciembre de 1863; reproducida en *Foreign Affairs* (Part III); 2nd Session - 38th Congress; Government Printing Office, Washington, 1865. Digitalizado en http://books.google.com)

[203] - ...in case of an insurrection in any state, against the government thereof, it shall be lawful for the President of the United States, on application of the legislature of such state, or of the executive (when the legislature cannot be convened) to call forth such number of the militia of any other state or states, as may be applied for, or as he may judge sufficient to suppress such

movilizados los ejércitos bajo su mando para suprimir las insurrecciones, restituir el ordenamiento constitucional preexistente y reunificar los dominios del gobierno federal estadounidense. La guerra civil se extendió hasta 1865, cuando las fuerzas armadas estadounidenses derrotaron definitivamente las tropas de los estados confederados.

El objetivo de la guerra, bajo el mando del presidente Lincoln, nunca fue la emancipación de la población esclavizada o la abolición de la institución esclavista[204], sino la preservación del poder político del gobierno federal estadounidense sobre todos *sus* estados y posesiones territoriales.[205] Como parte de la estrategia militar en el contexto de la guerra, el gobierno federal declaró la emancipación de los esclavos en los estados confederados[206], pero siguió siendo legal en los estados aliados hasta finalizar la guerra, en 1865. Ese se mismo año se integró la decimotercera enmienda a la Constitución:

> Section 1. -Neither slavery nor involuntary servitude, except as a punishment for crime whereof the party shall have been duly convicted, shall exist within the United States, or any place subject to their jurisdiction.-[207]

---

insurrection.- (Militia Act of 1792 (providing for the authority of the President to call out the Militia); Second Congress, Session I. Chapter XXVIII; 2 de mayo de 1792)

[204] "My paramount object in this struggle is to save the Union and is not either to save or destroy slavery. If I could save the Union without freeing any slave, I would do it; and if a could save it by freeing all the slaves, I would do it..." (Lincoln, A; "Letter to Horace Greely (editor del *New York Tribune*); 22 de agosto de 1862; reproducida en *The People Shall Judge* (Vol. I); op.cit., pp.768-769)

[205] En su mensaje inaugural (1861), el presidente Lincoln insistió en que la unión constitucional de los estados era perpetua y que "no state upon its own mere motion can lawfully get out of the Union..."

[206] Lincoln, A; The Emancipation Proclamation; Washington, 1 de junio de 1863; reproducida en *The People Shall Judge* (Vol. I); op.cit., pp.771-772.

[207] Amendment XIII; ratificada el 6 de diciembre de 1865; *The Constitution of the United States* (1787)

Aunque la enmienda fue integrada dentro de la carta de derechos, el texto no se limitaba a prohibir con fuerza de Ley la práctica institucional o singular de la esclavitud y la servidumbre involuntaria. Al mismo tiempo ratificó de manera explícita la primitiva potestad penal para imponer como castigo el trabajo forzado. Condicionado a la emisión de la sentencia judicial condenatoria y de conformidad a las disposiciones en los códigos penales, la modalidad esclavista de la servidumbre involuntaria se preservó de manera intacta y permanente dentro del Derecho Penal en todas las jurisdicciones estadounidenses, de modo similar al resto de las constituciones occidentales de la época.

- ***Nueva* legislación penal y discrimen racial**

La marginación política y social de la población negra y mulata no fue proscrita en las leyes del gobierno de los Estados Unidos, y el discrimen racial continuó practicándose abiertamente y con fuerza de Ley en los estados sureños, regulado a discreción de las autoridades legislativas estatales.[208] Los códigos civiles y penales *reformados* de los estados de Mississippi (1865) y Alabama (1866), por ejemplo, ratificaron la prohibición de casamientos y de cualquier tipo de relación sexual entre "white persons" y "negroes". Los convictos por este crimen, en Alabama eran encarcelados en la penitenciaría y condenados a trabajos forzados entre dos y siete años, a discreción del tribunal[209]; y en Mississippi, el condenado "shall be confined in the state penitenciary for life."[210]

Secc. 4 -Be it furthered enacted, that all penal and criminal laws now in force in this state, defining

---

[208] En 1868, en el condado de Henry, Kentucky, se ejecutó en la horca a una niña negra de trece años, acusada de infanticidio.

[209] The Penal Code of Alabama; Senate and House of Representatives of the State of Alabama; Montgomery, 1866. (Digitalizado en http://books.google.com)

[210] Mississippi Black Code: The Civil Rights of Freedmen in Mississippi, 25 de noviembre de 1865; reproducido en *The People Shall Judge* (Vol.I); op.cit., pp.778-780.

offenses and prescribing the mode of punishment for crimes and misdemeanors committed by slaves, free Negroes, or mulattoes, be (...) re-enacted and declared to be in full force and effect, against freedmen, free Negroes, and mulattoes, except so far as the mode of trial and punishment have been changed or altered by law.-[211]

La integración gradual de la población negra "emancipada" dentro del marco constitucional estadounidense[212] no erradicó las ancestrales prácticas discriminatorias, y el racismo se cultivó con fuerza de Ley bajo la autonomía jurídico-política de los estados y los privilegios constitucionales reconocidos a las corporaciones privadas y a los individuos. Aunque las enmiendas constitucionales de 1868 y 1870 procuraron atenuar los efectos del discrimen racial, las legislaciones estatales racistas se mantuvieron en vigor en el curso restante del siglo XIX, consolidándose políticas segregacionistas en todas las dimensiones de la vida social cotidiana (escuelas, medios de transporte, recreación, vivienda, relaciones laborales, etc.) En 1875 el Congreso aprobó legislación a los efectos de prohibir el discrimen racial en espacios y actividades públicas, disponiendo multas y penas de prisión a los infractores.[213] La legislación fue objeto de pleitos legales incoados por poderosos e influyentes opositores racistas, alegando que se trataba de una injerencia del gobierno federal en los asuntos domésticos de los estados y de una violación a derechos civiles de la ciudadanía. En 1883 el Tribunal Supremo de los Estados Unidos declaró inconstitucional la ley de 1875, alegando que la

---

[211] The Penal Code of Mississippi; 29 de noviembre de 1865; reproducido en *The People Shall Judge* (Vol.I); op.cit., pp.783-784.

[212] En 1868 el Congreso aprobó una enmienda prohibiendo cualquier práctica legislativa que entorpeciera la protección de los derechos y privilegios civiles reconocidos en la Constitución. (Amendment XIV; ratificada el 9 de julio de 1868) En 1870 el Congreso enmendó la Constitución prohibiendo el discrimen racial entre los hombres con derecho al voto. (Amendment XV. Section 1.The right of citizens of the United States to vote shall not be denied or abridged by the United States or by any State on account of race, color, or previous condition of servitude ; ratificada el 3 de febrero de 1870)

[213] Civil Rights Act, 1 de marzo de 1875.

Constitución no autorizaba al Congreso a regular la conducta *privada* "discriminatoria" de la ciudadanía...

Nuevos códigos penales: ratificación de la ideología penal / simulacros de reforma (1865-1898)

Las reformas generales en el sistema penal estadounidense de las últimas décadas del siglo XIX, y particularmente en los códigos penales y reglamentos carcelarios, refrendaron la ideología penal preexistente desde la época colonial en todas sus dimensiones. No obstante, los informes de las comisiones legislativas a cargo de revisar el cuerpo de leyes penales, crímenes y castigos en vigor en sus respetivas jurisdicciones estatales, no se limitaron a proponer alteraciones estructurales y enmiendas lingüísticas a los estatutos penales existentes. La tendencia durante este periodo era consolidar, reforzar y amplificar los poderes de la maquinaria represiva, disciplinaria y punitiva del Estado, en conformidad a los requerimientos de gobernabilidad, control social y domesticación general.

Las modulaciones retóricas ("modifications in phraseology") y ajustes administrativos propuestos se basaron en los mismos argumentos que justificaban las reformas desde tiempos pretéritos. El informe de la comisión de reforma del Código Penal del Estado de New York (1865[214]) es ejemplar de este carácter reiterativo. Los comisionados reconocían que las definiciones de los actos criminalizados eran inciertas, incompletas, inexactas e incluso contradictorias entre sí; y ocasionaban conflictos interpretativos entre las autoridades legislativas y judiciales. También advirtieron la existencia de numerosos tipos delictivos omitidos en el Código Penal, sujetos al arbitrio interpretativos de los jueces, lo que agravaba la situación.[215] El objetivo principal de la reforma era reunir y sistematizar (homogenizar) dentro de un mismo código las

---

[214] The Penal Code of the State of New York; Albany, 1865. (Digitalizado en http://books.google.com)

[215] Con respecto a los crímenes menores (misdemeanors), la reforma aumentó el poder penal de los tribunales para imponer multas, y omitió regulaciones específicas sobre castigos adicionales impuestos tradicionalmente a discreción de los jueces.

legislaciones penales existentes en el Estado; suplir las deficiencias y corregir los errores en la definición y clasificación de crímenes; armonizar las prescripciones de castigos, también objeto de confusión, disparidad e iniquidad en la jurisprudencia de la época. Además, crear nuevas prohibiciones sobre actos que *merecían* ser castigados con fuerza de Ley pero que, al momento, no eran castigados:

> "The progress of society creates new opportunities and new temptations to crime, which require to be met by new provisions of law. The statutes of other jurisdictions have been extensively consulted for provisions which might meet by anticipation new developments of crime ; and the effort has been to adapt the Code as fully as possible to the wants of the present time."

La primitiva definición de lo que constituye un acto criminal siguió siendo la misma: "A crime or public offense is an act or omission forbidden by law…", al que se le aparea determinado castigo por sentencia condenatoria (pena de muerte por ahorcamiento, encarcelamiento temporal o perpetuo, y multas, predominantemente). El ancestral principio rector del Derecho Penal en el imperio de la Ley también fue ratificado: "…ignorance of the law does not excuse from punishment for its violation."

Algunas categorías criminales, consideradas obsoletas, ya habían sido eliminadas de los textos penales precedentes, pero el repertorio de actos prohibidos a los que remitían y por los que se castigaba con fuerza de Ley se conservaron bajo otros términos y clasificaciones. Los relativos a cuestiones religiosas fuera del marco oficial de la cristiandad, prácticas, rituales y negocios basados en la explotación de las supersticiones populares, fueron relocalizados bajo la categoría general del crimen de vagabundeo (vagrant[216]); pero se preservaron intactas las primitivas

---

[216] "Conjuration, Divination, Fortune-telling, Enchantment, Magic, Prophesying, Sorcery, Witchcraft. These have formerly been dealt with as crimes, upon the theory that it was possible that truth should be ascertained, or real effects produced, by supernatural means. In this aspect the law of this subject is obsolete. Practices of pretending to exercise supernatural powers, or make pretended revelations, are left to the operation of the law relative to false pretenses or to vagrants."

tipificaciones criminales de raíces judeocristianas, privilegiando el orden moral de sus intolerancias y su particular régimen de supersticiones. Bajo el título de "crímenes contra la religión y la conciencia", se preservaron las prohibiciones del "Sabath" (primer día de la semana), siendo objeto de castigo toda actividad (laboral, comercial, cultural, etc.) que no estuviera explícitamente permitida por la Ley; y la blasfemia, definida dentro de la dogmática cristiana, seguía siendo un crimen penado con multa y prisión. También, dentro del repertorio de crímenes de origen religioso, se preservaron las prohibiciones y castigos de multa y prisión por prácticas de aborto; bigamia; incesto, sodomía (crime against nature) y prostitución, entre otras.[217] La moral sexual, de origen religioso y dominante en el Derecho Penal de la época, se representa ejemplarmente en el texto sobre el crimen "contra la naturaleza":

> Art.343-344. -Every person who is guilty of the detestable and abominable crime against nature (…) is punishable by imprisonment in a state prison not exceeding ten years. Any sexual penetration, however slight, is sufficient to complete the crime against nature.-[218]

Además de reproducir las prácticas ancestrales de control estatal sobre la vida sexual privada, el *nuevo* código penal ratificó las antiguas regulaciones, prohibiciones y prácticas penales relativas a los crímenes contra la "moral social". Las producciones literarias y gráficas, incluyendo exhibiciones artísticas y modelos desnudos, obras teatrales y musicales, consideradas inmorales, indecentes, obscenas o lascivas por las autoridades, estaban prohibidas y eran castigadas con penas de multa y encierro carcelario, y las obras confiscadas y destruidas. La prohibición

---

[217] Title X. Crime Against the Person and Against Public Decency and Good Morals.

[218] La categoría criminal "buggery" fue eliminada del código y sustituida por el primitivo término genérico de "crime against nature".

aplicaba también a la publicidad comercial y a los anuncios sobre remedios para enfermedades venéreas, salud y educación sexual.[219]

El suicidio también era considerado una "ofensa pública", -...a grave public wrong, yet from the impossibility of reaching the successful perpetrator, no forfeiture is imposed.- No obstante, cualquiera que asistiera de modo alguno e indistintamente de las razones al suicida, era condenado a no menos de siete años en la prisión estatal. A cualquier modalidad de asesinato (murder) o clasificaciones de homicidio no autorizado por la Ley (Art.262) le aparejaba la pena de muerte (Art.247). Las autoridades estatales se reservaban para sí el derecho a matar con fuerza de Ley e impunidad:

> Art.261. -Homicide is justifiable when committed by public officers and those acting by their command in their aid and assistance...-[220]

Además de los actos tipificados como crímenes de asesinato y homicidio ilegal, el crimen político de traición era penado con la muerte. (Art.60) El extenso repertorio de crímenes codificados en torno a los poderes de gobierno (ejecutivo, legislativo y judicial), sus autoridades y funcionarios, acarreaban penas de multa, destitución y confinamiento carcelario. Las regulaciones y prescripciones penales relativas a las relaciones económicas (productivas, comerciales y laborales), también se preservaron, añadiéndose algunas especificaciones y modulándose algunos conceptos. Los principios constitucionales relativos a la propiedad privada y el libre mercado siguieron siendo determinantes de las regulaciones y prácticas penales de la época. El repertorio de tipificaciones criminales y castigos (multas, cárcel y trabajos forzados) relacionadas a la protección del *derecho* de propiedad se conservó relativamente inalterado e indiferenciado

---

[219] Title III. Chapter VII. Indecent Exposures, Obscene Exhibitions, Books and Prints, and Bawdy and other Disorderly Houses.

[220] -1. In obedience to any judgment of a competent court; or, 2. When necessarily committed in overcoming actual resistance to the execution of some legal process, or to the discharge of any other legal duty; or, 3. When necessarily committed in retaking felons who have been rescued, or who have escaped, or when necessarily committed in arresting felons fleeing from justice.-

de las condiciones de existencia de la población general, de los crecientes niveles de pobreza, marginación y desempleo.

La estructura organizativa del sistema carcelario no fue alterada y los costos de mantenimiento y salarios de sus funcionarios, incluyendo capellanes, médicos y maestros, los financiaba el Estado.[221] De las condenas a trabajos forzados se sufragaba parte de los gastos institucionales. En el discurso reformista, las cárceles, además de justificarse en los códigos penales como castigos, se habrían erigido para la seguridad y "reforma" de los convictos (Art.787). El programa disciplinario, existente desde 1847, tampoco fue alterado. La población penal seguía siendo sometida a los mismos suplicios existenciales y crueldades disciplinarias que en el pasado. La pérdida absoluta de los derechos civiles y políticos lo garantizaba. Aunque el *nuevo* código de disciplina carcelaria prohibía el castigo del látigo, a los convictos acusados de "incorregible desobedience" estaba autorizado confinarlos en celdas solitarias, encadenados y privados de comida y facilidades sanitarias (Art.1060).

Al castigo de privación de la libertad correspondía un rígido control sobre todos los aspectos de la vida singular del condenado, y hasta la correspondencia privada debía ser leída y autorizada antes de serle entregada o de enviarla (Art. 984). Durante el día, -All convicts in a state prison most not be allowed to converse with each other and must be kept constantly employed at hard labor during the daytime, not exceeding twelve hours...- (Art.990). Al anochecer eran enjaulados. La administración de las bibliotecas y libros de la prisiones seguía a cargo de las autoridades religiosas, que debían cerciorarse de que no se introdujeran libros "impropios" en las celdas, y asegurar que a cada convicto le fuese entregada una biblia. Anualmente debían rendir un informe sobre la conducta religiosa y moral de los prisioneros, y llevar a cabo el censo anual sobre el perfil general de los condenados.

Desde inicios del siglo XIX el discurso de la psiquiatría forense reclamaba un trato diferencial a los prisioneros, en contraste con la ideología y práctica dominante entre la

---

[221] Title XIX. Of the Government and Discipline of State Prisons and County Jails, and the Conduct and Treatment of Prisoners Therein.

jurisprudencia de la época. Según el psiquiatra estadounidense Isaac Ray:

> "...the rules of the English and American Law originated at a time when the philosophy of disease of the mind was not well understood, and that the courts of law have not kept pace with the progress of science on this subject; that under the usual legal definitions, many persons are held liable to punishment who, upon views more in accordance with the facts of mental derangement, would be deemed excused; and that the protection of society against the acts of the insane ought to be sought more through efforts for their guardianship and restoration, and less through the administration of criminal punishment, than is done at present."[222]

Aunque la distinción era reconocida en las legislaciones penales europeas y estadounidenses desde los siglos precedentes, las autoridades legislativas tendían a priorizar el trato indiferenciado para efectos de procesamiento judicial y sentencia condenatoria. Desde el siglo XVIII, el discurso médico-psiquiátrico reforzó la primitiva ideología penal de la Ley, atribuyendo raíces psicopatológicas a los actos criminalizados por el poder legislativo. A partir del siglo XIX, el discurso psiquiátrico ocuparía una posición de autoridad referencial entre la jurisprudencia penal, y personas acusadas de actos criminales y *diagnosticadas* con trastornos psicopatológicos -*reconocidos* durante el juicio por jurado- no cualificaban para ser procesadas por cargos criminales. No obstante, el ingreso de "enfermos mentales" en las prisiones estatales no disminuyó considerablemente, y las terribles condiciones carcelarias podían enloquecer a cualquiera. La legislación penal del Estado de New York (1858-1865), es ejemplar. Los reos *diagnosticados* por el médico (physician) de la prisión como "enfermos mentales" (insane) eran relocalizados en el "state lunatic asylum for insane convicts", y si *mejoraban* su condición eran devueltos a la prisión estatal (Art.19). De morir en prisión y no ser reclamado el cuerpo en veinticuatro horas, el

---

[222] Ray, Isaac; *A Treatise on the Medical Jurisprudence of Insanity*; Boston, 1838.

cadáver era entregado a la facultad médica de la ciudad o al colegio de cirujanos, según la demanda.

En el curso restante del siglo XIX todos los estados volvieron a revisar y a reformar sus estatutos y códigos penales.[223] Las razones de fondo no fueron distintas a las que justificaron las revisiones y reformas que le antecedieron. El objetivo político medular seguía siendo el de consolidar la maquinaria represiva, disciplinaria y punitiva de los estados, y ajustar sus estructuras en función de los requerimientos coyunturales de gobernabilidad general bajo el imperio de la Ley. En gran parte, la obra de las comisiones legislativas a cargo de las reformas se limitó a "corregir errores verbales", "defectos" y "omisiones", con el fin de garantizar un lenguaje "claro y preciso", sin trastocar sus ancestrales principios y objetivos. Más allá de los retoques retóricos a las leyes existentes, "...their spirit and substance have, in all cases, been preserved."[224] Igualmente, los ajustes estructurales respondían al mismo objetivo, considerando el vertiginoso crecimiento demográfico y las *necesidades* gubernamentales de control y domesticación social.

El *nuevo* código penal de California, aprobado por la asamblea legislativa en 1872, se pretendía modelo ejemplar para los proyectos reformistas de la época. Según el informe de la comisión (re)codificadora, el nuevo código era "más perfecto" que los existentes en el resto de los estados y, por la fuerza de su ejemplaridad, no solo procurarían imitarlo sino que, además, la vasta población de la costa del Pacífico y los millones de ciudadanos de los otros estados "seguirían sus pasos". Sin embargo, al margen de la ilusoria virtud innovadora del discurso reformista, el *nuevo* código penal era una réplica de los códigos existentes en todas sus dimensiones. Aunque en los aspectos sustanciales se trataba de un simulacro de innovación, el encargo de revisar y reformar los códigos era parte integral de los

---

[223] Para 1872 los estados de Kansas, Louisiana, Maryland, Massachusetts, Minnesota, Missouri, New Hampshire, y New Jersey, habían adoptado nuevos códigos penales. Los estados de Florida, Georgia, Illinois, Iowa, Michigan, Mississippi, New York, North Carolina, Pennsylvania, Rhode Island, South Carolina, Tennessee, West Virginia, y Wisconsin, estaban en proceso de revisión y reforma de sus leyes y códigos.

[224] The Penal Code of California / Code of Criminal Procedure; Sacramento, 1873. (Digitalizado en http://books.google.com)

programas de ajuste permanente del sistema penal en conjunto, integrado, además, por "leyes especiales" y códigos independientes de organización y regulación del aparato judicial, carcelario, policial y militar. Al margen de las categorías criminales contenidas en el código, al poder político del Estado se le ratificó la potestad de crear "leyes especiales" discrecionalmente; y sobre éstas a la autoridad punitiva de los tribunales sólo le estaba prohibido imponer penas de muerte o condenas de cárcel perpetua, pero no el monto de las multas, el tiempo de cárcel y de trabajos forzados. De considerarse insuficiente la fuerza represiva de los cuerpos policiales, el Gobierno estaba investido de autoridad para movilizar las fuerzas militares de sus respectivos estados para hacer cumplir las órdenes legales (arrestos, redadas, dispersión de "asambleas ilegales", supresión de tumultos e insurrecciones, capturas de fugitivos, etc.) Aunque los excesos de violencia en el ejercicio de la autoridad represora, disciplinaria y punitiva estaban proscritos y castigados en los códigos penales[225], también dejaban un amplio margen discrecional e interpretativo a sus ejecutores. El crimen de asesinato en cumplimiento de la Ley también seguía estando autorizado y excusado judicialmente.

La práctica institucional de la venganza fue ratificada y reproducida en los *nuevos* códigos penales. Los ajustes en la severidad de sus modalidades punitivas respondían a criterios administrativos, al cálculo de los efectos políticos deseados y a las condiciones económicas para efectuarlos. El objetivo disciplinario (ejemplarizante y disuasivo) de los castigos, y el encargo añadido de *rehabilitar* moralmente a los condenados, se preservó íntegramente en el discurso penal de la época. Las penas de multa, el encarcelamiento temporal y perpetuo, los trabajos forzados y el confinamiento solitario, siguieron predominando entre los suplicios del Derecho Penal de la época.

• **La pena de muerte / invención de la silla eléctrica**

También la pena de muerte siguió aplicándose en el curso restante del siglo XIX. En los casos en que el condenado a muerte

---

[225] Para el contexto carcelario -por ejemplo- el *nuevo* código penal disponía: Art. 147. -Every officer who is guilty of willful inhumanity or oppression toward any prisoner under his care or in his custody, is punishable by fine not exceeding two thousand dollars, and by removal from office.-

enloqueciera (become insane) -a discreción del juez o del gobernador- la fecha de su ejecución debía ser pospuesta hasta que recuperase el uso de la razón (Art. 1221-1224). De pronunciarse una sentencia de muerte contra una mujer embarazada, la ejecución debía postergarse hasta consumarse el parto (Art.1223-1226). El principal método de ejecución siguió siendo la horca: Art.1228 -The punishment of death must be inflicted by hanging the defendant by the neck until he is dead.- En las grandes ciudades, por consideraciones prácticas de economía y seguridad, se suprimió el espectáculo de las ejecuciones públicas.

> Art. 1229 -A judgment of death must be executed within the walls or yard of a jail, or some convenient private place in the county. The Sheriff of the county must be present at the execution, and must invite the presence of a physician, the District Attorney of the county, and at least twelve reputable citizens, to be selected by him; and he shall, at the request of the defendant, permit such ministers of the gospel, not exceeding two, as the defendant may name, and any persons, relatives or friends, not to exceed five, to be present at the execution, together with such peace officers as he may think expedient, to witness the execution...-

La consecución de los efectos psico-sociales y políticos deseados, atribuidos desde la antigüedad al supuestos poder aterrador e intimidante de la pena de muerte en espectáculo público, fue relocalizada gradualmente bajo el creciente poder de la prensa, la fotografía y la literatura.[226] En el marco de la presumida moral *humanista* del Derecho Penal de la época y conforme a la prohibición constitucional a infligir castigos "crueles e inusuales", en 1890 sería integrada la silla eléctrica al brutal repertorio punitivo del Estado.

---

[226] "There is a propensity in man to take pleasure in the sight or relation of human sin and suffering. Thousand flock to the execution of a criminal, and the history of his life, however dull and uninteresting, is sought and read with avidity. No part of a newspaper excites so much attention as the record of crime and calamity." (St. Clair, Henry; *The United States Criminal Calendar* (1840). Digitalizado en http://books.google.com)

Paralelo a los objetivos de seguridad y protección de la ciudadanía y sus derechos, la presumida demanda popular para satisfacer sentimientos de venganza -inculcados históricamente y arraigados culturalmente por incitación de las justicias de la Ley- se preservó intacta en los códigos penales como fundamento legitimador de la pena de muerte. La severidad de las condenas carcelarias, los tormentos psicológicos inherentes a las condiciones de existencia en las prisiones, los suplicios de confinamiento solitario y de trabajos forzados -al margen de la invención del pretexto rehabilitador- siguieron siendo expresiones del carácter predominantemente vengativo y cruel del sistema penal estadounidense, y de la cultivada propensión sádica de sus cuerpos legislativos y judiciales.

Estado de situación a fin de siglo

Las última década del siglo XIX estuvo marcada por las contiendas electorales entre los principales partidos políticos, que se acusaban mutuamente de las críticas condiciones socio-económicas y políticas que caracterizaban el estado de situación general de la nación estadounidense, que ya contaba con un registro demográfico de setenta millones de habitantes. Más allá de los antagonismos forzados, demagogias y exageraciones fabricadas en función de intereses electorales, los textos de las plataformas político-partidistas de 1896 ilustran un cuadro general de la condición de época.[227] El firme avance de las tecnologías de producción industrial no trastocó las relaciones de poder entre la clase propietaria y las fuerzas productivas. El empobrecimiento general de la clase trabajadora seguía dando al traste con la concentración de riquezas de la minoría privilegiada. Las tierras e industrias permanecían bajo el control de propietarios capitalistas y las manifestaciones de protesta de las organizaciones de trabajadores seguían siendo criminalizadas y reprimidas por las fuerzas policiales y militares. Los opositores republicanos acusaban al gobierno demócrata de corrupción, negligencia y fraude en todas las instancias bajo sus dominios administrativos, del cierre de fábricas, del aumento en el desempleo, de los bajos

---

[227] The Populist Platform of 1892 / The Republican Platform of 1896 / The Democratic Platform of 1896; reproducidas en *The People Shall Judge* (Vol. II); op.cit., pp.144-155.

salarios y de las precarias condiciones de vida de la clase trabajadora industrial y agrícola. Los trabajadores inmigrantes, legales e ilegales, fueron imputados entre líneas de ocasionar la insuficiencia de empleos y la baja en salarios de los trabajadores nacionales. En su programa de gobierno, el partido republicano prometía reforzar el control migratorio para contener la creciente oleada de mano de obra barata, y prohibir la entrada a los Estados Unidos de extranjeros que no supieran leer y escribir. Aunque la plataforma política republicana no propuso nada específico para contrarrestar las violencias criminales, condenó una de sus manifestaciones contemporáneas, al parecer practicadas o consentidas por autoridades de gobierno al margen de la Ley:

> "We proclaim our unqualified condemnation of the uncivilized and barbarous practice, well known as lynching or killing a human being suspected or charged with crime, without process of law."

Entre líneas, también ratificó su conformidad con la pena de muerte dentro de marco de legalidad existente. Al mismo tiempo, favoreció preservar y reforzar las ancestrales leyes de control social y políticas *moralizadoras* de los estados.[228] De manera equivalente, la plataforma demócrata *reconocía* el problema de la absorción de las riquezas "by the few" y favorecía la estricta intervención federal para controlar y regular las relaciones de producción y comercio dentro del marco constitucional. Al mismo tiempo, promovía la reducción del aparato burocrático (useless offices) del gobierno federal, que drenaba el erario público; y reivindicó el principio de gobierno autónomo (local self-government) en los estados y territorios:

> "We denounce arbitrary interference by Federal authorities in local affairs as a violation of the Constitution of the United States and a crime against free institutions, and we especially object to government by injunction as a new and highly dangerous form of oppression by which Federal

---

[228] "We sympathize with all wise and legitimate efforts to lessen and prevent the evils of intemperance and promote morality." (Republican Platform of 1896; op.cit.)

Judges, in contempt of the laws of the States and rights of citizens, become once legislator, judges and executioners..."

Con respecto a los conflictos entre patronos y trabajadores, el partido Demócrata se comprometió a implementar una política de *arbitraje* y, como su adversario político, favoreció las restricciones migratorias para *proteger* a los trabajadores nacionales. De manera similar en ambas plataformas, los asuntos relativos al discrimen racial y a las políticas segregacionistas fueron omitidos, en parte por efecto de influyentes políticos racistas, en parte como estratagema de la oligarquía capitalista, que desvió la atención de los problemas socio-económicos hacia la población inmigrante. Al margen de las contradicciones entre intereses de clase, la mayor parte de los hombres de la clase trabajadora fueron absorbidos dentro del discurso *democrático* de la aristocracia capitalista dominante. Aunque durante este periodo se gestaron iniciativas políticas para integrar a las mujeres dentro del sistema laboral asalariado, indistintamente de su procedencia de clase, condición social o diferencia racial, siguieron excluidas del poder político de gobierno y del derecho al voto.[229]

Ambas plataformas promovieron la política expansionista bajo la jurisdicción del gobierno federal, la anexión de nuevos estados y la *admisión* de nuevos territorios (Nuevo México, Arizona, Oklahoma, Distrito de Columbia y Alaska). Asimismo, ratificaron la doctrina Monroe (1823) sobre relaciones internacionales, comprometiéndose a no interferir con los gobiernos de las posesiones europeas existentes en América y a contrarrestar cualquier iniciativa de expansión territorial o agresión militar de las potencias europeas en el continente americano. El crecimiento y consolidación de las fuerzas armadas, marítimas y terrestres, reaparece en ambas plataformas políticas como condición esencial para el mantenimiento de la hegemonía política en la región y como garante de la prosperidad comercial doméstica e internacional. La expansión internacional de los mercados estadounidenses fue objeto de promoción en ambas plataformas, y

---

[229] "The Republican party is mindful of the rights and interests of women. Protection of American industries includes equal opportunities, equal pay for equal work, and protection to their home. We favor the admission of women to wider spheres of usefulness..." (Republican Platform of 1896; op.cit.)

la política de protección y defensa militar de los intereses económicos de ciudadanos y corporaciones privadas en otros países fue reiterada:

> "Our foreign policy should be at all time firm, vigorous, and dignified, and all our interest in the Western Hemisphere carefully watched and guarded. (...) There and everywhere American citizens and American property must be absolutely protected at all hazards and at any cost".[230]

Obtenida la victoria electoral, el gobierno del partido republicano puso en marcha los objetivos programáticos de su plataforma política, incluyendo los planes de expansión territorial fuera de los dominios continentales. Durante este periodo las islas de Hawaii serían "absorbidas completamente" bajo dominio estadounidense e instaurado un régimen de gobierno autonómico por *voluntad* y *consentimiento* del Estado hawaiano[231]; al territorio de Alaska le serían extensivas las leyes regentes en los Estados Unidos y serían movilizadas las fuerzas armadas "...for the protection of persons and property"[232]; asimismo, en los territorios habitados por las "Five Civilized Tribes"[233] en el "Indian Teritory" -en los cuales también habíase concedido un "self-government"-: "...have undergone such complete a change as to render the continuance of the system thus inaugurated

---

[230] "The Hawaiian islands should be controlled by the United States, and no foreign power should be permitted to interfere with them; the Nicaraguan Canal should be build, owned and operated by the United States; and by the purchased of the Danish islands, we should secure a proper and much needed naval station in the West Indies." (Ídem)

[231] "...the most just provisions for self-rule in local matters with the largest political liberties...", como parte de la Nación. (McKinley, William; "First Annual Massage" to the Senate and House of Representatives of the United States; 6 de diciembre de 1897; reproducido en *A Compilation of the Messages and Papers of the Presidents (1789-1905)*; Vol. X; Bureau of National Literature and Art, 1906; pp.26-50.

[232] Ídem.

[233] Cherokee, Choctaw, Chickasaw, Muscogee (Creek) y Seminole.

practically impossible."²³⁴ Los intereses económicos estaban siendo afectados y "the Indians" declinaban aceptar las proposiciones del gobierno estadounidense: "No provision for the protection of the life or property of the white citizens is made by the Tribal Government and Courts."²³⁵ El Congreso *concedería* la ciudadanía a las tribus nativas, con el fin de garantizar el trato equitativo de la "white people" que habitaba los territorios y que se había asentado "by invitation of the Tribal Nations". Las resistencias indígenas a la dominación colonial estadounidense serían exterminadas progresivamente por sus fuerzas militares, también en nombre de la paz y la seguridad, de la humanidad y la civilización cristiana moderna.

Al mismo tiempo, las restantes posesiones coloniales del reino español se convirtieron en objetivo central del proyecto imperialista de los Estados Unidos. Dentro del marco de la retórica de neutralidad diplomática y de la voluntad expresa de sostener relaciones internacionales en condiciones de paz, el gobierno estadounidense encubriría sus intenciones de conquista como potencia humanitaria, justiciera y pacificadora. La guerra de independencia en Cuba, que gozaba de las simpatías y complicidad de la clase política dominante en los Estados Unidos, serviría de pretexto...

• **Guerra hispanoamericana / Expansión imperialista (1898)**

Durante el periodo de campaña electoral de 1896, los principales partidos políticos contendientes reiteraron su apoyo *moral* a las luchas de independencia de los países latinoamericanos contra la dominación colonial de las potencias europeas, y se expresaron abiertamente a favor de los patriotas independentistas cubanos que, durante décadas, combatían la crueldad y opresión del gobierno español. Aunque desde 1856 habían manifestado interés en *adquirir* los dominios territoriales de la isla de Cuba²³⁶,

---

[234] McKinley, William; "First Annual Message" (1897); op.cit., p.45-46.

[235] Ídem.

[236] La convención demócrata de 1856 y la plataforma política del Partido Democrático, adoptada en 1860, favorecían la *adquisición* de la isla de Cuba. (Democratic Platform, 23 de junio de 1860; reproducida en *The People Shall Judge* (Vol. I); op.cit., pp.756-757)

las relaciones en el curso del siglo se limitaron a consolidar sus intereses comerciales dentro de la centenaria jurisdicción española. En su plataforma política de 1896, el partido Republicano se comprometió a intensificar las presiones "amistosas" al gobierno español para que pusiera fin a la guerra en Cuba y retomase el control de su gobierno, primordialmente porque los intereses, negocios y propiedades estado-unidenses en la Isla estaban siendo afectados.

En su discurso inaugural (1897), el presidente McKinley[237] (1897-1901[238]) ensalzó la política exterior de "no-intervención" y de "cultivar relaciones de paz y amistad con todas las naciones del mundo[239], procurando en lo posible resolver las diferencias por vías diplomáticas en lugar de la guerra.[240] En mensaje al Congreso, McKinley informó sobre el estado de situación de los ciudadanos estadounidenses en la vecina isla de Cuba: "...a large number of American citizens in the island are in a state of destitution, suffering for want of food and medicines."[241] En su primer mensaje anual reiteró la protesta "against this abuse of the rights

---

[237] McKinley, William; "Inaugural Address"; 4 de marzo de 1897; reproducido en *A Compilation of the Messages and Papers of the Presidents*; Vol. X; op.cit.

[238] En 1900, el presidente McKinley sería reelecto y asesinado en 1901.

[239] "It has been the policy of the United States since the foundation of the Government to cultivate relations of peace and amity with all the nations of the world, and this accords with my conception of our duty now. We have cherished the policy of non-interference with affairs of foreign governments wisely inaugurated by Washington, keeping ourselves free from entanglement, either as allies or foes, content to leave undisturbed with them the settlement of their own domestic concerns. It will be our aim to pursue a firm and dignified foreign policy, which shall be just, impartial, ever watchful of our national honor, and always insisting upon the enforcement of the lawful rights of American citizens everywhere." (Ídem)

[240] "War should never be entered upon until every agency of peace has failed; peace is preferable to war in almost every contingency. Arbitration is the true method of settlement of international as well as local or individual differences." (Ídem)

[241] McKinley, William; "Message" to the Senate and House of Representatives of the United States; 17 de mayo de 1897; reproducido en *A Compilation of the Messages and Papers of the Presidents*; op.cit., pp.23-24.

of war..."²⁴², y acusó al gobierno español de agravar la situación: "It was not civilized warfare. It was extermination."²⁴³ Los arrestos y confinamientos de ciudadanos estadounidenses en Cuba también fueron objeto de reproche:

> "There was much of public condemnation of the treatment of American citizens by alleged illegal arrests and long imprisonment awaiting trial or pending protracted judicial proceedings."²⁴⁴

En el marco de las prolongadas presiones internas de la guerra en Cuba, recrudecida desde 1895, y durante el periodo de *negociaciones* diplomáticas forzadas por el gobierno estadounidense²⁴⁵, la gerencia española²⁴⁶ proyectaba establecer una reforma de gobierno similar al modelo autonómico ("self-government") existente en los territorios estadounidenses.²⁴⁷ La gerencia imperial española reconocía que la posibilidad de restablecer de manera permanente el control gubernamental en la isla de Cuba dependía, en gran medida, del consentimiento de la ciudadanía cubana, y creía que la instauración de un gobierno autónomo lo posibilitaría, reforzando los vínculos ideológicos,

---

²⁴² McKinley, W.; "First Annual Massage" (1897); op.cit., p.31.

²⁴³ Ídem.

²⁴⁴ Ídem.

²⁴⁵ Note of United States to Spain, 23 de septiembre de 1897; U.S. Department of State, *Papers Relating to the Foreign Relations of the United States, 1898* (Washington: Government Printing Office, 1901), pp. 568-573.

²⁴⁶ Tras el asesinato político de Cánovas del Castillo se instauró un gobierno de corte *liberal* en España, encabezado por Práxedes Mateo Sagasta, bajo cuyo mando habría de tratarse el caso de Cuba y la amenaza de intervención del gobierno de los Estados Unidos.

²⁴⁷ "...leading to the autonomy of the colony in such a manner that upon the full guaranty of the immutable Spanish sovereignty shall arise the new personality which is to govern itself in all affairs peculiar to itself by means of an executive organization and the insular council or chamber." (Reply of the Duke of Tetuán to Mr. Woodford's Note of September 23, 1897 (Pio Guillón, Ministro de Estado, 23 de octubre de 1897)

jurídicos, políticos y económicos con la metrópoli imperial española.[248] Lograr el consentimiento explícito de los insulares era un requerimiento programático del proyecto de restauración de las condiciones de gobernabilidad en Cuba. Jurada la lealtad incondicional a la Corona, el gobierno central español podría confiarle los asuntos administrativos al gobierno civil insular, consolar sus pretensiones de independencia y aliviar las asperezas de la inconformidad isleña con la antigua política gerencial del gobierno colonial. El principal obstáculo -según la diplomacia española- era los insurgentes independentistas:

> "...those professional agitators by nature and habit, who subsist only by strife and have no other object than rapine, destruction, and disorder."[249]

Otro impedimento al proyecto de reforma política española era que el gobierno estadounidense aparentaba su *neutralidad* y permitía que de sus puertos zarparan navíos con abastos y armas para suplir a los independentistas cubanos (expediciones de filibusteros) y que, incluso a la vista de cualquiera: "...there is operating in New York an insurrectionary junta which publicly boasts of organizing and maintaining armed hostility and constant provocation against the Spanish nation."[250] Insistía el gobierno español que, para poder *pacificar* y restablecer el control en Cuba, el gobierno estadounidense debía abstenerse de incitar y apoyar a las fuerzas insurgentes. Al mismo tiempo, reclamó la puesta en vigor de la política criminal habituada entre las naciones soberanas *amigas*, proclamando que:

> "...all persons violating the domestic and international laws prohibiting the encouragement

---

[248] "This program, which constitutes true self-government, will give to the Cubans their own local government, whereby they shall be at one and the same time the initiators and regulators of their own life, but always forming part of the integral nationality of Spain." (Ídem)

[249] Ídem.

[250] Ídem.

of rebellions in friendly countries shall be declared outlaws..."[251]

Establecida y fundamentada su postura diplomática, el gobierno español reiteró su confianza en la política de neutralidad estadounidense y en que ejerza su responsabilidad como potencia amiga, que desfavorezca a las fuerzas insurgentes, reconozca la legitimidad de los métodos de pacificación militar y respalde la consecuente instauración del régimen autonómico en el "territorio colonial" de Cuba. Sin embargo, el gobierno estadounidense sabía, o al menos sospechaba, que la instauración efectiva de un régimen autonómico posibilitaría, más que la pacificación de las fuerzas insurgentes, la progresiva absorción ideológica y segura domesticación de las fuerzas políticas que habitan la Isla. La estabilización de las condiciones de gobernabilidad bajo los dominios de la metrópoli española no era el objetivo estratégico que perseguía el gobierno estadounidense. La promesa de triunfo del gobierno español, por el contrario, animó el proyecto de expansión imperialista entre quienes celaban las riquezas inmediatas y, sobre todo, entre quienes codiciaban las riquezas potenciales de la isla de Cuba.

A finales de marzo de 1898, el presidente McKinley dirigió un mensaje al Congreso[252], anunciando el tranque en las negociaciones con España y animado la intervención armada para "poner fin a la guerra en Cuba". En abril de 1898, el presidente dio por agotados los recursos diplomáticos e invocó el *derecho* a intervenir militarmente en Cuba, solicitando la autoridad congresional para "poner fin a la guerra" que el gobierno español, por tres años y a pesar de sus confesadas intenciones y esfuerzos, no había podido contener. La justificación rezaba:

> "The present revolution is but the successor of other similar insurrections which have occurred in Cuba against the dominion of Spain, extending over a period of nearly half a century, each of

---

[251] Ídem.

[252] El 26 de marzo de 1898 el presidente McKinley notificó al Congreso el tranque en las negociaciones con el gobierno español. "There is no hope of peace through Spanish arms. The Spanish government seems unable to conquer the insurgents." ("American Ultimatum to Spain"; 26 de marzo de 1898)

which, during its progress, has subjected the United States to great effort and expense in enforcing its neutrality laws, caused enormous losses to American trade and commerce, caused irritation, annoyance, and disturbance among our citizens, and, by the exercise of cruel, barbarous, and uncivilized practices of warfare, shocked the sensibilities and offended the humane sympathies of our people."[253]

El gobierno estadounidense, aunque reconocía las virtudes *pacificadoras* del autonomismo colonial[254], ya había asumido con anterioridad una postura de simpatía y complicidad con los insurrectos cubanos, reconociéndolos como "combatientes" bajo las cláusulas del derecho internacional de guerra, y ahora clasificaría la guerra de independencia como una "revolución de los tiempos modernos", "...where a dependent people striving to be free have been opposed by the power of the sovereign state."[255] Dadas las condiciones de la guerra, entre las que prevalece la negativa de la clase política cubana a conformarse con la reforma colonial autonomista y la impotencia del gobierno español para subyugarla en definitiva, McKinley concluyó que: "The war in Cuba is of such a nature that short of subjugation or extermination a final military victory for either side seems impracticable."[256] La propuesta *diplomática* del gobierno estadounidense, que promovía un armisticio temporal y su

---

[253] McKinley, William; "Messages" to the Senate and House of Representatives of the United States of America"; 11-25 de abril de 1898; reproducido en *A Compilation of the Messages and Papers of the Presidents*; Vol. X; op.cit., pp. 67-73./ ("War Message"); 11 de abril de 1898; reproducido en *The People Shall Judge* (Vol. II); op.cit., pp.318-321.

[254] El presidente McKinley reconoció que tras el asesinato de Cánovas en España, la instauración de un régimen de gobierno autónomo en Cuba y Puerto Rico garantizaría reformas liberales y concesiones más cónsonas con el ideario administrativo impulsado por el gobierno estadounidense en sus nuevas posesiones, anexadas o territoriales.

[255] Ídem.

[256] McKinley, William; "War Message" (1898); op.cit.

admisión como tercero neutral para negociar los términos de una resolución *pacífica* al conflicto, no fue aceptada y el gobierno español rindió cuenta detallada de sus razones para el rechazo.

Aunque la Corona española se había comprometido a suspender las hostilidades a condición de que las fuerzas insurgentes convinieran hacerlo, y a tramitar los términos de una "paz duradera" por recurso del nuevo parlamento electo bajo el régimen autonómico, para el gobierno estadounidense no representaba garantía suficiente y, además, suponía prolongar el tiempo de espera y las condiciones precarias de sus intereses en la Isla.[257] Pero el tranque en las negociaciones ya lo había impuesto el propio gobierno estadounidense en su ultimátum, condicionando su neutralidad a que el gobierno español reconociera la independencia de Cuba. Su rol se limitaría al de mediador diplomático -prometía McKinley-, y negaba explícitamente la voluntad imperialista que animaba sus gestiones *pacificadoras*:

> "I speak not of forcible annexation, for that cannot be thought of. That, by our code of morality, would be criminal aggression."[258]

No obstante, no comprometió a *su* gobierno a reconocer la independencia de Cuba como nación soberana[259], ni ésta como

---

[257] "The autonomous administrations set up in the capital and some of the principal cities appeared not to gain the favor of the inhabitants nor to be able to extend their influence to the large extent of territory held by the insurgents, while the military arm, obviously unable to cope with the still active rebellion..." (McKinley, William; "Second Annual Message to the Senate and House of Representatives"; Executive Mansion; 5 de diciembre de 1898; reproducido en *A Compilation of the Messages and Papers of the Presidents*; op.cit., pp.82-123)

[258] McKinley, William; "War Message" (1898); op.cit.

[259] "Nor from the standpoint of expediency do I think it would be wise or prudent for this government to recognize at the present time the independence of the so-called Cuban Republic. (...) When it shall appear hereafter that there is within the island a government capable of performing the duties and discharging the functions of a separate nation, and having, as a matter of fact, the proper forms and attributes of nationality, such government can be promptly and readily recognized and the relations and interests of the United States with such nation adjusted."

condición limitante del derecho a intervenir con las fuerzas armadas para su *pacificación*: "Such recognition is not necessary in order to enable the United States to intervene and pacify the island." La *pacificación* de Cuba por intervención de las fuerzas armadas estadounidenses, animada en su retórica por motivaciones *humanitarias*, sería irremediablemente violenta -reconoció McKinley[260]-, pero *razonable* en términos morales, políticos y económicos.[261] El hundimiento de un barco de guerra estadounidense anclado en la bahía de la Habana cerraría el argumento legitimador de la intervención armada.[262] Dramatizada la situación, sacada de proporción por la prensa sensacionalista y volcada la opinión pública a favor de la intervención militar, el

---

[260] "The forcible intervention of the United States as a neutral to stop the war, according to the large dictates of humanity and following many historical precedents where neighboring states have interfered to check the hopeless sacrifices of life by internecine conflicts beyond their borders, is justifiable on rational grounds. It involves, however, hostile constraint upon both the parties to the contest as well to enforce a truce as to guide the eventual settlement."

[261] "First, in the cause of humanity and to put an end to the barbarities, bloodshed, starvation, and horrible miseries now existing there, and which the parties to the conflict are either unable or unwilling to stop or mitigate. It is no answer to say this is all in another country, belonging to another nation, and is therefore none of our business. It is specially our duty, for it is right at our door. Second, we owe it to our citizens in Cuba to afford them that protection and indemnity for life and property which no government there can or will afford, and to that end to terminate the conditions that deprive them of legal protection. Third, the right to intervene may be justified by the very serious injury to the commerce, trade, and business of our people, and by the wanton destruction of property and devastation of the island. Fourth, and which is of the utmost importance, the present condition of affairs in Cuba is a constant menace to our peace, and entails upon this government an enormous expense."

[262] El 15 de febrero de 1898 un buque militar estadounidense (*Maine*) fue hundido tras chocar con una mina, dejando por saldo 260 marinos muertos. La opinión pública en los Estados Unidos se volcó de inmediato contra España y a favor de una intervención militar en Cuba. El presidente McKinley capitalizó la situación: "That condition is thus shown to be such that the Spanish government cannot assure safety and security to a vessel of the American Navy in the harbor of Havana on a mission of peace, and rightfully there..." (McKinley, William; "War Message" (1898)

presidente dio por culminados los intentos de resolución diplomática con España y asumió posición²⁶³:

> "In the name of humanity, in the name of civilization, in behalf of endangered American interests which give us the right and the duty to speak and to act, the war in Cuba must stop."²⁶⁴

A tales fines fue investido por la autoridad congresional para consolidar los preparativos de la guerra.²⁶⁵ El día anterior al mensaje presidencial, la reina de España había dado órdenes de cese de hostilidades al gobernador regente en Cuba. El 20 de abril de 1898 el Congreso de los Estados Unidos decretó una resolución conjunta:

> "...for the recognition of the independence of the people of Cuba, demanding that the Government of Spain relinquish its authority and government in the Island of Cuba, and to withdraw its land and naval forces from Cuba and Cuban waters, and directing the President of the United States to use the land and naval forces of the United States to carry these resolutions into effect."²⁶⁶

---

²⁶³ "I have exhausted every effort to relieve the intolerable condition of affairs which is at our doors." (Idem) En su mensaje al Congreso, el 11 de abril de 1898, el presidente McKinley anunció que "...the efford of the Executive was brought to an end."

²⁶⁴ McKinley, William; "War Message" (1898); op.cit.

²⁶⁵ "In view of these facts and of these considerations, I ask the Congress to authorize and empower the President to take measures to secure a full and final termination of hostilities between the government of Spain and the people of Cuba, and to secure in the island the establishment of a stable government, capable of maintaining order and observing its international obligations, insuring peace and tranquility and the security of its citizens as well as our own, and to use the military and naval forces of the United States as may be necessary for these purposes."

²⁶⁶ US Army, General Orders (No.30) (Regarding an Increase in Military Manpower); Headquarters of the Army, Adjutant General' s Office, Washington, april 30, 1898. (http://www.army.mil)

El 25 de abril, McKinley informó al Congreso sobre el estado de situación, y recomendó la declaración formal de la existencia de un estado de guerra con España. El Congreso aprobó la resolución el mismo día. El presupuesto para la guerra fue asignado[267], activadas las fuerzas armadas[268] y abiertas las convocatorias para nuevos reclutamiento voluntarios al llamado del servicio militar. El 27 de abril aconteció el primer enfrentamiento naval en Cuba y seguidamente en las islas Filipinas, que serían ocupadas en definitiva la primera semana de mayo. Algunos "demostraciones" desde los navíos de guerra, previas a la invasión de Cuba y de Puerto Rico, fueron efectuadas durante el mes de mayo...

En pleno apogeo la guerra, el principal opositor político del gobierno de McKinley, William J. Bryan, candidato presidencial por el Partido Demócrata, confirmó el *consenso* a favor de la guerra contra España, enmarcando su postura dentro de una trayectoria política de "simpatía" con los independentistas cubanos.[269] *Simpatía* que había dado pie al aval demócrata a la intervención armada de los Estados Unidos, impulsada por el presidente McKinley y la mayoría republicana en el Congreso. Aunque enmarcó su postura dentro de una reserva crítica a la guerra con fundamentos religiosos, Bryan alegaba *comprender* las causas que la justificaban: "As long as the oppressor is deaf to the voice of reason, so long must the citizen accustom his shoulder to the musket and his hand to the saber."[270] Dentro de este contexto, legitimó política y moralmente la intervención militar estadounidense.[271] Según Bryan:"History will

---

[267] $50,000,000 fueron asignados inicialmente para uso discrecional del Presidente, "for the national defense...". La partida fue invertida en los preparativos de la guerra y, por solicitud de McKinley, un presupuesto de $400,000,000 adicionales sería asignado por el Congreso para los fines de la guerra.

[268] Serían activados 125,000 soldados y, seguidamente 75,000 adicionales.

[269] Bryan, William Jennings; "First Speech Against Imperialism" (Extract from speech delivered at Trans-Mississippi Exposition, Omaha, Neb., 14 de junio de 1898. (Repoducido en http://www.trinityhistory.org)

[270] Ídem.

[271] "Our nation exhausted diplomacy in its efforts to secure a peaceable solution of the Cuban question, and only took up arms when it was compelled

vindicate the position taken by the United States in the war with Spain."²⁷² Los principios que fueron invocados para inaugurar la guerra debían ser observados al finalizar la misma -insistía Bryan- y la intervención de las fuerzas armadas estadounidenses en el nombre de la humanidad no podía degenerar en una guerra de conquista, movida por la hipocresía y sostenida por la avaricia. Ante las presiones de las fuerzas expansionistas, representadas en la política del presidente McKinley y del Partido Republicano, que dominaba las altas esferas del gobierno, Bryan insistió en su emplazamiento moral *contra* el imperialismo²⁷³: "Is our national character so weak that we cannot withstand the temptation to appropriate the first piece of land that comes within our reach?" Dese la perspectiva del partido demócrata, la victoria en la guerra sobre España no bastaba como razón para imponer un régimen de gobierno colonial en los territorios invadidos. Para sostener su oposición al imperialismo, Bryan invocó los principios constitucionales del gobierno de los Estados Unidos, según los cuales es una "verdad evidente" que los gobiernos derivan en justicia sus poderes, no de la "fuerza superior" sino del "consentimiento de los gobernados".

Antes de mediados de julio Cuba habría sido invadida, las tropas españolas rendidas y derrocado el régimen de gobierno español definitivamente. Impuesta con relativa facilidad la supremacía militar en la isla de Cuba, la gerencia imperial estadounidense movilizó sus tropas para ocupar el remanente colonial bajo jurisdicción española en el Caribe: "With the fall of Santiago the occupation of Puerto Rico became the next strategic necessity."²⁷⁴ El 25 de julio de 1898, bajo la dirección del

---

to choose between war and servile acquiescence in cruelties which would have been a disgrace to barbarism." (Ídem)

²⁷² Ídem.

²⁷³ Previniendo la posibilidad de una guerra de colonización contra las fuerzas independentistas en Filipinas (que, de hecho, acontecería a partir de febrero de 1899), decía Bryan: To inflict upon the enemy all possible harm is legitimate warfare, but shall we contemplate a scheme for the colonization of the Orient merely because our ships won a remarkable victory in the harbor of Manila?

²⁷⁴ McKinley, William; "Second Annual Message" (1898)

sanguinario general Nelson Miles[275], dio inicio la invasión militar de la isla de Puerto Rico. Con excepción de algunos enfrentamientos armados en puntos dispersos de la Isla, "...there was no serious resistance."[276] A mediados de agosto la mayor parte de la Isla estaría bajo el control de las tropas estadounidenses, acogidas con beneplácito por la población criolla y bienvenidas por la clase política insular. Según los informes presidenciales: "At most of the points of the island our troops were enthusiastically welcomed."

-Proyecto de gobierno colonial en las nuevas posesiones territoriales

Desarticulado el gobierno colonial autónomo recién inaugurado[277], la élite política puertorriqueña no vaciló en claudicar los juramentos de lealtad a la corona española y, oportuna y

---

[275] En 1886, las tropas al mando del general Miles derrotaron las resistencias armadas de Gerónimo y Natches, e impusieron sus dominios sobre las naciones apaches de Arizona y Nuevo México. A finales de 1890, Miles fue encargado de reprimir la última *sublevación* de los sioux, confinados en las reservas de Dakota del Sur, y que culminó con la masacre de cerca de trescientos nativos, incluyendo mujeres y niños (Masacre de Wounded Knee, 29 de diciembre de 1890). En 1894, comandó la movilización de tropas contra los trabajadores en huelga en Pullman, Illinois, dejando un saldo de treinta muertes. En 1895 fue designado Comandante General del Ejército de los Estados Unidos, y en 1898, durante la guerra hispano-americana, comandó las tropas de invasión a la isla de Puerto Rico.

[276] McKinley, William; "Second Annual Message..." (1898); op.cit., 94. Se registraron enfrentamientos en la ciudad capital de San Juan y los pueblos de Guayama, Hormigueros, Coamo y Yauco. Una descripción detallada de la campaña y operativos de ocupación militar de Puerto Rico, relatadas por los oficiales a cargo, aparece publicada en "The Puerto Rican Campaign"; *Harper's Pictorial History of the War with Spain and Her Possessions*, Harper & Brothers Publishers, New York and London, 1899.

[277] El mismo modelo de gobierno autonómico fallido en la isla de Cuba fue implementado en el "territorio colonial" de Puerto Rico y acogido sin reservas por las élites políticas puertorriqueñas. (Carta Autonómica de Puerto Rico; firmada por la reina María Cristina y por el presidente del Consejo de Ministros, Práxedes Mateo Sagasta; 25 de noviembre de 1897) El texto oficial del decreto para Puerto Rico fue publicado en la Gaceta Oficial en sus ediciones del 16, 17 y 18 de diciembre de 1897.

oportunistamente, puso sus esperanzas ciegas en el poderío imperial estadounidense a pesar de su incierta política colonial tras la conquista:

> "The United States flag was raised over the island (...) The administration of its affairs has been provisionally instructed to a military governor until the Congress shall otherwise provide..."[278]

La misma política de administración bajo un gobierno militar provisional en Cuba se hizo extensiva al resto de las posesiones territoriales en los mares del Pacífico y del Caribe (Filipinas, Guam, y Puerto Rico):

> "As soon as we are in possession of Cuba and have pacified the island, it will be necessary to give aid and direction to its people to form a government for themselves. (...) Until there is complete tranquility in the island and a stable government inaugurated military occupation will be continued."[279]

Los objetivos inmediatos encargados al gobierno militar se hicieron extensivos indiferenciadamente en todos los territorios ocupados, imponiéndose un mismo modelo de requerimientos de subordinación absoluta e incondicional a todos los habitantes:

> "...The effect of the military occupation of the enemy's territory is the severance of the former political relations of the inhabitants, and it becomes their duty to yield obedience to the authority of the United States, the power of the military occupant being absolute and supreme and immediately operating upon the political conditions of the inhabitants. But generally as long

---

[278] "I do not discuss at this time the government or the future of the new possessions which will come to us as the result of the war with Spain. Such discussion will be appropriate after the treaty of peace shall be ratified." (McKinley, William; "Second Annual Message..." (1898); op.cit., p.97)

[279] Op.cit., pp.97-98.

as they yield obedience to their new condition, security in their person and property and in all other private rights and relations will be duly respected..."[280]

En el texto de la *proclama* dirigida a "los habitantes" se hizo explícita la voluntad imperialista estadounidense y los principios ideológico-políticos que regularían el primer periodo de gobierno provisional bajo el mando militar:

"In the prosecution of the war against the Kingdom of Spain by the people of the United States, in the cause of liberty, justice, and humanity, its military forces have come to occupy the island of Porto Rico. They come bearing the banner of freedom, inspired by a noble purpose to seek the enemies of our country and yours, and to destroy or capture all who are in armed resistance.

They bring you the fostering arm of a free people, whose greatest power is in its justice and humanity to all those living within its fold. Hence the first effect of this occupation will be the immediate release from your former relations, and it is hoped a cheerful acceptance of the government of the United States.

The chief object of the American military forces will be to overthrow the armed authority of Spain, and to give the people of your beautiful island the largest measure of liberty consistent with this occupation.

We have not come to make war upon the people of a country that for centuries has been oppressed, but, on the contrary, to bring you protection, not only to yourselves, but to your property; to promote your prosperity, and bestow

---

[280] Orden General No.101, 13 de julio de 1898; reproducida en *Report of the Military Governor of Porto Rico on Civil Affairs* (1901); Military Government of Porto Rico, from October 18, 1898, to April 30, 1900. (Geo. W. Davis, Brigadier-General, Commanding).

upon you the immunities and blessings of the liberal institutions of our government..."[281]

El discurso que englobó la ocupación militar estadounidense anunciaba las claves de la estrategia política-administrativa del nuevo régimen de dominación colonial. Procurar, en principio, si no dejar intactas las instituciones gubernamentales, las instancias judiciales y las leyes y códigos vigentes, al menos no trastocarlas arbitraria e injustificadamente, fue parte de la promesa de la potencia invasora:

> "...It is not our purpose to interfere with any existing laws and customs that are wholesome and beneficial to your people so long as they conform to the rules of military administration of order and justice. This is not a war of devastation, but one to give all within the control of its military and naval forces the advantages and blessings of enlightened civilization."[282]

Al margen de las entonaciones paternales y mesiánicas de la retórica de ocupación, al discurso político le antecedía, respaldaba y sostenía el poder de la fuerza militar. Ya el presidente y comandante en jefe McKinley lo había pregonado con anterioridad: "la autoridad de la fuerza ocupadora es absoluta y suprema". Como en todo escenario antecedido por la guerra, lo político aparece condicionado por la fuerza armada que lo posibilita. En el primer informe de gobierno militar en Puerto Rico se reconoce explícitamente el carácter absolutista y despótico del mando militar:

> "As the representative of the President, General Miles had while in Porto Rico absolute and complete control, not only over the army, but also

---

[281] Proclama de Nelson A. Miles, Major-General, Commanding U.S. Army, 28 de Julio de 1898; Headquarters of the Army, Ponce; en *Report of the Military Governor of Porto Rico on Civil Affairs* (Annual Report of the War Department; Fiscal Year Ended June 30, 1900; Part 13; Government Printing Office; Washington, 1902; pp.19-20.

[282] Ídem.

over the people of the occupied territory and their civil affairs. Whatever forces he saw fit to issue had the force of law, for the prerogatives of the former sovereign were suspended during the hostile occupation and the local laws could be enforced only by authority of the military commander. In the exercise of these war powers his will was supreme over life, liberty, and property, being controlled only by orders from the President and the rules and laws of war."[283]

El general Miles representó la voluntad de dominación imperial explícita en las órdenes presidenciales; destacó tajantemente la autoridad "suprema y absoluta" investida en las fuerzas de ocupación militar estadounidense y ordenó las condiciones políticas (juramento de lealtad, sumisión y obediencia) requeridas para el reconocimiento de las instituciones existentes y la relación de derechos civiles. Las directrices presidenciales sobre los principios de la ocupación, instrucciones y términos para la administración inmediata y sucesiva del gobierno, fueron circuladas entre el alto mando de gobierno militar:

-The municipal laws, in so far as they affect the private rights of persons and property and provide for the punishment of crime, should be continued in force as far as they are compatible with the new order of things, and should not be suspended unless absolutely necessary to accomplish the objects of the present military occupation.

-These laws should be administered by the ordinary tribunals substantially as they were before the occupation. For this purpose the judges and other officials connected with the administration may, if they accept the authority of the United States, continue to administer the ordinary laws of the land as between man and man, under the

---

[283] *Report of the Military Governor of Porto Rico on Civil Affairs* (1901); op.cit., p.19.

supervision of the commander of the United States forces.

-Should it, however, become necessary to the maintenance of law and order, you have the power to replace or expel the present officials, in part or altogether, and to substitute others, and to create such new and supplementary tribunals as may be necessary. In this regard you must be guided by your judgment and a high sense of justice. (...)[284]
-The native constabulary, or police force, will, so far as may be practicable, be preserved.

---

[284] Con respecto a la jurisdicción de las comisiones militares establece que: "It is to be understood that under no circumstances shall the criminal courts exercise jurisdiction over any crime or offense committed by any person belonging to the Army of the United States (...); nor over any crime or offense committed on either of the same by any inhabitant or temporary resident of the occupied territory. In such cases, except when courts-martial have jurisdiction, jurisdiction to try and punish is vested in military commissions and such provost courts as you may find necessary to establish." Como documento adjunto (inclosure), incluyó un *memorandum* detallando la jurisdicción de las comisiones militares: "I. Except as hereinafter restricted, and subject to the supervision and control of the commanding general, the jurisdiction of the municipal government and of civil and criminal courts remain in force. II. The said criminal courts shall not exercise jurisdiction over any crime or offense committed by any person belonging to the Army of the United States (...) nor over any crime or offense committed on either of the same by any inhabitant or temporary resident of the said territory. In such cases, except when courts-martial have jurisdiction, jurisdiction to try and punish is vested in military commissions and such provost courts, as herein after set forth. III. The crimes and offenses triable by military commissions are murder, manslaughter, assault and battery with intent to kill, robbery, rape, assault and battery with intention to commit rape, and such other crimes, offenses, or violation of the laws of war as may be referred to it for trial by the commanding general. The punishment awarded by military commissions shall conform, as far as possible, to the laws of the United States or to the customs of war. Its sentence is subject to the approval of the commanding general..."(Maj. Gen. J. H. Wilson; U.S. Vols. - Commanding First Division, First Corps, Ponce, P.R; reproducido en *Report of the Military Governor of Porto Rico on Civil Affairs* (1901); op.cit., p.21.)

-The freedom of the people to pursue their accustomed occupations will be abridged only when it may be necessary to do so..."[285]

Firmado el tratado de paz el mismo año[286], se pusieron en vigor las condiciones y arreglos convenidos entre ambas potencias. Los soldados prisioneros de guerra debían ser liberados; y el gobierno español estaba obligado a liberar incondicionalmente "...all persons detained or imprisoned for political offences, in connection with the insurrections in Cuba and the Philippines and the war with the United States." (Art. IV) Los casos criminales pendientes de ser vistos en el Tribunal Supremo de España, previo a la fecha del tratado de paz, "...shall continue under its jurisdiction until final judgment; but, such judgment having been rendered, the execution thereof shall be committed to the competent authority of the place in which the case arose." (Art. XI) Los españoles residentes en los territorios *cedidos* a los Estados Unidos "...shall be subject in matters civil as well as criminal to the jurisdiction of the courts of the country wherein they reside, pursuant to the ordinary laws governing the same; and they shall

---

[285] "Churches and buildings devoted to religious worship and all schoolhouses should be protected; Private property whether belonging to individuals or corporations, is to be respected, and can be confiscated only as hereafter indicated; Means of transportation, such as telegraph lines and cables, railways and boats, although they belong to private individuals or corporations, be seized by the military occupant, but unless destroyed under military necessity are not to be retained; As a result of military occupation of this country, the taxes and duties payable by the inhabitants to the former Government become payable to the military occupant, the money so collected to be used for the purpose of paying the necessary and proper expenses under military government; Private property will not be taken except upon the order of brigade and division commanders of the Army, and when so taken will be paid for in cash at a fair valuation; All ports and places in actual possession of our forces will be opened to the commerce of all neutral nations, as well as our own, in articles not contraband of war, upon payment of the prescribed rates of duty which may be in force at the time of the importation." (Comunicación firmada por J.C. Gilmore - Brigadier-General, U.S. Vols., 29 de julio de 1898; reproducido en *Report of the Military Governor of Porto Rico on Civil Affairs* (1901); op.cit., p.19.)

[286] Treaty of Peace Between the United States and Spain; 10 de diciembre de 1898. (Digitalizado en http://avalon.law.yale.edu)

have the right to appear before such courts, and to pursue the same course as citizens of the country to which the courts belong." Aunque el conjunto de instituciones estatales y el cuerpo de legislaciones civiles y criminales que no fueran contrarias a los estatutos legales del gobierno federal se preservó relativamente intacto, el poder político supremo quedó reservado en términos absolutos a la autoridad del Congreso:

> Art. IX. -The civil rights and political status of the native inhabitants of the territories hereby ceded to the United States shall be determined by the Congress.-

El Código Penal de Cuba y Puerto Rico (1879) fue traducido literalmente al inglés[287], con modulaciones menores en el lenguaje y algunas enmiendas, unas reiterativas y otras arbitrarias.[288] Los tribunales locales siguieron operando con relativa normalidad y las sentencias dictadas en conformidad con la legislación penal existente. En 1899, el gobierno militar ordenó que en los casos de condenas judiciales a encarcelamiento conllevaran adicionalmente la pena de trabajos forzados.[289] Bajo la misma orden, todos los prisioneros condenados a cumplir sentencias mayores de seis meses, debían ser trasladados a la penitenciaría estatal, y sujetos a las regulaciones disciplinarias y punitivas existentes.[290] Durante el tiempo en que se prolongó el

---

[287] El Código Penal para las provincias de Cuba y Puerto Rico (1879) fue traducido literalmente al inglés, con algunas modulaciones menores en el lenguaje. Por ejemplo, "Ministerio de Ultramar" aparece traducido como "Colonial Secretary"; "Tribunal" como "Court"; "Derecho de Gentes" como "International Law"; "faltas" como "misdemeanors"; "delito" como "crime"; y "pena" como "penalty" y "punishment". (The Penal Code in Force in Cuba and Porto Rico; Division of Customs and Insular Affairs; War Department; Julio de 1900; Digitalizado en http://.books.google.com)

[288] Las modificaciones y adiciones a los códigos penales de Cuba y Puerto Rico, ordenadas por sus respectivos gobiernos militares desde 1899, fueron anexadas al Código Penal traducido.

[289] General Orders No. 152; Hdqrs. Department of Porto Rico; San Juan, 29 de septiembre de 1899.

[290] La administración del sistema penal carcelario fue encargada a la junta de control de prisiones (board of prison control). Para lidiar con el hacinamiento

gobierno militar, las condenas carcelarias perpetuas y temporales, las penas a confinamiento solitario y a trabajos forzados, así como la pena de muerte por garrote, siguieron aplicándose sin intromisiones externas en los tribunales locales...

- De la razón capitalista y la ideología imperialista

Aunque el "consentimiento" de los *gobernados* aparece en el discurso constitucional como fundamento de legitimidad política del poder de gobierno, el ejercicio de la soberanía estadounidense en los territorios ocupados por sus ejércitos no fue el saldo de consultas democráticas entre sus habitantes nativos, sino el efecto inmediato de una imposición forzada por la potencia militar invasora. El *consentimiento* a la dominación colonial reaparece en el discurso imperialista como condición de gobernabilidad general y eficacia administrativa, pero no como requerimiento previo a la ocupación militar e imposición de la soberanía del Estado invasor, sino como objetivo político estratégico. Incluso en el caso de Puerto Rico, donde las élites políticas nativas expresaron su asentimiento al poder soberano de los Estados Unidos, las condiciones de existencia general de la población isleña y sus instituciones estatales estaban sujetas al poder discrecional del Congreso y al requerimiento de subordinación incondicional al imperio de sus leyes, administradas temporalmente bajo un régimen de gobierno militar y, posteriormente, resguardadas por la maquinaria represiva, disciplinaria y punitiva del poder de gobierno *civil*.

El caso de las Filipinas es ejemplar del carácter absolutista de la soberanía imperial estadounidense y del valor prescindible del *consentimiento* popular a su dominación colonial. Para inicios de 1897 los filipinos habían derrotado al ejército español, proclamado su independencia e instaurado un gobierno soberano. En 1899, el gobierno filipino promulgó la nueva constitución de la República Filipina[291], virtualmente idéntica en todos los aspectos esenciales a

---

en las cárceles, la junta estaba autorizada a relocalizar los reos discrecionalmente.

[291] Constitución Política de la República Filipina; 22 de enero de 1899 (Digitalizada en http://books.google.com) En la nueva constitución declara en vigor el Código Penal vigente desde 1887, que también era una adaptación del Código Penal de España (1870), equivalente al Código Penal de Cuba y Puerto

las modernas constituciones europeas, latinoamericanas y, sobre todo, a la estadounidense. No obstante, la gerencia imperial española no reconoció la independencia de las Filipinas y al finalizar la guerra hispanoamericana en 1898, *cedió* las islas a los Estados Unidos como condición del tratado de paz. Por su parte, el Congreso de los Estados Unidos determinó unilateralmente preservar como posesión territorial permanente y por la fuerza las islas Filipinas, a pesar de haberse independizado e instaurado una constitución de gobierno soberano. El valor comercial que le representaba la nueva adquisición justificaba retenerla por todos los medios posibles, incluso por recurso de las armas: "It is just to use every legitimate means for the enlargement of American trade..."[292]

Los requerimientos oficiales de subordinación a las autoridades militares fueron similares a los de las islas de Cuba y Puerto Rico, réplicas de las *proclamas* de requerimientos de sumisión a las naciones indígenas en el territorio continental y a los habitantes de los estados y territorios *adquiridos*, conquistados, cedidos o comprados desde fines del siglo XVIII. Los filipinos fueron compelidos a aceptar el establecimiento de un "nuevo poder político" bajo la autoridad de los Estados Unidos, cuya "misión" -según el presidente McKinley- era una de "benevolent assimilation".[293] Al comandante de las fuerzas de ocupación le fue ordenado informar al pueblo "...that we come not as invaders or conquerors, but as friends, to protect the natives in their homes, in their employment, and in their personal and religious rights..."; y advertir que las personas que no se sometieran voluntariamente "will be brought within the lawful rule we have assumed, with firmness if need be..." Aunque un sector de las élites políticas locales aceptaron la *oferta*, el gobierno se aferró a su soberanía, conquistada tras la guerra contra el gobierno colonial español. En respuesta, el Congreso autorizó la movilización de las tropas de

---

Rico (1879). (Código Penal vigente en las islas Filipinas / Ley de Reglas de Enjuiciamiento; Madrid, 1887; digitalizado en http://books.google.com)

[292] McKinley, William; "The Acquisition of the Philippines"; U.S., Department of State, *Papers Relating to Foreign Affairs,* 1898, pp. 904-908.

[293] McKinley, William; "Message" (to the Secretary of War); 21 de diciembre de 1898; reproducido en *A Compilation of the Messages and Papers of the Presidents (1789-1905);* Volume X; op.cit., pp.356-358.

ocupación "to suppress insurrection, restore peace, give security to the inhabitants, and establish the authority of the United States..."[294] Reelecto el presidente McKinley, informó el estado de situación al Congreso:

> "We are not waging war against the inhabitants of the Philippine Islands. A portion of them are making war against the United States. By far the greater part of the inhabitants recognize American sovereignty and welcome it as a guaranty of order and of security for life, property, liberty, freedom of conscience, and the pursuit of happiness. (...) Force will not be needed or used when those who make war against us shall make it no more. May it end without further bloodshed, and there be ushered in the reign of peace to be made permanent by a government of liberty under law!"[295]

La fuerzas independentistas fueron aplacadas por las tropas estadounidenses y locales filipinos; y el gobierno de los Estados Unidos declaró las Filipinas posesión territorial permanente; garantizando para sí una plataforma estratégica para la expansión de sus mercados en oriente. Aunque la política imperialista contaba con detractores dentro de las altas esferas del gobierno federal y entre las élites políticas e intelectuales estadounidenses, el triunfo electoral del partido Republicano reforzó su legitimidad *democrática*. La mentalidad predominante en los asuntos de política internacional siguió arraigada en los intereses económicos capitalistas de los Estados Unidos, condicionados por la supremacía de su fuerza militar y, simultáneamente, por la efectividad de sus mecanismos de moldeamiento ideológico. Entre éstos, continuó ejerciendo una influencia determinante en la psiquis popular la demagogia nacionalista, populista y religiosa. El discurso político dominante

---

[294] McKinley, William; "Second Inaugural Address"; 4 de marzo de 1901. *A Compilation of the Messages and Papers of the Presidents (1789-1905)*; Volume X; op.cit.

[295] Ídem.

durante este periodo histórico atribuía un carácter de imperativo moral y mesiánico a la política imperialista, consentida o impuesta por la fuerza.

> "God has not been preparing the English-speaking (...) peoples for a thousand years for nothing but vain and idle self-contemplation and self-admiration. No! He has made us the master organizers of the world to establish system where chaos reigns. (...) And of all our race He has marked the American people as His chosen nation to finally lead in the regeneration of the world. This is the divine mission of America, and it holds for us all the profit, all the glory, all the happiness possible to man..."[296]

Consolidación transnacional del imperio de la Ley

> "The mass of men serve the state thus,
> not as men mainly,
> but as machines, with their bodies."
> *Henry D. Thoreau* (1847)

Al finalizar el siglo XIX la república estadounidense se habría consolidado como la principal potencia económica y militar del hemisferio occidental americano. A pesar de las depresivas condiciones de existencia de sus fuerzas productivas y del empobrecimiento generalizado en todos sus dominios, la oligarquía capitalista nacional proliferó sus negocios, acrecentó enormemente sus riquezas e influencias en las altas esferas políticas, y sus mercados se expandían sin grandes obstáculos en todos los continentes. Con el respaldo incondicional del Congreso y las poderosas armadas navales y ejércitos bajo su mando, la oligarquía comercial estadounidense procuró garantizar para sí el control de los mercados internacionales, estableciendo nuevas colonias comerciales bajo el modelo de estados territoriales autónomos, en conformidad con las previsiones y requerimientos constitucionales. No obstante, los derechos político-civiles reconocidos a la ciudadanía estadounidenses no eran extensibles

---

[296] Beveridge, Albert J.; "In Support of an American Empire"; *Record, 56* Cong., I Sess., pp. 704-712. (Digitalizado en http://www.mtholyoke.edu)

de manera automática a las posesiones territoriales, y el Congreso se reservaba la potestad de regular discrecionalmente las condiciones de existencia y determinar los "derechos" admisibles para los habitantes nativos.[297]

Las relaciones diplomáticas, políticas y comerciales, entre los estados soberanos de la época se sostuvieron entre tensiones y desconfianzas recíprocas, inherentes al carácter fraudulento de los tratados de paz y respeto a las respectivas jurisdicciones territoriales. De modo semejante a como había acontecido durante siglos entre las potencias imperiales europeas, a la competencia por el control de los mercados internacionales le apareaba la competencia por establecer la hegemonía política y la supremacía militar. Sin embargo, aunque el recurso de la guerra siempre se legitimó dentro de los estatutos constitucionales de cada país y las fuerzas militares constituían la condición básica de sus proyectos expansionistas, la *normalización* de las relaciones internacionales era un requerimiento convenido entre las principales potencias imperiales de la época para garantizar la estabilidad de sus mercados, de sus productores, comerciantes y consumidores. Los estados nacionales periféricos, occidentales y orientales, compartían la misma ideología mercantilista y competían entre sí para posicionarse dentro de los circuitos comerciales de las grandes potencias. El orden constitucional de todos los estados soberanos de Occidente, más allá de los nacionalismos regionales, garantizaba las condiciones de reproducción general de la ideología mercantilista a escala global a la vez que posibilitaba la conservación del poder político, riquezas e influencias, de las oligarquías nacionales.

A pesar del desarrollo económico desigual entre las naciones soberanas y más allá de los contrastes artificiales - atribuidos en los discursos constitucionales a experiencias históricas particulares y a *diferencias* identitarias "nacionales" y "culturales"- las profundas y generalizadas semejanzas ideológicas

---

[297] Esta realidad estaba expresada manifiestamente en las ordenes militares y la ley marcial imperante temporalmente durante los periodos de gobierno militar. No obstante, prevalecería aún después de instaurarse regímenes de gobierno *civiles* en los estados ocupados. A partir de 1901 el Tribunal Supremo de los Estados Unidos ratificaría que los derechos constitucionales de los ciudadanos estadounidenses no aplicaban automáticamente a los habitantes de las nuevas posesiones.

e intereses económicos entre las clases dominantes viabilizaron la preservación, reproducción y continuidad del ancestral discurso absolutista de la Ley, plasmado de modo equivalente en todas las constituciones políticas occidentales, soberanas y coloniales. Indiferente ante las constantes rivalidades y discordias político-administrativas entre las élites gobernantes, la ideología absolutista de la Ley se preservó invariablemente como garante legitimador del ordenamiento constitucional, reforzado por su inmensa maquinaria represiva, disciplinaria y punitiva.

Las similitudes fundamentales entre las aristocracias jurídicas occidentales se plasmaron férreamente en los códigos civiles y penales, desarraigados de las injerencias eclesiásticas pero todavía entrampados dentro de la primitiva moral cristiana. La demagogia nacionalista desplazó a la antigua demagogia religiosa pero no la suprimió. Las antiguas estructuras de control y dominación estatal *modernizaron* el lenguaje del discurso político, pero en la práctica se preservaron sin alteraciones fundamentales. A partir de la década de los treinta -en el contexto estadounidense- se hicieron más frecuentes los reclamos reformistas del sistema de educación, que por exclusión mantenía ignorante a las masas y privilegiaba a las aristocracias, que retenían el monopolio de los conocimientos "in the hands of the privileged few". Entre los objetivos políticos centrales del proyecto de educación general destacaba su poder regulador y normalizador de las relaciones político-sociales sin trastocar las marcadas diferencias de clase. La educación era considerada un dispositivo efectivo para: "...disarm the poor of their hostility toward the rich." La premisa ideológica central en los proyectos de reforma y expansión del sistema de educación pública en los Estados Unidos -igual que en Latinoamérica y Europa- era que las condiciones de pobreza estaban directamente relacionadas a la falta de educación de los pobres. La inserción masiva de niños pobres al sistema de educación pública viabilizaría su encuadramiento moral dentro los valores reinantes entre la clase dominante y posibilitaría la disciplina requerida para preservar el orden social clasista y el modelo de explotación laboral y marginación capitalista.

La educación pública se hizo obligatoria entre los mandamientos constitucionales de Occidente, pero no como garante emancipador de la ignorancia generalizada sino como recurso de encuadramiento ideológico y domesticación social. Los sistemas de educación en las civilizaciones occidentales a fin de siglo seguían siendo autoritarios como en el pasado, y más allá de las especificidades curriculares, religiosas o laicas, su función disciplinaria les era medular. Su objetivo político principal era moldear calculadamente la psiquis de la ciudadanía en crecimiento y, en particular, de la clase trabajadora en formación, dentro de los requerimientos de sumisión y obediencia a la autoridad de la Ley, encarnada en los padres y maestros, en los funcionarios de gobierno y los patronos. La disciplina escolar era también una modalidad de adoctrinamiento moral, clave para lograr la resignación a las condiciones de existencia de las poblaciones empobrecidas y marginadas, para viabilizar la productividad laboral a pesar de los abusos patronales y la mala paga, y para contener la creciente incidencia delictiva, vinculada por los ideólogos de la *reforma* penal, criminólogos y psiquiatras, políticos y juristas, a la pobreza y a la falta de educación.

Otra tecnología de domesticación social generalizada en todas las *civilizaciones* occidentales y sus respectivos estados de Ley era la participación electoral. Al fin del siglo XIX los requisitos electorales comunes eran que fuesen ciudadanos, de género masculino y mayores de edad. De ningún modo era admisible procurar la transformación radical del ordenamiento constitucional imperante, y la progresiva masificación de electores -al margen de las divergencias partidistas- suponía un asentimiento tácito a los requerimientos de la Ley. Durante este periodo histórico, todavía las aristocracias nacionales conservaban las posiciones de alto mando en todas las esferas de gobierno. Al margen de las contradicciones de clase y del saldo de negociaciones puntuales, las masas populares consentían y perpetuaban con el voto el sistema que las oprimía y marginaba. Aunque todas las repúblicas *democráticas* de la época compartían la misma carta de derechos políticos y civiles en sus constituciones, las manifestaciones de protesta y las huelgas obreras seguían siendo criminalizadas y brutalmente reprimidas con fuerza de Ley.

Fuera de la propaganda ideológica condensada en los textos constitucionales e hibridaciones legales (códigos, ordenanzas, bandos, reglamentos, etc.) las leyes no representan tradiciones *culturales* o costumbres populares, la voluntad del pueblo o la moral social; y tampoco eran garantes de la libertad individual y la seguridad colectiva, del bienestar general y la felicidad de la nación. Desde la antigüedad la autoridad de la Ley se valía de estas categorías políticas para legitimar sus dominios, pero era la supremacía de su fuerza física de la élite gobernante la condición irreducible de su sostenimiento y permanencia. Los "representantes del pueblo", hacedores y celadores de las leyes, no consultaban a *sus* "representados", que desde que nacían y a lo largo de sus existencias estaban obligados a obedecer las leyes existentes bajo amenaza constante de ser castigados por no hacerlo. En tiempos pretéritos los poderes de gobierno, ejecutivos, judiciales y legislativos, se vinculaban a la voluntad de Dios, y las leyes se hacían aparecer como manifestaciones racionales del orden natural de *su* creación. Todavía a fines del siglo XIX existían numerosos estados teocráticos en el mundo, pero las repúblicas occidentales habían relocalizado a Dios fuera de los asuntos administrativos del Estado y puesto en su lugar a la Nación. Ambas categorías políticas, "Dios" y "Nación" o "Pueblo", seguían siendo artificios retóricos o eufemismos del proyecto absolutista de la Ley.

Las élites intelectuales predominantes entre las aristocracias políticas y jurídicas de Occidente suplantaron a las antiguas castas sacerdotales en el ejercicio de guardar y celar la facultad represiva, disciplinaria y punitiva de la Ley, justificándola como condición esencial para la preservación del ordenamientos constitucional reinante y, a la vez, como refuerzo y garante de los derechos civiles. Al margen de las aparentes divergencias intelectuales de la época, la obra legislativa en materia penal era esencialmente homogénea en sus aspectos fundamentales. El Derecho Penal -como en la antigüedad- seguía siendo *reconocido* como un mal necesario para *proteger* la vida en sociedad y útil para preservar la estabilidad del Estado. Desde el siglo XVIII las reformas *humanistas* del sistema penal se orientaron hacia el fin de hacer más efectivos y productivos los mecanismos disciplinarios, coercitivos y correccionales del Estado; y, como habían desarraigado los fundamentos religiosos, convinieron en hacer creer de manera generalizada que era el pueblo el que castigaba, pero no directamente sino a través de los representantes legítimos de la Nación. La justicia vengativa de la Ley se consagró dentro del discurso *democrático* y las aristocracias jurídicas consolidaron sus ancestrales poderíos. Entre ellas, los cuerpos legislativos retuvieron el monopolio de la potestad punitiva del Estado, delegando su ejecución puntual a las instancias judiciales. La principal condición reguladora de la autoridad legislativa era que ninguna ley podía contradecir la Ley Fundamental de la Nación; y todas las constituciones occidentales repetían lo mismo. Sin embargo, aunque el poder legislativo gozaba de una autoridad virtualmente irrestricta para hacer, enmendar o derogar leyes, todas las legislaturas de la época coincidieron en fortalecer y acrecentar el poder penal del Estado. Los códigos penales a finales del siglo XIX eran esencialmente idénticos, y la mayor parte de las tipificaciones delictivas que los integraban no habían cambiado en el devenir de los tiempos. Las mismas prácticas sociales estigmatizadas, prohibidas y criminalizadas en la antigüedad seguían siéndolo todavía; incluso las de origen religioso, que antes se castigaban bajo el signo de pecados y que se habían mudado bajo el repertorio de delitos morales. La reacción estatal de las legislaturas contemporáneas también era similar a la de sus antepasados: castigar a los "delincuentes".

La experiencia histórica había demostrado el carácter improductivo de la violencia punitiva de la Ley y el fracaso recurrente de los objetivos preventivos, disuasivos y ejemplarizantes de las penas. Incluso el solo hecho de haberse proscrito los castigos sanguinarios del pasado y, sin embargo, seguir repitiéndose los mismos actos pero castigados con menor severidad corporal, desmentía las ilusiones preventivas, disuasivas y ejemplarizantes del discurso penal del Estado. Al margen de las discrepancias teóricas y filosóficas que atravesaron los proyectos reformistas del sistema penal, en todas las jurisdicciones estatales proliferaron las penas pecuniarias y carcelarias. La pena de muerte seguía aplicándose en la mayor parte de los países, pero el castigo generalizado en los códigos penales eran las multas y las penas de prisión. A los condenados a cumplir sentencias en las cárceles le aparejaba la imposición de trabajos forzados, el sometimiento a la violencia disciplinaria de los carceleros y a condiciones de existencia infrahumanas. El principio "correccional" del encierro carcelario, que apuntaba a "regenerar" moralmente a los condenados, reforzó el credo oficial en la violencia vengativa y las crueldades de la Ley.

Aunque por lo general los códigos penales reciclaron las antiguas categorías criminales, la autoridad legislativa tenía el poder para determinar el acto que constituye delito e imponer la pena correspondiente. El carácter despótico del poder penal del Estado seguía manifestándose con nitidez en la ficción ideológica de *proporcionalidad* entre el crimen y el castigo. El cuerpo legislativo hace la ley, manda a hacer algo o prohíbe que se haga; y enseguida dispone discrecionalmente un castigo. Puede optar de entre el repertorio de suplicios corporales y tormentos psicológicos permitidos, combinarlos o experimentar innovaciones modernas, como la reciente integración de la silla eléctrica (1890). Más allá de todas las legitimaciones posibles, el castigo -desde el monto de las multas hasta el tiempo de las condenas- es siempre un acto arbitrario y despótico; y las justificaciones "científicas" eufemismos indiferenciables de los cálculos políticos y de los caprichos pasionales de la autoridad legal.

El discurso del Derecho Penal a fines del siglo XIX contribuyó a consolidar el imaginario absolutista de la Ley en todos los estados nacionales de Occidente, haciéndose aparecer como emanación de la voluntad del pueblo y como representante de los sentimientos de justicia de la Nación. Las violencias y crueldades inherentes al poderío penal del Estado se harían extensibles en los siglos venideros. El sistema penal en todas las naciones occidentales se agigantaría desmedidamente, diseminándose los establecimientos carcelarios y aumentando descomunalmente las cifras de condenados, hasta convertirse en una carga económica insostenible para los estados. A pesar de todo, la pena carcelaria se transformaría gradualmente en un negocio rentable para los sectores públicos y privados involucrados en la fraudulenta empresa "rehabilitadora".

Las escuelas y universidades públicas y privadas proliferarían en el curso del siglo XX, y con ellas el caudal intelectual en todas las naciones, apareciendo *nuevas* corrientes de pensamiento "científico" y profesiones en torno a los misterios de la psiquis humana y la conducta "criminal", amplificando los mercados literarios de publicaciones jurídico-penales, psiquiátricas y criminológicas, pero entrampadas dentro del primitivo imaginario absolutista de la Ley y, de manera generalizada, reforzando la potestad represiva, disciplinaria y punitiva del Estado. Los mismos códigos penales y antiguas categorías delictivas se conservarían relativamente intactas hasta el siglo XXI. Las autoridades legislativas de todas las repúblicas *democráticas* modernas harían proliferar las leyes penales, despuntando consecuentemente los índices de criminalidad y la injerencia del poder coercitivo y punitivo sobre la vida social y privada. La reacción generalizada ante el inducido auge en las estadísticas criminales sería la ampliación desmesurada de la maquinaria represiva, disciplinaria y punitiva de los estados, prometida como única opción legítima en las plataformas partidistas y legitimada políticamente por sufragio universal. También sería una práctica generalizada entre las naciones occidentales agravar la severidad de las penas, pero no para *prevenir* la incidencia delictiva o reforzar el fatuo programa "correccional". La razón política para intensificar los rigores penales -más allá de las inclinaciones sádicas de sus promotores- sería la misma que en el pasado. Todos los estados nacionales -indiferenciadamente de las modalidades administrativas de sus gobiernos, del saldo de contiendas electorales, de guerras civiles e internacionales, de golpes de Estado y revoluciones- conservarían el monopolio de la violencia absolutista de la Ley. Al mismo tiempo en que prometerían garantías de *justicia* "merecida" a los criminales y consuelo a sus víctimas, procurarían aplacar los presumidos e inducidos sentimientos de odio y rencores de la nación, unificada imaginariamente por desprecio al crimen y por miedo al criminal.

Paralelo a las reconfiguraciones del mapa geopolítico mundial y reparticiones de las naciones occidentales bajo la hegemonía política, económica y militar de las potencias imperiales del siglo XX se consolidaría el carácter transnacional de la primitiva ideología penal del Estado. Bajo el signo formal de Justicia Criminal o Derecho Penal continuaría celándose el objetivo matriz de las *justicias* de la Ley: la venganza...

Matanza de colonos ingleses por indígenas en Virginia, a inicios del siglo XVII, según las crónicas de la época.[1]

---

[1] Fragmento de grabado de 1628; en *América de Bry (1590-1634)*; Libro XIII; Ilustración núm. 6; op.cit., p.407.

Guerra[2]

---

[2] Ilustración de 1892, digitalizada por The New York Public Library, Art and Picture Collection, en http://digitalcollections.nypl.org.

Masacre de civiles por soldados inglesas, Boston (1770)[3]

---

[3] Ilustración de Francis L. Mora (1874-1940); digitalizada por The New York Public Library, Art and Picture Collection, en http://digitalcollections.nypl.org.

Matanza de indígenas por tropas estadounidenses (1836)[4]

Mercado de esclavos

---

[4] Dibujo de John Reuben Chapin (1823-1894); digitalizado en http://digitalcollections.nypl.org.

Trata de africanos esclavizados[5]

Traficante marca con hierro a mujer africana[6]

---

[5] Digitalizado en Wikimedia Commons

[6] Ilustración en *Canot: Twenty years an African slaver*, New York, 1854; p. 102.

Azotes con varas a mujer esclava en Carolina del Norte[7]

Anuncio en South Carolina Gazette (1760)[8]

---

[7] Ilustración publicada en Harper's Weekly: a Journal of Civilization, Vol. XL, Núm. 559, 14 de septiembre de 1867, New York..

[8] Digitalizado por Library of Congress, Prints and Photographs Division.

Castigo por delito de "intoxicación" y "Dirt-eating"[9]

[9] Boceto de Richard Bridgens, en la colonia inglesa de Trinidad, 1836.

Juicio por conspiración (1744)

Linchamiento en New York (1863)[10]

---

[10] "The Riots in new York: The Mob Lynching a Negro in Clarkson Street", 1863; ilustarción digitaizada por The New York Public Library, Picture Collection.

Ejecución de soldado afroamericano, Virginia (1864)[11]

---

[11] Fotografía de Timothy H. O'Sullivan (1840-1882), ": 'The hanged body of William Johnson...", 20 de junio de 1884; digitalizada por The Library of Congress, en http://www.loc.gov.

Reos ahorcados por conspiración (1865)

Ejecución de un carcelero (1865)[12]

Castigo público[13]

---

[12] Ejecución del Capitán Henry Wirtz (10 de noviembre de 1865), "the keeper" de la prisión Andersonville, en Georgia. Fotografía de Alexander Gardner; digitalizada por Library of Congress.

[13] Grabado en Schomburg Center Research Black Culture.

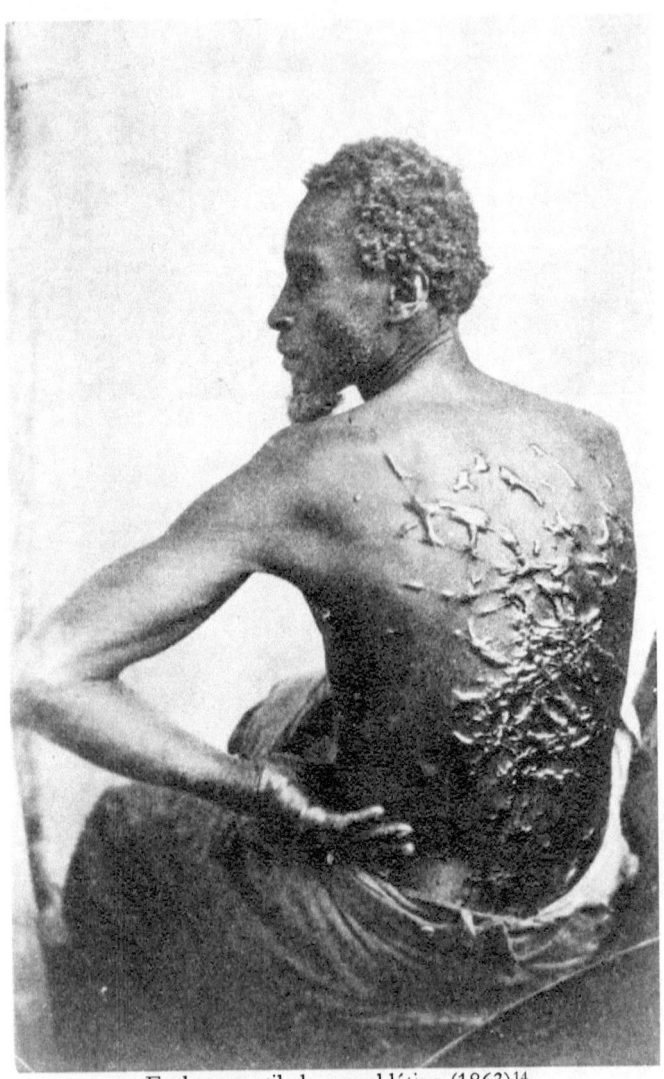

Esclavo mutilado por el látigo (1863)[14]

---

[14] Fotografía digitalizada por Schomburg Center for Research in Black Culture.

Condenados a trabajos forzados en la penitenciaría de Richmond, Virginia, a finales del siglo XIX.[15]

---

[15] Ilustración de George Augustus Sala (1828-1895); digitaizada por The New York Public Library.

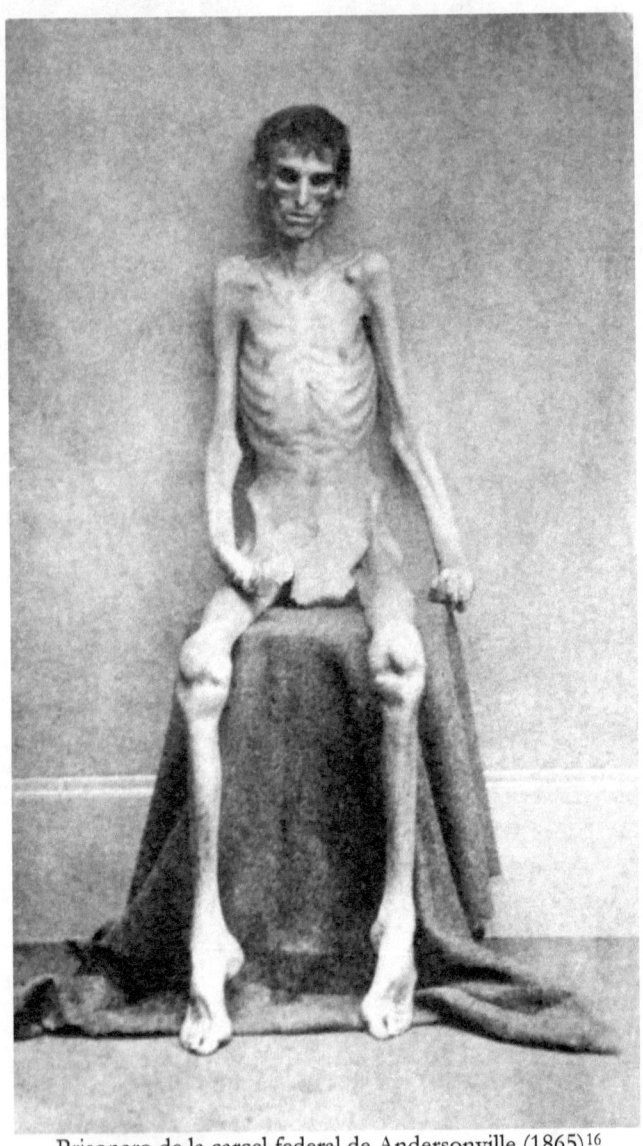

Prisonero de la carcel federal de Andersonville (1865)[16]

---

[16] Fotografía digitalizada por Library of Congress Prints and Photographs Division Washington, D.C., en http://hdl.loc.gov/loc.

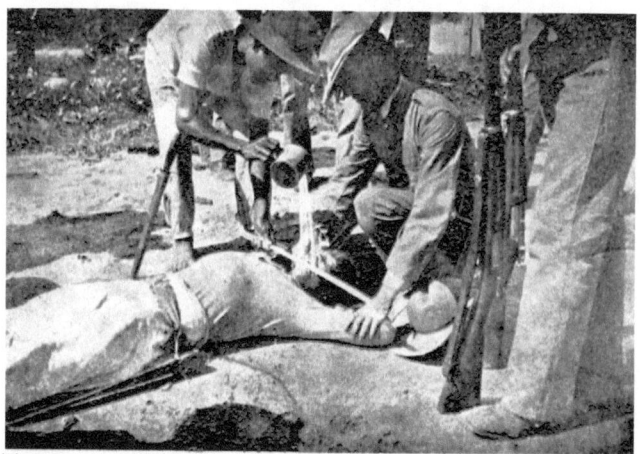

Tortura a prisionera filipina por tropas estadounidenses (1899)[17]

Ejecución pública bajo mando militar estadounidense en Filipinas (1899)[18]

---

[17] Fotografía publicada en Dumidin, Arnaldo; *Philippine-American War (1899-1902)*; digitalizado en http://philippineamericanwar.webs.com.

[18] Ídem.

Ahorcamiento de insurgentes filipinos[19]

Ejecución por garrote[20]

---

[19] Ídem.

[20] El método de ejecución por garrote continuó empleándose en Filipinas, Cuba y Puerto Rico hasta entrado el siglo XX.

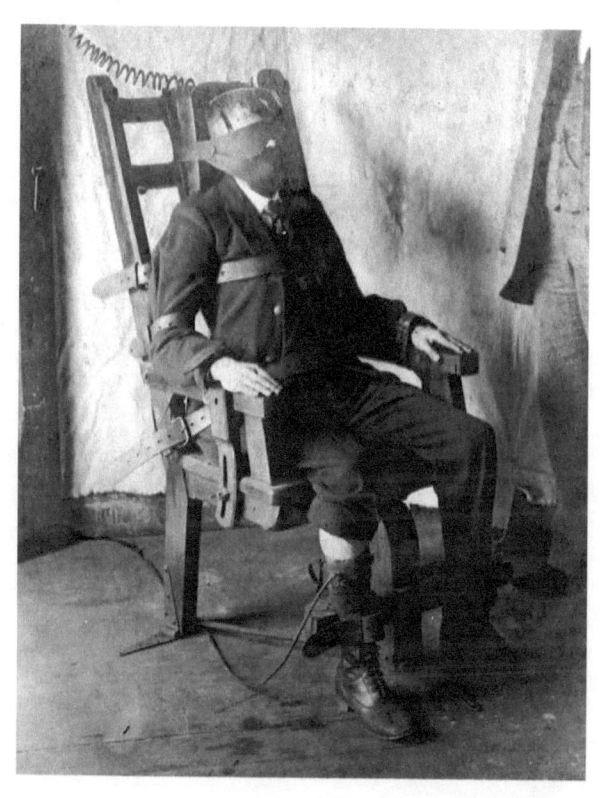

Parte XV

El espectro criminal
y el imaginario "científico" penal en el siglo XIX

Parte XV

El espectro criminal
y el imaginario "científico" penal en el siglo XIX

"Fortunately, my scientific findings,
far from making war on social order, reinforce it."
C. Lombroso (1876)

El imaginario jurídico-penal dominante en las naciones europeas y americanas del siglo XIX se hizo virtualmente indiferenciable en sus respectivos textos constitucionales y códigos políticos, civiles y penales[1]; en sus estructuras y procesos judiciales como en sus instituciones y prácticas penales. Las élites jurídicas e intelectuales afines reconocían las similitudes y equivalencias arraigadas en tradiciones ancestrales comunes en todos los dominios de Occidente. Aunque los estrategas retóricos del poderío penal, principalmente los pertenecientes a cuerpos legislativos y judiciales, siguieron haciéndolo aparecer como exclusivo de sus estados nacionales y conforme a sus particulares realidades políticas, económicas y culturales, la atávica creencia en las virtudes y utilidades prácticas del poder de castigar era compartida de manera generalizada en todos los estados occidentales modernos. El poder penal siguió creyéndose garante protector y preservativo del orden constitucional reinante, y

---

[1] Además de las constituciones y códigos penales europeos, latinoamericanos y estadounidenses analizadas en esta obra, las semejanzas ideológicas, estructurales y retóricas, así como las relativas variaciones en formas y contenidos, pueden identificarse en los códigos europeos reformados a mediados del siglo XIX: Penal Code of France (1810) • Penal Code of Prussia (1851) • Penal Code for Bavaria (1813) • Penal Code of Saxe-Weimar (1838) • Penal Code of Spain (1848) • Penal Code of Baden (1845) • Penal Code of Austria (1852) • Penal Codes of Switzerland (1816-1843) • Penal Code of Sardinia (1839) • Penal Code of Russia (1846) (Code of Capital and Correctional Punishments); en *A Brief Account of the Principal Penal Codes of Continental Europe*; Anexo al informe de la comisión codificadora del Estado de New York; *The Penal Code of the State of New York*; Albany, 1865; digitalizado en http://books.google.com). Asimismo, pueden rastrearse las marcadas similitudes y equivalencias como las escasas diferencias entre los códigos penales europeos reformados a partir del último tercio del siglo XIX (España, Francia, Austria, Prusia, Portugal, Italia, Noruega, Suecia, Bélgica, Dinamarca, Países Bajos, Alemania y Hungría). Estos códigos penales aparecen traducidos y transcritos en el *Código Penal de España* (1870); Tomos I-VIII; Concordado y Comentado por Groizard, Alejandro D. y Gómez de la Serna, Pedro (1870-1899); Biblioteca Nacional de España.

ejerciéndose con los fines expresos de "defender la sociedad" de la incidencia criminal, de castigar en justicia a los transgresores y de garantizar la seguridad ciudadana, sus derechos y libertades.

En base a los credos y atributos imaginarios del poder penal y en torno a las mecánicas de sus prácticas concretas, los estados occidentales del siglo XIX reprodujeron los ancestrales objetivos estratégicos de control y dominación general, y al mismo tiempo reforzaron las tecnologías de subyugación ideológica (moldeamiento psicológico, domesticación política y encuadramiento moral) al orden imperial de la Ley.

A pesar de la progresiva secularización del poder político en todas sus dimensiones, el contenido de la mayor parte de las legislaciones seglares en materia penal conservó los credos morales de las antiguas teocracias cristianas (católicas y protestantes). La primitiva ideología penal se materializó de manera intacta en todas las reformas constitucionales y respectivos códigos penales confeccionados hasta finales del siglo XIX. Al margen de los ajustes estructurales y de las modulaciones retóricas impulsadas por el humanismo-liberal del siglo XVIII y, de manera indiferenciada, por los requerimientos propios del desarrollo de la economía capitalista en las potencias imperiales de la época, el discurso penal siguió siendo el mismo, separado formalmente de las injerencias eclesiásticas pero no menos religioso en cuanto a sus credos fundamentales.

Más allá del saldo puntual de las guerras civiles e internacionales, de los golpes de Estado, de las revoluciones, de las reformas constitucionales y de las variantes en los regímenes de gobierno, el grueso de las antiguas tipificaciones delictivas se preservó íntegro en los códigos y demás leyes penales de la época. No obstante el marcado estancamiento intelectual de la razón penal dominante, la maquinaria represiva del poder estatal y sus tecnologías de control disciplinario y vigilancia policial continuaron creciendo y expandiéndose progresivamente. A pesar de su ineficacia práctica y de la carga económica para los estados, los sistemas carcelarios (prisiones, penitenciarías, reformatorios, colonias penales rurales, hospitales psiquiátricos, etc.) proliferaron vertiginosamente en el curso del siglo XIX, y con ellos la población penal y reincidente.

En este escenario de época reaparecieron las cuestiones neurálgicas de la reforma penal del siglo XVIII. Repetidores, críticos y apologistas del Derecho Penal chocaron posiciones sobre asuntos relativos a la efectividad del sistema de justicia penal y la productividad de los castigos existentes, incluyendo la pena de muerte y el encierro carcelario, sus principios, nociones y objetivos prácticos. Las contiendas teóricas y antagonismos entre los estrategas reformistas se libraron siempre desde la matriz ideológica del discurso de la Ley, de los textos constitucionales y sus derivados códigos penales.[2] Pero al margen de las disputas intelectuales, en todos los estados occidentales siguió primando la lógica represiva y punitiva sobre cualquier otra alternativa para lidiar con el imperecedero problema, real o imaginario, del espectro criminal y los transgresores de la Ley.

A partir del último tercio del siglo XIX se consolidó internacionalmente una *nueva* fuerza reformista, maquinada y dirigida principalmente por psiquiatras, antropólogos y juristas europeos. Con la misma certeza con que los antiguos teólogos, filósofos y hacedores de leyes creían *saber* las causas más profundas del pecado y del delito, y disponían de remedios penales contundentes para erradicar el mal y la perversidad del alma criminal; de entre las élites intelectuales de la época surgieron *nuevas* "ciencias" que también presumían de conocer a fondo la *naturaleza* humana, las causas originarias de la maldad criminal y los remedios infalibles para curar las almas enfermas de los delincuentes. Pero, más allá de las críticas al sistema penal existente y de las idealizaciones imaginadas por sus precursores, las nuevas "ciencias" de la psiquis humana y lo criminal también reforzarían las violencias de la Ley, sus males imaginarios y las crueldades inherentes a su poderío penal...

Las "ciencias" penales modernas: la criminología positivista, la psiquiatría y la antropología criminal

Una de las figuras más prominentes e influyentes en el desarrollo internacional de las *nuevas* "ciencias" criminológicas y penales fue el psiquiatra italiano Cesare Lombroso (1835-1909). Su

---

[2] Las tipificaciones delictivas en los códigos penales del siglo XIX permanecían organizadas dentro de las clasificaciones genéricas tradicionales: crímenes o delitos contra el Estado, contra la moralidad, contra la propiedad, contra la vida y económicos.

obra principal[3] expone los *hallazgos* de la antropología criminal como base de una nueva teoría *científica*[4] que presume de explicar las causas de la criminalidad y de ofrecer aplicaciones prácticas para contrarrestarla, para "defender la sociedad"[5] de los criminales y garantizar el tratamiento efectivo de la población penal y los reincidentes.[6]

Según Lombroso, existen leyes "naturales" invariables que gobiernan la sociedad de manera más profunda que las leyes escritas.[7] Ignorando la naturaleza histórico-política de toda actividad legislativa y obviando que los constructos delictivos que constituyen lo criminal son productos del discurso de la Ley, la nueva "ciencia" criminológica centró el origen causal de la criminalidad en la condición biológica del ser humano. Aunque él y sus adeptos reconocían las marcadas influencias de "causas sociales"[8], creían haber demostrado que las causas del crimen

---

[3] Lombroso, Cesare; *Criminal Man* (Ediciones de 1876/1878/1884/1889/1897); Editorial *Duke University Press*, London, 2006.

[4] En contraste con las teorías dominantes de la filosofía del Derecho y la criminología clásica -basadas en especulaciones y descripciones genéricas y aisladas-, la metodología "científica" de la antropología criminal se basa en las estadísticas para "probar" sus teorías. Las alusiones a la criminología clásica remiten a la obra de Cesare Beccaria (1794) y sus seguidores.

[5] La idea de que el Derecho Penal tiene como función matriz la "defensa de la sociedad" puede rastrearse desde los antiguos escritos jurídicos y políticos griegos, principalmente en la obra de Platón. El mismo entendido fue reproducido en la obra del filósofo estadista alemán Georg W. Hegel (1821). "Punishment is the right of the criminal. (...) ...punishment is nothing but a means of society to defend itself against the infraction of its vital conditions, whatever may be their character." (Hegel, F., según citado en Marx, Karl; "Capital Punishment (fc)"; London, 1853.)

[6] Para el año de la cuarta edición del trabajo de Lombroso (1884) se registran seguidores de la antropología criminal positivista en Italia, Alemania, Rusia, Francia, Inglaterra, España, Bélgica, y Hungría. Para entonces, ya era aplicada a disciplinas como la psiquiatría, la medicina forense, la pedagogía y la sociología.

[7] Lombroso, C; *Criminal Man* (1876); op.cit., p.92.

[8] Según Lombroso, no se puede ignorar las causas sociales del crimen, pero los factores orgánicos "explican" el comportamiento criminal de entre 35% a 40% de toda la población penal.

tenían raíces orgánicas y congénitas.[9] Aunque la alegada "evidencia" estadística nunca dejó de ser insuficiente y especulativa[10], la nueva "ciencia" concluyó que el sujeto criminal estaba predispuesto genéticamente y que, a consecuencia, la actividad criminal era una constante histórica "natural" e inevitable, y las inclinaciones criminales eran hereditarias:

> "All it takes is the survival of one family descended from a wicked progenitor, and the whole place will be corrupted. (...) ...this justifies the barbarous practice of the ancients and savages who punished the innocent relatives of guilty criminals."[11]

En base a la creencia en el carácter determinante del factor biológico sobre la etiología del crimen, el nuevo discurso criminológico también produjo una *nueva* teoría penal, presumidamente científica mas no menos arbitraria y especulativa, como violenta y cruel que las ya existentes. En aparente contraste con los remanentes teológicos y las filosofías metafísicas tradicionales en el escenario jurídico-penal de la época, la "ciencia" criminológica positivista se desarraigó de nociones fundamentales del imaginario penal dominante, descartándolas como abstractas, especulativas e ilusorias. La principal ruptura epistemológica se operó sobre los conceptos matrices que sostenían la creencia en la imputabilidad de los juzgados, la infalibilidad de la razón judicial y la productividad de la práctica del derecho penal. Entre ellos, se rechazaron radicalmente las nociones de "ejemplaridad" de los castigos y de "proporcionalidad" entre el delito y la pena; así como las ilusiones radicadas en torno a las categorías de "razón",

---

[9] Según Lombroso, de las autopsias efectuadas a cadáveres de reos identificó anomalías patológicas en el tejido cerebral de los criminales. Además, del estudio comparativo de actas policiales (fotografías y dibujos) internacionales (italianas, alemanas y estadounidenses) descubrió que las semejanzas fisiológicas de los tipos criminales eran indiferenciables por la procedencia nacional. (Lombroso, C; *Criminal Man* (1884); op.cit., p.205)

[10] Aunque más del 60% de los casos "estudiados" eran indiferenciables de los hombres "normales", y numerosas conclusiones estaban basadas en anécdotas y dudosas fuentes documentales, Lombroso no vaciló en hacer generalizaciones, incluso deducciones de casos aislados...

[11] Op.cit., (1876) p.90.

"voluntad", "libertad", "responsabilidad" y "culpa", condensadas en la primitiva creencia en el "libre albedrío".[12] Para la nueva criminología, los creyentes y celadores de la supuesta potestad absoluta de la voluntad humana desconocen la naturaleza de la psiquis humana, de las fuerzas sociales que la moldean y de las determinaciones biológicas que la condicionan. Aunque prevalece entre los fundamentos de la autoridad legislativa en general y del Derecho Penal en particular, la primitiva noción de "libre albedrío" contradice los hallazgos *científicos* modernos, y su conservación contribuye a regenerar permanentemente los problemas de seguridad social en todas sus dimensiones, incluyendo los relativos al sistema judicial y al poder penal.

Según Lombroso, el sujeto "normal" no viola las leyes sino por miedo al castigo, a la infamia, por la presión psicológica de la religión y por el continuo ejercicio de las facultades morales civilizadas. El sujeto criminal, sin embargo, no tiene control absoluto sobre sus actos; su alegada voluntad es ilusoria porque su existencia está, más que influenciada por condiciones que le son externas, predeterminada internamente por su constitución orgánica y su genética. Para los juristas más conservadores y opositores férreos del programa de la antropología criminal, la negación del "libre albedrío" rompe con los principios de las leyes penales, altera los procedimientos judiciales y los objetivos del sistema carcelario."[13] Pero sus promotores lo admiten expresa-

---

[12] La filosofía seglar de la época conservó la noción de "libre albedrío" como justificante matriz del Derecho Penal. Según Hegel -por ejemplo- el delito constituye una falta moral al Derecho y, como tal, la pena es el medio para enmendarla. La pena es, pues, la superación del delito, cuyo fin no sería otro que el de restablecer el Derecho. La aplicación del castigo -con base en las teorías de la prevención, de la intimidación, el escarmiento, la corrección, la ejemplaridad, entre otras- suponía -según el filósofo alemán- asumir la pena como un bien que es inmanente al orden interior del Derecho, dentro de la relación entre la Justicia y la Injusticia. La pena es–para Hegel- una justicia en sí y por sí: "Como ser racional, el delincuente es honrado con la pena (...) Este honor no llega a él si el concepto y la norma de su pena no se toman de su mismo acto y si es considerado el delincuente como un animal dañino al que habría que hacer inofensivo, o a los fines de la intimidación y de la corrección." (Hegel, Georg F.; Filosofía del Derecho (1821); Editorial Claridad; Buenos Aires, 1944; pp.106-107)

[13] Lombroso, C; *Criminal Man* (1889); op.cit., p.236.

mente, y lo justifican como condición indispensable para atemperar el sistema penal con los nuevos *descubrimientos* científicos sobre la naturaleza humana y para viabilizar la agenda reformista del proyecto de "defensa de la sociedad" contra la criminalidad. A tales fines, la nueva ciencia del poder penal remplazó la noción eclesiástica del pecado por la "ley de la defensa social", y la idea de "libre albedrío" por la de la "peligrosidad del criminal."[14] Superada la ilusión del "libre albedrío" y puesta en práctica la nueva metodología "científica", el *nuevo* sistema penal:

> "...will function according to logic rather than emotion. It will be harsh but not cruel, because the guilty individual will no longer be disdained. He will be arrested and interned, but without anger. The rights of social defense will replace revenge, a vestige of the old theological concept of sin, as the basis of punishment."[15]

No obstante, los juristas y filósofos reformistas (estrategas, ideólogos y propagandistas) del siglo XIX también coincidían en reivindicar el primitivo derecho estatal a castigar, representando al Derecho Penal como condición intrínseca e irrenunciable de todo régimen jurídico-político, y como condición esencial para la "defensa de la sociedad." Al margen de la retórica cientificista del discurso criminológico, las diferencias con las tradiciones penales precedentes radicaban más bien en torno a las formas precisas del castigo y en cuanto a las expectativas de *utilidad social* del poder penal dentro del proyecto imperialista de la Ley. No variaría, sin embargo, la demanda de severidad de los castigos, indiferenciable en su materialidad cotidiana de las atávicas pasiones vengativas del poder penal.[16]

---

[14] "My theory replaces the ecclesiastical notion of sin with the law of social defense, and the idea of free will with that of the dangerousness of the criminal." (Lombroso, C; *Criminal Man* (1884); op.cit., pp.165-166)

[15] Op.cit., (1889); p.236.

[16] Un discurso a favor de la pena de muerte, del filósofo inglés John S. Mill (1868), lo ilustra: "...there is more need of strengthening our punishments than of weakening them; and that severer sentences (...) are the kind of reform of

Desde la perspectiva de la antropología criminal el crimen es un fenómeno "natural" y debe castigarse, pero no por las razones y pasiones vengativas que todavía lo justificaban:

> "At one time, punishment itself was atavistic. It sought nothing beyond compensation and revenge. Even in the present we have not lost that primitive instinct for revenge; we try to match the punishment to the horror of the crime or to the indignation it arouses in us. (...) And all too often, public officials forget their abstract theories about the need to mitigate punishment by loudly demanding social revenge."[17]

En todas las ediciones de su obra Lombroso reiteró la critica a la arcaica mentalidad vengativa predominante en la cultura jurídica europea, desde las escuelas de Derecho hasta las ramas legislativas y judiciales. Asimismo, insistía en atribuir las resistencias a la nueva ciencia criminológica y su teoría penal positivista a la ignorancia generalizada y la carencia de formación científica entre las castas jurídicas dominantes.

> "For too many generations of jurists have deemed the criminal's responsibility to be proportional to his crime and the public's need to revenge. Fearing to let the criminal go free, we saw no alternatives but prison or death for evildoers. In short, the sentiments of revenge and fear along with the tyranny of habit, closed all the roads to expiation."[18]

El castigo -insiste Lombroso- no debe pensarse como una forma de venganza (retaliation) o como una suerte de excomunión civil, sino en acorde a un plan racional de "defensa social":

---

which our penal system now stands in need." (Mill, John Stuart; "Speech In Favor of Capital Punishment" (1868); reproducido en http://ethics.acusd.edu.)

[17] Lombroso, C; *Criminal Man* (1876); op.cit., p.92.

[18] Op.cit., (1884) p.212.

"The purpose of punishment should be not the infliction of pain on the criminal, but the well being of society and restitution to the victim. Punishment should be proportional less to the gravity of the crime than to the dangerousness the criminal."[19]

La innovación propuesta no radicaba en subvertir la idea del castigo y ni siquiera se diferenciaba radicalmente de las tradiciones penales existentes. Para la nueva "ciencia" penal las clasificaciones diferenciales entre los tipos de delito y la presumida proporcionalidad de las penas estaban basadas en nociones erradas e ideas falsas sobre la naturaleza del delito. Para los criminólogos positivistas, la idea de "proporcionalidad" estaba establecida en base a generalizaciones abstractas sobre la idea del crimen, y el castigo impuesto carecía de fundamentos científicos. En contraste, para la nueva ciencia de lo criminal era imposible separar el crimen de la persona que lo comete, y el castigo debía variar de acuerdo al tipo de ofensor: "Crime is like an illness that requieres a specific remedy for each patient."[20]

La antropología criminal presumía de haber establecido con certeza definitiva la relación entre el criminal y el castigo a la vez que proyectaba subsumir el Derecho Penal (Criminal Law) al dominio de la psiquiatría. Según Lombroso, ni legisladores, ni jueces ni jurados estaban debidamente instruidos para comprender la etiología biológica del crimen y mucho menos para diagnosticar con precisión las anomalías orgánicas de los criminales. Las expectativas de las leyes, las nociones de imputabilidad, los términos de las sentencias judiciales y las formas precisas de los castigos carecían de fundamentos científicos y, más allá de sus ilusiones de justicia, en realidad degeneraban en efectos adversos al proyecto de defensa social contra el crimen. Para Lombroso y sus adeptos, solo los especialistas formados en la nueva ciencia criminológica-psiquiátrica estaban acreditados para "diagnosticar" al criminal imputado en los tribunales, determinar los términos de la sentencia y el castigo-tratamiento adecuado...

---

[19] Op.cit., (1897) pp. 340-342.

[20] Cita de Enrico Ferri (1890) en Lombroso, C; *Criminal Man* (1897); op.cit., p.341.

• **Los "absurdos" del sistema de justicia**

El supuesto conocimiento del que disponían los tribunales para juzgar al sujeto criminal estaba arraigado en antiguas especulaciones filosóficas y nociones teológicas, en rumores que circulaban en las prisiones, en la información superficial de autoridades locales y en cuestionables documentos acumulados en las arcas de los tribunales. Todavía a finales del siglo XIX los jueces ignoraban al criminal y enfatizaban sobre el crimen[21], y los legisladores creían en el "libre albedrío", porque no entendían que "...most criminals really do lack free will." Como consecuencia, al menos la mitad de los juicios conducía a veredictos falsos: "...with innocents being incarcerated and many guilty people escaping punishment."[22]

Además de advertir la insuficiencia intelectual del sistema judicial para cumplir el encargo político de "defender la sociedad", la nueva ciencia de lo criminal señaló como agravante el cuerpo institucional del jurado. Aunque pertenece a las principales reivindicaciones "democráticas" en las constituciones europeas y americanas, según los criminólogos positivistas los juicios por jurado están viciados por la ignorancia y los prejuicios de la clase popular. Debido a la falta de educación generalizada, la ignorancia es un rasgo distintivo de las clases populares, por lo que "the educated classes are never represented on the jury." Además, los jurados son fácilmente corruptibles, y deberían usarse, si acaso, solo para juzgar crímenes políticos...

Al mismo tiempo, la antropología criminal recriminó como absurdo el ancestral poder de indulto (granting pardons). La potestad de perdonar -integrada en las constituciones modernas- está basada en la creencia en que el rey o poder gobernante análogo es garante de justicia infalible y trascendental. Esta creencia no solo carece de validez científica sino que, además, es antagónica al "espíritu de equidad" de las sociedades modernas,

---

[21] "To protect ourselves against crime, we need to focus on the criminal, not crime in the abstract." (Op.cit., p.337)

[22] Op.cit., p.350.

"for it favors the rich and encourages the poor to believe that for them there is no justice."[23]

A pesar de celebrar la progresiva acogida de la nueva ciencia penal entre las castas intelectuales europeas, Lombroso criticó a los juristas y teóricos que, creyendo aplicar los *descubrimientos* de la antropología criminal, abogaban por reducir las sentencias a los criminales diagnosticados como enfermos mentales. Equivocadamente interpretan que la nueva *ciencia* del "hombre criminal" absuelve de responsabilidad penal o implica que el sujeto criminal no pude ser responsabilizado por su crimen.

> "What they have not understand is that criminal anthropology, while not blaming the born criminal for his behavior, nevertheless prescribes for him a life sentence. We believe that those individuals least responsible for their behavior are most to be feared. Only sequestration can neutralize their innate, atavistic urge to crime."[24]

Igualmente criticó a los humanistas-liberales que, desde Beccaria, creen equivocadamente que aboliendo la pena de muerte, reforzando los derechos de defensa judicial y garantizando el poder de indulto se incrementa la seguridad social y se reprime el crimen. Las reformas al sistema de justicia penal -insiste- deben basarse en cálculos prácticos de estrategia militar y no en especulaciones filosóficas.

> "But our present professional class of jurists substitutes metaphysics for strategy by day-dreaming as a free will that never was, of a liberty

---

[23] Op.cit., p.336.

[24] Op.cit., pp. 335-337. Ya en ediciones anteriores Lombroso había advertido la tendencia ingenua a malinterpretar los objetivos de la nueva ciencia penal. Lombroso insistía en que, aún en los casos en que el diagnóstico revelase como causal del crimen una anomalía congénita que pudiera eximir de responsabilidad legal al inculpado, por la misma razón éste debía ser castigado a condena de encierro: "While we may reject the legal responsibility of criminals, we do so not to reduce their punishment, but rather to increase the length of their detention." (Op.cit., (1884) p.165)

disconnected from material causes, and of a right to punish based on abstract legal notions rather than social necessity."[25]

Acentuada la ignorancia generalizada sobre las raíces biológicas y hereditarias del crimen, el nuevo programa criminológico-penal minimizó la influencia de los factores sociales de la criminalidad y, al mismo tiempo, exaltó su pertinencia práctica para la "defensa de la sociedad" y el imperativo de poner en manos de la clase *científica* especializada el diagnóstico y el tratamiento de los criminales:

> "Only a small number of specialists can discern the organic and congenital causes of crime, while anyone can identify environmental causes; indeed, they find them even when they do not exist."[26]

• **Condiciones "sociales" de la criminalidad**

La inmensa brecha entre clases sociales seguía siendo un rasgo característico de la época, y el desenvolvimiento de la economía capitalista la acentuó dramáticamente. La pobreza y la marginación, la explotación laboral y el desempleo seguían siendo factores determinantes de las condiciones de existencia de la mayor parte de la población. De igual forma, en las leyes civiles y penales se materializaban los valores, credos y temores, estigmas y prejuicios clasistas de las castas privilegiadas. Dentro del imaginario jurídico-penal dominante las clases empobrecidas y marginadas continuaron siendo el principal objeto del poder penal, y las élites jurídicas e intelectuales celaban el credo en la existencia de una relación causal entre la pobreza y la criminalidad.

No obstante, contrario a la creencia generalizada entre juristas y criminólogos clásicos, de las estadísticas existentes no se desprendía una correlación clara entre las condiciones económicas y la incidencia criminal. Las relativas a "ofensas morales" -por ejemplo- no se diferencian entre la población más pudiente y

---

[25] Op.cit., (1897) pp.335-337.

[26] Op.cit., (1889) p.277.

privilegiada y la proveniente de sectores empobrecidos y marginados. Según Lombroso, tampoco podía establecerse una relación causal inequívoca entre los periodos de depresión económica, comercial e industrial y los índices de criminalidad. Ni siquiera el desempleo entre la clase trabajadora figuraba como causa mayor entre los delitos graves o crímenes violentos.[27]

Para el criminólogo y psiquiatra italiano, la civilización industrial moderna era el detonante principal de la criminalidad: "Industrialization, rather than poverty, seems to cause crime."[28] En las sociedades *civilizadas*, la etiología del crimen y las psicopatología criminal -sostiene- están relacionadas a diversos factores, como la densidad poblacional[29], las oleadas migratorias[30] y el consumo de sustancias narcóticas (alcohol[31], tabaco[32], opio, hachís y morfina[33]), entre otros. Además -advierte- la riqueza,

---

[27] En los Estados Unidos -por ejemplo- 82% de los homicidios fueron *cometidos* por personas con empleo, y solo 18% por desempleados.

[28] Lombroso, C.; *Criminal Man* (1897); op.cit., pp.316-324.

[29] Según concluye Lombroso, la creciente conglomeración de inmigrantes y trabajadores en las ciudades industrializadas conduce al incremento en consumo y abuso del alcohol y, consecuentemente, al alza en la actividad criminal.

[30] Según el décimo censo de los Estados Unidos (1880), en el estado de Nueva York se efectuaron 49,000 arrestos de los que 32,000 fueron a inmigrantes, predominantemente europeos pobres de Italia e Irlanda. Según Lombroso; "Immigrants belong to the human category with the greatest incentives and fewest barriers to committing crime", principalmente por sus necesidades económicas y por la insuficiente vigilancia policial. (Op.cit., pp.316-317)

[31] "It is well known that drunkenness causes crime." (Op.cit., (1889) p.277) "The nexus between alcohol and crime is not only social but pathological." Las estadísticas "evidencian" la relación entre el consumo de alcohol y la incidencia criminal. En las sociedades *civilizadas*, incrementa la actividad delictiva en proporción al aumento de consumo de alcohol, predominando los delitos de asalto (assault), violaciones (sex crime) y rebelión política. (Op.cit., pp.318-320)

[32] El hábito de mascar tabaco es mayor entre la población criminal, principalmente entre los criminales más violentos. La "pasión" por el tabaco se adquiere desde la infancia, y los niños que lo consumen terminan siendo vagos, alcohólicos y, finalmente, criminales. (Op.cit., p.319)

[33] Sustancias "intoxicantes", como la morfina y el opio, aparecen vinculadas a *impulsos* homicidas y suicidas. Los síntomas de *histeria* entre las mujeres usuarias de morfina -por ejemplo- son más intensos que entre las histéricas que no la

como la educación, si bien puede ser un factor que refrena el crimen, también puede generarlo.[34]

El hombre rico -alega Lombroso- puede resistir los "impulsos criminales" porque está física y moralmente fortalecido con mejor nutrición y "buena educación." Sin embargo, los privilegios de clase no los libra de las determinaciones biológicas que inevitablemente lo inducen a cometer el crimen. A todas cuentas, los ricos y poderosos siempre han podido satisfacer sus instintos depravados sin violar la ley.[35]

> "Social causes are often nothing but the immediate determinant of the timing of a certain crime that, if it had not occurred at that moment, would have happened on another occasion because the congenital impulse was so powerful."[36]

Además, los casos de reincidencia criminal lo evidencian, porque los sujetos criminales vuelven a delinquir aun cuando ha mejorado su situación económica, o cuando ni siquiera existen incentivos externos para quebrantar las leyes. Para la antropología criminal, aunque pudieran eliminarse todas las causas sociales de la criminalidad, las raíces orgánicas del crimen nunca podrían ser erradicadas. Sin embargo, la criminología positivista *reconoce* que las condiciones de existencia inciden sobre los modos precisos como habría de efectuarse el crimen. El programa reformista con base en la antropología criminal sostiene que al mejorar las condiciones sociales los crímenes violentos disminuirían, particularmente los asesinatos y, en su lugar, proliferarían los crímenes económicos

---

usan. Basado en los *estudios* psiquiátricos de la época, sostiene que los adictos a la morfina "...show a diminished moral sense, which often leads them to swindling and sometimes to murder and sex crimes." (Op.cit., p.320)

[34] "Crime is caused not only by poverty, as many maintain, but also by wealth acquired rapidly and in enormous amounts." (Op.cit., p.334). En su relato sobre el desenvolvimiento histórico del poder penal, Lombroso argumentó que: "The main force behind the evolution of punishment was the growth of wealth and the possession of property..." (Op,cit., (1884) p.185)

[35] Op.cit., (1889) p.295.

[36] Op.cit., (1897) p.337.

(delitos contra la propiedad, robos y fraudes, etc.) En base a esta premisa, la nueva ciencia criminológica y penal promovió reformas económicas[37], políticas[38] y sociales[39], a la vez que la implementación de tecnologías más efectivas de control disciplinario y vigilancia[40], de "medidas preventivas" del crimen y de "penas sustitutas" locales e internacionales.[41]

- **Educación: medida "preventiva" del crimen**

A pesar de que la "educación" seguía siendo uno de los principales dispositivos de control disciplinario y sujeción ideológica al reino imperial de la Ley, para la antropología criminal y demás *ciencias* criminológicas y penales derivadas no es posible

---

[37] En su obra, Lombroso favorece la producción de legislaciones que garanticen salarios más equitativos, que hagan más accesibles los empleos y reduzcan la jornada laboral de mujeres y niños. Además, cónsono a los proyectos socialistas de la época, promueve que los estados democráticos modernos garanticen en la práctica el derecho a la huelga, y que los gobiernos se abstengan de suprimir el poder de los trabajadores y sus organizaciones. Igualmente, favorece el cobro de impuestos a los ricos, para equilibrar la distribución de las riquezas y lograr justicia salarial. Del mismo modo, promueve la abolición definitiva de los títulos de propiedad feudal y la continuidad del proceso de expropiación y repartición de las tierras privadas de la Iglesia a favor del Estado. (Op.cit., p.334)

[38] Para 1861 se concertó la unificación política de los estados italianos. Los movimientos separatistas fueron suprimidos por el ejército y la policía. Sin embargo las luchas sociales y políticas no mermaron y tampoco los crímenes políticos y sociales: "Today, political and social struggles serve as safety valve or a mask for criminal tendencies, just as religion once did." (Op.cit., (1889) p.295) No obstante, Lombroso comulga con el ideario y forma de gobierno democrático-liberal, alegando que desalienta las insurrecciones populares y las revoluciones; y que, además, la libertad de prensa frena la corrupción gubernamental.

[39] Por ejemplo, Lombroso promueve el fortalecimiento y proliferación de instituciones de caridad desligadas de la religión, y el fortalecimiento del Estado benefactor (social welfare).

[40] Lombroso alega que a paralelo al desarrollo de la vida modera es preciso acrecentar las tecnologías de espionaje y vigilancia. A tono con ello, encomia las compañías de seguridad policial privada en los Estados Unidos.

[41] El concepto de "penas sustitutas" es de Ferri, Enrico; *Criminal Sociology* (1896); reimpreso por editorial Forgotten Books, 2012.

concluir que la educación decrece la incidencia criminal como tampoco lo contrario.[42]

"The illusion that education and prison are panaceas for crime simply falls apart if we agree that crime is inevitable and caused mainly by organic factors, upbringing, or the environment."[43]

No obstante, como medida preventiva del crimen, el programa de reforma social debía hacer accesible masivamente la educación primaria al mayor número posible. Según la ciencia psiquiátrica y criminológica contemporánea, "The seeds of moral insanity and criminality are found in man's early life."[44] Los niños carecen de sentido moral y, en base a *estudios* comparativos, en sus comportamientos se asemejan a los "salvajes", a los criminales y a los enfermos mentales (agresividad y deseos de venganza, celos, mentiras, falta de afecto, crueldad, pereza intelectual, indolencia y vagancia, obscenidad[45], etc.): "Children may lie to obtain that which has been prohibited or to avoid punishment." La educación formal es insuficiente para contener el progresivo desarrollo de los impulsos criminales y, por ende, es preciso mantenerlos bajo vigilancia permanente y estricto control disciplinario.

Desde la óptica de las nuevas ciencias criminológicas, "Instead of trying to cure crime, we must try to prevent it by neutralizing its causes."[46] A estos efectos, era imprescindible fortalecer las principales instituciones estatales de subyugación ideológica (control disciplinario, domesticación política y encuadramiento moral), la escuela y la familia. Según Lombroso, los *avances* en la antropología criminal habrían hecho posible el

---

[42] Lombroso, C.; *Criminal Man* (1876); op.cit., p.76.

[43] Op.cit., (1878) p.135.

[44] Op.cit., (1884) p.188-189.

[45] Las tendencias obscenas -según Lombroso- se manifiestan al menos desde los tres o cuatro años. Según testimonios de maestros en guarderías, muchos niños se masturban. "Anomalous and monstrous sexual tendencies, like criminal behavior, begin in childhood." (Op.cit., 1884; p.192)

[46] Op.cit., (1878) p.135.

"aislamiento preventivo" de los criminales en potencia, lo que, paralelo a las tecnologías de vigilancia policial, constituye la más importante medida de "defensa social".

> "Teachers are now able to identify in children the incurable signs of inborn criminality, and to use these signs to distinguish between innate criminality and the temporary criminality of all youth.[47] (...) The family can be even more effective than teachers in identifying signs of born criminality in children."[48]

Para las nuevas ciencias criminológicas y penales la "educación" y la "cautela pública" eran más efectiva que la represión cruel. Los niños *identificados* con rasgos fisiológicos característicos de los adultos criminales debían ser removidos de las escuelas y, al mismo tiempo, el Estado debía disponer de escuelas "especiales" para jóvenes delincuentes, orientadas a canalizar sus instintos criminales mediante la formación de atletas, cazadores, carniceros, marinos, militares y otras ocupaciones apropiadas a la *naturaleza* criminal...

• **Mujer criminal / misoginia patriarcal**

Durante el curso del siglo XIX la condición de inferioridad jurídico-política de la mujer se preservó intacta en todas las constituciones de Occidente. Además de conservarse con fuerza de Ley los estatutos, mandamientos, prohibiciones y tipificaciones delictivas[49] en base a la primitiva ideología patriarcal

---

[47] "Born criminals should not be allowed to infiltrate elementary schools because education would harm both them and society." (Op.cit., (1897) p.334.)

[48] Op.cit., p.335.

[49] Excluyendo el crimen de infanticidio, las estadísticas citadas en la obra de Lombroso exponen una incidencia criminal menor entre las mujeres. Los crímenes más comunes registrados: • en el imperio austriaco: aborto, bigamia, calumnia, complicidad criminal, incendio y robo. • en Francia: aborto, infanticidio, envenenamiento, asesinato de parientes, maltrato de las crías, incendio y robo • en Inglaterra: falsificación, perjurio, calumnia, y en menor escala, asesinato. (Op.cit., (1878) p.130)

y la misoginia judeocristiana, la mujer también fue convertida en objeto del *saber* "científico" (antropológico, médico, psiquiátrico, sociológico y criminológico) de la época. Las condiciones de existencia de las mujeres seguirían estando sujetas a la moral discriminatoria y opresora de las constituciones y leyes modernas, y las nuevas *ciencias* reforzarían sus raíces patriarcales y misóginas, demostrando "científicamente" la naturaleza de su inferioridad biológica, psicológica y moral. Además -según alega haber demostrado Lombroso- la "perversidad criminal" en las mujeres se expresa más intensamente que en los hombres, y son mucho menos susceptibles a ser rehabilitadas.[50]

-Aborto / Infanticidio / Abandono de menores

Según los *estudios* antropológicos positivistas, las mujeres programadas genéticamente para ser criminales son menos frecuentes que los hombres y, según las estadísticas policiales, los crímenes cometidos por mujeres generalmente son ocasionales y pasionales, y raras veces se repiten.[51] En el marco de la nueva *ciencia* criminológica y en acorde al proyecto de "defensa de la sociedad", algunos crímenes tipificados en los códigos penales en realidad ni amenazan a la sociedad ni a la familia, y deberían derogarse o bien enmendarse sus castigos en base a la nueva teoría penal. Según Lombroso, la prisión y los castigos aflictivos son menos necesarios para las mujeres, y para determinados casos basta la reprimenda judicial, la sentencia probatoria u otras medidas penales menos severas que las existentes.

> "Moreover, typically female crimes such abortion, infanticide and child abandonment are those that deserves the least punishment. (...) Abortion

---

[50] Lombroso, Cesare y Ferrero, Guglielmo; *Criminal Woman, the Prostitute, and the Normal Woman* (1893); Editorial *Duke University Press*, London, 2004.

[51] • En Italia: 3,287 homicidios y asaltos, 299 motivados por celos y 47 por prostitución y "loose behavior". De 41,454 crímenes, 1,499 estaban relacionados con "illicit loves" (adulterio, concubinato, celos) • En Inglaterra: De 10,000 personas sentenciadas, 3,608 eran prostitutas. (Op.cit., (1876) p.68) • En Francia (1877) de 2,582 prostitutas arrestadas por cargos de inmoralidad, 1,500 eran menores de edad. (Lombroso, C.; *Criminal* Man (1884); op.cit.,p.192)

should be punished merely with a judicial warning, except in the case of professionals performing abortions for profit. (...) ...the law should not prohibit abortions performed by women on themselves..."[52]

A diferencia de los reclamos reivindicativos de los movimientos feministas de la época, la nueva ciencia criminológica y penal no argumentó a favor de los derechos reproductivos de las mujeres sino en función del proyecto de "defensa social" contra la criminalidad. El argumento a favor de la despenalización del aborto, e incluso de castigar con menos severidad el infanticidio y el abandono de menores, radicaba en esa lógica. Según Lombroso y los juristas seglares citados en su obra, la sociedad no deriva beneficio alguno de hijos ilegítimos e indeseados; y el aborto y el infanticidio deberían tolerarse porque en realidad -más allá de las reservas religiosas- no afectan la estructura familiar.

Además, advertidas *científicamente* las determinaciones biológicas de la fragilidad psicológica e inferioridad moral de las mujeres, el Estado no debía responsabilizarlas legalmente por la comisión de muchos delitos, que son frecuentemente efectos de sugestiones del amante o del marido. El castigo a las condenadas por crímenes de envenenamiento, estafa y fraude (swindler) o asesinato, debía ser el encarcelamiento por periodos relativamente cortos o, preferiblemente, el internado en conventos:

> "Nuns can train them to replace sexual love -the most frequent cause of female crime- with religiosity. Honesty and religious fanaticism will eventually become substitutes for criminal tendencies."[53]

- Matrimonio / Adulterio / Divorcio

La institución del matrimonio siguió siendo una pieza clave dentro de la maquinaria de control y dominación estatal en todas las naciones occidentales modernas. A pesar de la separación

---

[52] Op.cit., (1897) pp.334-335.

[53] Op.cit., (1897) p.344.

formal entre Iglesia y Estado, las legislaciones civiles y penales conservaron intacto el modelo matrimonial de las antiguas teocracias patriarcales de la cristiandad. Todavía a finales del siglo XIX el divorcio no era legal o estaba sujeto a severas restricciones legales en la mayor parte de los estados europeos y americanos. Al margen de los movimientos feministas de la época, que lo reclamaban entre las reivindicaciones de derechos civiles de las mujeres[54], el divorcio era considerado por los criminólogos como remedio preventivo del delito de adulterio y de otros crímenes sexuales y pasionales, como la violencia doméstica y el maltrato de menores.[55]

El delito de adulterio es un crimen serio en las antiguas leyes canónicas, pero de preservarse en los códigos penales modernos debía tipificarse como delito menos grave (misdemeanor) y castigarse con menor severidad. Según Lombroso, el adulterio es inmoral, pero el castigo no previene la ofensa. Para prevenir que la relación matrimonial degenere en la comisión de crímenes, criminólogos y juristas contemporáneos favorecían crear legislación para agilizar los trámites del divorcio.[56] Aunque por razones diferentes, coincidían con los movimientos feministas de la época que reclamaban la ampliación de los recursos legales para procesar judicialmente a los hombres que eluden las responsabilidades paternales.

---

[54] Los movimientos feministas lo reclamaban como reivindicación de derecho de las mujeres, incluyendo la demanda de compensación por la pérdida de la virginidad (seductores) y la responsabilidad legal del hombre para sostener económicamente hijos ilegítimos. El abandono de menores era frecuente en la época...

[55] Op.cit., pp.332-333.

[56] Sobre este asunto, Lombroso se hace eco de los argumentos de un jurista contemporáneo: "Can the law oblige a wife to love her husband and vice versa? If the law cannot command people to love their spouses, it cannot prohibit them from loving others. By dissolving natural marriage, adultery causes moral divorce, so why should civil marriage not be dissolved by legal divorce? Why use force to maintain a disharmonious marriage that will become only more bitter after the scandal of a trial and a sentence?" (Op.cit., (1897) p. 347)

"These measures would prevent not only sexual crimes but also infanticide, suicide, murders, and, in short, all crimes committed for love."[57]

- **Prostitución**

En el marco de las precarias condiciones de existencia a las que estaban sujetas la mayoría de las mujeres en las sociedades capitalistas modernas, caracterizadas por elevados niveles de pobreza, marginación y desempleo, la prostitución seguía siendo una alternativa de subsistencia económica generalizada durante el siglo XIX. A diferencia de los estatutos prohibicionistas predominantes en los Estados Unidos, en la mayoría de los estados europeos -a pesar de también cultivar los prejuicios morales de la cristiandad- la prostitución no estaba prohibida terminantemente y en muchos países estaba regulada por leyes y ordenanzas.[58] Las prostitutas estaban compelidas a registrarse con la policía y a someterse periódicamente a exámenes médicos para detectar y controlar enfermedades de transmisión sexual.[59] Las diagnosticadas con enfermedades venéreas eran internadas en hospitales cerrados similares a las prisiones en las que eran confinadas por la fuerza policial.

De los *estudios* antropológicos y perfiles psiquiátricos sobre las mujeres encarceladas y las recluidas en hospitales, los criminólogos positivistas de finales del siglo XIX concluyeron que, igual que la criminalidad en general, la práctica de la prostitución incrementaba aceleradamente con el *progreso* de la civilización occidental moderna.[60] Sin embargo -bajo la influencia de la moral misógina dominante- también concluyeron que las causas de la prostitución radicaban menos en condiciones sociales y

---

[57] Op.cit., p.333.

[58] Según Lombroso, en Italia las prostitutas no son consideradas criminales ante la Ley, pero si por la opinión pública. Si fueran contadas en las estadísticas criminales se duplicarían. En Londres, una de cada siete mujeres es prostituta, y en Hamburgo una de cada nueve. (Op.cit., (1878) pp.126-128)

[59] Nota de los editores Gibson M. y Hahn Rafter, N. en Lombroso, C.; *Criminal Man*; op.cit., p.383.

[60] Op.cit., (1878) p.128.

económicas que en determinaciones de orden biológico. Según Lombroso, los hombres criminales y las prostitutas comparten las mismas características físicas y morales; y la prostitución, aunque legal, por su *naturaleza* "inmoral" manifiesta las características criminales congénitas en las mujeres. Al equiparar la prostitución como la modalidad criminal más común entre las mujeres, la antropología criminal daba por *evidenciada* su naturaleza atávica y degenerada, su inferioridad evolutiva y moral con respecto al hombre "normal" de raza blanca.

Al margen de los marcados prejuicios morales y machistas explícitos en el discurso "científico" criminológico, los teóricos positivistas acentuaron el valor social de la prostitución como medida preventiva del crimen y abogaron por legalizarla. De una parte, porque era un recurso de subsistencia económica de las mujeres empobrecidas y marginadas, una alternativa laboral en una sociedad excluyente y donde el desempleo aumentaba vertiginosamente. De otra, porque ofrecía una opción para canalizar los fuertes impulsos y "necesidades" sexuales de los hombres; y al menos quienes pudieran pagar por los servicios y atenciones de las prostitutas[61] no tendrían que satisfacer sus instintos sexuales por otros medios ilegales o violentos.

Además, las mujeres con indicadores fisiológicos criminales son más frecuentes entre las prostitutas, por lo que: "For the female born criminal, the profession of prostitution itself acts as a penal substitute or crime preventative..."[62] Para garantizar el control estatal sobre los negocios ilícitos de la prostitución, a las mujeres reincidentes en delitos morales el Estado debía registrarlas formalmente como prostitutas profesionales y obligarlas a obedecer las regulaciones legales:

> "Women who commit more than two or three offenses against public decency should be recognized by police as legal prostitutes and

---

[61] Según Lombroso, la indigencia está relacionada indirectamente a las ofensas morales y delitos sexuales porque los hombres pobres no tienen dinero para prostitutas y no les queda otro modo para satisfacer sus "necesidades" sexuales que por medio de la violencia criminal.

[62] Op.cit., (1897) p.344.

discourage from practicing their profession in a secret and therefore harmful manner."[63]

• **El "criminal nato" / los "incorregibles"**

Mediante la identificación visual de supuestas anomalías físicas entre la población penal, la antropología criminal positivista creyó haber descubierto la existencia de un tipo de criminal predeterminado biológicamente ("born criminal"). En base a registros comparativos entre los convictos "normales" y los de rasgos anómalos, la nueva "ciencia" concluyó que éstos no optaban libre y voluntariamente quebrantar las leyes, como presuponían las teorías criminológicas clásicas y los sistemas de justicia penal moderna. De la acumulación de *estudios* y estadísticas internacionales recopiladas durante las últimas décadas del siglo XIX, Lombroso estimó que entre 35% y 40% de todos los criminales eran criminales natos. Según sus alegatos, este "descubrimiento" permitía comprender la constancia histórica de la criminalidad y, al mismo tiempo, explicar la marcada inefectividad de los castigos y las verdaderas causas de la reincidencia. Sobre la base de este nuevo *conocimiento* debía enmarcarse la reforma del sistema judicial y penal en conjunto, reforzarse las tecnologías preventivas de la criminalidad e implementarse métodos penales realmente efectivos.

Al margen de las diferencias teóricas, filosóficas y políticas entre las castas intelectuales de la época, la comunidad "científica" de Occidente reprodujo los mismos prejuicios clasistas, sexistas y racistas que moldeaban las constituciones nacionales, leyes y códigos civiles y penales de la época. Según Lombroso, existen semejanzas fisiológicas entre los criminales europeos y las "personas de color" y de "razas inferiores".[64] Aunque más del 60% de la totalidad de los "criminales" no poseía rasgos fisiológicos diferenciables del resto de los hombres "normales" (no convictos), los criminólogos positivistas procuraron reforzar

---

[63] Ídem.

[64] Lombroso comparó los cráneos de criminales europeos con los de "personas de color" y de "razas inferiores" y concluyó que éstos compartían las mismas características anómalas. Los cráneos de "personas de color" eran de negros americanos y los de "razas inferiores" de aborígenes australianos y mongoles o chinos. (Op.cit., (1876) pp.48;57)

sus *teorías* "científicas" con especulaciones míticas y prejuicios racistas característicos de las mentalidades imperialistas europeas. Entre los numerosos distintivos atribuidos a los criminales natos, por ejemplo, Lombroso destacó la generalizada incapacidad para sufrir dolores físicos y la asoció directamente con la "insensibilidad moral" que caracteriza invariablemente a todo criminal.[65] Para validar su argumento recurrió al credo en la supremacía biológica y moral de la raza blanca y a los estigmas de inferioridad impuestos históricamente sobre las razas sometidas a su dominación.[66] La supuesta condición hereditaria (atávica) de la conducta criminal servía de fundamento biológico para subsanar las incongruencias teóricas, especulaciones y generalizaciones racistas del discurso antropológico[67], y para justificar a la vez la constancia histórica de la criminalidad en las naciones modernas.

> "These facts clearly prove that the most horrendous and inhuman crimes have a biological, atavistic origin in those animalistic instincts that, although smoothed over by education, the family, and fear of punishment, resurface instantly under given circumstances."[68]

El concepto de "atavismo" debía ayudar a entender la ineficacia del sistema penal existente y la regularidad estadística de

---

[65] Op.cit., p.62.

[66] "All travelers know that among Negroes and savages of America, sensitivity to pain is so limited that the former laugh as they mutilate their hands to escape work, while the latter sing their tribe's praises while being burned alive." Refiriéndose a la raza amarilla en China sostuvo: "Moral sensitivity is weak or nonexistent among savages." (Op.cit., p.69)

[67] Por ejemplo, Lombroso argumenta que la arqueología ha *demostrado* que los emperadores romanos más crueles, como Nerón y Tiberio, tenían rasgos fisiológicos de criminales natos. (Op.cit., p.53) Las mismas características fisiológicas pueden identificarse entre los antiguos emperadores romanos, reyes cristianos, tiranos europeos y dictadores de las colonias españolas de América (Op.cit. (1884) p.218)

[68] Op.cit., (1876) p.91.

los índices de criminalidad.[69] Los juristas y "científicos" positivistas de la época (psiquiatras, antropólogos, sociólogos y criminólogos) compartían el mismo credo en la condición innata de la conducta criminal y consideraban inútiles los castigos "rehabilitadores" porque, por su naturaleza, eran incorregibles. En base a este credo, el único remedio válido para el proyecto de "defensa social" era separarlos perpetuamente de la sociedad, encarcelarlos el resto de sus vidas o ejecutarlos...

- **El loco y la locura**

La figura enigmática del loco siempre estuvo presente como objeto de las filosofías y ciencias médicas desde la antigüedad. Del mismo modo, los textos jurídicos de las antiguas civilizaciones europeas integraron la noción de locura en sus códigos penales. Aunque nunca dejó de caracterizarse por su vaguedad epistemológica, las autoridades legislativas occidentales conservaron siempre la noción de locura en contraste a la nociones igualmente abstractas, imprecisas y ambiguas de razón, voluntad y libre albedrío. La noción de culpa era fundamental en el discurso del Derecho Penal y estaba condicionada a la creencia en estas nociones. Durante siglos, eran las autoridades judiciales las que tenían el poder discrecional absoluto para discernir sobre la condición mental de los acusados, para declararlos aptos o no del procesamiento judicial y de los castigos prescritos por la Ley.

Desde los antiguos códigos penales del imperio romano puede rastrearse la continuidad ininterrumpida de la categoría "locura" en el imaginario jurídico-penal de Occidente.[70] En los textos penales del siglo XIII, por ejemplo, el sujeto juzgado como loco era eximido de responsabilidad penal, porque no sabe lo que hace.[71] Incluso en casos en que al crimen le aparejase la pena de

---

[69] Ídem.

[70] Digesto; Libro XLII. Título1. Ley 9. -Furioso sententia á judice vel ab arbitrio dici non potest.-

[71] *Las Siete Partidas* (1265). Partida I. Título I. Ley 21. -Señaladas personas son las que se pueden escusar de non rescebir la pena que las leyes mandan, maguer non las entiendan, ni las sepan al tiempo que yerran, haciendo contra ellas; así como aquel que fuese loco de tal locura, que non sabe lo que se face. E maguer entendieren que alguna cosa fizo, porque otro home debiese ser preso ó muerto

muerte o el encarcelamiento, el "loco" no podía ser procesado judicialmente[72] y la familia era responsabilizada de su custodia y de sus actos.[73] Los códigos penales europeos y americanos del siglo XIX preservaron de manera intacta la ancestral categoría de locura y sin variaciones sustanciales sobre sus supuestos y entendidos. El texto del Código Penal español de 1822 es ejemplar:

> Art. 26. -Tampoco se puede tener por delincuente ni culpable al que comete la acción hallándose dormido ó en estado de demencia ó delirio, ó privado del uso de su razón de cualquiera otra manera independiente de su voluntad.-

La última reforma penal española (1870) se limitó a detallar el procesamiento del juzgado como enfermo mental (loco, demente, imbécil, enajenado mental, lunático, privado de razón, etc.), y si debía ser internado en un hospital psiquiátrico o entregado a la custodia de familiares.[74] Los demás códigos penales de la época, europeos y americanos, eran equivalentes en todos los aspectos fundamentales y las variantes respondían a

---

por ello, catando en como aqueste que diximos, non lo face con seso, no le ponen tamaña culpa, como al otro que está en su sentido.-

[72] Partida VIII. Título 8. Ley 3 -...Otro sí dezimos que si algund ome que fuesse loco, o desmemoriado... matasse á otro, que non cae porende en pena ninguna, porque non sabe nin entiende el yerro que faze.-

[73] Partida VII. Título 1. Ley 9 -...Esso mesmo dezimos, que seria del loco, o del furioso, o del desmemoriado, que lo non pueden acusar de cosa que fiziesse mientra que le durare la locura. Pero non son sin culpa los parientes dellos, cuando non les fazen guardar, de guisa que non puedan fazer mal a otri.-

[74] Código Penal español (1870). Art. 8. -No delinquen y por consiguiente están exentos de responsabilidad criminal: 1. El imbécil y el loco, á no ser que este haya obrado en un intervalo de razón. Cuando el imbécil ó el loco hubiere ejecutado un hecho que la ley calificare de delito grave, el tribunal decretará su reclusión en uno de los hospitales destinados á los enfermos de aquella clase, del cual no podrá salir sin previa autorización del mismo tribunal. Si la ley calificare de delito menos grave el hecho ejecutado por el imbécil ó el loco, el tribunal, según las circunstancias del hecho, practicará lo dispuesto en el párrafo anterior, ó entregará al imbécil ó loco á su familia, si esta diese suficiente fianza de custodia.

consideraciones administrativas y coyunturales de los respectivos estados.[75]

Aunque la "ciencia" psiquiátrica[76] presumía de haber evolucionado en el *conocimiento* de la psiquis humana y acrecentado el registro de trastornos psicopatológicos, los legisladores de la época reprodujeron en los códigos penales las mismas nociones

---

[75] • Código Penal francés. Art. 64. -No hay crimen ni delito cuando el autor se hallaba en estado de demencia en el momento de la acción. • Código Penal austríaco. Art. 2. -Ninguna acción ú omisión constituye delito: 1. Cuando el autor se halla totalmente privado de su razón. 2. Cuando siendo intermitente la enagenacion mental, se haya cometido el delito durante la propia enagenacion.- • Código Penal napolitano. Art. 61. -No hay crimen cuando el que lo ha cometido se hallaba en estado de demencia ó de furor en el momento de la acción.- • Código Penal bávaro. Art. 120. -Serán particularmente exentos de toda pena: 2. Los furiosos, los locos y en general los que hubieran perdido completamente el uso de su inteligencia por hipocondría ó por toda otra enfermedad mental grave y que hubiesen cometido un crimen en este estado. 3. Los que por imbecilidad de espirita fueran absolutamente incapaces de apreciar sanamente las consecuencias de sus acciones ó de comprender la criminalidad. 4. Las personas que hubieran perdido el uso de su inteligencia por virtud de debilitamiento senil. 5. Los sordo-mudos que no hubieran sido suficientemente instruidos de la criminalidad de sus actos, así como de las penas aplicadas por la ley, y cuya irresponsabilidad esté fuera de duda; sin embargo, en este caso pueden ser castigados, pero solamente como los menores conforme al art. 99.- • Código Penal Brasileño.. Art. 1 -Tampoco serán considerados como criminales: 2. Los locos de cualquier género, á no ser que tengan ácidos intervalos, y durante ellos cometan algún crimen. Art. 12. -Los locos que cometan algún crimen serán encerrados en una de las casas destinadas para los de su clase, ó entregados á su familia, según el Juez lo estime conveniente.- • Código Penal prusiano. §. 40. -No hay crimen ni delito cuando el agente se encuentra en el momento de la acción atacado de enagenacion mental ó imbécil.- • Código Penal portugués. Art. 23. -No pueden ser criminales: 1. Los locos de cualquiera especie, escepto en los intervalos lúcidos.- • Código Penal sueco. §.4. del cap. 5. -Está exento de castigo el acto cometido por el que se encuentra en estado de demencia, ó que por enfermedad ó decrepitud está privado del uso de la razón.- §. 5. -El que sin culpa propia cae en un desvanecimiento tal de espíritu que pierde el conocimiento de sí mismo, está exento de pena por la acción que cometa durante ese estado de falta de conocimiento.- • Código Penal italiano. - No hay *reato* cuando el agente se encontrase en estado de absoluta imbecilidad, de locura ó de furia morbosa cuando dio principio á la acción.- • Código Penal belga. Art. 71. -No hay infracción cuando el agente ó acusado se encontraba en estado de demencia en el momento del hecho.-

[76] Pinel, Philippe (1745-1826); *A Treatise on Insanity* (1806), reimpresión facsimilar por *Forgotten Books*, London, 2015.

que sus predecesores, y los jueces conservaron la potestad absoluta de juzgar la condición mental del enjuiciado...

-Sujeto criminal / enfermo mental

La existencia de prisioneros enloquecidos es un hecho constatable desde tiempos remotos, e indiferentemente de la *evolución* de la psiquiatría y de la antropología criminal, la locura ya era una condición reconocida y tratada diferencialmente en todos los códigos penales modernos. Sin embargo, en la práctica cotidiana y de manera generalizada en los estados de Ley, ni las autoridades legislativas ni la justicia penal contaban con los criterios "científicos" *modernos* para hacer las leyes penales o discernir en los tribunales sobre la condición mental de los encausados y sujetos criminales. En todos los estados occidentales del siglo XIX la población penal estaba integrada indiferenciadamente por criminales "normales" (ocasionales y habituales), criminales "natos" y criminales "enfermos mentales". Además, las terribles condiciones de existencia en las cárceles servían de detonantes de trastornos mentales severos que imposibilitaban la "rehabilitación" de los condenados y que, cumplidas las sentencias, reforzaban las condiciones de reincidencias delictivas.

Desde sus inicios, la antropología criminal sostenía que los factores orgánicos y congénitos que predisponen la conducta criminal se asemejan a los que predisponen la locura (madness), pero los mantenía diferenciados. Hacia el último cuarto del siglo XIX, los criminólogos y psiquiatras positivistas concluyeron que no existen diferencias esenciales entre las condiciones biológicas de la locura y las de la criminalidad. Desde entonces, aunque seguirían diferenciando entre los criminales de ocasión (inducidos predominantemente por factores sociales) y los criminales natos, éstos serían estigmatizados indiferenciadamente como enfermos mentales.[77] La noción de inmoralidad criminal era el denominador común en el que se fusionarían los discursos de las ciencias

---

[77] "Mental illness causes the loss or at least the diminution of the moral sense and this erodes that distaste for crime, that sense of compassion, justice, and scruple which comes naturally to well-organized and healthy men." (Lombroso, C., *Criminal Man* (1889); op.cit., p.272)

positivistas en boga (la psiquiatría[78], la antropología criminal y la criminología o sociología criminal); y al mismo tiempo serviría para justificar las demandas de reforma general al sistema legislativo, judicial y penal.[79] Las fuerzas jurídicas y criminológicas más conservadoras siguieron oponiéndose a superar la primitiva noción de "libre albedrío" y, consecuentemente, a aceptar el diagnóstico psiquiátrico:

> "Some experts warn that diagnoses of criminal insanity might open the gates of prisons and return dangerous lawbreakers to society. Prison directors hesitate to acknowledge insanity in their inmates, and they punish bizarre behavior as rule breaking. Moreover, judges, having little knowledge of psychiatry, tend to accept the recommendation of prison directors rather than those of doctors."[80]

Pero más allá de las creencias tradicionales e ignorancias predominantes entre los cuerpos legislativos, judiciales y penales, la existencia de prisioneros enfermos mentales era una realidad constatable y la mayoría de los reclusos -según Lombroso- mostraba sus primeros síntomas al poco tiempo de ser ingresados en prisión. Para la criminología psiquiátrica las causas más profundas de la enfermedad mental diagnosticada[81] entre la

---

[78] El concepto de "moral insanity" era un concepto clave en la psiquiatría del siglo XIX, y remitía a una condición mental innata y hereditaria. Hoy se llama psicopatía o trastorno de personalidad antisocial.

[79] "The complete similarity between the morally insane and the born criminal puts to rest the endless debates over criminal responsibility among moralists, lawyers, and psychiatrists…" (Op.cit., (1884) p.

[80] "The reason for the gap between official and actual Italian statistics for criminal insanity is the fear that madness may serve as an excuse for crime and impede punishment." (Op.cit., (1889) p.268)

[81] En los estudios psiquiátricos en prisiones predominan los casos tipificados en múltiples categorías de locura (insanity): • Manía • Melancolía • Delirio • Imbecilidad • Demencia • Locura moral • Inteligencia débil • Monomanía (persecución; hipocondría; sensorial; suicida; violenta; nostálgica; ostentosa; erótica; religiosa; homicida) • Fobias múltiples • Parálisis (Paralityc insanity) • Epilepsia (epileptic insanity) • Alcholismo (alcoholic insanity) • Locura por pelagra • Cretinismo • Locura disimulada, etc.

población penal no eran las condiciones carcelarias[82], como se solía creer, sino las condiciones orgánicas y congénitas del condenado.[83]

Aunque el discurso criminológico acentuaba las semejanzas entre criminales natos y enfermos mentales[84], en cuanto a la práctica judicial y en lo relativo al tratamiento penal conservó las clasificaciones diferenciales de la psiquiatría. Lombroso alegaba, por ejemplo, que aunque ninguno siente remordimiento, los locos confiesan su crimen mientras que el criminal nato lo niega. Además, a diferencia de éste, "...the insane are indifferent toward their punishment."[85]

Según el discurso de la psiquiatría criminológica positivista el crimen es una variante de la enfermedad mental, y la *ciencia* moderna explica las variantes psicopatológicas combinadas de la criminalidad y la locura moral.[86]

> "Every mental abnormality makes its own contribution to criminality, causing a specific type of crime."[87]

---

[82] "The highest rates of insanity are found in prisons where silence is obligatory, where inmates live in solitary confinement doing nothing, or where punishment calls for little physical effort." (Op.cit., (1889) p.270)

[83] "Thus the principal cause of insanity among criminals is not lengthy prison sentences, but an innate condition." (Idem)

[84] Menciona, por ejemplo: delirios religiosos, perversidad, pederastia, masturbación, impulsividad, irascibilidad, etc.

[85] Op.cit., (1876) p.84.

[86] "The diversity in types of mental illness makes it impossible to construct a single profile of the insane criminal." (Op.cit., (1884) pp.222-223)

[87] Entre el registro relacional de la locura y la criminalidad Lombroso menciona:
• "The *idiot* is given to explosions of rage, assaults, murder, rape, and arson for the mere pleasure of seeing the flames." • "The *imbecile* and *feeble minded*, succumbing easily to their first impulses or the suggestion of others, becomes accomplices to crime..." • "The *melancholic* is driven by his overwhelming misery or by hallucinatory impulses to commit suicide. He often kills to provoke punishment and will even kill his own children to save them from a destiny like his." • "The *demented* do not keep their word because they lack memory. In a state of cerebral irritability, they will commit violent acts or even kill." • "Madmen with *pellagra*, *epilepsy*, and *alcoholism* often manifests suicidal and

Más allá de las presunciones de superioridad intelectual, el discurso psiquiátrico del siglo XIX preservó las categorías psicopatológicas derivadas de la ideología patriarcal y la moral sexual de la cristiandad así como de las prohibiciones legales y códigos penales contemporáneos.[88] Las tipificaciones delictivas vigentes y reproducidas por la autoridad legislativa -a pesar del reprochado desconocimiento sobre la psiquis humana- fueron acreditadas de manera tácita o explícitamente por el discurso psiquiátrico moderno.[89] Además de celar los prejuicios racistas y misóginos existentes con fuerza de Ley[90], la psiquiatría legitimó la criminalización estatal de las disidencias políticas y de las protestas sociales violentas, aduciendo que los "criminales políticos" (motivados por fanatismos religiosos o proyectos revolucionarios económicos o sociales) compartían las mismas características fisiológicas del criminal pasional y, como éste, se trataba de enfermos mentales.[91]

---

homicidal tendencies..." • "*Maniacs* tends to satyriasis or sexual excess. They masturbate in public and throw themselves on the first woman they find. • "*Monomaniacs*, particularly when they are hallucinating, have a special tendency to murder both loved ones and strangers to escape illusory persecution or to obey imaginary orders." (Op.cit., (1889) pp.275-276)

[88] La noción *clínica* de "inversión sexual" incluía, por ejemplo, los crímenes de pederastia, el lesbianismo, la sodomía y la prostitución. También los crímenes sexuales derivados de enfermedades mentales como la "*satyriasis*" y la ninfomanía.

[89] Bajo el eufemismo de "ciencia", el discurso psiquiátrico-criminológico cultivó los prejuicios atávicos de la moral judeocristiana, identificando entre las causales del crimen la lectura de libros "obscenos", la menstruación y, sobre todo, la masturbación. (Op.cit., p. 273)

[90] En base al carácter misógino de la psiquiatría moderna se preservó la creencia en que las "aberraciones sexuales" en las mujeres son más intensas que en los hombres, y que la violencia asesina es común entre las mujeres durante el periodo menstrual. Además, creía evidenciado *científicamente* que "...pregnancy women experience a tendency to arson and sometimes to sexual violence (...) and theft."; que "*Hysterics* have a tendency to steal, swindle, commit fraud and calumny, dissimulate, or poison others"; y que la histeria es veinte veces más frecuente en mujeres que en hombres. (Op.cit., pp.274;276; 281)

[91] Según Lombroso, los criminales políticos cultivan una disposición de tolerancia anímica al dolor y al sufrimiento; creen en la utilidad de sus causas,

Sobre estas conclusiones los juristas y criminólogos positivistas de la época consideraban inútiles, improductivas y contraproducentes las tecnologías penales existentes; y concordaban en que los castigos legales nunca habían sido suficientes para rehabilitar a los condenados, algunos por el hecho de ser incorregibles por naturaleza, otros porque los tratamientos institucionales eran inadecuados porque los prisioneros eran, además, enfermos mentales. Del mismo modo, consideraban que las cárceles estatales eran ineficaces para minimizar la reincidencia, y que la amenaza del castigo de prisión era inútil para contener los crímenes ocasionales, los crímenes políticos y los crímenes pasionales, todos ligados orgánicamente a enfermedades mentales. Ante este cuadro, similar en todos los estados de Ley de Occidente, los *nuevos* reformistas insistían en la "peligrosidad" de los enfermos mentales y en la necesidad imperante de separarlos definitivamente de la sociedad. A los efectos, demandaban al Estado relocalizar a los criminales-enfermos mentales de las cárceles a los hospitales psiquiátricos (insane asylums)[92] y mantenerlos perpetuamente separados de la sociedad...

• **De la pena de prisión**

La mayor parte de la población penal ("convicted criminals") en los países occidentales modernos procedía de sus sectores sociales empobrecidos y marginados, y las estadísticas existentes lo confirmaban. Lombroso advierte, sin embargo, que a pesar de la inmensa desproporción registrada sobre la incidencia criminal entre ricos y pobres, no debe malinterpretarse. De una parte, porque los ricos también delinquen y, de otra, porque precisamente por su condición económica privilegiada suelen escapar de las justicias de la Ley o al menos costear buenos abogados; pagar las multas sin problema o ser admitidos en

---

no temen los castigos corporales y es poco probable que se arrepientan. (Op.cit., (1897) pp. 313-315)

[92] Ídem. El "criminal insane asylum" o manicomio (*manicomi*) era considerada una alternativa al encierro carcelario, y debía garantizar tratamiento y separar de la sociedad. Desde fines del siglo XVIII y en el curso del siglo XIX existía un escaso número de hospitales psiquiátricos exclusivos para criminales "lunáticos": • Inglaterra (1786) • Irlanda (1850) • Escocia (1858) • New York (1874) • Canadá (1877). (Ferri, E.; *Criminal Sociology* (1896); op.cit., p.230)

instituciones psiquiátricas privadas que, para proteger a su clientela, no guardan registros como en las prisiones y manicomios públicos. Además, porque las estadísticas de encarcelamiento son insuficientes para sostener la creencia -generalizada entre las jurisprudencias occidentales de la época- en que existe una relación causal entre la pobreza y la criminalidad porque "...not all those who break the law end up in prison".[93] Asimismo, porque:

> "In the age-old class struggle, the justice system serves as an instrument of power and domination over the poor, who are considered guilty a priori for their poverty."[94]

Desde el siglo XVIII y durante el curso del siglo XIX a la mayor parte de los delitos tipificados en los códigos penales y legislaciones análogas le aparejaba la pena de prisión; las cárceles estaban sobrepobladas y la población convicta coexistía mezclada indistintamente de los cargos por los que cumplía sentencia e indiferenciadamente del perfil psicológico del condenado. Delincuentes comunes sentenciados por delitos menores cohabitaban el mismo espacio que los criminales más peligrosos y violentos, "criminales natos" y "enfermos mentales".

Aunque el sistema penal carcelario estaba regido con fuerza de Ley por los mismos principios y objetivos en todos los estados occidentales (el justo merecido y la finalidad correccional), y cada prisión pública debía regirse por reglamentos afines, las autoridades carceleras gozaban de amplio poder discrecional sobre la vida cotidiana de los reos y para determinar la severidad de los castigos disciplinarios. Las críticas de los criminólogos y psiquiatras positivistas no radicaban en los principios criminológicos y filosóficos humanistas, y no interesaban condenar las condiciones infrahumanas de los prisioneros ni los excesos y abusos de los carceleros. Las quejas por maltratos de los prisioneros no las vinculaban a la violencia sádica de las autoridades carcelarias sino que las atribuían a la predisposición genética de los criminales a exagerar y a mentir para su beneficio exclusivo. Según Lombroso, los prisioneros padecen "perversión

---

[93] Lombroso, C.; *Criminal Man* (1897); op.cit., pp. 320-323.

[94] Op.cit., p.323.

de ideas", y creen que los carceleros conspiran para hacerlos sufrir y atormentarlos, cuando en realidad se trata de someterlos a medidas disciplinarias.[95] Incluso la alta frecuencia de suicidios entre la población penal -alega- no se debe al horror de la sentencia, al dolor del prolongado cautiverio o a la privación de compañía en celdas solitarias, sino al instinto perverso del criminal, para quien la muerte es la salida más fácil para evitar la condena a una vida de sufrimientos.[96] La oposición criminológica al uso de fuerza excesiva se basaba en criterios de productividad de la pena y no en consideraciones morales humanistas:

> "Exaggerated use of force also does more harm than good. Force may crush criminals and, instead of correcting them, induce anger and hypocrisy."[97]

La crítica principal de los "científicos" positivistas se centraba sobre la productividad del castigo en el marco del proyecto estatal de "defensa de la sociedad" contra el sujeto criminal.[98] Entre los principales consensos entre juristas y criminólogos de la época destaca la crítica a la organización interna de las prisiones, que consideran contraproducente al objetivo penal y rehabilitador y que, contrario a lo que cree la tradición jurídica dominante, no reduce la criminalidad sino que la posibilita y refuerza:

> "The breeding ground for organized crime are those prisons that do not isolate inmates in separate cells.[99] (...) Although imprisonment was devised to protect society, it actually provides

---

[95] Op.cit., (1884) p.217.

[96] Op.cit., (1878) p.101.

[97] Op.cit., p.143.

[98] Lombroso y sus seguidores insistían en que no debe imponerse la pena de prisión porque alguien ha violado la ley sino para proteger a la sociedad.

[99] "...prisons -unless they have isolation sells, which are usually too expensive- worsen the problem by serving as school of evil." (Op.cit., 1876) p.93)

inmates with introduction to accomplices and instruction in crime."[100]

También coinciden en que las condiciones carcelarias impiden la rehabilitación de los condenados y viabilizan las reincidencias.[101] Además, concuerdan en que resulta inútil invertir esfuerzos y recursos del Estado en tratar de reformar sujetos que, por su *naturaleza*, son "incorregibles" aunque aparenten hábilmente no serlo.[102]

> "It is well known that among true criminal, successful reform is always, or nearly always, the exception, while recidivism is the rule."[103]

Aunque la criminología positivista favorece la "educación" como medida preventiva de la criminalidad, advierte que en el contexto carcelario tiene efectos perniciosos y refuerza las condiciones de la reincidencia, por lo que debe abolirse.[104] Además, no existe evidencia significativa que la vincule con la rehabilitación, pero sí pruebas "científicas" de que el aprendizaje de destrezas y oficios no transforma la condición orgánica del sujeto criminal.[105] Igualmente, los estudios criminológicos y psiquiátricos develaron la inutilidad de los sermones y conferencias sobre cuestiones morales abstractas o religiosas. A todas cuentas, la inmensa mayoría de la población penal era religiosa y asistía a iglesias incluso con la misma frecuencia o más

---

[100] Op.cit., p..90.

[101] "…in prison criminals learn how to commit crimes more effectively and less dangerously than on the outside." (Op.cit., (1878) p.108)

[102] Lombroso cita la obra de Toqueville, que menciona que los reos más peligrosos en las prisiones estadounidenses son los que mejor se comportan en prision, "they disimulate honesty in order to be well treated." (Op.cit., p.109)

[103] Op.cit., (1878) p.93.

[104] "We must abolish prison schooling, which favors recidivism and supplies new weapon to criminals." (Op.cit., (1897) p.334)

[105] Op.cit., (1878) p.108.

que el resto de la población, y aún así delinquieron.[106] Cumplida la sentencia, también los reincidentes continuarían siendo religiosos.[107]

Para la criminología positivista, la función principal de las cárceles es aislar a los criminales de la sociedad, y el Estado debe concentrar recursos en reforzar la prevención del crimen y la rehabilitación mediante técnicas domesticadoras más productivas y no mediante prácticas penales inútilmente severas.[108] El sometimiento a trabajos forzados era considerado el instrumento disciplinario más efectivo del que dispone el sistema penal, y debía reforzarse dentro y fuera de las instituciones carcelarias[109] como en las colonias penales.[110]

En su programa de reforma penal, Lombroso consideraba que los delitos ocasionales son ofensas menores y merecen penas de multa, amonestaciones y probatorias supervisadas y no prisión. Tampoco debía encarcelarse a la población envejeciente, a los delincuentes juveniles, y a los inculpados por crímenes pasionales

---

[106] Op.cit., (1897) pp.323-324.

[107] "Religious institutions like the Catholic church have ruined some savage societies and even certain civilized nations. Where priests are condemned to celibacy, the confessional offers an occasion and instrument of crime. (…) …statistics show relatively high rates of sex crimes, particularly pederasty." (Op.cit., pp.332)

[108] "Rather than abolishing the fight against crime, we must employ less severe methods for preventing and punishing lawbreaking." (Op.cit., p.354)

[109] Los reos debían ser adiestrados y empleados en trabajos productivos y remunerativos como la agricultura y la mecánica industrial; incentivarlos para que quieran trabajar para ganar privilegios como dinero, visitas, o reducir la sentencia. Según Lombroso, el trabajo debe ser el propósito y el pasatiempo en la prisión, a la vez que el método para compensar al Estado por los costos de mantenimiento de los reos. (Op.cit., (1878) p.143) La forma de castigo ideal para los criminales urbanos es el trabajo industrial en las fábricas, y a de los criminales de las zonas rurales la pena debe ser trabajo forzado en las granjas. (Op.cit., (1897) p.347)

[110] En las colonias penales del imperio francés, localizadas en Nueva Caledonia y Guyana francesa, los prisioneros, hombres y mujeres, eran estimulados para que se casaran entre sí y se quedaran en las colonias después de cumplida la sentencia. En las colonias agrícolas de Bélgica los reclusos construyen sus propias viviendas…

y políticos. Según los criminólogos positivistas, debía evitarse el confinamiento de menores en "reformatorios"[111] porque las condiciones eran equivalentes a las de las cárceles de adultos, y en la práctica constituían "escuelas de criminales". Los reformatorios debían suplantarse por "escuelas industriales" y el tratamiento de la delincuencia juvenil debía reintegrar el castigo corporal[112] y reforzar las medidas disciplinarias como racionar la comida; las duchas frías, el trabajo forzado y el confinamiento solitario.

Los criminales diagnosticados como enfermos mentales (insane criminals), incluyendo a los prisioneros políticos, debían ser separados de la población penal y recluidos permanentemente en asilos psiquiátricos y celdas solitarias, para prevenir la transmisión hereditaria de su enfermedad.[113] Del mismo modo, los criminales "habituales", los "incorregibles" y los "natos" debían ser separados definitivamente de la sociedad e internados en instituciones especiales para "incorregibles"; en celdas solitarias y bajo condena de servidumbre laboral perpetua.[114] Además, desde el punto de vista de la "defensa social" y de la carga económica que conlleva el mantenimiento perpetuo de estos criminales, la pena de muerte debía considerarse como una alternativa al encierro carcelario...

• **La pena de muerte**

Aunque la pena de muerte se aplicaba a una cantidad menor de delitos que en el pasado, todavía a finales del siglo XIX

---

[111] A finales del siglo XIX el número de reformatorios era sustancial: • en Francia: 7,685 y otros centros de encarcelamiento de jóvenes • en Italia: 3,770 • en Bélgica: 1,473 • en Holanda: 161 • en los Estados Unidos 2,400. El código civil italiano (art.222) permite a los padres encarcelar a los hijos indisciplinados, abarrotando los reformatorios de delincuentes juveniles y jóvenes desobedientes. Según Toqueville, 33% de los jóvenes confinados en los reformatorios estadounidenses son reincidentes.

[112] Inglaterra y Noruega reintrodujeron el uso del látigo para ofensas menores.

[113] Op.cit., (1897) pp.346-348.

[114] Ídem. "This type of life imprisonment can replace the death sentence, which public opinion, rightly or wrongly, wants removed from penal code. Modern criminal anthropologists also oppose the death penalty." (Op.cit., (1878) p.145)

la mayor parte de los estados europeos y americanos la preservaban en sus constituciones y códigos penales.[115] Durante este periodo histórico, los principales argumentos de los abolicionistas europeos y latinoamericanos seguían siendo virtualmente los mismos que aparecían en la obra del reformista italiano Cesare Beccaria (1764).[116] Paralelo a los argumentos jurídico-políticos de "seguridad social" y "justo merecido", la referencias a los textos *sagrados* de la cristiandad siguieron siendo fundamentales para justificar *moralmente* la preservación de la pena de muerte, aunque algunos filósofos los "interpretaban" con soltura a conveniencia del ideario abolicionista.[117]

Aunque las creencias religiosas todavía ejercían fuertes influencias ideológicas en los *debates* sobre la pena de muerte, la mentalidad jurídico-penal de la época se presumía racionalista y seglar. No obstante, al margen de las diferencias entre ideólogos y estrategas del poder penal moderno, los argumentos a favor y en contra de la pena de muerte siguieron revolviéndose entre especulaciones filosóficas abstractas, idealizaciones ilusorias y generalizaciones fundadas en prejuicios religiosos y morales ancestrales. El filósofo inglés John Stuart Mill (1868) -por ejemplo- defendía la pena de muerte para los reos "unworthy to live among mankind".[118] Más que defender la pena de muerte para

---

[115] Los métodos de ejecución establecidos en los códigos penales europeos y americanos del siglo XIX incluían el garrote, la decapitación, la horca y el fusilamiento. A finales de siglo, la silla eléctrica sería inventada e integrada al repertorio penal de los Estados Unidos.

[116] El reino de Portugal abolió la pena de muerte en el Código Penal de 1867, sustituyéndola por la pena de prisión celular perpetua, confinamiento solitario y trabajo forzado. También fue abolida en el Código Penal italiano de 1889. La pena de muerte fue abolida en las constituciones latinoamericanas de las repúblicas de Venezuela (1864); Perú (1867); Honduras (1894); y los Estados Unidos de Centro América (Honduras, Nicaragua y El Salvador) (1898).

[117] De las figuras más influyentes en la ideología abolicionista en las naciones europeas y latinoamericanas del siglo XIX destaca el escritos francés Víctor Hugo, que enfatizó la retórica abolicionista dentro del humanismo-cristiano. (Hugo, Víctor (1802-1865); *Escritos sobre la pena de muerte*; Editorial Ronsel; Barcelona, 2002)

[118] Mill, John Stuart; "Speech in Favor of Capital Punishment" (1868); reproducido en http://ethics.acusd.edu.

quien haya sido acusado de cometer los crímenes más atroces, la justificaba para quienes, además, "han demostrado" no ser merecedores de su propia vida. Según el filósofo, no existe mayor fuerza disuasiva (deterrent force) que la muerte, y las alternativas carcelarias (cadena perpetua y trabajos forzados), además de ser menos efectivas, son mucho más crueles en realidad. Mill sostiene que es preferible el asesinato judicial antes que hacer sufrir la tortuosa condena del encierro indefinido o del trabajo forzado. Según el filósofo inglés, matar no puede ser peor que forzar a un hombre o a una mujer a vivir en la miseria sin esperanza alguna y sin remedio posible, en la angustiosa espera de una muerte inevitable pero cruelmente dolorosa y lenta. Sabida y confirmada la miseria y el excesivo sufrimiento a los que son expuestos los condenados a penas carcelarias perpetuas, justificaba la pena de muerte como una modalidad penal moralmente legítima a la vez que productiva al Estado y útil para la sociedad.

Las ciencias criminológicas y penales positivistas coincidían con los abolicionistas clásicos en que la pena de muerte no garantizaba efectos ejemplarizantes y disuasivos[119], pero concordaban con sus promotores en que era una necesidad imperativa para la defensa de la sociedad. Según Lombroso, la pena de muerte "...would eliminate the eternal clients of the criminal justice system who pose a danger to society."[120]

La antropología criminal y la criminología positivista presumían de contar con fundamentos racionales y evidencia científica sólida que desarman los argumentos abolicionistas y justifican la pena de muerte a los criminales más peligrosos. A los sujetos estigmatizados como "criminales natos" e "incorregibles"[121] no se les debía tratar con pena o tenerles compasión.[122]

---

[119] Según Lombroso, entre las clases vulgares el condenado a muerte goza de prestigio, y sus cómplices envidian el ritual de ejecución presentado ante una muchedumbre de espectadores. Además, un verdugo le dijo que casi todos los reos condenados a muerte por robo y asesinato se reían mientras eran llevados al cadalso. (Lombroso, C., *Criminal Man* (1876) pp.62-64)

[120] Op.cit., (1889) p.231.

[121] "Once criminals have experienced the terrible pleasure of blood, violence becomes an uncontrollable addiction." (Op.cit., (1876) p.66)

[122] "Born criminals, programmed to do harm, are atavistic reproduction of not only savage men but also the most ferocious carnivores and rodents. This

"Sadly, born criminals are impervious to every social cure and must be eliminated for our own defense, sometimes by the death penalty."[123]

También los criminales habituales y reincidentes que no tuvieran anomalías fisiológicas debían ser ejecutados en defensa de la sociedad.[124] En todo caso, en base a fundamentos científicos o sin ellos, los modernos defensores de la pena de muerte concordaban en que debía implementase sin dilaciones injustificadas que prologaran la tormentosa angustia del condenado, y que su ejecución debía ser rápida y sin someterlos a excesivos sufrimientos: "...the most that human laws can do to anyone in the matter of death is to hasten it..."[125]

Notas preliminares sobre el provenir del Derecho Penal

La constancia histórica de actividades delictivas y reincidencias evidencia que ni aún las penas más sanguinarias y atroces han frenado las transgresiones a las leyes; que la amenaza de castigo nunca ha tenido los efectos intimidatorios imaginados; que el supuesto temor a las penas no garantiza la obediencia ciudadana deseada; y que tampoco la severidad de los castigos amedrenta a los delincuentes. A mediados del siglo XIX, el filósofo alemán Karl Marx (1818-1883) lo recordaba:

"And besides, there is history –there is such a thing as statistics- which prove with the most complete evidence that since Cain the world has

---

discovery should not make us more compassionate toward born criminals (as some claim), but rather should shield us from pity, for these beings are members of not our species but the species of bloodthirsty beasts." (Op.cit., (1897) p.348)

[123] Op.cit., (1897) p. 354.

[124] "When criminals repeat bloodthirsty crimes for a third or fourth time -despite being punished by incarceration, deportation, and forced labor- there is no choice but to resort to that extreme form of natural selection, death." (Ídem)

[125] Mill, J.S.; "Speech in Favor of Capital Punishment" (1868); op.cit.

neither been intimidated nor ameliorated by punishment."[126]

Lombroso también arribó a la misma conclusión y la criminología y la sociología criminal positivista de finales del siglo XIX la seguiría sosteniendo. Según el criminólogo y diputado italiano Enrico Ferri (1856-1929):

> "...our statistics teach us that punishment have but infinitesimal power against the force of criminality, when it germs are fully developed."[127]

Pero en todos los estados occidentales modernos, la idea de la justicia seguiría estrechamente ligada a la primitiva idea del castigo, y tanto los sectores más conservadores como los reformistas convergían en la atávica creencia de que es injusta la impunidad. El filósofo alemán Friedrich Nietzsche (1844-1900) ya lo había advertido:

> "Se ha introducido esta idea no sólo en las consecuencias de nuestra conducta, siendo ya cosa funesta e irracional interpretar la relación de causa a efecto, como de causa a castigo. Pero todavía se ha hecho algo peor: se ha despojado a los acontecimientos puramente fortuitos de su inocencia, sirviéndose del arte maldito de la interpretación con arreglo a la idea del castigo. Se ha llevado la locura hasta el punto de ver en la existencia misma un castigo. Se diría que la imaginación sombría de los carceleros y verdugos ha dirigido hasta ahora la educación de la humanidad."[128]

---

[126] Marx, Karl;; "Capital Punishment" (1853) (fc); London.

[127] Ferri, E; *Criminal Sociology* (1896), op.cit., p.142.

[128] Nietzsche, Friedrich; *Aurora* (1881), en *Friedrich Nietzsche: obras inmortales*, Tomo II; Editorial *Edicomunicación*, SA, España, 1985; p.622.

Pero así como aconteció durante los siglos XVIII y XIX, en el devenir del siglo XX los estados nacionales de Occidente conservarían intacta la primitiva ideología absolutista de la Ley y la creencia en las virtudes del poder penal, acrecentando vertiginosamente sus tecnologías de control y dominación social en base a la idea del castigo y a pesar de la constancia histórica de su inefectividad y sus fracasos. Más allá de las reformas estructurales "modernizadoras" y sucesivas modulaciones retóricas al discurso del Derecho Penal, en su materialidad cotidiana seguiría perpetuándose la arcaica idea del castigo como "justo merecido" y como *necesidad* irremediable para la "defensa social" contra el crimen y contra el criminal.

En el devenir del siglo XX, aunque poco a poco la pena de muerte iría eliminándose de las constituciones y códigos penales de muchos países, otros que la habían abolido en el siglo XIX la restablecerían, y en éstos, como en los restantes que la preservaron, seguiría siendo justificada en los mismos términos que en los siglos precedentes. En cuanto a la brutal práctica de enjaular seres humanos, refinada bajo el ancestral eufemismo "correccional" y animada por el lucrativo y fraudulento negocio "rehabilitador", el sistema penal carcelario continuaría agigantándose en todos los dominios de Occidente.

Ni las guerras civiles e internacionales, ni los golpes de Estado, ni las reformas por sufragio electoral, ni las revoluciones sociales, políticas y económicas acontecidas en el siglo XX y lo que va del siglo XXI trastocarían la ideología absolutista de la Ley y los fundamentos de su poderío penal. Todavía en el siglo XXI, el repertorio remanente de crímenes capitales seguiría siendo esencialmente el mismo que hace cinco mil años, y la primitiva mentalidad que lo justifica tampoco cambiaría en lo absoluto. A la par, los fundamentos del encierro carcelario, desde los que racionalizan la privación de derechos civiles a los que sostienen el sometimiento sistemático de los prisioneros a condiciones de existencia deshumanizantes, se preservarían sin alteraciones e indiferentemente de las variantes constitucionales y sus regímenes de gobierno, de las diferencias socio-culturales y de los ajustes en los modos de producción.

Articuladas por ancestrales artificios ideológicos, las tradiciones jurídico-penales modernas perpetuarían sus dominios entre vaguedades teóricas e incongruencias epistemológicas, inconsistencias morales y contradicciones políticas. En torno a la definición legal del delito seguirían moldeándose estigmas de "peligrosidad", indiferentemente de su relación con la realidad o de su carácter ilusorio. Al mismo tiempo, la legitimidad de la pena seguiría construyéndose entre artificios predeterminados de "justicia" y "proporcionalidad". A pesar de su naturaleza imaginaria y su incongruencia con la realidad anímica, la arcaica noción de "libre albedrío" continuaría creyéndose matriz de imputabilidad, condición del atributo de culpa y justificación del castigo.

Las variaciones históricas en las prácticas del poder penal, sostenidas falsamente como expresiones de la voluntad general, seguirían estando condicionadas por enfrentamientos entre fuerzas políticas y movimientos sociales pero, sobre todo, sujetas a las especulaciones, arbitrariedades, intereses de clase, prejuicios morales, supersticiones religiosas e inclinaciones pasionales de las castas legislativas y sectores políticos dominantes. Aún en las constituciones "democráticas" del siglo XX y XXI, en sus códigos civiles, políticos y penales, seguirían siendo indiferenciables los dogmas teológicos de las antiguas teocracias cristianas de las especulaciones filosóficas seculares y las nociones *científicas* modernas, confundiéndose en la materialidad cotidiana de lo que constituye delito el pecado, la perversión moral, la enfermedad mental y la conducta criminal.

Más allá de las presumidas investiduras de prestigio y de rigor intelectual que refuerzan la autoridad jurídico-penal moderna, incluyendo a las "ciencias" criminológicas positivistas del siglo XIX, los refinamientos retóricos del Derecho Penal en los siglos venideros seguirían cargados de falsedades e ingenuidades, de cinismos e hipocresía. Al margen de las progresivas reivindicaciones internacionales relativas a los derechos humanos y civiles, y más allá de las modificaciones procuradas a los vestigios clasistas, racistas y sexistas del discurso de la Ley en las sociedades "democráticas", el Derecho Penal seguiría moldeado en torno a los criterios especulativos, prejuicios paranoides y razonamientos sádicos de las castas intelectuales y políticas dominantes, conservadoras y reformistas.

Asimismo, más allá de las discordias políticas y de las diferencias teóricas, de las retóricas e ilusiones humanistas y de las apariencias de evolución y progreso "científico", en todas las naciones occidentales modernas seguirían celándose obsesivamente las justicias vengativas de la Ley y las crueldades inherentes a sus prácticas penales.

Los credos, males imaginarios y paradojas que todavía moldean, sostienen y perpetúan el Derecho Penal, sus formas codificadas con fuerza de Ley y sus prácticas institucionales, contradicen, niegan y violan derechos políticos-civiles consagrados en las constituciones democráticas modernas; a la vez que resultan antagónicos e irreconciliables con los más elementales derechos humanos. En cambio, ya desde el siglo XIX Nietzsche proponía una alternativa para el porvenir:

> "Colaborad en una obra provechosa, hombres creativos y bien intencionados, ayudad a extirpar del mundo la idea del castigo, que por todas partes lo invade. Es la más peligrosa de las malas hierbas..."[129]

---

[129] Ídem.

Ejecución de prisioneros políticos, Francia (1871)[1]

Masacre (1871)[2]

---

[1] Reproducción de fotografía original (1871), digitalizada por The New York Public Library Picture Collections.

[2] Masacre de prisioneros en Francia, 25 de mayo de 1871; digitalizada por The New York Public Library Picture Collections.

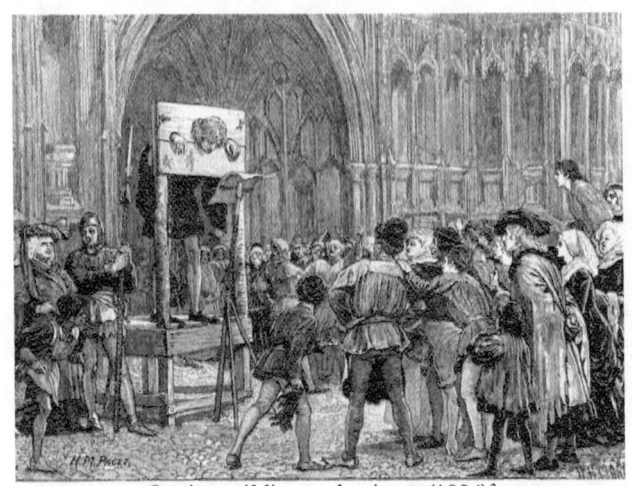
Castigo público en la picota (1884)[3]

Ahorcamiento público (1884)

---

[3] Dibujo de Henry Marriot Paget (1857-1936); digitalizado por The New York Public Library.

Ejecución de prisioneros políticos, Rusia (1881)

Agarrotados en España

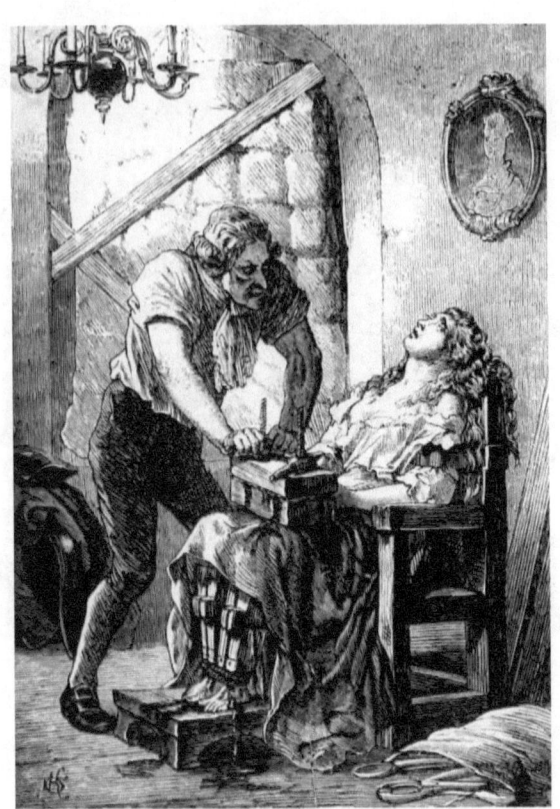

Tortura doméstica en Austria.[4]

---

[4] Ilustración de Vinzenz Katzler (1823-1882); en Moritz Bermann (1823-1895); "*Dunkle Geschichten aus Oesterreich*" (1868); digitalizado por Google en http://books.google.com.

Suplicio con látigo, Rusia (1870)[5]

---

[5] Grabado digitalizado por The New York Public Library, Art and Picture Collection, en http://digitalcollections.nypl.org.

Castigo público[6]

Disciplina en el colegio

---

[6] Litografía de Vinzenz Katzler (1823-1882); en Moritz Bermann (1823-1895); "*Dunkle Geschichten aus Oesterreich*" (1868); digitalizado por Google en http://books.google.com.

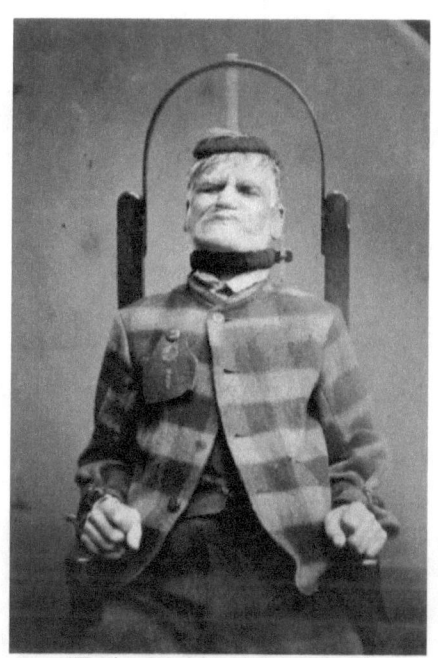

"Paciente" psiquiátrico (1869)[7]

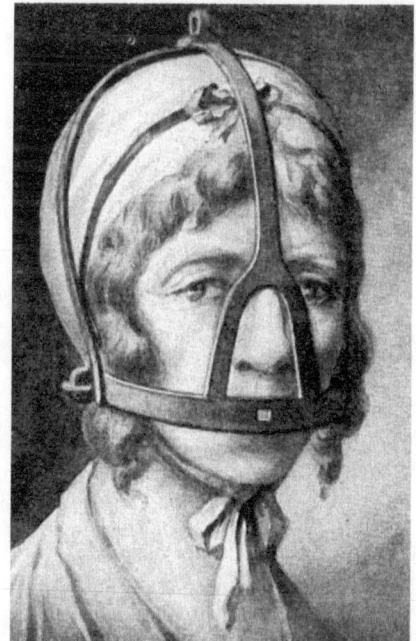

Bozal de hierro

---

[7] Hospital West Riding Lunatic Asylum, Wakefield, Yorkshire, Inglaterra.

Prisión militar en los Estados Unidos

Referencias Bibliográficas / Documentos

Referencias Bibliográficas / Documentos

Parte XI

Beccaria, Cesare; *De los delitos y de las penas* (1764); editorial *Derecho*; Madrid, 1997.

Bentham, Jeremy; *The Principles of Morals and Legislation* (1789); editorial *Prometheus Books*, New York, 1988.

_____; *The Panopticon Writings;* editorial *Verso*, New York, 1995.

_____; *De los delitos contra uno mismo*; editorial *Biblioteca Nueva*, Madrid, 2002.

Código Penal Francés; 25 de septiembre-6 de octubre de 1791; digitalizado por la Universidad Nacional de Educación a Distancia (UNED) en http://e-spacio.uned.es.

Constitutio Criminalis Theresiana (1769); digitalizado por The Internet Archive en https://archive.org.

Declaración de los derechos del hombre y del ciudadano; 26 de agosto de 1789; digitalizado por la Universidad de Navarra en http://www.unav.edu.

De Rotterdam, Erasmo; *Elogio de la locura* (1511); editorial *Alianza*, Madrid, 1999.

Figgis, John N.; *El Derecho divino de los reyes* (1896); editorial *Fondo de Cultura Económica*, México, 1970.

Foucault, Michelle; *Vigilar y castigar: el nacimiento de una prisión*; editorial *Siglo XXI*, México, 1976.

Gillespie, James Edward; *A History of Europe, 1500-1815*; editorial *Alfred A. Knopf*, New York, 1928.

Grotio, Hugo; *On the Rights of War and Peace* (1625); libro II, capítulo XX, en Morris, Clarence (Ed); *The Great Legal Philosophers: Selected Readings in Jurisprudence*; editorial *University of Pennsylvania Press*, Philadelphia, 1959.

Hobbes, Thomas; *Leviatán* (1651); editorial *Universitaria;* Universidad de Puerto Rico, 1966.

Imbert, J; *La pena de muerte*; editorial *Fondo de Cultura Económica*, México, 1993.

Index Librorvm Prohibitorvm (1948); digitalizado en http://www.cvm.qc.ca.

Infelise, Mario; *Libros Prohibidos-Una Historia de la Censura*; editorial *Nueva Visión*; Buenos Aires, 2004.

Jiménez, Iker; *Los Libros Malditos*; editorial *EDAF*, Madrid, 2005.

Kant, Immanuel; "Kant's Philosophy of Law (An Exposition of the Fundamental Principles of Jurisprudence as the Science of Right)" (1796); reproducido en Morris, C. (Ed.); *The Great Legal Philosophers: Selected Readings in Jurisprudence*; op.cit.

_____; "The Penal Law and the Law of Pardon"; reproducido en Tonry, Michael (Ed.); *Why Punish? How Much?: A Reader on Punishment*, Editorial *Oxford University Press*, New York, 2011.

Locke, John; *The John Locke Collection*; editorial *First Rate Publishers*, San Bernardino, 2015.

Maquiavelo, Niccolò; *El príncipe* (1532); editorial *Booket*; Madrid, 1998.

Montesquieu; Charles-Louis Secondat; *Del espíritu de las leyes* (1748); editorial *Porrúa*; México, 1987.

Moro, Tomás; *Utopía*; editorial *Alianza*, Madrid, 1997.

Pascal, Blaise (1623-1662); *Pensamientos*; editorial *Alianza*, Madrid, 1996.

Paracelso (1493-1591); *Obras Completas*; editorial Berbera, México, 2010.

Rousseau, Jean- Jacques; *El contrato social* (1762); *Editores Mexicanos Unidos*; México, 1992.

Sade (1795); *Elogio de la insurrección*; editorial *El viejo topo*; España, 1988.

Sued, Gazir; *Genealogía del Derecho Penal: antecedentes jurídico-políticos, filosóficos y teológicos desde la Antigüedad hasta la Modernidad*, Tomo I; editorial *La Grieta*, San Juan, 2015.

_____; *Violencias de Ley: Reflexiones sobre el imaginario jurídico-penal moderno y el derecho estatal a castigar*; editorial *La Grieta*, San Juan, 2001.

_____; *Utopía Democrática: Reflexiones sobre el imaginario político (pos)moderno y el discurso democrático*; editorial *La Grieta*; San Juan, 2001.

Voltaire (1766); "Comentario sobre Beccaria"; *De los delitos y las penas*; op.cit.

Parte XII

Acta Constitucional Española: Estatuto de Bayona; 7 de julio de 1808; digitalizado por la Biblioteca Nacional de España en http://bdh.bne.es.

Acta Constitucional Española: Estatuto de Bayona (Documento Original); 7 de julio de 1808; digitalizado por el Congreso de los Diputados en http://www.congreso.es.

Actas de las Juntas de la Diputación General de Españoles, Bayona, 19 de mayo d 1808.

Burkholder, Mark A y Chandler D.S.; *From Impotence to Authority: The Spanish Crown and the American Audiencias, 1687-1808*; editorial University of Missouri Press, Columbia, 1977.

Carta del rey Carlos IV al emperador Napoleón; 23 de marzo de 1808; publicada en *Gazeta de Madrid*; 13 de mayo de 1808.

Código Civil de España, 1 de mayo de1888.

Código de Justicia Militar de España (1890)

Código Negro Carolino (1784); reproducido en Malagón Barceló, Javier; *Código Negro Carolino*, Editorial *Taller*, Santo Domingo, R.D., 1974.

Código Penal de la Marina de Guerra de España (1863)

Código Penal Español, 8 de junio de 1822; Imprenta Nacional, Madrid, 9 de julio de 1822; digitalizado en http://books.google.com.

Código Penal de Don Carlos VII. (02 de marzo de1875); Digitalizado por la Biblioteca Virtual del Patrimonio Bibliográfico del Ministerio de Educación, Cultura y Deporte del Gobierno de España en http://bvpb.mcu.es.

Código Penal de España; 22 de septiembre de 1848; digitalizado por Google en http://books.google.com

Código Penal de España; 8 de junio de 1850; digitalizado por Google en http://books.google.com

Código Penal de España (1870); Tomos I-VIII; Concordado y Comentado por Groizard, Alejandro D. y Gómez de la Serna, Pedro; digitalizado por Biblioteca Nacional de España (1870-1899)

Colección de los Decretos y Órdenes de las Cortes: Generales y Extraordinarias; 1810 a 1811; Imprenta Real, Cádiz, 1811.

Comunicado al gobernador interino (Consejo de Castilla) el 8 de mayo de 1808, Bayona; Publicado en *Gaceta de Madrid*, viernes 20 de mayo de 1808.

Constitución de Bayona (1808); digitalizado en http://es.wikisource.org.

Constitución Política de la Monarquía Española; Promulgada en Cádiz; 19 de marzo de 1812; digitalizado por Biblioteca Nacional de España en http://bdh.bne.es.

Constitución de la Monarquía Española, Promulgada en Madrid; 18 de junio de 1837; digitalizado por Biblioteca Nacional de España en http://bdh.bne.es.

Constitución de la Monarquía Española; 23 de mayo de 1845; digitalizado por Biblioteca Nacional de España en http://bdh.bne.es.

Constitución española (1857); digitalizado en http://es.wikisource.org.

Constitución Democrática de la Nación Española; 6 de junio de 1869; digitalizado por Biblioteca Nacional de España en http://bdh.bne.es.

Constitución de la Monarquía Española; 30 de junio de 1876; digitalizado por el Ayuntamiento de Alcalá de Guadaíra Sevilla en http://www.alcalaarca.com.

Constitución de la República Democrática Federal Española; 10 de junio de 1883; digitalizado por Biblioteca Nacional de España en http://bdh.bne.es.

Convenio entre el rey de España y el rey de Gran Bretaña, 25 de mayo de 1793; Imprenta Real, Madrid, 1793; digitalizado por Google.

Declaración de Guerra al Emperador de la Francia, Napoleón I, decretada por la Junta Suprema de Gobierno en nombre de Fernando VII; Sevilla, 6 de junio de 1808.

Decretado en Aranjuez, 21 de marzo de 1808; Publicado en *Gazeta de Madrid*, 12 de mayo 1808.

Decreto de la Real Orden de 22 de enero de 1809.

Discurso presentado ante el Rey de España por el Congreso de Bayona (17 de junio de 1808); en Actas de las Juntas de la Diputación General de Españoles.

Decreto Real de Fernando VII; 4 de mayo de 1814.

Decreto Real de 2 de julio de 1814. (ES.41091.AGI/35, digitalizado en http://pares.mcu.es)

Índice Cronológico de las Leyes, Reales Decretos, Reales Órdenes, Reglamentos, entre otros (1822 - 1891); Digitalizado por la Biblioteca Nacional de España en http://bdh.bne.es.

Ley de Enjuiciamiento Criminal / Ley del Juicio por Jurado; 20 de junio de 1852 / 20 de Abril de 1888; digitalizado por la Biblioteca Nacional de España en http://bdh.bne.es.

Leyes Penales de España (1893); Digitalizado por la Biblioteca Nacional de España en http://bdh.bne.es

Ley Provisional sobre Organización del Poder Judicial: Ley Orgánica, Código de Justicia Militar, & Reglamento Orgánico y de Régimen Interior del Consejo Supremo de Guerra y Marina (15 de septiembre de 1870, 27 de septiembre de 1890 / 24 de agosto de 1888); digitalizado por la Biblioteca Nacional de España en http://bdh.bne.es.

Ley Provisional de Enjuiciamiento Criminal; 22 de diciembre de 1872; digitalizado por el Catálogo Fama en la Biblioteca de la Universidad de Sevilla en http://fama.us.es.

Leyes, Reales Decretos, Reales Ordenes, Reglamentos y Circulares de Más Frecuente Aplicación en los Tribunales Ordinarios por Orden Cronológico (1821-1893); digitalizado por la Biblioteca Nacional de España en http://bdh.bne.es.

Ley mandando que las Provincias de Ultramar se rijan por leyes especiales; 18 de abril de 1837; reproducido en *Boletín Histórico de Puerto* Rico (1915); Tomo II; op.cit.

Manifiesto político del Consejo de Regencia de España e Indias a los Americanos Españoles; preámbulo al Real Decreto de 14 de febrero de 1810; reproducido en *Boletín Histórico de Puerto Rico*, Tomo X; op.cit.

Orden Convocatoria a la Diputación General de Españoles; 19 de mayo de 1808.

Orden del Consejo de Castilla, 11 de agosto de 1808; publicada en *Gazeta de Madrid*, 19 de agosto de 1808.

Philip, Jacqueline y Champagnac, Yolande; "La ley penal y su aplicación"; *Anuario de Estudios Americanos*; editorial *Escuela de Estudios Hispano-Americanos de Sevilla*, XLIII, Sevilla, 1986.

Proclama del 24 de agosto de 1808; reseñada en *Gazeta de Madrid*, martes, 6 de septiembre de 1808.

Proclama de Napoleón a los españoles; 25 de mayo de 1808, Bayona, Francia; Publicado en *Gaceta de Madrid*, 3 de junio de 1808.

Real Cédula (de gracias), 10 de agosto de 1815; reproducido en *Boletín Histórico de Puerto* Rico (1914); Tomo I; op.cit.

Real Decreto de 5 de octubre de 1796.

Real Decreto del rey Carlos IV; 19 de marzo de 1808; publicado en *Gazeta de Madrid*, 25 de mayo de 1808.

Real Decreto de 30 de enero de 1810 / Real Decreto de 14 de febrero de 1810; reproducido en *Boletín Histórico de Puerto Rico*, Tomo X.

Real Orden del 4 de septiembre de 1810, aplicable a la isla de Puerto Rico; digitalizado en http://academic.uprm.edu.

Real Orden de 6 de septiembre de 1814 / Real Orden de 28 de diciembre de 1814; reproducido en *Boletín Histórico de Puerto Rico*, Tomo XII (1925); op.cit.

Real Orden de 22 de abril de 1837; reproducido en *Boletín Histórico de Puerto* Rico (1915); Tomo II; op.cit.

Tratado de Basilea; 22 de julio de 1795; reproducido en http://es.wikisource.org.

Tratado de San Idelfonso; 18 de agosto de 1796; reproducido en http://es.wikisource.org.

Tratado de 5 de mayo de 1808, Bayona; publicado en *Gazeta de Madrid*, 14 de octubre de 1808.

Tratado de Valençay; 11 de diciembre de 1813; digitalizado por http://books.google.es.

Parte XIII

Acta Constitutiva de la Federación Mexicana; 31 de enero de 1824; digitalizado por la Unidad General de Asuntos Jurídicos de la Secretaría de Gobernación de los Estados Unidos Mexicanos en http://www.ordenjuridico.gob.mx / http://books.google.com.

Acta de Independencia de las provincias Unidas en Sud-América; 9 de julio de 1816; digitalizado por la Biblioteca Nacional de España en http://bdh.bne.es.

Acta de Independencia de Centroamérica; 15 de septiembre de 1821; digitalizado por la Biblioteca Jurídica Virtual de la Universidad Nacional Autónoma de México en http://biblio.juridicas.unam.mx.

Acta de la Independencia de Costa Rica; 29 de octubre de 1821; digitalizado por el Archivo Nacional de Costa Rica en www.archivonacional.go.cr.

Acta del Muy Ilustre Ayuntamiento de Caracas / Acta de Independencia de Venezuela; 19 de abril de 1810 y 5 de julio de 1811; digitalizado por el Ministerio Público de la República Bolivariana de Venezuela en http://www.mp.gob.ve.

Acta Solemne de Independencia; 5 de julio de 1811; digitalizado en https://www.venezuelatuya.com.

Actas del Congreso Constituyente del Estado Libre de México, Tomo II (1 de julio de 1824- 27 de octubre de 1824); digitalizado por Google en http://books.google.com.

Apéndices al Código Penal Vigentes en las Islas de Cuba y Puerto Rico (1887); digitalizado por la Biblioteca Nacional de España en http://bdh.bne.es.

Bases de la Constitución de El Salvador; 24 de julio de 1841; digitalizado por la Biblioteca Jurídica Virtual de la Universidad Nacional Autónoma de México en http://biblio.juridicas.unam.mx.

Bases Constitucionales de las Provincias Unidas de Centroamérica; 17 de diciembre de 1823; digitalizado por la Biblioteca Garay (500 años de México en Documentos) en http://www.biblioteca.tv.

Código Constitucional de los Estados Unidos Mexicanos; 12 de febrero de 1857; digitalizado por Google en http://books.google.com.

Código Criminal do Imperio do Brasil (1830); digitalizado en http://books.google.com.

Código Penal de la República de Argentina (1887); digitalizado por Google en http://books.google.com.

Código Penal Santa Cruz para el Régimen de la República de Bolivia (06 de noviembre de 1834); digitalizado en http://www.lexivox.org.

Código Criminal do Imperio do Brasil; 29 de noviembre de 1830; digitalizado por Google en http://books.google.com.

Código Penal de la República de Chile; 12 de noviembre de 1874; digitalizado en http://www.bcn.cl.

Código Penal de la Nueva Granada (1837); digitalizado por Google en http://books.google.com.

Código Penal de los Estados Unidos de Colombia; 26 de junio de 1873; digitalizado por Google en http://books.google.com.

Código Penal Colombiano; 18 de octubre 1890; digitalizado por The Internet Archive en https://archive.org.

Código Penal de la República del Ecuador (1837); digitalizado por Google en http://books.google.com.

Código Penal de la República del Paraguay (1880); digitalizado en http://books.google.com.

Código Penal Santa-Cruz del Estado Nor-Peruano; 1 de noviembre de 1836; digitalizado en http://books.google.com.

Código Penal Santa-Cruz del Estado Sur-Peruano; 22 de junio de 1836; digitalizado en http://books.google.com

Código de Instrucción Criminal de la República Oriental del Uruguay; 31 de diciembre de 1878; digitalizado en http://books.google.com.
Código Penal de los Estados Unidos de Venezuela; 28 octubre 1903; digitalizado en http://books.google.com
Código Penal de la República de Guatemala (1877); digitalizado por Google en http://books.google.com.
Código Penal de la República de Honduras; 27 de agosto de 1880; digitalizado por Google en http://books.google.com.
Código Penal del Estado de Honduras (1895); digitalizado por Google en http://books.google.com.
Código Penal del Estado de Honduras; 29 de julio de 1898; digitalizado por Google en http://books.google.com.
Código Penal de la República de Nicaragua; 06 de diciembre de 1891; digitalizado por la Biblioteca Nacional de España en http://bdh.bne.es.
Códigos de Procedimientos Civiles y de Instrucción Criminal de la República del Salvador; 12 de enero de 1863; digitalizados por Google en http://books.google.com.
Código Penal de Bolivia (Santa Cruz); 6 de noviembre de 1834; digitalizado en http://books.google.com.
Código Penal de Nueva Granada (Colombia); junio 27 de 1837; en *Recopilación de las Leyes de la Nueva Granada*; Parte 4ª; Bogotá, 22 de febrero de 1845; digitalizado en http://books.google.com.
Código Penal de la República del Ecuador (1837) / Ley de Procedimiento Criminal (1837); digitalizado en http://books.google.com.
Código Penal del Estado de Veracruz, México; 28 de abril de 1835; digitalizado por Biblioteca Nacional de España.
Código Penal de Perú (Santa Cruz), del Estado sud-peruano; 22 de junio de 1836.
Código Penal del Estado Nor-Peruano; 1 de noviembre de 1836; digitalizados en http://books.google.com.
Code Penal Republique D'Haiti; diciembre de 1826; digitalizado en http://books.google.com.
Código Penal para las Provincias de Cuba y Puerto Rico; 23 de mayo de 1879; digitalizado por Biblioteca Nacional de España en http://bdh.bne.es.

Código Penal para el Distrito Federal y Territorio de la Baja-California sobre delitos del fuero común, y para toda la República sobre delitos contra la Federación (1871); digitalizado por Google en http://books.google.com.

Código de Procedimiento Criminal de la República Dominicana; 27 de junio de 1884; digitalizado por el Comisionado de Apoyo de la Reforma y Modernización de la Justicia: República Dominicana; en http://www.comisionadodejusticia.gob.do.

Constitución de Apatzingán; 22 de octubre de 1814; digitalizado por la Legislatura de la Cámara de Diputados en el Palacio Legislativo de San Lázaro de los Estados Unidos Mexicanos; en http://www.diputados.gob.mx.

Constitución Autonómica, Política, Administrativa de las Islas de Cuba y Puerto Rico; 25 de noviembre de 1897; digitalizado por la Biblioteca Nacional de España en http://bdh.bne.es.

Constitución Colonial de las Islas de Cuba y Puerto Rico y Leyes Complementarias del Régimen Autonómico; 25 de noviembre de 1897; digitalizado por la Biblioteca Nacional de España en http://bdh.bne.es.

Constitución Española Aplicada a la Provincia de Puerto Rico; 21 de noviembre de 1869; digitalizado por la Biblioteca Nacional de España en http://bdh.bne.es.

Constitución de la Monarquía Española, Promulgada en la Isla de Cuba; 1 de mayo de 1881; digitalizado por la Biblioteca Nacional de España en http://bdh.bne.es.

Constitución Política de la República Dominicana; 06 de noviembre de 1844; digitalizado por Consulta Popular de la Presidencia de la República Dominicana en http://www.consultapopular.gov.do

Constitución Política de la República Dominicana; 27 de febrero de 1854; digitalizado por la Biblioteca Nacional de España en http://bdh.bne.es.

Constitución Política de la República Dominicana - Constitución de Moca; 19 de febrero de 1858; digitalizado por Consulta Popular de la Presidencia de la República Dominicana en http://www.consultapopular.gov.do.

Constitución Política de la República Dominicana (Reformas) -14 de noviembre de 1865; 27 de septiembre de 1866; 14 de septiembre de 1872; 24 de marzo de 1874; 9 de marzo de 1875; 7 de mayo de 1877; 15 de mayo de 1878; 11 de febrero de 1879; 23 de noviembre de 1881; 12 de junio de 1896-; digitalizado por Consulta Popular de la Presidencia de la República Dominicana en http://www.consultapopular.gov.do.

Constitución Imperial de Haití (20 de mayo de 1805); digitalizado por la Biblioteca Ayacucho de la Universidad de Costa Rica en https://decolonialucr.files.wordpress.com.

Constitución del Estado de Hayti (1810); digitalizado por la Biblioteca Nacional de España en http://bdh.bne.es.

Constitución de la República de Haití (1874); digitalizado por la Biblioteca Digital de la Universidad Nacional de Colombia en http://www.bdigital.unal.edu.co.

Constitución Política del Estado Libre y Soberano de Costa Rica; 9 de abril de 1844; Reformas: 21 de enero de 1847; ; 22 de noviembre de 1848; 27 de diciembre de 1859; 15 de abril de 1869; 7 de diciembre de 1871; digitalizado por la Escuela de Estudios Sociales de la Universidad de Costa Rica en http://esociales.fcs.ucr.ac.cr.

Constitución Política de la República de Costa Rica (1871), reformada en 1871; 1882;1886; 1888; digitalizado por la Biblioteca Nacional de España en http://bdh.bne.es.

Constitución de la República Salvadoreña; 19 de marzo de 1864; digitalizado por la Biblioteca Jurídica Virtual de la Universidad Nacional Autónoma de México en http://biblio.juridicas.unam.mx.

Constitución Política del Salvador; 16 de octubre de 1871; digitalizado por la Biblioteca Jurídica Virtual de la Universidad Nacional Autónoma de México en http://biblio.juridicas.unam.mx.

Constitución Política de la República de el Salvador; -16 de febrero de 1880; 6 de diciembre de 1883-; digitalizado por la Biblioteca Jurídica Virtual de la Universidad Nacional Autónoma de México en http://biblio.juridicas.unam.mx.

Constitución Política de la República del Salvador; 13 de agosto de 1886; digitalizado por el Centro de Documentación Judicial, en http://www.jurisprudencia.gob.sv.

Constitución Política del Estado de Guatemala; 11 de octubre de 1825; digitalizado por la Biblioteca Virtual Miguel de Cervantes en http://www.cervantesvirtual.com.

Constitución de la República Federal de Centroamérica: Costa Rica, Nicaragua, Honduras, El Salvador y Guatemala; 22 de noviembre de 1824; digitalizado por la Biblioteca Jurídica Virtual de la Universidad Nacional Autónoma de México en http://biblio.juridicas.unam.mx.

Constitución Política para los Estados Unidos de Centroamérica: Honduras, Nicaragua y El Salvador; 27 de agosto de 1898); digitalizado por Honduras Educacional en http://www.honduraseducacional.com.

Constitución Política de la República Federal de Centro América (1824) (Costa Rica, Nicaragua, Honduras, El Salvador y Guatemala)

Constitución del Estado de Honduras; 11 de diciembre de 1825; digitalizado por la Biblioteca de Abogados y Notarios de Rosa y Asociados en http://bufeterosa.com.

Constitución Política de Honduras; -26 de noviembre de 1831; 11 de enero de 1839; 5 de febrero de 1848; 28 de septiembre de 1865; 23 de diciembre de 1873; 1 de noviembre de 1880; 14 de octubre de 1894-; digitalizado por Honduras Educacional en http://www.honduraseducacional.com.

Constitución Política del Estado de Nicaragua; 8 de abril de 1826; digitalizado por The Internet Archive en https://archive.org

Constitución Política del Estado Libre de Nicaragua; 12 de noviembre de 1838; digitalizado por la Fundación Enrique Bolaños (La Guerra Nacional 1854-1857) en http://guerranacional.enriquebolanos.org.

Constitución Política de la República de Nicaragua; 19 de agosto de 1858; digitalizado por la Asamblea Nacional de la República de Nicaragua en http://legislacion.asamblea.gob.ni.

Constitución Política "La Libérrima"; 10 de diciembre de 1893; digitalizado por la Asamblea Nacional de la República de Nicaragua en http://legislacion.asamblea.gob.ni.

Constitución Política de Nicaragua; (Reforma) 7 de octubre de 1896; digitalizado por la Asamblea Nacional de la República de Nicaragua en http://legislacion.asamblea.gob.ni.

Constitución Política de los Estados Unidos Mexicanos; 5 de febrero de 1917; digitalizado por la Legislatura de la Cámara de Diputados en el Palacio Legislativo de San Lázaro de los Estados Unidos Mexicanos en http://www.diputados.gob.mx.

Constitución de las Provincias Unidas en Sudamérica; 22 de abril de 1819; digitalizado por la Biblioteca Virtual Miguel de Cervantes en http://www.cervantesvirtual.com.

Constitución de la República Argentina; 24 de diciembre de 1826; digitalizado por el Archivo de Documentos Históricos del Ministerio de Educación, Argentina; en http://archivohistorico.educ.ar.

Constitución de la Nación Argentina; 1 de mayo de 1853; digitalizado por el Archivo de Documentos Históricos del Ministerio de Educación, Argentina; en http://archivohistorico.educ.ar.

Constitución de la Nación Argentina (1853); Reformas -25 de septiembre de 1860; 12 de septiembre de 1866; 15 de marzo de 1898; digitalizado por Biblioteca Virtual Miguel de Cervantes en http://www.cervantesvirtual.com.

Constitución Política de la República Boliviana; 19 de noviembre de 1826; digitalizado por el Centro de Estudios Constitucionales en http://econstitucional.com.

Constitución Política de la Nación Boliviana; -14 de agosto de 1831; 20 de octubre de 1834; 26 de octubre de 1839; 17 de junio de 1843; 21 de septiembre de 1851; 5 de agosto de 1861; 1 de octubre de 1868; 13 de octubre de 1871; 14 de febrero de 1878; 28 de octubre de 1880-; digitalizado por el Centro de Estudios Constitucionales en http://econstitucional.com.

Constitución Política del Estado de Chile; 30 de octubre de 1822; digitalizado por la Biblioteca Jurídica Virtual de la Universidad Nacional Autónoma de México en http://biblio.juridicas.unam.mx.

Constitución Política del Estado de Chile; 29 de diciembre de 1823; digitalizado por el Archivo Histórico de la Cámara de Diputados de Chile en http://www.camara.cl.

Constitución Política de la República de Chile; 8 de agosto de 1828; digitalizado por el Archivo Histórico de la Cámara de Diputados de Chile en http://www.camara.cl.

Constitución y Leyes Políticas de la República de Chile; 25 de mayo de 1833; digitalizado por la Biblioteca Nacional de España en http://bdh.bne.es.

Constitución Política de la República de Chile; 25 de mayo de 1833 - Reformadas hasta el 26 de junio 1893; digitalizado por la Biblioteca Nacional de España en http://bdh.bne.es

Constitución de la República de Colombia; 30 de agosto de 1821; digitalizado por la Biblioteca Digital de la Universidad Nacional de Colombia en http://www.bdigital.unal.edu.co.

Constitución de la República de Colombia; 29 de abril de 1830; digitalizado por el Catálogo del Ministerio Publico de la República Bolivariana de Venezuela en http://www.mp.gob.ve.

Constitución Política de la República de la Nueva Granada (Sesiones 1842 y 20 de abril de 1843); digitalizado por la Biblioteca Virtual Luis Ángel Arángo del Banco de la República de Colombia en http://www.banrepcultural.org.

Constitución Política de la Nueva Granada; 7 de marzo de 1853; digitalizado por la Biblioteca Digital de la Universidad Nacional de Colombia en http://www.bdigital.unal.edu.co.

Constitución Política Para la Confederación Granadina; 22 de mayo de 1858; digitalizado por la Biblioteca Digital de la Universidad Nacional de Colombia en http://www.bdigital.unal.edu.co.

Constitución Política de los Estados Unidos de Colombia; 8 de mayo de 1863; digitalizado por la Biblioteca Nacional de España en http://bdh.bne.es.

Constitución de Política del Ecuador; 23 de septiembre de 1830; digitalizado por la Biblioteca Virtual Alejandro Segovia G. de la Universidad de las Fuerzas Armadas del Ecuador en http://biblioteca.espe.edu.ec.

Constitución Política del Ecuador; -13 de agosto de 1835; 1 de abril de 1843; 3 de diciembre de 1845; 25 de febrero de 1851; 6 de septiembre de 1852; 10 de abril de 1861; 11 de agosto de 1869; 6 de abril de 1878; 13 de febrero de 1884; 14 de enero de 1897-; digitalizado por la Revista Judicial Derecho Ecuador en http://www.derechoecuador.com.

Constitución del Paraguay de 1813; 12 de octubre de 1813; digitalizado en https://www.scribd.com.

Constitución de la Administración Política de la República del Paraguay; 16 de marzo de 1844; digitalizado en https://www.scribd.com.

Constitución de la República del Paraguay; 24 de noviembre de 1870; digitalizado en https://www.scribd.com.

Constitución Política de la República Peruana; -12 de noviembre de 1823; 18 de marzo de 1828; 10 de junio de 1834; 10 de noviembre de 1860-; digitalizado por el Congreso de la República en el Departamento de Investigación y Documentación Parlamentaria del Perú en http://www.leyes.congreso.gob.pe.

Constitución Política para la República Peruana; 1 de julio de 1826; digitalizado por el Portal de Internet de Perú en http://www.deperu.com.

Constitución Política de la República Peruana; 10 de noviembre de 1839; digitalizado por la Biblioteca Nacional de España en http://bdh.bne.es.

Constitución Política de la República Peruana; 19 de octubre de 1856; digitalizado por el Portal de Internet De Perú en http://www.deperu.com.

Constitución Política del Perú; 29 de agosto de 1867; digitalizado por el Congreso de la República en el Departamento de Investigación y Documentación Parlamentaria del Perú en http://www.leyes.congreso.gob.pe.

Constitución de la República Oriental del Uruguay; 10 de septiembre de 1829; digitalizado por la Biblioteca Nacional de España en http://bdh.bne.es.

Constitución de la República Oriental del Uruguay; 28 de junio de 1830; digitalizado por la Biblioteca del Poder Legislativo del Parlamento del Uruguay en http://www.parlamento.gub.uy.

Constitución Federal Para los Estados de Venezuela; 23 de diciembre de 1811; digitalizado por el Ministerio Publico de la República Bolivariana de Venezuela en http://catalogo.mp.gob.ve.

Constitución Política del Estado de Venezuela; 15 de agosto de 1819; digitalizado por la Biblioteca Virtual Miguel de Cervantes en http://bib.cervantesvirtual.com.

Constitución Política del Estado de Venezuela; 24 de septiembre de 1830; digitalizado por el Ministerio Publico de la República Bolivariana de Venezuela en http://catalogo.mp.gob.ve.

Constitución del Estado de Venezuela; -18 de abril de 1857; 31 de diciembre de 1858; 22 de abril de 1864; 27 de mayo de 1874; 27 de abril de 1881; 16 de abril de 1891; 21 de junio de 1893; digitalizado por la Biblioteca Virtual Miguel de Cervantes en http://bib.cervantesvirtual.com.

Constitución Política del Imperio de Brasil; 22 de abril de 1824; digitalizado por la Biblioteca Nacional de España en http://bdh.bne.es.

Constitución de los Estados Unidos del Brasil; 24 de febrero de 1891; digitalizado por la Biblioteca Nacional de España en http://bdh.bne.es.

Constitución de la República de Panamá; 15 de febrero de 1904; digitalizado en http://books.google.com.

Declaración de Independencia de Haití; 1 de enero de 1804; digitalizado por la Red de Revistas Científicas de América Latina y el Caribe, España y Portugal de la Universidad Autónoma del Estado de México en http://www.redalyc.org.

Decreto de 24 de enero de 1812; citado en Puyol Montero, José M.; *La pena de garrote durante la Guerra de la Independencia: los decretos de José Bonaparte y de las Cortes de Cádiz*; Departamento de Historia del Derecho. Facultad de Derecho Universidad Complutense de Madrid; 2010.

Digesto Constitucional Americano, Tomos I-II; Buenos Aires, 1910; digitalizado por Biblioteca Nacional de España, en http://bdh.bne.es.

Encíclica *Etsi Iam Diu*, promulgada por el papa León XII, 24 de diciembre de 1824; reproducida en http://www.memoriapoliticademexico.org.

Estatuto Orgánico Provisional de la República Mexicana; 15 de mayo de 1856; digitalizado por la Unidad General de Asuntos Jurídicos de la Secretaría de Gobernación de los Estados Unidos Mexicanos en http://www.ordenjuridico.gob.mx.

Estatuto Provisional del Imperio Mexicano; 10 de abril de 1865; digitalizado por la Unidad General de Asuntos Jurídicos de la Secretaría de Gobernación de los Estados Unidos Mexicanos en http://www.ordenjuridico.gob.mx.

Fagg, John; *Historia General de Latinoamérica*; editorial *Taurus*, Madrid, 1970.

Herring, Hubert; *A History of Latin America: from the Beginnings to the Present*; editorial *Alfred A. Knopf*, New York, 1965.

Informe de la Comisión para el proyecto de Código Penal para las provincias de Cuba y Puerto Rico, nombrada por decreto de 9 de febrero de 1874.

Informe de la Comisión codificadora del Código Penal de la República de Honduras (1880)

La Reforma Penal del Perú Independiente: El Código Penal de 1863; digitalizado por el Repositorio Institucional de la Universidad de Alicante en http://rua.ua.es.

Las Siete Leyes Constitucionales; 29 de diciembre de 1836; digitalizado por La Colección Digital de la Universidad Autónoma de Nuevo León en http://cdigital.dgb.uanl.mx. / Unidad General de Asuntos Jurídicos de la Secretaría de Gobernación de los Estados Unidos Mexicanos en http://www.ordenjuridico.gob.mx.

Ley Fundamental del Estado Libre de Costa Rica; 25 de enero de 1825; digitalizado por la Biblioteca Jurídica Virtual de la Universidad Nacional Autónoma de México en http://biblio.juridicas.unam.mx.

Ley Fundamental de Colombia; 17 de diciembre de 1819; digitalizado por la Biblioteca de la Corte Nacional de Justicia en http://www.cortenacional.gob.ec.

Ley de Bases y Garantías; 8 de marzo de 1841; digitalizado por la Biblioteca Jurídica Virtual de la Universidad Nacional Autónoma de México en http://biblio.juridicas.unam.mx.

Ley Constitutiva de la República de Guatemala; 11 de diciembre de 1879; digitalizado por la Biblioteca Jurídica Virtual de la Universidad Nacional Autónoma de México en http://biblio.juridicas.unam.mx.

Ley provisional de Enjuiciamiento Criminal (1879) / Ley provisional para la aplicación de las disposiciones del Código Penal para las provincias de Cuba y Puerto Rico.

Legislación de 22 de marzo de 1873; reproducido en *Boletín Histórico de Puerto Rico*, Tomo IV; op.cit.

Nuestras Constituciones - Documentos Mexicanos 1813–1917; digitalizado por la Legislatura de la Cámara de Diputados en el Palacio Legislativo de San Lázaro de los Estados Unidos Mexicanos (2000); en http://www.diputados.gob.mx.

Pacto Social Fundamental Interino de la Provincia de Costa Rica o "Pacto de Concordia"; 1 de diciembre de 1821; digitalizado por la Escuela de Historia de la Universidad de Costa Rica en http://www.hcostarica.fcs.ucr.ac.cr.

Primer Estatuto Político de la Provincia de Costa Rica; 17 de marzo de 1823; digitalizado por la Escuela de Historia de la Universidad de Costa Rica en http://www.hcostarica.fcs.ucr.ac.cr.

Proyecto de Constitución Política de la República de Nicaragua; 30 de abril de 1854; digitalizado por la Fundación Enrique Bolaños (La Guerra Nacional 1854-1857)

Proyecto de Constitución Política de Colombia; 13 de mayo de 1886; digitalizado por la Biblioteca Nacional de España en http://bdh.bne.es.

Real Orden de 13 de mayo de 1832, del rey Fernando VII; publicado en la *Gaceta Oficial*; reproducido en *Boletín Histórico de Puerto Rico* (Tomo III); op.cit.

Reforma a la Constitución Federal de Centroamérica: Costa Rica, Nicaragua, Honduras, El Salvador y Guatemala; 13 de febrero de 1835; digitalizado por el Ministerio de Relaciones Exteriores del Gobierno de Guatemala en http://www.minex.gob.gt

Reglamento para el Arreglo de la Autoridad Ejecutiva Provisoria de Chile; 14 de agosto de 1811; digitalizado por la Biblioteca del Congreso Nacional de Chile en http://www.bcn.cl.

Reglamento Constitucional Provisorio; 26 de octubre de 1812; digitalizado por la Biblioteca del Congreso Nacional de Chile en http://www.bcn.cl.

Reglamento para el Gobierno Provisorio; 17 de marzo de 1814; digitalizado por la Biblioteca del Congreso Nacional de Chile en http://www.bcn.cl.

Rivarola, Rodolfo J.N.; *Crítica de la pena de muerte en el Código Penal argentino*; Conferencia en la Sociedad de Antropología Jurídica, Buenos Aires, Argentina, 5 de octubre de 1888.

Rosario Rivera, Raquel; *Las cárceles y los presos en la revolución de Lares: 23 de septiembre de 1868 al 29 de enero de 1869*; 2015.

Santana, Arturo; *América en el Siglo XIX*; editorial *Cordillera*, San Juan, 1973.

Segundo Estatuto Político de la Provincia de Costa Rica; 16 de mayo de 1823; digitalizado por la Biblioteca Jurídica Virtual de la Universidad Nacional Autónoma de México en http://biblio.juridicas.unam.mx.

The Constitution of Haiti; 8 de julio de 1801; digitalizado por Marxists Internet Archive en https://www.marxists.org.

The Constitution of Haiti; 17 de febrero de 1807; digitalizado por Webster University en http://www.webster.edu.

The Penal Code in Force in Cuba and Porto Rico (1900); digitalizado por la Biblioteca Nacional de España en http://bdh.bne.es.

Tratado sobre Derecho Penal Internacional; 23 de enero de 1889; digitalizado por la Organización de los Estados Americanos en http://www.oas.org.

Parte XIV

A System of Penal Law for the United States of America (1828); A Code of Crime and Punishments / A Code of Procedure in Criminal Cases / A Code of Prison Discipline / A Book of Definitions; House of Representatives, Washington, 1828; digitalizado en http://books.google.com.

Aikin, John; *A Digest of the Laws of the State of Alabama (Criminal Law)*; Asamblea General de Alabama, 1833; digitalizado en http://books.google.com.

Amendment XIII; ratificada el 6 de diciembre de 1865 / Amendment XIV; ratificada el 9 de julio de 1868 / Amendment XV.; ratificada el 3 de febrero de 1870; *The Constitution of the United States* (1787)

.An Act about the casual killing of slaves; octubre de 1669; digitalizado por Yale Law School en http://avalon.law.yale.edu.

An Act Concerning Aliens; 25 de junio de 1798; reproducido en *The People Shall Judge: Readings in the Formation of American Policy*; Vol. I; The University of Chicago Press, Chicago, 1949.

An Act Concerning Servants and Slaves (Virginia); octubre de 1705; digitalizado por Yale Law School en http://avalon.law.yale.edu.

An Act for changing the manner of punishing Convicts in the Penitentiary, and for the netter regulation of the same..."; en *A Digest of the Laws of the State of Georgia*; Philadelphia, 1831 (Penal Laws; pp.275-281 / Penitentiary; pp.281-287); digitalizado en http://books.google.com.

An Act for preventing Negroes Insurrections; junio de 1680; reproducido en Henning, William W; *The Statutes at Large; Being a Collection of all the Laws of Virginia*, v.2 (1823); digitalizado por Yale Law School en http://avalon.law.yale.edu.

An Act for the Gradual Abolition of Slavery, Pennsylvania, 5 de marzo de 1780; digitalizado por Yale Law School en http://avalon.law.yale.edu.

A Statistical View of the Operation of the Penal Code of Pennsylvania / *A View of the Present State of the Penitentiary and Prison in the City of Philadelphia*; Philadelphia Society for alleviating the misery of public prisons; Philadelphia, 1817; digitalizado en http://books/google.com.

A View of the Present State of the Penitentiary and Prison in the City of Philadelphia; Philadelphia Society for alleviating the misery of public prisons; Philadelphia, 1817; digitalizado en http://books.google.com.

Beveridge, Albert J.; "In Support of an American Empire"; digitalizado por Mount Holyoke College en http://www.mtholyoke.edu.

Bryan, William Jennings; "First Speech Against Imperialism" (Extract from speech delivered at Trans-Mississippi Exposition, Omaha, Neb., 14 de junio de 1898; digitalizado en http://www.trinityhistory.org.

Carta Autonómica de Puerto Rico; firmada por la reina María Cristina y por el presidente del Consejo de Ministros, Práxedes Mateo Sagasta; 25 de noviembre de 1897) El texto oficial del decreto para Puerto Rico fue publicado en la *Gaceta* Oficial en sus ediciones del 16, 17 y 18 de diciembre de 1897.

Circular Letter to the Governors in America; 21 de abril de 1768; digitalizado por Yale Law School en http://avalon.law.yale.edu.

Charters: The First Charter of Virginia, 10 de abril de 1606 / The Third Charter of Virginia, 12 de marzo de 1611 / The Charter of New England, 3 de noviembre de 1620 / The Charter of Massachusetts Bay, 4 de marzo de 1629 / The Charter of Maryland, 21 de junio de 1632 / Charter of Connecticut, 23 de abril de 1662 / Charter of Carolina, 24 de marzo de 1663 y 30 de junio de 1665 / Charter of Rhode Island and Providence Plantations, 8 de julio de 1663 / Charter for the Province of Pennsylvania, 28 de febrero de 1681 / The Charter of Massachusetts Bay, 7 de octubre de 1691; Charter of Delaware, 28 de octubre de 1701; The Charter of Georgia, 9 de junio de 1732; reproducidos *en The Federal and State Constitutions Colonial Charters, and Other Organic Laws of the States, Territories, and Colonies Now or Heretofore Forming the United States of America*; Act of Congress, 30 de junio de 1906; Washington, DC: Government

Printing Office, 1909; digitalizado por Yale Law School en http://avalon.law.yale.edu.

Charter of Acadia, 18 de diciembre de 1603; digitalizado por Yale Law School en http://avalon.law.yale.edu.

Charter of Privileges and Exemptions the Dutch West India Company; 7 de junio de 1629; digitalizado por Yale Law School en http://avalon.law.yale.edu.

Charter of Privileges Granted by William Penn to the Inhabitants of Pennsylvania and Territories, 28 de octubre de 1701; digitalizado por Yale Law School en http://avalon.law.yale.edu.

Clark, WM; *Hand-book of Criminal Law*; editorial *West Publishing*, Minnesota, 1894.

Civil Rights Act, 1 de marzo de 1875.

Code of Reform and Prison Discipline; *A System of Penal Law for the United States of America*; impreso por orden de la Cámara de Representantes de los Estados Unidos; Washington, 1828.

Código Penal vigente en las Islas Filipinas y Ley Provisional dictando Reglas de enjuiciamiento: precedido de la exposición dirigida al gobierno por la Comisión codificadora y anotado con la jurisprudencia del Tribunal Supremo; Madrid, 1887; digitalizado por la Universidad de Córdova en http://helvia.uco.es/xmlui.

Código Penal para el Distrito Federal y Territorio de la Baja-California sobre delitos del fuero común, y para toda la República sobre delitos contra la Federación (1871); digitalizado por la Dirección General de Bibliotecas de la Universidad Autónoma de Nuevo León en http://cdigital.dgb.uanl.mx.

Commonwealth vs. Hunt; Massachusetts Supreme Court; 1842.

Comunicado de J.C. Gilmore - Brigadier-General, U.S. Vols., 29 de julio de 1898; reproducido en *Report of the Military Governor of Porto Rico on Civil Affairs* (1901)

Confederate States of America - Declaration of the Immediate Causes Which Induce and Justify the Secession of South Carolina from the Federal Union; 24 de diciembre de 1860; digitalizado por Yale Law School en http://avalon.law.yale.edu.

Constitución de los Estados Unidos de América; 17 de septiembre de 1787; digitalizado por National Archives and Records Administration en http://www.archives.gov.

Constitución de los Estados Unidos y sus Enmiendas; 15 de diciembre de 1791 a 7 de mayo de 1992; digitalizado por Library of Congress en https://www.congress.gov.

Constitutions of the United States & Amendments (1787-1992); digitalizado por U.S. Constitution en http://www.usconstitution.net.

Constitución Política de la República Filipina; 22 de enero de 1899; digitalizado por la Biblioteca Nacional de España en http://bdh.bne.es.

Constitution of New Hampshire, 5 de enero de 1776 / Constitution of South Carolina, 26 de marzo de 1776 / Constitution of New Jersey; 2 de julio de 1776 / Constitution of Delaware, 10 de septiembre de 1776 / Constitution of Pennsylvania, 28 de septiembre de 1776 / Constitution of Maryland, 11 de noviembre de 1776 / Constitution of North Carolina, 8 de diciembre de 1776 / Constitution of Georgia; 5 de febrero de 1777 / The Constitution of New York, 20 de abril de 1777 / Constitution of South Carolina, 19 de marzo de 1778; reproducidos en *The Federal and State Constitutions Colonial Charters, and Other Organic Laws of the States, Territories, and Colonies Now or Heretofore Forming the United States of America*; (Act of Congress of June 30, 1906); digitalizado por Yale Law School en http://avalon.law.yale.edu.

Constitution of the Confederate States; Adopted unanimously by the Congress of the Confederate States of South Carolina, Georgia, Florida, Alabama, Mississippi, Louisiana & Texas; 11 de marzo de 1861; digitalizado por Yale Law School en http://avalon.law.yale.edu.

Constitution of the United States; 17 de septiembre de 1787.

Contract between the King and the Thirteen United States of North America, 16 de julio de 1782 y 25 de febrero de 1783; digitalizado por Yale Law School en http://avalon.law.yale.edu.

Convention for the Surrender of Criminals between the United States of America and His Majesty the King of the French; 1843; digitalizado por Yale Law School en http://avalon.law.yale.edu.

Crimes Act (1790) / Federal Criminal Code of 1790 (United States Statutes at Large. Vol. 1. United States Congress. Public Acts of the First Congress. 2nd Session. Chapt. IX –An Act for the

Punishment of certain Crimes against the United States- April 30, 1790; digitalizado en http://en.wikisource.org.

Criminal Code. Of Criminal Offenses and their Punishment. Title I-III. Art. 3581-3754; *A Digest of the Laws of the United States*; Philadelphia, 1827; digitalizado en http://books.google.com.

Davis, Jefferson; "War Message"; 29 de abril de 1861; U.S. History Resources.

Declaration and Resolves of the First Continental Congress, Philadelphia, 5 de septiembre de 1774; digitalizado por la Universidad de Groningen en http://www.let.rug.

Declaration of Independence, 4 de julio de 1776; digitalizado por la Universidad de Groningen en http://www.let.rug. / Archivos Nacionales y Administración de Documentos (NARA) de los Estados Unidos de América en http://www.archives.gov.

Declaration of the Immediate Causes Which Induce and Justify the Secession of South Carolina from the Federal Union; 24 de diciembre de 1860; digitalizado por Yale Law School en http://avalon.law.yale.edu.

Declarations for Suspension of Arms and Cessation of Hostilities; 20 de enero de 1783; digitalizado por Yale Law School en http://avalon.law.yale.edu.

Decreto real (George III) de 23 de agosto de 1775; digitalizado por la Universidad de Groningen en http://www.let.rug.nl/usa/documents.

Democratic Platform, 23 de junio de 1860; reproducido en *The People Shall Judge: Readings in the Formation of American Policy*; Vol. I; The University of Chicago Press, Chicago, 1949.

De Tocqueville, Alexis; *La Democracia en América*; Fondo de Cultura Económica, México, 1957.

Duke of York's Laws (1665-75); reproducido por The New York Historical Society (1800); The New York State Library; digitalizado por Yale Law School en http://avalon.law.yale.edu.

English Bill of Rights (1689); 13 de febrero de 1689; digitalizado por la Universidad de Navarra en http://www.unav.edu.

First Continental Congress October (1774); digitalizado por Yale Law School en http://avalon.law.yale.edu.

Foster, Arthur; *A Digest of the Laws of the State of Georgia*; Philadelphia, 1831 (Penal Laws / Penitentiary); digitalizado en http://books.google.com.

Frame of Government of Pennsylvania; promulgado por el gobernador William Penn, 25 de abril de 1682; reproducido en *The Federal and State Constitutions Colonial Charters, and Other Organic Laws of the States, Territories, and Colonies Now or Heretofore Forming the United States of America*; compilado y editado bajo el Act of Congress de 30 de junio de 1906; Washington, DC; Government Printing Office, 1909.

Friedman, Lawrebce M.; *Crime and Punishment in American History*, editorial *Basic Books*, New Yprk, 1993.

Fugitive Slave Act; Enacted by the Senate and House of Representatives of the United States of America; 18 de septiembre de 1850; digitalizado por Yale Law School en http://avalon.law.yale.edu.

Fundamental Agreement, or Original Constitution of the Colony of New Haven, 4 de junio de 1639; digitalizado por Yale Law School en http://avalon.law.yale.edu.

General Charter for Those who Discover Any New Passages, Havens, Countries, or Places; 27 de marzo de 1614; digitalizado por Yale Law School en http://avalon.law.yale.edu.

General Orders No. 152; Hdqrs. Department of Porto Rico; San Juan, 29 de septiembre de 1899.

Gipson, Lawrence Henry; "The Criminal Codes of Pennsylvania"; reproducido en *Journal of Criminal Law and Criminology*; Vol. 6, Issue 3; 1915-1916; Northwestern University School of Law Scholarly Commons.

Gordon, Thomas; *A Digest of the Laws of the United States: Including an abstract of the Judicial Decisions Relating to the Constitutional and Statutory Law*; 1827, Philadelphia; digitalizado en http://books.google.com.

Government of New Haven Colony, 27 de octubre de 1643; digitalizado por Yale Law School en http://avalon.law.yale.edu.

Government of Rhode Island, 16 de marzo de 1641; digitalizado por Yale Law School en http://avalon.law.yale.edu.

Gray, Francis C.; *Prison Discipline in America* (1847); editorial *Patterson Smith*, New Jersey, 1973.

Hakluyt, Richard; *The Principal Navigations, Voyages, Traffiques and Discoveries of the English Nation.* Vol. XIII. America. Parte II. (1589-1600); digitalizado por el Proyecto Gutenberg en http://www.gutenberg.org.

Hamblin, P.R.; *United State Criminal History: being a true account of the most horrid murders, piracies, high-way robberies, together with the lives, trials, confessions and executions of the criminals*; New York, 1836; digitalizado en http://books.google.com.

Hamilton, Alexander; Madison, James; Jay, John ; *The Federalist Papers*, No.1-85; 1787-1788; digitalizado por Yale Law School en http://avalon.law.yale.edu.

Hofstadter, R., Miller, W. & Aaron, D.; *The United States-The History of a Republic*; editorial *Prentice-Hall*, Nueva Jersey, 1957.

Howson, Robert; *Reports of Criminal Trials in the Circuit, State and United States Courts*; Virginia, 1 de julio de 1851; digitalizado en http://books.google.com.

Laws for the Government of the Territory of New Mexico / Crimes and Punishments; 22 de septiembre de 1846: digitalizado por Yale Law School en http://avalon.law.yale.edu.

Letter from James Madison to Edward Livingston; 10 de Julio de 1822. Volume 5, Amendment I (Religion), Doc. 66; digitalizado por la Universidad de Groningen en http://www.let.rug.

Letter, Report and Documents on the Penal Code; 8 de enero de 1828, Philadelphia; digitalizado en http://books.google.com.

Lincoln, Abraham; First Inaugural Address, 4 de marzo de 1861 / "Letter to Horace Greely (editor del *New York Tribune*); 22 de agosto de 1862 / "The Emancipation Proclamation"; 1 de junio de 1863; reproducido en *The People Shall Judge: Readings in the Formation of American Policy*; Vol. I; The University of Chicago Press, Chicago, 1949.

Livingston, Edward; *Code of Procedure for giving effect to The Penal Code of the State of Louisiana*; 1825, New Orleans; digitalizado en http://books.google.com.

_____; *Código Penal de Livingston*, traducido por J. Barrundia e impreso por Imprenta de la Unión, Guatemala, en 1831; digitalizado en http://books.google.com.

_____; *A System of Penal Law for the State of Louisiana*; Philadelphia, 1833; digitalizado en http://books.google.com.

_____; *A System of Penal Law for the United States of America*; House of Representatives, Washington, 1828, digitalizado en http://books.google.com.

Maj. Gen. J. H. Wilson; U.S. Vols. - Commanding First Division, First Corps, Ponce, P.R; reproducido en *Report of the Military Governor of Porto Rico on Civil Affairs* (1901).

McLennan, Rebecca M; *The Crisis of Imprisonment: Protest, Politics, and the Making of American Penal State, 1776-1941*; editorial *Cambridge*, New York, 2008.

Massachusetts Body of Liberties (1641); reproducido en *The People Shall Judge: Readings in the Formation of American Policy*; Vol. I; The University of Chicago Press, Chicago, 1949.

Mayflower Compact (Agreement Between the Settlers at New Plymouth); 1620

McKinley, William; "Inaugural Address"; 4 de marzo de 1897 / "Message" to the Senate and House of Representatives of the United States; 17 de mayo de 1897 / "First Annual Massage"; 6 de diciembre de 1897 / "Message" to the Congress of the United States; 28 de marzo de 1898 / (War Message) 11 de abril de 1898 / 25 de abril de 1898 / 1 de junio de 1898 / "Second Annual Message" (to the Senate and House of Representatives); 5 de diciembre de 1898 / "Message" to the Secretary of War; 21 de diciembre de 1898. / "Message"; 5 de diciembre de 1899 / "Second Inaugural Address"; 4 de marzo de 1901; reproducidos en *A Compilation of the Messages and Papers of the Presidents (1789-1905)*; Vol. X; Bureau of National Literature and Art, 1906.

Miles, Nelson A. (Major-General Commanding U.S.Army); "Introduction"; *Harper's Pictorial History of the War with Spain and Her Possessions*, Harper & Brothers Publishers, New York and London, 1899.

Military Code (Army/Navy) (1827); *A Digest of the Laws of the United States*; Art. 3139-3580.

Militia Act of 1792; Providing for the authority of the President to call out the Militia; Second Congress, Session I. Chapter XXVIII; 2 de mayo de 1792; digitalizado por Constitution Society en http://constitution.org.

Mississippi Black Code: The Civil Rights of Freedmen in Mississippi, 25 de noviembre de 1865; reproducido en *The People Shall Judge:*

Readings in the Formation of American Policy; Vol. I; The University of Chicago Press, Chicago, 1949.

Mofford, Juliet Haines; *"The Devil Made Me Do It!": Crime and Punishment in Early New England*; editorial *Guilford*, Connecticut, 2012.

Note of United States to Spain, 23 de septiembre de 1897; U.S. Department of State, *Papers Relating to the Foreign Relations of the United States, 1898* (Washington: Government Printing Office, 1901)

Notification of the Purchase of Manhattan by the Dutch; 5 de noviembre de 1626; digitalizado por Yale Law School en http://avalon.law.yale.edu.

Orden General No.101, 13 de julio de 1898; reproducido en *Report of the Military Governor of Porto Rico on Civil Affairs* (1901)

Ordinances for Virginia, 24 de julio de 1621 / Royal Commission for Regulating Plantations, 28 de abril de 1634; digitalizado por Yale Law School en http://avalon.law.yale.edu.

Papa Pio IX (1846-1878) (Carta dirigida al presidente Jefferson Davis, 3 de diciembre de 1863; reproducido en *Foreign Affairs* (Part III); 2nd Session - 38th Congress; Government Printing Office, Washington, 1865; digitalizado en http://books.google.com.

Paine, Thomas; *The Rights of Man* (1792); editorial *Wordsworth Classics of World Literature*, 1915.

Plakkaat van Verlatinghe; "Act of Abjuration"; Países Bajos, 26 de julio de 1581; Traducido al inglés y digitalizado por la Universidad de Groningen en http://www.let.rug.nl/usa/documents.

Pocock, J.G.A.; *The Ancient Constitution and the Feudal Law: A Study of English Historical Thought in the Seventeenth Century*; editorial *Cambridge University Press*, New York, 1987.

Political Code. Book VI. On Indian Relations. Title I. Indian Treaties. Chapter I-XXVI / Title II. Legislative Regulations of Indian Affairs. Chapter I-VII. *A Digest of the Laws of the United States*; Art. 1405-1628.

President Monroe's seventh annual message to Congress, 2 de diciembre de 1823; digitalizado por Yale Law School en http://avalon.law.yale.edu.

Proclamation of Rebellion (A proclamation issued by George III, responding to increasing hostilities in the American colonies): 23 de agosto de 1775; digitalizado por Yale Law School en http://avalon.law.yale.edu.

Proclama de Nelson A. Miles, Major-General, Commanding United States Army, 28 de Julio de 1898; Headquarters of the Army, Ponce; en *Report of the military governor of Porto Rico on civil affairs* (1900)

Project of a New Penal Code for the State of Louisiana; publicado por la Asamblea General del Estado de Louisiana; septiembre de 1824; digitalizado en http://books.google.com.

Radzinowicz, Leon; *A History of English Criminal Law and its Administration from 1750.* Volume I: *The Movement for Reform*; Volume II: *The Enforcement of the Law*; Volume III: *The Reform of the Police*; editorial *Stevens & Sons*, 1948.

Ray, Isaac; *A Treatise on the Medical Jurisprudence of Insanity* (Boston, 1838); editorial *Harvard University Press*, Massachusetts, 1962

Real cédula de 15 de octubre de 1802 (cesión del territorio colonial de Louisiana); digitalizado en https://books.google.es.

Reply of the Duke of Tetuán to Mr. Woodford's Note of September 23, 1897 (Pio Guillón, Ministro de Estado, 23 de octubre de 1897)

Report of Cases Argued and Adjudged in the Supreme Court of the United States; febrero de 1804 y 1805; digitalizado en http://books.google.com.

Report of the Comissioners on the Penal Code; Read in Senate, 4 de enero de 1828, Pennsylvania; digitalizado en http://books.google.com.

Report of the Military Governor of Porto Rico on Civil Affairs (1901); Military Government of Porto Rico, from October 18, 1898, to April 30, 1900. (Geo. W. Davis, Brigadier-General, Commanding) (Annual Report of the War Department (Fiscal Year Ended June 30, 1900); Part 13; Government Printing Office; Washington, 1902.

Report of the Penal Code of Massachusetts; Boston, 10 de febrero de 1837-1844. digitalizado en http://books.google.com.

Republican Platform, 17 de mayo de 1860; reproducido en *The People Shall Judge: Readings in the Formation of American Policy*; Vol. I; The University of Chicago Press, Chicago, 1949.

Moore, Bartholomew & Biggs, Asa; *Revised Code of North Carolina*; General Assembly at the Session of 1854; Boston, 1855; digitalizado en http://books.google.com.

Robert Beverley, Robert; "Of the Servants and Slaves in Virginia," *The History and Present State of Virginia*, 1705.

Ordenanzas de secesión de Arkansas, Tennessee, Carolina del Norte, West Virginia, Missouri, Kentucky reproducidos en http://gen.1starnet.com.

Sedition Act; 14 de julio de 1798; reproducido en *The The People Shall Judge: Readings in the Formation of American Policy*; Vol. I; The University of Chicago Press, Chicago, 1949.

Second Continental Congress / Declaration of the Causes and Necessity of Taking up Arms; Philadelphia, 6 de julio de 1775; digitalizado por Universidad de Groningen en http://www.let.rug.nl.

"Slavery and Constitution" (Transcripción de las actas en la convención constitucional); 21 y 22 de agosto de 1787; digitalizado por la Universidad de Groningen en http://www.let.rug.nl/usa/documents.

St. Clair, Henry; "The Salem Witchcraft" (1691); *The United States Criminal Calendar*; Boston, 1840; digitalizado en http://books.google.com.

Taswell-Langmead, Thomas P.; *English Constitutional History: From the Teutonic Conquest to the Present Time*; editorial *Houghton Mifflin Company*, Great Britain, 1946.

Taylor, John M.; *The Witchcraft Delusion in Colonial Connecticut (1647-1697)*; San Bernardino, 2014.

The Act of Surrender of the Great Charter of New England to His Majesty; 1635; digitalizado por Yale Law School en http://avalon.law.yale.edu.

The Administration of Justice Act; 20 de mayo de 1774. (An act for the impartial administration of justice in the cases of persons questioned for any acts done by them in the execution of the law, or for the suppression of riots and tumults, in the province of the Massachuset's Bay, in New England); digitalizado por Yale Law School en http://avalon.law.yale.edu.

The Articles of Confederation of the United Colonies of New England; 19 de mayo de 1643; digitalizado por Yale Law School en http://avalon.law.yale.edu.

The Greenville Treaty with a number of Indian Tribes (Wyandots, Delawares, Shawanees, Ottawas, Chippewas, Pattawatimas, Miamis, Eel Rivers, Weas, Kickapoos, Piankeshaws, and Kaskaskias); 3 de agosto de 1795; digitalizado por Yale Law School en http://avalon.law.yale.edu.

The King's Letter Recognizing the Proprietors' Right to the Soil and Government; 23 de noviembre de 1683.

The Penal Code in Force in Cuba and Porto Rico (1879); Division of Customs and Insular Affairs; War Department; Julio de 1900; digitalizado en http://.books.google.com.

The Penal Code of the State of Alabama; Senate and House of Representatives of the State of Alabama; Montgomery, 1866; digitalizado en http://books.google.com.

The Penal Code of the State of California / Code of Criminal Procedure; Sacramento, 1872; digitalizado en http://books.google.com.

The Penal Code of the State of Georgia; An Act to Reform, Amend, and Consolidate the Penal Laws of the State of Georgia (1833); *Compilation of the Penal Code of the State of Georgia;* Houston County, Georgia; 1850; digitalizado en http://books.google.com.

The Penal Code of the State of Hawaiian Islands; House of Nobles and Representatives; Government Press; Honolulu, 21 de junio de 1850; digitalizado en http://books.google.com.

The Penal Code of the State of Mississippi; 29 de noviembre de 1865; reproducido en *The People Shall Judge: Readings in the Formation of American Policy*; Vol. I; The University of Chicago Press, Chicago, 1949.

The Penal Code of the State of New York; Reported Completed by the Commissioners of the Code, Albany, 1865; digitalizado en http://books.google.com.

The Penal Code of the State of Texas; Adopted by the 6th Legislature; Gavelstone, 1857; digitalizado en http://books.google.com.

The Penal Laws of Pennsylvania; Harrisburg, 31 de marzo de 1860; digitalizado en http://books.google.com.

The Populist Platform of 1892 / The Republican Platform of 1896 / The Democratic Platform of 1896; reproducidos en *The People Shall Judge: Readings in the Formation of American Policy*; Vol. II; The University of Chicago Press, Chicago, 1949.

"The Puerto Rican Campaign"; *Harper's Pictorial History of the War with Spain and Her Possessions*, Harper & Brothers Publishers, New York and London, 1899.

The United States Judiciary Act; 24 de septiembre de 1789; digitalizado por la Librería del Congreso en http://www.loc.gov.

The U.S. Bill of Rights; 15 de diciembre de 1791; digitalizado por National Archives and Records Administration en http://www.archives.gov.

Thoreau, Henry D.; "On the Duty of Civil Disobedience" (1847); *Walden*; editorial *Richart*, 1965.

Tratado de Paz, Paris; 10 de febrero de 1763; digitalizado por la Universidad de Groningen en http://www.let.rug.

Tratado de Paz, Amistad, Límites y Arreglo definitivo entre la República Mexicana y los Estados Unidos de América, 2 de febrero de 1848; digitalizado en http://www.fmmeducacion.com.ar.

Treaties and Other International Acts of the United States of America; editado por Miller, Hunter; Vol.2, Docs. -1-40 (1776-1818); Washington: Government Printing Office, 1931.

Treaty between the United States of America and Great Britain for the Suppression of the Slave Trade; Washington, 7 de abril de 1862; digitalizado por Yale Law School en http://avalon.law.yale.edu.

Treaty between the United States of America and the French Republic (The Louisiana Purchase): 30 de abril de 1803; digitalizado por National Archives and Records Administration en http://www.archives.gov.

Treaty between the United States of America and the Oneida, Tuscorora and Stockbridge Indians 1794; digitalizado por Yale Law School en http://avalon.law.yale.edu.

Treaty concerning the Cession of the Russian Possessions in North America by his Majesty the Emperor of all the Russias to the United States of America; 20 de junio de 1867; digitalizado por Yale Law School en http://avalon.law.yale.edu.

Treaty of Peace Between the United States and Spain; 10 de diciembre de 1898; digitalizado por Yale Law School en http://avalon.law.yale.edu.

Treaty of Westphalia (Peace Treaty between the Holy Roman Emperor and the King of France and their respective Allies); 24 de octubre de 1648; digitalizado por Yale Law School en http://avalon.law.yale.edu.

Treaty of Peace, Paris (Gran Bretaña y Estados Unidos), 3 de septiembre de 1783; digitalizado por Yale Law School en http://avalon.law.yale.edu.

Treaty with the Six Nations (Mohawks, Oneidas, Onondagas, Tuscaroras, Cayugas, and Senecas); Fort Hamar, 9 de enero de 1789; digitalizado por Yale Law School en http://avalon.law.yale.edu.

United State Army, General Orders (No.30) Regarding an Increase in Military Manpower; Headquarters of the Army, Adjutant General' s Office, Washington, 30 de abril de 1898; digitalizado en http://www.army.mil.

Washington, George; "The letter presenting the Constitution"; 17 de septiembre de 1787; digitalizado por Yale Law School en http://avalon.law.yale.edu.

Wharton, Francis; *A Treatise on the Criminal Law of the United States / Digest of the Penal Statutes of the General Government, and of Massachusetts, New York, Pennsylvania, Virginia, and Ohio*; Philadelphia, 1861; digitalizado en http://books.google.com.

Winthrop, John; "On Liberty" (1645); reproducido en *The People Shall Judge: Readings in the Formation of American Policy*; Vol. I; The University of Chicago Press, Chicago, 1949.

Parte XIV

A Brief Account of the Principal Penal Codes of Continental Europe; Anexo al informe de la comisión codificadora del Estado de New York; *The Penal Code of the State of New York*; Albany, 1865; digitalizado en http://books.google.com.

Battie, William; *A Treatise on Madness* (1758); reimpreso en New York, 1969.

Carta Constitucional de los Franceses; 9 de agosto de 1830; digitalizado por la Biblioteca Nacional de España en http://bdh.bne.es.

Code Pénal du Canton de Vaud; 1 de febrero de 1850; digitalizado por Google en http://books.google.com

Code Pénal Fédéral de la Confédérat Suisse; 4 de febrero de 1853; digitalizado por Google en http://books.google.com.

Code D'Instruction Crimenelle. Livre II (19 de noviembre de 1808); digitalizado en http://www.legislationline.org.

Codice di Procedura Penale del Regno D'Italia; 28 de noviembre de 1865; digitalizado por Google en http://books.google.com.

Código Penal del Imperio Francés; 12 y 22 de febrero de 1810; digitalizado por la Biblioteca Nacional de España en http://bdh.bne.es. / http://books.google.com.

Código Penal Português; 10 de diciembre de 1852 / 16 de septiembre de 1886; digitalizado por la Faculdade de Direito Universidade Nova de Lisboa en http://www.fd.unl.pt.

Códigos penales de España, Francia, Austria, Prusia, Portugal, Italia, Noruega, Suecia, Bélgica, Dinamarca, Países Bajos, Alemania y Hungría; traducidos y transcritos en el *Código Penal de España* (1870-1899); Tomos I-VIII; Concordado y Comentado por Groizard, Alejandro D. y Gómez de la Serna, Pedro; digitalizado por Biblioteca Nacional de España, en http://bdh.bne.es.

Criminal Code of the Kingdom of Belgium; 8 de junio de 1867; digitalizado por Legislation Online en http://www.legislationline.org.

De Groote, Michele Ristich; *La locura a través de los siglos*; Editorial *Bruguera*, Barcelona, 1970.

Ferri, Enrico; *Criminal Sociology* (1896); reimpreso por editorial *Forgotten Books*, 2012.

Gall, Franz Joseph (1758-1828) y Forster, Thomas Ignatius; *Sketch of the New Anatomy and Physiology of the Brain and Nervous System*; reproducción facsimilar (2015)

Hegel, Georg F.; *Filosofía del Derecho* (1821); editorial *Claridad*; Buenos Aires, 1944.

Hugo, Víctor; *Escritos Sobre la Pena de Muerte*; editorial *Ronsel*, Barcelona, 2002.

Il Codice Penale per il Regno D'Italia; 30 de junio de 1889; digitalizado por Google en http://books.google.com.

Jiménez de Asúa, Luís; *La unificación del Derecho Penal en Suiza*; Madrid, 1916.

Lombroso, Cesare; *Criminal Man* (1876/1878/1884/1889/1897); Editorial *Duke University Press*, London, 2006.

Lombroso, Cesare y Ferrero, Guglielmo; *Criminal Woman, the Prostitute, and the Normal Woman* (1893); Editorial *Duke University Press*, 2004.

Marx, Karl; "Capital Punishment (fc)"; London, 1853.

Mill, John Stuart; "Speech In Favor of Capital Punishment" (21 de abril de 1868); digitalizado en http://ethics.acusd.edu.

Nietzsche, Friedrich; *Obras inmortales*; Tomos I-IV; editorial *Edicomunicación*, SA, España, 1985.

Penal Codes of France, Germany, Belgium and Japan: International Prison Comission (1901); digitalizado por Google en http://books.google.com.

Pinel, Philippe; *A Treatise on Insanity* (1806), reimpresión facsimilar por *Forgotten Books*, London, 2015.

Ray, Isaac; *A Treatise on the Medical Jurisprudence of Insanity* (1838); Editorial *Harvard University Press*, Cambridge, Massachusetts; 1962.

Röder, Carlos D.A. (1876); *Las doctrinas fundamentales reinantes* sobre *el Delito y la Pena*; editorial *Maxtor*, Valladolid, 2002.

Sued, Gazir; *Genealogía del Derecho Penal: antecedentes jurídico-políticos, filosóficos y teológicos desde la Antigüedad hasta la Modernidad*, Tomo I; editorial *La Grieta*, San Juan, 2015.

_____; *Violencias de Ley: Reflexiones sobre el imaginario jurídico-penal moderno y el derecho estatal a castigar*; editorial *La Grieta*, San Juan, 2001.

_____; *Utopía Democrática: Reflexiones sobre el imaginario político (pos)moderno y el discurso democrático*; editorial *La Grieta*; San Juan, 2001.

Ilustraciones

Art and Picture Collection, The New York Public Library. New York Public Library Digital Collections. digitalizado en http://digitalcollections.nypl.org.

Bermann, Moritz; *Dunkle Geschichten aus Oesterreich* (1868); digitalizado por Google en http://books.google.com

Biblioteca Pública de Nueva York en http://digitalgallery.nypl.org.

Biblioteca Nacional de España en http://bdh.bne.es.

Constitutio Criminalis Theresiana (1769); digitalizado por The Internet Archive en https://archive.org.

"Damiens: Relazione della sentenza eseguita [Récit du jour de son exécution]" (1757); digitalizado en http://digitalcollections.nypl.org.

Dumidin, Arnaldo; *Philippine-American War (1899-1902)*; digitalizado en http://philippineamericanwar.webs.com

Farrington, Karen; *History of Punishment and Torture*. London, Hamlyn, London, 2000.

God's revenge against murder! Or, the tragical histories and horrid cruelties of Elizabeth Bowring, midwife, to Mary Mitchell, Mary Jones (1767); digitalizado por The Internet Archive en https://archive.org.

Goya, Francisco; *Los Desastres de la Guerra:* (1863); digitalizado por la Sociedad de Lectores Arno Schmidt en http://www.gasl.org.

Grabados de William Blake (1757-1827); digitalizados en The William Blake Archive en http://www.blakearchive.org/blake.

Howard, John; *État des prisons, des hôpitaux et des maisons de force* (1788); digitalizado en http://digitalcollections.nypl.org.

La bibliothèque numérique de Criminocorpus en https://criminocorpus.org.

The Gospel of Slavery: A Primer of Freedom (1864); digitalizado por The Internet Archive en https://archive.org.

The Internet Archive en https://archive.org.

Stedman, John Gabiel (1744-1797); *The Narrative of a Five Years Expedition Against the Revolted Negroes of Surinam, in Guiana, on the Wild Coast of South America, from year 1772 to 1777*; London, 1796; digitalizado por The Internet Archive en https://archive.org.

WikiArt Visual Art Encyclopedia en http://www.wikiart.org.

Wikimedia Commons en https://commons.wikimedia.org.

www.ingramcontent.com/pod-product-compliance
Lightning Source LLC
Chambersburg PA
CBHW021824220426
43663CB00005B/121